Yale Linguistic Series

វិធីសាស្ត្រសរសេរភាសាខ្មែរ

CAMBODIAN SYSTEM OF WRITING
and BEGINNING READER

with Drills and Glossary

by Franklin E. Huffman

with the assistance of
Chhom-Rak Thong Lambert and Im Proum

New Haven and London, Yale University Press, 1970

Library of Congress catalog card number: 78–104614
Standard book number: clothbound, 300–01199–7;
paperbound, 300–01314–0

This work was developed pursuant to a contract
between the United States Office of Education
and Yale University and is published with permission
of the United States Office of Education,
Department of Health, Education, and Welfare.

PREFACE

The purpose of this book is to prepare the student to read and write Cambodian. It is designed to be used in conjunction with the author's Modern Spoken Cambodian (New Haven, Yale University Press, 1970) in an intensive or semi-intensive beginning course. The phonological transcription used is that developed during five years of study and teaching of the Cambodian language, and is identical with that used in Modern Spoken Cambodian. The book contains four parts:

Part One: The Cambodian System of Writing

This section presents a formal analysis of the relationship between the sounds of modern Cambodian (the phonology) and the symbols used to represent them (the writing system). It aims to acquaint the student with all the regular aspects of the Cambodian writing system, as well as with the major irregular subsystems. Although it is primarily intended for students, it has independent interest to the general linguist as a description of how the Cambodian writing system works.

Part Two: Programmed Reading Exercises

This section provides the student with a systematic, step-by-step approach to reading and writing Cambodian syllables. It consists of 225 cumulative exercises, each of which introduces and provides practice in a limited amount of new information. Periodic review exercises provide a test of the student's progress, and refer by number to exercises in which the points involved were first introduced. Since the primary aim of this book is to develop facility in reading, most of the exercises involve a symbol-to-sound operation. However, some of the exercises involve a sound-to-symbol operation, since it is felt that the best way to help the student recognize the sometimes minute differences between symbols is to have him write them himself. This section is essentially a programmed approach to the same information that is presented in Part One. Individual differences in learning habits provide at least part of the justification for including both a summary and a programmed approach in the same book.

Part Three: Beginning Cambodian Reader

This section consists of fifty reading selections graded in difficulty, ranging from short simple narratives to essays on various aspects of Cambodian culture. Each new vocabulary item is listed on the same page on which it first occurs, and is followed by its transcription and definition. It is not entered again unless it occurs with a different grammatical function. This section is designed to be used following Part One and/or Part Two, and in conjunction with a course in spoken Cambodian, but it would be independently useful for the student interested only in reading. Its aim is to develop the student's reading ability to the point where he can read unedited Cambodian texts with the aid of a dictionary.

Part Four: Cambodian-English Glossary

The Glossary includes not only the some 2,000 vocabulary items introduced in the Reader, but also all examples used throughout the other sections of the book. Each item is followed by its transcription, its definition(s), and the number of the story in which it first occurred. The Glossary should also be useful to the student as an aid in reading other Cambodian materials.

This book is an outgrowth of three years of study of the Cambodian language at the School of Oriental and African Studies of the University of London, in Southeast Asia, and at Cornell University, and of two years of teaching Cambodian at Yale University. It was brought to completion under a contract between the U.S. Office of Education and Yale University, which is gratefully acknowledged. Gratitude is also due the Department of East and South Asian Languages and Literatures of Yale University, which kindly granted me sufficient time from teaching duties to complete the work.

It would be impossible to mention all those who have assisted in bringing this work to completion. Thanks are especially due to Professor Fang-kuei Li of the University of Washington, who first suggested the Cambodian language as a field of study; Mrs. Judith M. Jacob of the London School of Oriental and African Studies, who gave me the first practical introduction to Cambodian; Professor Robert B. Jones of Cornell University, for his help and guidance during the preparation of a dissertation on Cambodian grammar, as well as for reading and criticizing an early draft of this book; Mrs. Chhom-Rak Thong Lambert, who wrote and adapted all of the selections in the Reader; Mr. Im Proum, for his painstaking work in writing all of the Cambodian script in two final drafts of the book; and the Yale University Press, which dealt patiently with the many problems of adapting a manuscript involving multiple writing systems to the printed page.

F. E. H.

New Haven
September 1969

CONTENTS

Contents

PART THREE: Beginning Cambodian Reader   149

Contents

Reading Selections (Continued)

Reading Selections (Continued)

PART ONE

THE CAMBODIAN SYSTEM OF WRITING

I. INTRODUCTION

A. THE LANGUAGE

Cambodian, also known as Khmer, is the official language of the Kingdom of Cambodia. It is spoken by some 5,000,000 people in Cambodia, and mutually intelligible dialects are spoken by approximately 400,000 inhabitants of the provinces of Buriram, Surin, and Srisaket in northeastern Thailand, and by approximately 450,000 people in the Mekong Delta region of South Vietnam.

Cambodian is the major modern representative of the Mon-Khmer language family, which includes, besides Mon in Lower Burma, also hundreds of related dialects scattered over most of mainland Southeast Asia, such as the Palaung, Wa, and Riang in Burma; the Khmu, Lamet, and So in Laos; the Kuy, Chong, and Lawa in Thailand; the Stieng, Biet, and Samre in Cambodia; the Bahnar, Halang, and Sre in Vietnam; and possibly the Semang and Sakai in Malaya.[1] No wider affiliation for the Mon-Khmer family has been conclusively demonstrated, although most linguists now think that Vietnamese is related to Mon-Khmer. Pater Wilhelm Schmidt's hypothesis of an Austroasiatic language family on the Southeast Asian mainland, including, besides Mon-Khmer, also the Munda languages of northeastern India, Khasi in Assam, the Cham group in South Vietnam and Cambodia, Nicobarese, and Semang and Sakai in the Malay peninsula,[2] is unwarranted by present evidence, and his further grouping of Austroasiatic with the Austronesian languages of island Southeast Asia to form an Austric superstock is even more speculative, although many of Schmidt's assumptions have been proven correct by later research.

As for foreign influences on the language, the Cambodians have borrowed much of their administrative, military, and literary vocabulary from Sanskrit. With the advent of Theravada Buddhism at the beginning of the fifteenth century, Cambodian began to borrow Pali words, and continues to use Pali as a major source of neologisms today. Although Cambodian and Thai are not, so far as we know, genetically related, a high percentage of their vocabulary stems from a common source, as the result both of mutual borrowing over a long period of historical contact, and of common borrowing of learned terminology from Pali and Sanskrit. During the period of French domination, many French words were borrowed into the language and have become a part of the colloquial language, especially in urban areas. There is also a smattering of Chinese and Vietnamese loanwords in colloquial speech.

Unlike its neighbors Thai and Vietnamese, which are tonal and essentially monosyllabic, Cambodian is non-tonal and has a high percentage of disyllabic words. Like the Malayo-Polynesian languages, it has a relatively complex morphology, forming disyllabic derivatives from monosyllabic bases by prefixation and infixation, although these processes are rarely productive in the language.

---

1. Frank M. LeBar, Gerald D. Hickey, and John K. Musgrave, <u>Ethnic Groups of Mainland Southeast Asia</u> (New Haven, Human Relations Area Files, 1964), pp. 287–88.

2. P. Wilhelm Schmidt, "Les peuples mon-khmêr; trait d'union entre les peuples de l'Asie centrale et de l'Austronésie," <u>Bulletin de l'École Française d'Extrême-Orient</u>, 7 (1907), pp. 213–63.

The typical stress pattern in such disyllables is an unstressed presyllable followed by a stressed main syllable. Even polysyllabic loanwords from Pali and Sanskrit tend to be assimilated to this pattern of alternation between an unstressed and a stressed syllable.

B. THE SYSTEM OF WRITING

The Cambodian script (called /qaqsɑɑ kmae/ 'Khmer letters'), as well as the Thai, Lao, Burmese, Old Mon, Old Cham, and Old Javanese scripts, are all derived from some form (or perhaps from various forms) of the ancient Brahmi script of South India. The earliest form of this script so far discovered in Southeast Asia is that of the Vo-canh Sanskrit inscription of the second or third century A.D., in the area of the old kingdom of Funan.[3] The exact geographical source in India of these scripts has not been determined, but epigraphers find great similarity between the earliest inscriptions in Southeast Asia and those of the early Pallawa kingdom of Kanchi on the Coromandel coast of India.[4] The earliest inscription in the Cambodian language is that found at Angkor Borei in Takéo Province of southern Cambodia, and is dated 611 A.D.[5] Since this inscription was found in what would have been the area of Funan, the first known Indianized kingdom in Southeast Asia (first century A.D. to c. 550 A.D.), and since no vernacular inscriptions dating from the time of Funan have been discovered in the area, Cambodian may have been the language of Funan. At any rate, the fact that Cambodian was the language of Chen-La (550–802 A.D.), Funan's successor in the Mekong Valley, and of the great kingdom of Angkor (802–1431 A.D.), whose suzerainty at its height extended eastward to the sea, northward to Tongking and northern Laos, westward to Burma, and southward to Malaya, is attested by an abundance of stone inscriptions covering the period from the seventh to the eighteenth centuries.[6] Furthermore, the fact that pockets of speakers of Mon-Khmer-related dialects are found all over mainland Southeast Asia seems to indicate that Mon-Khmer in fact represents a much older linguistic substratum which was later engulfed, partially assimilated, and pushed into the hills by succeeding migrations of Vietnamese, Tai, and Burmese.

Part One of this book is a description of the relationship, or the "fit," between the sounds (i.e. the phonological structure) of modern Cambodian and the symbols (i.e. the written system) that are used to represent them. Writing systems differ widely in terms of the closeness of the fit between sound and symbol; i.e. in the regularity with which a given symbol represents a given sound. By this yardstick, the Cambodian writing system is a much better writing system than, for example, that used to represent English. A description of the English writing system would consist, after a nucleus of "regular" spellings, of an almost endless list of exceptions. An example of this confusing irregularity is the variety of sounds repre-

---

3. K. Kumar Sarkar, "The Earliest Inscription of Indochina," Sino-Indian Studies, 2 (1956), pp. 77–87.

4. K. A. Nilakanta Sastri, "L'Origine de l'alphabet du Champa," Bulletin de l'École Française d'Extrême-Orient, 35, pp. 233–41.

5. L. P. Briggs, The Ancient Khmer Empire (Philadelphia, The American Philosophical Society, 1951), p. 15, n. 18.

6. Georges Maspero, Grammaire de la langue khmère (Paris, Imprimerie Nationale, 1915), p. 23.

sented by the symbols -ough in the words rough, cough, bough, slough, and hic-cough. The Cambodian writing system, on the other hand, represents the sounds of Cambodian with remarkably little ambiguity, especially at the level of common vocabulary.[7] There are exceptions, of course, especially at the level of learned vocabulary borrowed from Sanskrit and Pali sources. These exceptions will be dealt with as exhaustively as possible, but it would be impossible, even for as regular a writing system as Cambodian, to list them all.

Although Cambodian spelling has historically been plagued by a lack of stan-dardization, much progress has been made toward standardization in recent years, largely through the efforts of the scholars of the Buddhist Institute, whose excellent two-volume official dictionary — /waccɘnaanukrɑm kmae/ 'Cambodian Dictionary' (Item 4 in the Bibliography) — has been used as the authority for the spellings in this book. Common alternative spellings are given for some words.

---

7. Assuming one is dealing with a homogeneous dialect; differences of pronunciation from one dialect to another are another matter.

II. PHONOLOGY

In order to talk about the relationship between sound and symbol, one must have an accurate description of the sound system of the language. The system of transcription used herein was devised for use in the author's <u>Modern Spoken Cambodian</u> textbook, and represents the segmental phonemes of standard Cambodian, which is taught in the schools and spoken by educated Cambodians. Although some colloquial dialects, notably that of Phnom Penh and the immediately surrounding area, differ considerably from the standard at the phonological level, standard Cambodian is virtually identical with the dialect spoken by the majority of the people in the central provinces, and is understood throughout the country.

If this book is used concurrently with <u>Modern Spoken Cambodian</u>, neither the sound system of the language nor the transcription used here will present a problem to the student. For the sutdent who has no prior acquaintance with the sound system, an attempt is made below at a phonetic description of the sounds represented by the transcription. Such descriptions, however, are at best approximate, and it is recommended that the student have the examples listed in this section pronounced by a native speaker if at all possible.

A. CONSONANTS

The consonant phonemes of Cambodian are arranged in an articulatory chart below. The terminology used in the chart is useful in later chapters in dealing with the relationships between the writing system and certain groups of articulatorily related consonants. It is also relevant to the arrangement of consonant symbols in the Cambodian alphabet. Those symbols preceded by a hyphen occur both initially and finally.

Chart 1. Consonants

	Labial	Dental	Palatal	Velar	Glottal
Stops:					
Voiceless	-p	-t	-c	-k	-q
Voiced	b	d			
Spirants:					
Voiceless	(f)	s			-h
Continuants:					
Nasal	-m	-n	-ñ	-ŋ	
Semivocalic	-w		-y		
Lateral		-l			
Trilled		r			

Phonetic Key

/p/   Voiceless unaspirated bilablial stop. In initial position like the <u>p</u> in <u>pin</u>, but without the aspiration; or like the <u>p</u> in <u>spin</u>. In final position like the <u>p</u> in <u>up</u>.

6

/t/   Voiceless unaspirated dental stop. Initially like the t in top, but without the aspiration; or like the t in stop. Finally like the t in hot.

/c/   Voiceless unaspirated palatal stop. Initially like the ch in cheese, but without the aspiration. Finally it represents an unreleased closure made with the blade of the tongue against the front part of the hard palate.

/k/   Voiceless unaspirated velar stop. Initially like the k in key, but without the aspiration; or like the k in ski. Finally like the ck in back. After the vowels /ii, ei, ee, or ae/ it is intermediate between /c/ and /k/; the two never contrast in that position.

/q/   Voiceless unaspirated glottal stop. Initially like the closure which occurs at the beginning of the word Oh! when pronounced explosively. Finally like the closure which occurs at the end of the first Oh in the exclamation Oh, oh (he's done it again!).

/b/   Voiced unaspirated bilabial stop. Like the b in bin, but more tense.

/d/   Voiced unaspirated dental stop. Like the d in day, but more tense.

/f/   Voiceless labio-dental spirant. Like the f in fool. Occurs only in a few loanwords.

/s/   Voiceless dental groove spirant. Like the s in sit.

/h/   Voiceless glottal spirant. Initially like English h in hot. In final position its point of articulation is much fronter, somewhat like the German ch in Ich.

/m/   Voiced bilabial nasal. Like the m in mom, ham.

/n/   Voiced dental nasal. Like the n in no, on.

/ñ/   Voiced palatal nasal. Like ny in canyon, but occurs initially and finally in Cambodian.

/ŋ/   Voiced velar nasal. Like ng in sing, but occurs both initially and finally in Cambodian. After the vowels /ii, ei, ee, ae/ it is intermediate between /ñ/ and /ŋ/; the two never contrast in that position.

/w/   Voiced labio-dental semi-vowel. Spirantized in initial position, like the English v in voodoo, but with more lip-rounding. May be delabialized in final position.

/y/   Voiced palatal semi-vowel. Like English y in you, but more tense.

/l/   Voiced lateral. Like English l in late, ale.

/r/   Voiced retroflex. May be slightly trilled initially, but usually pronounced as a single flap, like the Spanish r in pero.

B. INITIAL CONSONANT SEQUENCES

Eighty-five two-place initial consonant sequences /CC-/ and two three-place sequences /CCC-/ occur in Cambodian words. Their distribution is shown below.

Chart 2. Initial Consonant Sequences

C1	C2																	C3	
	p	t	c	k	q	b	d	m	n	ñ	ŋ	w	y	l	r	s	h	th	kh
p		x	x	x	x		x		x	x	x		x	x	x	x	x		
t	x			x	x	x		x	x		x	x	x	x	x		x		
c	x			x	x	x	x	x	x		x	x		x	x		x		
k	x	x	x		x	x	x	x	x	x	x	x	x	x	x	x	x		
s	x	x		x	x	x	x	x	x	x	x	x		x	x			x	
q												x							
m		x	x		x		x		x	x			x	x	x	x			
l	x			x	x	x		x			x	x					x		x

When the stops /p t c k/ occur as the first member of two-place initial consonant sequences /CC-/, they are unaspirated before /r s h/, slightly aspirated before voiceless stops and all continuants other than /r/ (except in the homorganic sequence /kŋ-/), and released with slight vocalism before /q b d/ and in the sequence /kŋ-/. When the consonants /q m l/ occur as the first consonant of /CC-/ sequences, they are released with slight vocalism.

C. VOWELS

There are thirty-one different vowels and vowel combinations which occur as vocalic nuclei of Cambodian syllables. These nuclei are here analyzed as consisting of only thirteen vowel phonemes: ten short vowels and three short diphthongs. In Chart 3 the arrows represent sequences of vowel phonemes (long diphthongs). Long vowels and long diphthongs, which are equivalent in length, are treated as sequences of two short vowels. The long vowels /εε/ and /ɔɔ/ have no short counterparts. The short diphthongs, which are equivalent in length to short vowels, have no long counterparts, and so must be treated as unit phonemes. They are written with a breve to distinguish them from long diphthongs. The following nuclei occur:

> 10 long vowels: /ii, ee, εε, ɨɨ, əə, aa, ɑɑ, uu, oo, ɔɔ/
> 10 long diphtongs: /iə, ɨə, uə, ei, əɨ, ou, ae, aə, ao, ɔə/
> 8 short vowels: /i, e, ɨ, ə, a, ɑ, u, o/
> 3 short diphthongs: /ĕə, ŭə, ŏə/
> 31 vowel nuclei.[1]

_____

1. Other analyses of the vowel system are possible, of course, but whatever

Chart 3. Vowels

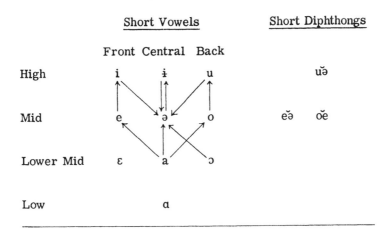

Short Vowels   Short Diphthongs

Front Central Back

High   i   ɨ   u   ŭə

Mid   e   ə   o   ĕə   ŏe

Lower Mid   ɛ   a   ɔ

Low   ɑ

Phonetic Key

Long Vowels and Diphthongs

/ii/   as in /ciik/ 'to dig'. High front unrounded vowel like English ee in cheek.

/iə/   as in /biə/ 'playing cards'. Falling diphthong, moving from a high front to a mid central position.

/ee/   as in /leeŋ/ 'to play'. Higher-mid front unrounded vowel with lax and breathy articulation; similar to French ée in année.

/ei/   as in /kmeiŋ/ 'to be young'. Tense diphthong starting at a point lower than, and ending at a point higher than, /ee/ above.

/ɛɛ/   as in /lɛɛŋ/ 'to quit'. Lower-mid front unrounded vowel with lax and breathy articulation; similar to French ai in aide. Occurs long only.

/ɨɨ/   as in /lɨɨ/ 'to hear'. High central unrounded vowel made by raising the center of the tongue toward the soft palate while keeping the lips flat or spread.

/ɨə/   as in /cɨə/ 'to believe'. Falling diphthong, moving from a high central to a mid central position.

/əə/   as in /ləə/ 'on'. Higher-mid central unrounded vowel with lax and breathy articulation; similar to French eu in peu.

/əɨ/   as in /məɨn/ '10,000'. Tense diphthong moving from a position lower than, and ending at a point higher than, /əə/ above.

/aa/   as in /kaa/ 'work'. Tense lower-mid front-of-center unrounded vowel similar to the French a in va. (This vowel is fronter and higher than the English a in Father; to pronounce it as such would confuse it with the vowel /ɑɑ/ to the ear of a Cambodian).

---

the analysis, thirty-one vocalic contrasts must be maintained for an accurate representation of standard Cambodian syllables.

/ae/   as in /kmae/ 'Khmer'. Falling diphthong, starting at a point similar to English <u>a</u> in <u>sat</u> and moving to a position similar to English <u>e</u> in <u>set</u>.

/aə/   as in /kaət/ 'be born'. Falling diphthong, moving from the position of /aa/ described above, to the position of /əə/ described above.

/ao/   as in /cao/ 'thief'. Falling diphthong, moving from a sound similar to English <u>a</u> in <u>Father</u> to a sound similar to the English <u>o</u> in <u>song</u>.

/ɑɑ/   as in /kɑɑ/ 'neck'. Low central unrounded vowel, backer than the English <u>a</u> in <u>Father</u>, but fronter than the English <u>aw</u> in <u>law</u>.

/uu/   as in /tuuk/ 'boat'. High back rounded vowel, like the English <u>oo</u> in <u>boot</u>.

/uə/   as in /muəq/ 'hat'. Falling diphthong, moving from the position of /uu/ described above to a position somewhat lower than /əə/ above.

/oo/   as in /koo/ 'ox'. Higher-mid back rounded vowel with lax and breathy articulation, similar to French <u>ô</u> in <u>rôle</u>.

/ou/   as in /koun/ 'offspring'. Tense falling diphthong, moving from a position lower than, to a position higher than, /oo/ above; like American English <u>o</u> in <u>go</u>.

/ɔɔ/   as in /rɔɔk/ 'to seek'. Lower-mid back semi-rounded vowel with lax and breathy articulation. Occurs only long.

/ɔə/   as in /pɔə/ 'color'. Falling diphthong, moving from the position of /ɔɔ/ described above to a position lower and backer than /əə/ above.

Short Vowels and Diphthongs

/i/   as in /cih/ 'to ride'. High front unrounded short vowel, like English <u>i</u> in <u>sit</u>.

/e/   as in /seh/ 'horse'. Mid front unrounded short vowel, like English <u>e</u> in <u>set</u>.

/ɨ/   as in /kɨt/ 'to think'. High central unrounded short vowel; shorter and lower than /ɨɨ/ described above.

/ə/   as in /bət/ 'to close'. Mid central unrounded short vowel, slightly higher than <u>u</u> in standard American English <u>but</u>.

/a/   as in /kat/ 'to cut'. Lower-mid front-of-center unrounded short vowel, similar to French <u>a</u> in <u>patte</u>.

/ɑ/   as in /kɑt/ 'to jot down'. Low central unrounded short vowel, identical in quality with its long counterpart /ɑɑ/ above.

/u/   as in /tuk/ 'to keep'. High back rounded short vowel, lower in quality than its long counterpart /uu/ described above.

/o/   as in /kon/ 'film'. Mid back rounded short vowel, slightly diphthongized [o^u] in some environments.

/eə̆/   as in /neə̆q/ 'person'. Tense falling diphthong, moving from a position lower than /e/ above to a mid central position.

/uə̆/   as in /luə̆q/ 'to sell'. Sometimes falling, sometimes rising, short diphthong, moving from a position somewhat lower than /u/ above to a mid central position.

/o͝ə/ as in /ko͝ət/ '3rd person pronoun'. Sometimes falling, sometimes rising, short diphthong, moving from a position slightly lower than /o/ above to a mid central position.

D. WORD STRUCTURE

1. Monosyllables

The structure of monosyllables is shown by the formula $C_1(C_2)(C_3)V_1(V_2)(C_4)$, with the limitation that if V_2 doesn't occur, then C_4 must occur. In other words, short vowels are always followed by a consonant in stressed syllables. Thus monosyllables containing a short vowel or diphthong will have one of the following three shapes; the third is rare.

1) CV́C   /bət/ 'to close'   /kɨt/ 'to think'
2) CCV́C   /sdap/ 'to hear'   /proh/ 'male'
3) CCCV́C /sthət/ (~ /thət/) 'to be located'

Monosyllables containing a long vowel or diphthong occur in the following five shapes; the fifth is rare.

1) CV́V   /kaa/ 'work'   /puu/ 'uncle'
2) CV́V̙C   /baan/ 'to have'   /qaoy/ 'to give'
3) CCV́V   /chɨɨ/ 'to be ill'   /psaa/ 'market'
4) CCV́V̙C   /craən/ 'much'   /sqaat/ 'to be clean'
5) CCCV́V̙C /sthaan/ (~ /thaan/) 'place' /lkhaon/ 'drama'

Sequences of three initial consonants occur only rarely, and then C_3 is always /h/.

2. Disyllables

Minor disyllables[2] consist of an unstressed presyllable of shape CV+, CrV+, CVN+, or CrVN+, followed by a stressed syllable. Minor syllables occur with high frequency in Cambodian, and might almost equal the monosyllable in total inventory if not in frequency. In minor disyllables the vowel of the unstressed presyllable is usually reduced to /ə/ in normal speech.

Examples: CV+Ś   /kɑkáay ~ kəkáay/ 'to scratch about'
             CrV+Ś   /prɑkán ~ prəkán ~ pəkán/ 'to object'
             CVN+Ś   /baŋkáət ~ bəŋkáət ~ pəkáət/ 'to originate'
             CrVN+Ś /prambə́y ~ prəmbə́y ~ pəmbə́y/ 'eight'

Major disyllables consist of two stressed syllables in close juncture. Most such words are compounds; some, however, are morphologically simple (as are the first two examples below).

Examples: /sìəwphɨ́w/ (~/səphɨ́w/) 'book'
             /phìəsáa/ 'language'
             /bùəŋ-súəŋ/ 'to pray'
             /sdúəc-sdáəŋ/ 'insignificant'

---

2. My use of the terms "minor" and "major" disyllable differs somewhat from that of Henderson in Eugénie J. A. Henderson, "The Main Features of Cambodian Pronunciation," Bulletin of the School of Oriental and African Studies, 14 (1952), pp. 149–74.

3. Polysyllables

Polysyllables are rare in colloquial speech, and can usually be identified as loanwords from Pali, Sanskrit, or French sources. Words of up to six syllables occur in formal speech, and even longer words occur in written texts. Such polysyllables tend to conform in normal speech to the stress pattern typical of disyllables; i.e. alternation of an unstressed with a stressed syllable.

Examples: Three syllables: /thŏəm+mə+dáa/ 'usually'
             Four syllables: /pút+tə+sáh+snáa/ 'Buddhism'
             Five syllables: /ríəc+rŏət+tháa+phi+báal/ 'royal government'
             Six syllables: /wi+cáa+rə+náq+kə+tháa/ 'editorial'

E. MARGINAL PHONEMES AND PHONEME COMBINATIONS

Certain marginal phonemes and combinations are introduced by French loanwords which are not completely assimilated to the phonological structure of native Cambodian words.

Phonemes: /š/ in /šaek/ 'check' (Fr. cheque)
             /z/ in /qaazii/ 'Asia' (Fr. Asie)
             /g/ in /qɑŋlei/ 'English' (Fr. anglais)

Combinations: /by/ and /eə/ in /byeə/ 'beer' (Fr. bière)

III. THE CONSONANT SYMBOLS

A. NAMES AND VALUES OF THE CONSONANT SYMBOLS

There are thirty-three consonant symbols in the Cambodian writing system. As in the Indic alphabet from which they are derived, they are arranged in five groups based on position of articulation, proceeding from the back to the front of the mouth, and a sixth group usually labeled Miscellaneous. These designations are accurate for modern Cambodian, except that the "Retroflexes" are pronounced as dentals in Cambodian. In the chart below, the consonant symbols of Cambodian are listed in their dictionary order, which should be memorized by the student for efficiency in the use of dictionaries. Each symbol is followed by its name when pronounced in isolation, and its values before a vowel, when first in a consonantal cluster, and when in final position.

Chart 1

Group	No.	Symbol	Name	Values		
				Before Vowel	First in Cluster	Final
VELARS	1	ᝅ	kɑɑ	k	k	k
	2	ᝅ	khɑɑ	kh	k	k
	3	ᝅ	kɔɔ	k	k	k
	4	ᝅ	khɔɔ	kh	k	k
	5	ᝅ	ŋɔɔ	ŋ	-	ŋ
PALATALS	6	ᝅ	cɑɑ	c	c	c
	7	ᝅ	chɑɑ	ch	c	-
	8	ᝅ	cɔɔ	c	c	c
	9	ᝅ	chɔɔ	ch	c	-
	10	ᝅ	ñɔɔ	ñ	-	ñ

13

Group	No.	Symbol	Name	Values		
				Before Vowel	First in Cluster	Final
RETROFLEXES	11	ដ	daa	d	d	t
	12	ឋ (ឌ)	thaa	th	t	t
	13	ឌ	dɔɔ	d	-	t
	14	ឍ	thɔɔ	th	-	t
	15	ណ	naa	n	n	n
DENTALS	16	ត	taa	t	t	t
	17	ថ	thaa	th	t	t
	18	ទ	tɔɔ	t	t	t
	19	ធ	thɔɔ	th	t	t
	20	ន	nɔɔ	n	-	n
LABIALS	21	ប	baa	b	p	p
	22	ផ	phaa	ph	p	p
	23	ព	pɔɔ	p	p	p
	24	ភ	phɔɔ	ph	p	p
	25	ម	mɔɔ	m	m	m
MISCELLANEOUS	26	យ	yɔɔ	y	-	y
	27	រ	rɔɔ	r	-	Ø
	28	ល	lɔɔ	l	l	l

Group	No.	Symbol	Name	Values		
				Before Vowel	First in Cluster	Final
MISCELLANEOUS (cont.)	29	ឝ	wɔɔ	w	-	w
	30	ស	sɑɑ	s	s	h
	31	ហ	hɑɑ	h	∅	-
	32	ឡ	lɑɑ	l	-	-
	33	អ	qɑɑ	q	q	-

B. NOTES ON THE CONSONANT SYMBOLS

1. The Two Series

Notice that the names of some consonant symbols have the vowel /ɑɑ/ while others have the vowel /ɔɔ/. Consonants which are pronounced with an inherent /ɑɑ/ vowel are called ឝៃឬាស: /qakhoosaq/ 'voiceless' in Cambodian, and consonants which are pronounced with an inherent /ɔɔ/ are called ឝឬាស: /khoosaq/ 'voiced', based on the values which they had in the Indic writing system.[1]

These terms are not relevant to the phonological values of the two series of consonants in modern Cambodian, since each consonant symbol has the same phonological value as its counterpart in the opposite series. Thus we will refer to them simply as the 1st Series and 2nd Series respectively. The distinction between the two series is essential to reading Cambodian, since the value of a following vowel symbol is determined by the series to which the initial, or "governing," consonant symbol belongs. In other words, the Cambodian writing system doubles the function of its vowel symbols by using two sets of consonant symbols with a single set of vowel symbols. It follows that there are two consonant symbols for every consonant sound, and two values for every vowel symbol. Thus Cambodian has a syllabic writing system, in the sense that the pronunciation of syllables is represented by configurations of symbols, as opposed to an alphabetic writing system, where a sequence of symbols has a one-to-one relationship with a sequence of sounds. This idea of configuration is strengthened by the fact that vowel symbols are written before, above, below, after, and around the consonant symbol after which they are pronounced.

---

1. The two series are sometimes also referred to as សំឡេងតូច /samleiŋ touc/ 'small voice' and សំឡេងធំ /samleiŋ thom/ 'large voice', or សំឡេង(ស្រាល /samleiŋ sraal/ 'light voice' and សំឡេងធ្ងន់ /samleiŋ tŋŭən/ 'heavy voice' respectively.

2. Conversion

Those 1st series symbols which lack a counterpart in the 2nd series, name-ly ឞ /baa/, ស /saa/, ហ /haa/, and អ /qaa/ can be "converted" to 2nd series symbols by the addition of the diacritic (ត្រីស័ព្ទ /trəysap/ (៊́) to the 1st series symbol, giving ឞ̃ /bɔɔ/, ស̃ /sɔɔ/, ហ̃ /hɔɔ/, and អ̃ /qɔɔ/, so that a following vowel symbol is pronounced with its 2nd series value.[2] Those 2nd series symbols which have no counterparts in the 1st series, namely ង /ŋɔɔ/, ញ /ñɔɔ/, ម /mɔɔ/, យ /yɔɔ/, រ /rɔɔ/, and វ /wɔɔ/, can be con-verted to 1st series symbols by the addition of the diacritic មូសិកទន្ត /museqkətŏən/ (៉), giving ង̈ /ŋaa/, ញ̈ /ñaa/, ម̈ /maa/, យ̈ /yaa/, រ̈ /raa/, and វ̈ /waa/. When a vowel symbol that is written above the consonant symbol occurs with a converted consonant symbol, the /museqkətŏən/ (៉) and /trəysap/ (៊́) are replaced by the ក្បៀសក្រោម (ក្) ម /kbiəh kraom/ (៓) under the consonant symbol; e.g. ស̃ī > សៈ /sii/ 'to eat', ម̈ឹន > មៈន /məin/ '10,000'. However, the /trəysap/ is usually written above a converted ហ or អ despite a superscript vowel, although either form may occur; e.g. ហ̃ិង ~ ហិ̃ង /hiiŋ/ 'a kind of toad'; អ̃ី ~ អ̃ី /qii/ 'an interjection'. In the dictionary, words spelled with these converted symbols follow words spelled with their counter-parts and <u>having the same vowel symbol</u>.

The /museqkətŏən/ is also used to convert the symbol ឞ /baa/ to ឞ̈ /paa/, which does not otherwise exist in the 1st series. All words spelled with ឞ̈ fol-low all words spelled with ឞ in the dictionary order.

3. The Symbol ឞ /baa/

When ឞ /b/ is followed by the vowel symbol ◌ា , it has the alternative form បា to distinguish it from ឞ + ◌ា and from ហ ; e.g. បាយ /baay/ 'cooked rice' ចាយ /caay/ 'to spend', សេះ /hay/ 'horse (lit.)'.

The symbol ឞ /b/ is pronounced /p/ in the following circumstances:

---

2. The /trəysap/ should be carefully distinguished from the សក់ /saq/ (៊́) which occurs as an integral part of the symbols ក , គ , ឞ , ឆ , ឈ ម , and គ.

a) When it is converted to /p/ by the /museqkətŏən/: 𝓘 or ៉

ภา /paa/ father $\qquad$ ៉ /pəy/ flute

b) When it occurs with a subscript:

ប្ដី /pdəy/ husband $\qquad$ ៖ប្រ /praə/ to use

Such words follow words spelled with ៉ in the dictionary.

c) In some words an initial ប is pronounced /p/ even though it is written neither with the /museqkətŏən/ nor a subscript. Such words are listed inconsistently in the dictionary, sometimes occurring among words spelled with an initial ប , and sometimes among words spelled with initial ៉ :

បច្ចយ /paccay/ money (clergy)

បច្ចុប្បន /paccobɑn/ the present

d) In final position:

ប្រាប់ /prap/ to tell

ឈប់ /chup/ to stop

4. The Symbol ត /tɑɑ/

The symbol ត is normally pronounced /t/ (តា /taa/ 'old man', ត្រួត /truət/ 'to examine'), but when it occurs as the initial symbol of disyllabic words whose first syllable ends in a nasal /m, n, ñ, or ŋ/, it is pronounced /d/; e.g. តង្វាយ /dəŋwaay/ gift. In the official <u>Cambodian Dictionary</u> ត is used as the initial for all disyllables whose underlying form is spelled with a ត or ឌ , e.g.:

ត	/tɑɑ/ to continue	>	តំណ	/dɑmnɑɑ/ extension
តៃ្ល	/tlay/ to be valuable	>	តម្លៃ	/dɑmlay/ value

Derivatives of bases spelled with ឌ /d/ are spelled with ឌ .

ឌើរ	/daə/ to walk	>	ឌំណើរ	/dɑmnaə/ process

However, due to the homophony between ឌ and ត in this position, such words may be found spelled either way.

5. The Retroflexes

Since there are no retroflex consonants in Cambodian, the Retroflex symbols are available for other uses. The symbols ឌ and ឍ are used to represent /d/

in the 1st and 2nd series respectively, and the Retroflex nasal ណ is used to represent a 1st series /n/. The symbols ឋ /thaa/, ឌ /dɔɔ/ and ឍ /thɔɔ/ are rare, occurring only in a few words of Pali or Sanskrit origin.

6. The Aspirates

Symbols ឆ ឈ ឋ ឍ ថ ធ ផ ឝ ភ , and ឃ , which represented aspirated consonants in the script from which they were borrowed, represent sequences of a stop + /h/ in Cambodian. When they occur as the first member of a written cluster, however, they represent the unaspirated stops /p t c k/.

7. Final – រ

Notice that when រ /r/ occurs in final position, it is not pronounced (represented Ø in the chart); e.g. ការ /kaa/ 'work', ខ្មែរ /kmae/ 'Cambodian'.

8. Special Combinations

The symbol ហ is combined with the subscript form of វ (̣ ; see Chapter V) to represent the consonant /f/; e.g. ហ្វឹក /fək/ 'to train', កាហ្វេ /kaafei/ 'coffee'. In some words ហ is pronounced /waɑ/ as if it were the 1st series counterpart of វ ; e.g. ហ្វូង /wouŋ/ 'flock, crowd'. ហ also sometimes combines with the subscript forms of ម /mɔɔ/, ន /nɔɔ/, and ល /lɔɔ/ to represent the 1st series counterparts of those symbols; e.g. ហ្ម /maɑ/, ហ្ន /naɑ/, and ហ្ល /laɑ/.

C. THE TWO SERIES CONTRASTED

In the following chart, each consonant symbol is correlated with its counterpart in the opposite series, and both forms are exemplified. Where possible, the examples are words whose spellings differ only with regard to the initial consonant in order to show the influence of each series on the value of a following vowel symbol. The matter is treated fully however, in Chapter IV: The Vowel Symbols.

Chart 2. The Two Series Contrasted

Sound	1st Series Symbol	1st Series Example	2nd Series Symbol	2nd Series Example
k	ក	ក /kɑɑ/ neck	គ	គ /kɔɔ/ mute
kh	ខ	ខាត់ /khat/ to polish	ឃ	ឃាត់ /khŏət/ to prevent
ŋ	ង	ងាវ /ŋaaw/ noise-maker	ង	ងារ /ŋiəw/ a kind of clam
c	ច	ចា /caa/ to inscribe	ជ	ជា /ciə/ be
ch	ឆ	ឆោង /chaoŋ/ interval	ឈ	ឈោង /chooŋ/ to reach out
ñ	ញ	ញាំ /ñam/ to eat	ញ	ញាំ /ñŏəm/ meat salad
d	ដ	ដុង /don/ elephant command	ឌ	ឌុន /dun/ alike
t	ត	តា /taa/ old man	ទ	ទា /tiə/ duck
th	ថ	ថូ /thou/ vase	ធ	ធូរ /thuu/ relaxed
	ឋ	ឋាន /thaan/ place, site	ឍ	ឍោល /thiəl/ a large drum
n	ន	នាយ /naay/ bored	ន	នាយ /niəy/ chief
	ណ	ណឹង /nəŋ/ (~ /nɨŋ/) that's right		
b	ប	ប (ក) /bot/ son	ប៊	ប៊ក /but/ a personal name
p	ប៉	ប៉ិ /pəy/ flute	ព	ព /pii/ from
ph	ផ	ផាយ /phaay/ to run at full speed	ភ	ភាយ /phiəy/ to circulate
m	ម៉	រ៉ម៉ /mae/ mother	ម	រម /mɛɛ/ polite response particle
	ម	មាត់ /mat/ fine, powdered		

Sound	1st Series		2nd Series	
	Symbol	Example	Symbol	Example
y	យ៉	យ៉ាង /yaaŋ/ kind; variety	យ	យាង /yiəŋ/ go (royalty)
r	រ៉	រ៉ង /rouŋ/ rattling noise	រ	រង /ruuŋ/ hole
l	ឡ	ឡេង /leiŋ/ a personal name	ល	លាង /leeŋ/ to play
	លួ	លួង /luəŋ/ king		
w	វ៉	វ៉យ /way/ to hit	វ	វិ៎យ /wɨy/ quick, clever
	វួ	វួង /wouŋ/ flock, crowd		
s	ស	សយ /səy/ wicker ball	ស៊	ស៊ី /sii/ to eat
h	ហ	ហាង /haaŋ/ shop, store	ហ៊	ហ៊ាន /hiən/ to dare
q	អ	អ៊ី /qəy/ what	អ៊	អ៊ី /qii/ interjection
f	ហ្វ	ហ្វក /fək/ to practice	ហ៊្វ	ហ៊្វីស៊ិក /fiizik/ physics

D. FINAL CONSONANTS

Although only thirteen consonants occur finally in Cambodian syllables (See Chap. II, A), all the consonant symbols in Chart 1 except ស , ឡ , វ , រ , ហ , ឡ , and អ are used to represent final consonants in Cambodian. Although the symbol រ occurs finally in many words, it is not pronounced, since final /-r/ does not occur in Standard Cambodian.[3] However, it sometimes serves to distinguish orthographically between homonyms, e.g.

ក   /kaa/ to address (a letter): កា រ /kaa/ work

គូ   /kuu/ pair   : គូ រ /kuu/ to draw

ពី   /pii/ from   : ពីរ /pii/ two

_____

3. Words spelled with a final រ were presumably pronounced with final /-r/ when Cambodian was first written, and in certain dialects of northwestern Cambodian and northeastern Thailand such words are still pronounced with final /-r/.

The symbols ក , ច , គ and ឫ represent final /-q/ after the vowels /a, aa, ɑ, ɑɑ, eə̆, uə̆, iə, ɨə, uə/, and final /-k/ elsewhere. A given final consonant may be presented by a variety of symbols. In the chart below the most common, or characteristic, representation is exemplified first.

Chart 3. Representation of Final Consonants

Final Consonant	Representation	Example	
1. -p	ប	រៀប	/riəp/ to arrange
	ភ	ភាភ	/phiəp/ aspect
	ព	លោភ	/loop/ greed
2. -t	ត	កាត់	/kat/ to cut
	ទ	បាទ	/baat/ polite response used by men
	ឌ	ប្រាកដ	/praakɑt/ exact
	ដ	ឥដ្ឋ	/qət/ brick
	ធ	បាធ	/baat/ to tell, recite (clergy)
	ឌ	ក្រុឌ	/krut/ garuda
	ថ	ប្រមាថ	/prɑmaat/ to scorn, despise
	ស	អាវុធ	/qaawut/ weapon
	ឍ	អាសាឍ (~ អាសាធ)	/qaasaat/ June-July
3. -c	ច	តូច	/touc/ small
	ជ	រាជ	/riəc/ reign
4. -k (after vowels other than those in 5 below)			
	ក	ជីក	/ciik/ to dig
	គ	រោគ	/rook/ disease

Final Consonant	Representation	Example	
4. -k	_(script)_	_(script)_	/muk/ face
	(script)	_(script)_	/meek/ sky

5. -q (after /a, aa, ɑ, ɑɑ, ĕə, ŭə, iə, ɨə, uə/)

	Representation	Example	
	(script)	_(script)_	/kaaq/ refuse, residue
	(script)	_(script)_	/niəq/ dragon
	(script)	_(script)_	/pisaaq/ April-May
	(script)	_(script)_	/miəq/ January
	Ø	(no consonant) after short vowels in final position	
		(script)	/wɨttyuq/ radio

Final Consonant	Representation	Example	
6. -m	_(script)_	_(script)_	/taam/ to follow
	(script)	_(script)_	/dom/ piece; _(script)_ /tum/ ripe
	(script)	_(script)_	/cɑm/ exact; _(script)_ /tum/ to perch
	(script)	_(script)_	/cam/ remember; _(script)_ /cŏəm/ bruised
7. -n	_(script)_	_(script)_	/miən/ to have
	(script)	_(script)_	/bouraan/ ancient
8. -ñ	_(script)_	_(script)_	/tiəñ/ to pull
9. -ŋ	_(script)_	_(script)_	/dəŋ/ to know
	(script) (after /ii/)	_(script)_ (~ _(script)_)	/riiŋ/ dried up
10. -w	_(script)_	_(script)_	/qaaw/ shirt
	(script)	_(script)_	/haw/ to call; _(script)_ /tɨw/ to go

Final Consonant	Representation	Example	
11. -y	ឫ៝	ឃ៝ ឫ	/baay/ cooked rice; food
	្រ្	្រ្ឫ	/cay/ louse; ្រ្ៗ /prɨy/ forest
12. -l	ល	ក៝ ល	/kaal/ time
13. -s	ស	សូ្ម្ទោស	/soum-toos/ I beg your pardon

(ស is pronounced as final /-s/ only in a very formal reading style; in normal speech it is pronounced /-h/.)

| 14. -h | ស | ឆ៝ ស់ | /cah/ old |
| | -ះ | ប៉ះ | /pah/ to patch; ទះ /teəh/ to slap |

(-ះ /reəhmuk/ always represents final /-h/, and when no vowel symbol occurs, it represents /-ah/ after a 1st series consonant and /-eəh/ after a 2nd series consonant.)

IV. THE VOWEL SYMBOLS

A. NAMES OF THE VOWEL SYMBOLS

Cambodian vowel symbols may consist of one or a combination of elements written before, above, below, or after the initial consonant symbol. The complex symbols should be learned as units, since their values may bear little relation to the values of their individual components. As was pointed out in Chapter III, B 1, the pronunciation of a vowel symbol in Cambodian is determined by the series of the initial consonant that it accompanies. When referring to a given

vowel symbol, Cambodians usually use the word (ស្រៈ) /sraq/ 'vowel' followed

by the 1st series value of the symbol. These names are preceded phonologically by /q-/, since every syllable in Cambodian must begin with a consonant. In the chart that follows, the vowel symbols are listed in their dictionary order (in Cambodian dictionaries, words are ordered <u>primarily</u> by initial consonant, <u>secondarily</u> by vowel symbol). Each symbol is followed by its name, its 1st series value, and its 2nd series value.

Chart 1. The Names of the Vowel Symbols

| Symbol | Name | Values | | Symbol | Name | Values | |
		1st Series	2nd Series			1st Series	2nd Series
1. —	sraq qɑɑ	ɑɑ	ɔɔ	9.	sraq quə	uə	uə
2. —ʾ	sraq qaa	aa	iə	10.	sraq qaə	aə	əə
3. —	sraq qeq	e	i	11.	sraq qɨə	ɨə	ɨə
4. —	sraq qəy	əy	ii	12.	sraq qiə	iə	iə
5. —	sraq qəq	ə	ɨ	13.	sraq qei	ei	ee
6. —	sraq qəɨ	əɨ	ɨɨ	14.	sraq qae	ae	ɛɛ
7. —	sraq qoq	o	u	15.	sraq qay	ay	ɨy
8. —	sraq qou	ou	uu	16.	sraq qao	ao	oo

24

Symbol	Name	Values		Symbol	Name	Values	
		1st Series	2nd Series			1st Series	2nd Series
17. ໄ-ຽ	sraq qaw	aw	ɨw	20. -ຽ̊	sraq qam	am	ŏəm[1]
18. -̊	sraq qom	om	um	21. -̊	sraq qah	ah	eəh
19. -̊	sraq qam	ɑm	um[1]				

1. When the vowels -̊ and -ຽ̊ are recited as part of the Cambodian syllabary, they have the special syllabary pronunciations /qŏəm/ and /qeəm/ respectively in the 2nd series. In actual words, however, they have the values shown above; in fact the phonological sequence /-eəm/ occurs only in the 2nd series

syllabary pronunciation of -ຽ̊ .

B. VALUES OF SYLLABIC CONFIGURATIONS

The value of a given symbol may also depend on its environment; i.e. on the final consonant symbol that follows it in the same syllable, and on stress factors. Vowel sounds are also represented by the absence of a vowel symbol, by certain configurations of consonant symbols, and by various diacritics. It is thus clear that the Cambodian syllable must be read as a <u>configuration</u>. In the following chart, all the configurations by which vowels are <u>regularly represented</u> are listed in the order in which they occur in the official <u>Cambodian Dictionary</u> of the Buddhist Institute (Bibliography Item 4), and each configuration is exemplified in both series.

Chart 2. Values of Syllabic Configurations

Symbol	1st Series	2nd Series
	Value and Exemplification	Value and Exemplification
1. -	/ɑɑ/ ឥ /kɑɑ/ neck	/ɔɔ/ ឥ /kɔɔ/ mute
2. - -̸	/ɑ/ ឥ ឥ̸ /kɑt/ jot down	/u/ before Labial finals
		ឥឥ̸ /tup/ to stop up
		/uə/ elsewhere
		ឌ ឥ̸ /yuəl/ to understand

Symbol	1st Series	2nd Series
	Value and Exemplification	Value and Exemplification
3. –័–	/a/ ស័ក /saq/ era	/ĕə/ before Velar finals ល័ខ /lĕəq/ gum-lac /ŏə/ elsewhere (except below) ទ័ព /tŏəp/ army
4. –័យ	/ay/ សម័យ /samay/ era	/ɨy/ ជ័យ /cɨy/ victory
5. –័រ		/ɔə/ ជ័រ /cɔə/ resin
6. –ា	/aa/ តា /taa/ grand-father	/iə/ ជា /ciə/ to be
7. –ា–់	/a/ កាត់ /kat/ to cut	/ĕə/ before Velar finals ទាក់ /tĕəq/ to trap /ŏə/ elsewhere គាត់ /kŏət/ he, she, they
8. –ិ	/eq/ in stressed syllables មតិ /matteq/ opinion /e/ in unstressed syllables កិរិយា /keriyaa/ conduct	/iq/ in stressed syllables លទ្ធិ /latthiq/ pre-cept /i/ in unstressed syllables និទាន /nitiən/ story
9. –ិ–	/ə/ ចិត្ត /cət/ heart, mind	/ɨ/ (except before យ) ជិត /cɨt/ near
10. –ិយ	/əy/ ចេតិយ /caetdəy/ stupa	/ii/ ឥន្ទ្រិយ /qəntrii/ power
11. –ិះ	/eh/ តិះដៀល /teh-diəl/ to ridicule	/ih/ ជិះ /cih/ to ride
12. –ី	/əy/ បី /bəy/ three	/ii/ ពីរ /pii/ two
13. –ឹ–	/ə/ ដឹក /dək/ transport	/ɨ/ ទឹក /tɨk/ water

Symbol	1st Series — Value and Exemplification		2nd Series — Value and Exemplification	
14.	/əh/	/ckəh/ to pry out		
15.	/əɨ/	/dəɨ/ fallow	/ɨɨ/	/kɨɨ/ as follows
16.	/oq/ in stressed syllables		/uq/ in stressed syllables	
		/woə̆tthoq/ artifact		/wɨttyuq/ radio
	/o/ in unstressed syllables		/u/ in unstressed syllables	
		/komaa/ child		/kulikaa/ pill
17.	/o/	/kon/ film	/u/	/kun/ merit
18.	/oh/	/coh/ to descend	/uh/	/puh/ boiled
19.	/ou/	/kou/ to stir	/uu/	/kuu/ pair
20.	/əw/	/trəw/ correct	/ɨw/	/nɨw/ consisting of
21.	/uə/	/kuə/ pod, ear	/uə/[1]	/kuə/ proper
22.	/aə/	/baə/ if	/əə/	/chəə/ wood
23.	/əh/	/caŋkəh/ chopsticks[2]		
24.	/ɨə/	/tɨə/ dwarfed	/ɨə/[1]	/cɨə/ to believe
25.	/iə/	/tiəp/ bowl	/iə/[1]	/tiəp/ nearly
26.	/ei/	/kei/ heritage	/ee/	/kee/ he, she, they
27.	/ə/ (before Palatals)		/ɨ/ (before Palatals)	
		/məc/ how, why		/plɨc/ to forget
		/cən/ to leave		/pɨñ/ full
28.	/eh/	/seh/ horse	/ih/	/nih/ this, here

Symbol	1st Series			2nd Series		
	Value and Exemplification			Value and Exemplification		
29. ៃ–	/ae/	ផ្ក	/kae/ to repair	/ɛɛ/	ផ្ក	/kɛɛ/ craw (of a fowl)
30. ៃ–ៈ	/eh/	ផ្កៈ	/keh/ a kind of goat			
31. ៃ–	/ay/	ៃប្រ	/pray/ salty	/ɨy/	ៃប្រ	/prɨy/ forest
32. ៃ–ៅ	/ao/	ៃកៅ	/kao/ to shave	/oo/	ៃកៅ	/koo/ cow, ox
33. ៃ–ៅៈ	/ɑh/	ៃកៅៈ	/kɑh/ island	/uəh/	ៃកៅៈ	/kŭəh/ to strike
34. ៃ–ៅ	/aw/	ៃតៅ	/taw/ bushel	/ɨw/	ៃតៅ	/tɨw/ to go
35. –ុំ	/om/	ដុំ	/dom/ piece, morsel	/um/	តុំ	/tum/ ripe
36. –ំ	/am/	ចំ	/cɑm/ exact	/um/	តំ	/tum/ to perch
37. –ាំ	/am/	ចាំ	/cam/ to remember	/ŏəm/	ជាំ	/cŏəm/ bruised
38. –ាំង	/aŋ/	តាំង	/taŋ/ to establish	/eəŋ/	ទាំង	/teəŋ/ all of
39. –ៈ [3]	/ah/	តៈ	/tah/ to wiggle	/eəh/	ទៈ	/teəh/ to slap

1.   The symbols for the diphthongs /uə, ɨə, iə/ (examples 22, 24, and 25 above) have the same pronunciation with either series of consonants, so that words containing these vowels are sometimes spelled both ways; e.g. /ciən/ 'to fry' is sometimes spelled ៃចៀន and sometimes ៃជៀន .

2.   This word is normally spelled ចាំៈ .

3.   The symbol ៈ /reəhmuk/ always represents a final /-h/; when it occurs after long vowel symbols, it both shortens and changes the quality of the vowel, as in examples 23, 28, 30, and 33 above; in example 39 it represents a short vowel + final /-h/.

C. THE INDEPENDENT VOWEL SYMBOLS

The independent vowel symbols are called (ស្រៈ ពេញ តួ) /sraq piñ tuə/

'complete vowels' because they incorporate both an initial consonant and a vowel.
In the chart below, symbols 1–10 include an initial /q-/ and are listed in the of-
ficial dictionary along with other words that are spelled with an initial អ and
the equivalent vowel symbol; e.g. words spelled with the independent initial vowel

អ /qə-/ follow words spelled with an initial អ៊ /qə-/. Symbols 11 and 12
include an initial /r-/, and follow all words spelled with initial រ ; symbols 13
and 14 include an initial /l-/ and follow all words spelled with an initial ល .

Since the independent vowel symbols occur in a relatively small number of
words, there is a certain amount of inconsistency in their use and pronunciation
by Cambodians themselves, especially with examples 1–5 and 8–10 below. Some
independent vowels, however, occur in quite common vocabulary items, such as

number 4 in ឪពុក /qəwpuk/ 'father', number 9 in ឲ្យ /qaoy/ 'to give', and

number 14 in ឮ /lɨɨ/ 'to hear'. Symbols 1–5 occur with both 1st and 2nd

series values, but most frequently with 1st series values. In the chart below, the
first value given for each symbol is the value that it has in the majority of the
words in which it occurs. Less common values are shown in succeeding examples.
Each symbol is followed by its equivalent spelling.

Chart 3. The Independent Vowel Symbols

Symbol	Name	Equivalent	Value	Example	
1. អ	sraq qeq	អិ	/qə-/	អត់	/qət/ not
		អឹ	/qɨ-/	អិន្ទុ	/qɨntuq/ the moon
		អី	/qəy/	អីឡូវ	/qəyləw/ now
2. ឫ	sraq qəy	អី	/qəy/	ឫសាន	/qəysaan/ northeast
3. ឩ	sraq qoq	អុ	/qo-/	ឧកញ៉ា	/qokñaa/ official of ministerial rank
		អុ	/qu-/	ឧបមា	/quppəmaa/ example
		ឨ	/qao/	ឧបាសក	/qaobaasaq/ layman
4. ឩ	sraq qou	អូ	/qou/	ឩដ្ឋ	/qout/ camel

Symbol	Name	Equivalent	Value	Example	
		ꬽ	/quu/	ꬽ	/quun/ deficient (lit.)
5. ꬾ	sraq qəw	ꬽꬽ	/qəw/	ꬾꬽ	/qəwpuk/ father
6. ꬾ	sraq qae	ꬽꬽ	/qae/	ꬾ	/qae/ at, as for
7. ꬾ	sraq qay	ꬽꬽ	/qay/	ꬾꬽꬽ	/qayrəwŏən/ Erawan
8. ꬾ	sraq qao	ꬽꬽ	/qao/	ꬾꬽ	/qaop/ to embrace
9. ꬾ	sraq qao	ꬽꬽ	/qao/	ꬾ	/qaoy/ to give
10. ꬾ	sraq qaw	ꬽꬽ	/qaw/	ꬾꬽ	/qawtŭəq/ water-plant
11. ꬾ	sraq rɨk	ꬽ	/rɨ-/	ꬾꬽ	/rɨhsəy/ bamboo
12. ꬾ	sraq rɨɨ	ꬽ	/rɨɨ/	ꬾ	/rɨɨ/ or
13. ꬾ	sraq lɨk	ꬽ	/lɨ-/	ꬾꬽ	/rumlɨk/ to commemorate
14. ꬾ	sraq lɨɨ	ꬽ	/lɨɨ/	ꬾ	/lɨɨ/ to hear

D. REDUNDANCY

In the preceding sections, it can be seen that the notation of Cambodian vowel sounds is "regular" in the sense that, given sufficient information about the environment of a vowel symbol, its pronunciation can be predicted; in other words, except where the independent vowel symbols are involved, it is seldom necessary to say: "sometimes pronounced ——, and sometimes pronounced ——." (There are some irregularities, however, which are dealt with in Chapter X.) The Cambodian writing system does depart from the principle of a one-to-one ratio between sound and symbol in that a given vowel sound can be represented in a variety of ways. The following chart takes the vowel sounds as the starting point and shows the various ways in which they may be represented in the writing system. The regular, or typical, spelling is given first, followed by less typical spellings.

The consonant symbol ꬽ is used as a base for 1st series syllables, and ꬽ is used for 2nd series syllables.

Chart 4. Vowel-to-Symbol Concordance

Long Vowels

Vowel	1st Series	2nd Series
1. /ii/		
2. /ee/		
3. /ei/		
4. /εε/		
5. /ɨɨ/		
6. /əə/		
7. /əɨ/		
8. /aa/		
9. /uu/		
10. /oo/		
11. /ou/		
12. /ɔɔ/		
13. /ɑɑ/		
14. /iə/		
15. /ɨə/		
16. /uə/		
17. /ae/		
18. /aə/		

Vowel	1st Series	2nd Series
19. /ao/	រគ , ឱ្ , ៃ , ឱ	
20. /ɔə/		គុើ , គលើ , គីុ

Short Vowels

Vowel	1st Series	2nd Series
1. /i/		គិ in unstressed syllables
/iq/		គិ in stressed syllables
/ih/		គិះ , រគះ
2. /e/	គេ in unstressed syllables	
/eq/	គេ in stressed syllables	
/eh/	គេះ , រគះ , ៃគះ , ៃគស	
3. /ɨ/		គឹ- , គឹ- , ឫ- , ឮ- , គឹ-
/ɨc/		គឹច , គឹច , រគច
/ɨñ/		គឹញ , គឹញ , រគញ
/ɨy/		ៃគ , គឹយ , រគយ
/ɨw/		រគៅ
4. /ə/	គឹ- , គឹ- , គឹ-	
/əc/	គឹច , គឹច , រគច	
/əñ/	គឹញ , គឹញ , រគញ	
/əy/	គឹ , ឱ្ , គិ	
/əw/	គឹៅ , ឱ	
/əh/	គឹះ , រគះ	

Vowel	1st Series	2nd Series
5. /a/	ស ៊ , ស ៊	
/ay/	ិស , ស ៊ , ្យ	
/aw/	សៅ , ្ស	
/am/	ស ំ	
/aŋ/	ស ំង	
/ah/	ស ៈ	
6. /u/		ស in unstressed syllables, ស – , ្ –
/up/		សប , សប
/um/		ស ំ , ស ំ , សប , សប
/uq/		ស in stressed syllables
7. /o/	ស in unstressed syllables ស – , ្ –	
/om/	ស ំ	
/oq/	ស in stressed syllables	
8. /ɑ/	ស ៊	
/ɑm/	ស ំ , សប ៊	
/ɑh/	ិសៈ , សស ៊	
9. /eəq/		ស ៊ before Velar Stops
/eəŋ/		ស ំង

Vowel	1st Series	2nd Series
/ĕəh/		ក៖ , គ៖
10. /ŭə/		គ៑ except before Labials
/ŭəh/		រគៈ , គស៑
11. /ŏə/		គ៑ except before Velars
/ŏəm/		គ៎

V. SUBSCRIPT CONSONANT SYMBOLS

A. SUBSCRIPT FORMS

When two consonant symbols are pronounced consecutively (without an intervening vowel) within a word, the second (and sometimes, in medial position, a third) consonant symbol is written in a special subscript form below the first symbol. The form of the subscript is in most cases a smaller version of its superscript counterpart, but without the (͞)ស្រ់ /saq/ 'hair' (not to be confused with the /trəysap/ (͞); see Chap. II, A 2) which adorns the top of seven consonant symbols. Some subscripts, on the other hand, bear no discernible relationship to their counterparts, and must be learned in addition to the basic superscript forms. These subscripts are called ເជີង ᧹្ស្សរ /cəəŋ qaqsɑɑ/ 'consonant feet' in Cambodian, and the resulting consonantal groups are referred to as ᧹្ស្សរ ᧹ក្ស /qaqsɑɑ dɑmruət/ 'combined consonants.'

Chart 1. The Subscript Forms

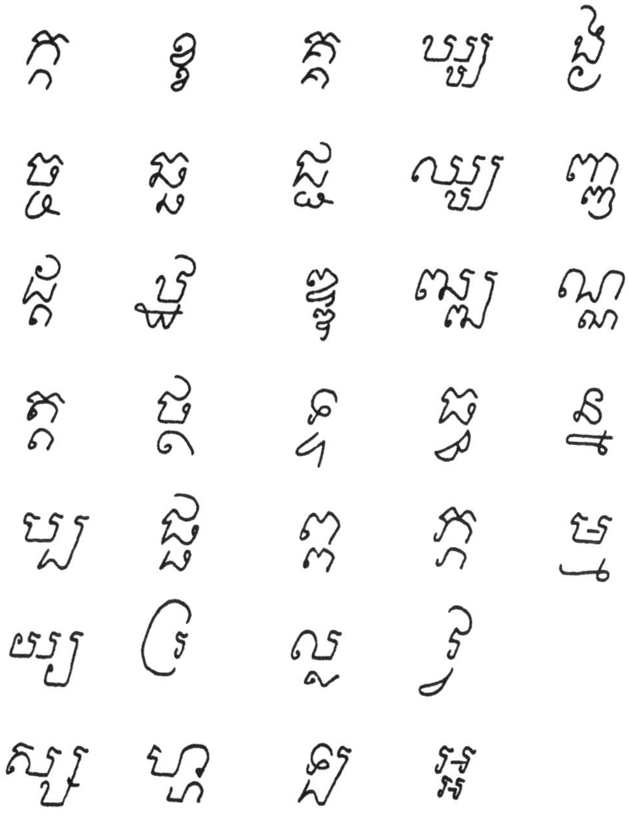

B. NOTES ON THE SUBSCRIPTS

1. Shapes of the Subscripts

a) The subscripts ◌ /khaa/, ◌ /dɔɔ/, ◌ /naa/, ◌ /pɔɔ/, ◌ /qaa/ are identical in form with their superscript counterparts.

b) The subscripts ◌ /kaa/, ◌ /kɔɔ/, ◌ /caa/, ◌ /chaa/, ◌ /taa/, ◌ /phɔɔ/, ◌ /phaa/, and ◌ /haa/ are identical with their superscript counterparts except that some small embellishment, usually referred to as ស់ក់ /saq/ 'hair', is omitted from top of the subscript: ◌ in the first six examples, ◌ in the case of ◌ /phaa/, and ◌ in the case of ◌ /haa/.

c) The subscripts ◌ /khɔɔ/, ◌ /chɔɔ/, ◌ /thɔɔ/ are reproductions of their superscripts whose final vertical strokes extend upward and end in a "hook" on a line with the hooks of the superscript.

d) The subscripts ◌ /baa/, ◌ /yɔɔ/, ◌ /saa/ are also characterized by a right-hand vertical stroke which hooks on a line even with the top of the superscript, but their subscript portions bear little resemblance to their counterparts.

e) The remaining subscripts bear little or no formal resemblance to their superscript counterparts: ◌ ◌ ◌ ◌ ◌ ◌ ◌ ◌ ◌ ◌ ◌

f) The subscript ◌ /rɔɔ/ precedes its superscript, e.g. ◌ /trəy/ 'fish'.

g) When ◌ /ɲɔɔ/ occurs as a superscript the ◌ element is omitted, e.g. ◌ /bañcia/ 'to order'; when ◌ occurs as its own subscript, it takes the full form ◌ , e.g. ◌ /kaññaa/ 'young lady'; otherwise it takes the form ◌ , e.g. ◌ /praacñaa/ 'intelligence'.

2. The Subscript ◌

The subscript ◌ serves as a subscript both for ◌ /daa/ and ◌ /taa/. In initial sequences the subscript ◌ is always pronounced /d/; e.g., ◌ /pdəy/ 'husband', ◌ /kdaa/ 'plank, board'. Medially, however, its pronunciation is unpredictable. As a general rule, it is pronounced /d/ when it occurs as a subscript to ◌ , and /t/ when subscript to ◌ ; e.g., ◌ /bandoh/ 'to grow, raise'; ស្ដី: /bɑntoh/'to criticize'. In some words, however, it is also

pronounced /d/ when subscript to ន ; e.g., សន្ដោស /sɑndaoh/'to pity';

សន្ដាន /sɑndaan/'family, lineage'. Since ◌្ក serves as subscript for both ក

and គ , and ឡ has no subscript form, there are only thirty-one subscripts,

compared with thirty-three consonant symbols.

3. Special Combinations

Certain special combinations of superscript plus subscript represent a single
phonological consonant rather than a sequence of consonants. They are:

a) ឡ /lɑɑ/ as in ឡាន /laan/ car

b) វ្ /fɑɑ/ ~ /wɑɑ/ as in ហ្វឹក /fɨk/ to practice, ហ្វូង /wouŋ/ crowd

c) ញ /nɑɑ/ as in ញ៉ង /nəŋ/ there, that's it

d) ម /mɑɑ/ as in ម៉ាត់ /mat/ fine, powdered

e) ល /lɑɑ/ as in ល្អួង /luəŋ/ king

4. Position of Vowel Symbols with Clusters

Compound vowel symbols enclose both an initial superscript and its subscript,

but are pronounced after the subscript, e.g. ព្រៃ /priy/ forest, ស្គ្វេង /cweiŋ/

left, ស្ដើម /pdaəm/ to begin, ប្រៀប /priəp/ to compare. The same is true with

medial written clusters, even though the superscript represents the final consonant
of a preceding syllable, e.g.:

បង្កើត /baŋkaət/ to originate   បង្គោល /baŋkool/ pillar

ចម្រៀង /camriəŋ/ song   ចម្រើន /camraən/ increase

This rule results in a particularly complex spelling in the common word ឥឡូវនេះ:

(~ ឥឡូវនេះ:) /qəyləw-nih/ 'now'.

5. Initial Clusters

a) With a very few exceptions, all occurrences of initial written clusters repre-
sent two-place initial sequences /CC-/ phonologically. When one of the aspirated

consonant symbols (⟨char⟩ , ⟨char⟩ , ⟨char⟩ , ⟨char⟩ , etc.) occurs as a superscript, it represents an unaspirated stop phonologically. Aspirated consonant symbols usually occur as superscripts in words where the subscript is a voiceless consonant or a nasal, e.g.:

⟨khmer⟩ /pteăh/ house, ⟨khmer⟩ /kñom/ I, ⟨khmer⟩ /ckae/ dog

Unaspirated consonant symbols usually occur as superscripts when the sub-

script is a voiced consonant or /r/; e.g., ⟨khmer⟩ /kbaal/'head', ⟨khmer⟩ /pdəy/

'husband', ⟨khmer⟩ /kruu/'teacher'. This difference in representing the same initial

consonant can be explained by the phonetic fact that in sequences of the first type, the first consonant is usually pronounced with slight phonetic aspiration, while in sequences of the second type the first consonant is usually unaspirated. These differences are non-contrastive, however, from a phonological point of view; i.e. no two initial consonant sequences ever contrast phonemically with regard to aspiration. The way in which initial consonant sequences are pronounced varies from dialect to dialect, with the result that the phonetic differences are not con-

sistently maintained in the writing system. For example, ⟨khmer⟩ /kmae/ 'Khmer'

is spelled with an aspirated initial, while ⟨khmer⟩ /kmeiŋ/ 'to be young' is spelled

with an unaspirated initial, although the sequence /km-/ is phonetically identical in the two words.

Thus while approximately 130 written sequences occur, there are only eighty-five phonologically permissible /CC-/ sequences at the beginning of Cambodian words.

b) When an initial cluster has an aspirated consonant symbol as a subscript, the cluster represents a three-place initial consonant sequence /CCC-/. Only

three such sequences occur in initial position: ⟨khmer⟩ /sthaanii/ 'station',

⟨khmer⟩ /mphɨy/ '20', ⟨khmer⟩ /lkhaon/ 'drama'.

6. Medial Clusters

a) <u>One subscript</u>. An even wider distribution of superscript plus subscript combinations occurs medially than occurs initially. The great majority of medial clusters have only one subscript, although a few have two.

1) <u>Medial clusters with nasal superscripts</u>. The commonest source of medial clusters are disyllables whose initial syllable has the shape /CVN-/ (Consonant-Vowel-Nasal). In such words the final nasal of the first syllable is written as a superscript, and the initial consonant of the following syllable is written as a

subscript. With the superscripts ⟨char⟩ , ⟨char⟩ , and ⟨char⟩ (or ⟨char⟩), there are

some limitations on what symbols occur as subscripts.

When the superscript is ង , the subscript will represent one of the consonants /k r h w q f kh/, e.g.:

សង្កត់ /saŋkat/ division   បង្កើម /baŋqaem/ sweets

បង្ហាត់ /baŋhat/ to train   បង្ខំ /baŋkham/ to enforce

When the superscript is ញ , the subscript will represent one of the consonants /c ch ñ/ (i.e. will be homorganic): បញ្ចំ /bañcam/ to pledge,

បញ្ជរ /bañchɔɔ/ to stand on end, សញ្ញា /saññaa/ sign

When the superscript is ន (or ណ), the subscript will represent one of the consonants /d t th l y s/: បន្តិច /bantəc/'a little', សន្សើម /sansaəm/ 'dew', សណ្ដែក /sandaek/'beans', កន្លែង /kanlaeŋ/'place'. However, when the superscript is ម , there are no limitations on the subscript; e.g., ដម្បាញ /dambaañ/'weaving', កម្ដៅ /kamdaw/'heat', កម្ចិល /kamcɨl/ 'laziness', សម្ងាត់ /samŋat/'confidental'.

In disyllables whose first syllable has the shape /CVm-/ the presyllable may be written either with the /niqkəhət/ ◌ � [1] (សំអរសរាយ /qaqsaa riəy/ 'horizontal letters') or with the final ម as a superscript and the initial of the second syllable as subscript (សំអរសក(ម្ក /qaqsaa damruət/ 'vertical letters').

The following examples are spelled both ways:

កំពស់ ~ កម្ពស់ /kampuəh/ height   ទំងន់ ~ ទម្ងន់ /tumŋuən/ weight

ដំឡូង ~ ដម្ឡូង /damlouŋ/ potatoes កំសត់ ~ កម្សត់ /kamsat/ sad

The result is that such words are spelled first one way and then another by the literate public. However, the trend seems to be toward more general use of the more efficient /niqkəhət/ spelling at the expense of the conjunct spelling. In the official <u>Cambodian Dictionary</u> of the Buddhist Institute, the /niqkəhət/ spelling is usually recommended where two spellings are possible, with two notable exceptions: in words spelled with an initial ក — , and in roughly half the entries

---

1. See Chapter IX, A 2 e for pronunciation of this symbol.

spelled with initial ករ— , the conjunct spelling is recommended: កម្កើន

(~ កំរើន) /damkaəŋ/ to elevate,   កម្រួត (~ កំរួត)/damruət/ to stack,

សម្ងាត់ (~ សំងាត់ /samŋat/ confidential, សម្ល (~ សំឡ) /samlɑɑ/

stew.

 2) <u>Geminate medial clusters</u>. Medial clusters in which the subscript is a repetition of the superscript are quite common. Such written clusters usually

represent doubled consonants phonologically: កិត្តិយស /kəttəyuəh/ fame,

បច្ច័យ /paccay/ contribution, បណ្ណាល័យ /pannaalay/ library,   ធម្មតា

/thoəmmədaa/ usual.

 When the syllable final value of a consonant symbol differs from its syllable-initial value, such clusters represent two different but closely related consonants phonologically, e.g.:

 សប្បាយ   /sapbaay/ (~ /səbaay/) to be comfortable

 អគ្គមហេសី /qaqkeəq-məhaesəy/ 1st royal wife,   ឫស្សី /rɨhsəy/ bamboo

 Many medial clusters have an unaspirated stop symbol as superscript with the homorganic aspirated stop symbol of the same series as subscript. Such clusters usually represent the sequence /CCh-/ phonologically, e.g.:

 អដ្ឋាធិប្បាយ /qatthaathibaay/ explanation   ពុទ្ធោ /putthoo/ heavens!

 មច្ឆា   /macchaa/ fish (elegant)   វត្ថុ /woətthoq/ artifact

 Aspirated subscripts tend to be pronounced as unaspirated consonants when they begin an unstressed syllable, e.g.:

 អក្ខរា   /qaqkəraa/ letter   អត្ថបទ /qattəbat/ article, composition

 ពុទ្ធសាសនា /puttəsahsnaa/ Buddhism

 b) <u>Two subscripts</u>. Three consonant symbols are written vertically in medial position in a few words, in which case the first consonant is written as a super-script and the following two are written as subscripts in the order of their pro-nunciation. Almost all such words contain a medial phonological sequence consist-ing of a nasal as the final consonant of the first syllable, followed by a syllable whose initial consonant is a stop homorganic with the preceding nasal, plus /-r-/:

 កន្ត្រោង /kañcrooŋ/ fox   កន្ត្រៃ /kantray/ scissors

ត្រ្ត /dantrəy/ music   សង្ក្រាម /saŋkriəm/ war

Three exceptions to this pattern occur in the following three loanwords:

1) អង្គ្លេស (sometimes spelled អង់គ្លេស) /qaŋkleeh/ (~ /qaŋglee/) English

2) សំស្ក្រឹត (sometimes spelled សំស្ក្រឹត) /saŋskrət/ Sanskrit

3) សាស្ត្រាចារ្យ /sahstraacaa/ professor[2]

7. Final Clusters

Many loanwords are spelled with an etymological final cluster, the subscripts of which are not pronounced, since only one consonant may occur phonologically at the end of a Cambodian word. Following are some common words spelled with final clusters:

មិត្ត	/mɨt/ friend	ចិត្ត	/cət/ heart, mind
ពុទ្ធ	/put/ Buddha	សត្វ	/sat/ animal
រដ្ឋ	/roət/ state	យន្ត	/yuən/ motor
មនុស្ស	/mənuh/	សំបុត្រ	/sambot/ letter
ប្រពន្ធ	/prapuən/ wife	សមុទ្រ	/samot/ ocean
ពាក្យ	/piəq/ word	ព្រះសង្ឃ	/preəhsaŋ/ priest
វេជ្ជ	/pɛɛt/ doctor	វង្ស	/wuəŋ/ group, circle
កម្ម	/kam/ karma	អាទិត្យ	/qaatɨt/ sun
បុណ្យ	/bon/ merit	ខេត្ត or ខេត្ត	/khaet/ province

If a final cluster has រ as superscript, they are both unpronounced, e.g.:

អាចារ្យ /qaacaa/ 'teacher'.

However, when a word which is spelled with a final cluster occurs as the first element of a compound, the subscript is activated as the initial of a following syllable, e.g.:

---

2. Examples 2 and 3 actually involve four phonological medial consonants, although only two are written as subscripts.

ម្ិត្តភាព   /mìttəphiəp/ friendship

រដ្ឋាភិបាល   /rŏətthaaphibaal/ government

ពុទ្ធសាសនា   /puttəsahsnaa/ Buddhism

កម្មករ   /kamməkɑɑ/ worker

VI. VOWEL GOVERNANCE

As shown in Chapter III, the pronunciation of a vowel symbol is determined, or "governed," by the series to which the initial consonant symbol belongs. However, in words with more than one initial consonant symbol, and in words of more than one syllable, the governance of the vowel series is more complex.

A. MONOSYLLABLES

1. If both superscript and subscript belong to the same series, there is no problem; e.g.
   Both superscript and subscript are Series 1; vowel is Series 1:

ញ្ញាល /kbaal/ head   ស្អែក /sqaek/ tomorrow   ផ្សេង /psein/ different

Both superscript and subscript are Series 2; vowel is Series 2:

ល្មម /lmɔɔm/ sufficient   ព្ចុំ /pcum/ to assemble   ម្នោះ /mnŏəh/ pineapple

2. If, however, the two consonant symbols belong to different series, the following two rules apply:

1) Any <u>stop</u> or <u>spirant</u> takes precedence over any <u>continuant</u> in determining the series of a following vowel. In other words, symbols representing the consonants of Group I below dominate symbols representing consonants of Group II:

Group I - Dominant					Group II - Passive			
p	t	c	k	q	m	n	ñ	ŋ
b	d				w	r	l	y
f	s		h					

a) In the following examples, the dominant consonant belongs to the 1st series, so the vowel has its 1st series value.
   Superscript is dominant, subscript is passive:

ត្រី /trəy/ fish   ផ្នែក /pnaek/ section   ស្វា /swaa/ monkey

Superscript is passive, subscript is dominant:

ម្ហូប /mhoup/ food   ម្ដាយ /mdaay/ mother   ល្ក /lqɑɑ/ pretty

b) In the following examples, the dominant consonant belongs to the 2nd series, so the vowel has its 2nd series value.
   Superscript is dominant, subscript is passive:

ឃ្លាន /kliən/ be hungry   ភ្នែក /pnɛɛk/ eyes   ឃ្ន /kniə/ together

43

Superscript is passive, subscript is dominant:

ម្ទេស /mteeh/ a pepper   ម្ចុល /mcul/ needle

Since both consonant symbols in these examples belong to the same series, there is no problem of governance; they are listed to provide contrast with the 1st series examples in a) above.

2) When both superscript and subscript are dominant, the series of the vowel is determined by the series of subscript. In the following examples, the superscript is 1st series while the subscript is 2nd series, so the vowel has its 2nd series value.

ផ្ទះ /pteəh/ house   ស្គាល់ /skŏəl/ to know   ខ្ពស់ /kpuəh/ to be high

In such words, only 1st series consonants occur as superscripts, since the series of the vowel is always determined by the subscript.

B. DISYLLABLES

Both of the foregoing can be summarized in a single unified rule, which is valid for all monosyllables, as well as for most disyllables, which contain pre-vocalic consonants of differing series.

RULE: In any syllable which is preceded in the same word by consonants of different series, the series of the vowel will be determined by the last preceding stop or spirant.[1]

1. In the following examples involving disyllables, the dominant consonant of the first syllable takes precedence over the passive consonant of the second syllable.

a) C_1 is 1st series, so the vowel of both syllables is 1st series:

ប្រយ័ត្ន /prɑyat/ to be careful   បារី /barəy/ cigarette

ច្រវាត់ /crɑwat/ criss-crossed   ស្រឡាញ់[2] /srɑlañ/ to like

កន្លែង /kɑnlaeŋ/ place   កំណើត[2] /kɑmnaət/ birth

b) C_1 is 2nd series, so the vowel of both syllables is 2nd series:

ព្រលឹម /prɔlɨm/ dawn   ទ្រនំ /trɔnum/ a perch

---

1. It should be understood that this rule as stated is merely a <u>rule of pronunciation</u> which is pedogogically useful for reading Cambodian. Historically, of course, quite the reverse is true: it is the pronunciation of a word which "determines" how it is written.

2. In these examples, the 1st series pronunciation of the second syllable vowel is also indicated by the 1st series symbols ឡ /lɑɑ/ and ណ /nɑɑ/, but the information is redundant.

ស័ង្ឃិត /kumnɨt/ thought   ទម្ងន់ /tumŋuən/ weight

In such words as these, of course, the problem of governance doesn't arise, since the initials of both syllables are 2nd series, with the consequence that the vowels of both syllables are 2nd series. However, these examples do illustrate the principle of "vowel harmony" which operates in disyllables whose second syllable has an initial continuant.

2. In disyllables each of whose syllables begins with a stop or spirant, the vowel series of each syllable is determined independently, consistent with the rule stated above. The great majority of such words have a 1st series vowel in the presyllable, regardless of the series of the 2nd syllable vowel.

a) 1st series vowel in both syllables:

កកាយ /kɑkaay/ to scratch about   កាហ្វេ /kaafei/ coffee

ប្រចាំ /prɑcam/ assigned to   បង្កើត /bɑŋkaət/ to originate

b) 1st series vowel in first syllable, 2nd series vowel in second syllable:

ប្រទេស /prɑteeh/ country   ត្រជាក់ /tracĕəq/ cool

សន្ទូច /sɑntuuc/ fish hook   បំភ្លឺ /bɑmplɨɨ/ to illumine

In a few words having a 2nd series stop or spirant in the second syllable, vowel harmony is maintained by requiring a 2nd series initial consonant in the first syllable.

ទទេះ /tɔteəh/ to flap about   ពិភាក្ស /cɔcɛɛk/ to discuss

ត្រទូង /trɔtuuŋ/ distance from toes to fingertips

In a few non-harmonic disyllables, however, the typical order is reversed, with a 2nd series vowel in the first syllable and a first series vowel in the second syllable.

របស់ /rɔbɑh/ thing   ជណ្ដើរ /cuəndaə/ stairs

3. Exceptions to the Rule

In some disyllables with an initial ហ in the second syllable, a 2nd series consonant in the first syllable imposes its series on the second syllable; i.e. ហ functions as a passive consonant.

ទំហំ /tumhum/ size   ទាហាន /tiəhiən/ soldier

វិហារ /wihiə/ temple

These words are sometimes written with a converted $\widetilde{\mathcal{U}}$; e.g., $\mathcal{A}\widetilde{\mathcal{U}}\mathcal{B}$,
thus conforming to the rule. In monosyllables, however, $\mathcal{U}$ is always domi-

nant, e.g., $\mathcal{U}\overset{2}{\mathcal{J}}$ /lhoŋ/ 'papaya'.

Conversely, in some disyllables (especially in some disyllables with initial
$\mathcal{H}$), a normally dominant initial consonant in the first syllable fails to impose
its series on a following passive consonant:

Irregular		Regular	
(ឫ $\mathcal{B}$)	/prawŏət/ history	(cf. ឫ $\mathcal{B}\mathcal{K}$ /crɑwat/ criss-crossed)	
ឈ$\mathcal{B}$	/qɑŋrɨŋ/ hammock	(cf. ឈ $\mathcal{B}\mathcal{B}$ /qɑmroh/ profession)	
ឈ$\mathcal{B}$	/qɑnləə/ category	(cf. ឈ$\mathcal{J}$ /qɑŋwɑɑ/ to beg)	

C. POLYSYLLABLES

In longer words, the rule applies much less consistently. The following two
examples are regular with regard to the rule.

       1)   ឝ$\mathcal{B}$ /caett$\ni$naa/ to like

       2)   ឝ$\mathcal{B}$ /weett$\ni$ni$\ni$/ miserable

In the first example, the syllable $-\mathcal{B}$ is pronounced /-naa/ because of a pre-
ceding 1st series $\mathcal{H}$; in the second example, $-\mathcal{B}$ is pronounced /-niə/ be-
cause of a preceding 2nd series $\mathcal{S}$. In the following two examples, however,
the first is regular, the second irregular:

1) ឝ$\mathcal{B}$/saqkəraac/ century

2) ឝ$\mathcal{B}$ /qaekkəriəc/ independence (rather than the expected */qaekkəraac/).

VII. DIACRITICS AND PUNCTUATION

A. DIACRITICS

The following special symbols, with the exception of the /sraq qɑm/ ($\overset{\text{o}}{-}$) and

the /reəhmuk/ ($\overset{\text{o}}{\text{o}}$), are usually treated as diacritics (វណ្ណយុត្តិ /woənnəyut/)

in Cambodian textbooks. The /sraq qɑm/ and /reəhmuk/ are listed as vowel symbols in Cambodian dictionaries (see Chapter IV, A), although in fact they represent combinations of vowel + consonant. These diacritics typically have several designations depending on the level of speech employed. There is furthermore a certain amount of confusion between them among literate Cambodians. Each symbol is listed here by its common pedagogical name, followed by alternative designations. Some of the following have already been encountered, but are included here for completeness.

1. The បន្តក់ /bantɑq/ ($\overset{\prime}{-}$)

The /bantɑq/ is sometimes called សង្កត់ /saŋkat/ or រស្សសញ្ញា

/reəhsaññaa/. Its occurrence over the final consonant symbol of a syllable shortens the vowel of that syllable.

a) In a syllable with no written vowel, it signals the short inherent vowel, i.e. /ɑ/ after a 1st series consonant symbol, and, after a 2nd series consonant symbol, /u/ before a labial consonant and /ŭə/ elsewhere.

បប់ /cɑp/ to finish	(cf.	ចាប /cɑɑp/ a hoe)
លុប /lup/ bird trap	(cf.	លោប /lɔɔp/ a fish trap)
លក់ /lŭəq/ to sell	(cf.	លោក /lɔɔk/ to channel)

b) The vowel $-\overset{?}{}$ followed by the /bantɑq/ is pronounced /a/ after a 1st

series consonant symbol, and, after a 2nd series consonant symbol, is pronounced /eə/ before a velar consonant symbol, and /oə/ elsewhere

ចាប់ /cap/ to catch	(cf.	ចាប /caap/ sparrow)
ពាក់ /peəq/ to wear	(cf.	ពាក្យ /piəq/ word)
មាន់ /moən/ chicken	(cf.	មាន /miən/ to have)

2. មូសិកទន្ត /museqkətoən/ ($\overset{\prime\prime}{-}$)

The /museqkətoən/ is sometimes referred to as ធ្មេញកណ្ដុរ /tmɨñ kandao/ 'rat's teeth'. It has two functions:

47

a) to convert the 2nd series consonant symbols ង , ញ , ម , យ , រ , and វ , which have no counterparts in the 1st series, to 1st series symbols, thus indicating a 1st series pronunciation of the vowel symbol. It is usually written over the right-hand portion of the consonant symbol.

យ៉ាង /yaaŋ/ kind (cf. យាង /yiəŋ/ to go (royalty))

ម៉ែ /mae/ mother (cf. មែ /mɛɛ/ polite response particle)

When the /museqkətŏən/ co-occurs with a superscript vowel symbol it is replaced by the ក្បៀសក្រោម /kbiəh kraom/ (ុ) written below the consonant. *ម៉ឺន > មុឺន /məɨn/ 10,000.

b) to convert the 1st series consonant symbol ប /baa/ to ប៉ /paa/, which doesn't otherwise exist.

ប៉ាន /paan/ to cover (cf. បាន /baan/ to have)

បុី /pəy/ flute (cf. បី /bəy/ three)

3. ត្រីសព្ទ /trəysap/ (៊)

The /trəysap/ is used to convert the 1st series symbols ប , ស , ហ , and អ , which have no 2nd series counterparts, to the 2nd series symbols ប៊ , ស៊ , ហ៊ , and អ៊ , so that a following vowel symbol is pronounced with its 2nd series value.

ហ៊ាន /hiən/ to dare (cf. ហាង /haaŋ/ shop)

អ៊ូ /quu/ dry-dock (cf. អូ /qou/ exclamation)

When it co-occurs with a superscript vowel, the /trəysap/, like the /museqkətŏən/ above, is replaced by the /kbiəh kraom/ (ុ).

*ស៊ី > សុី /sii/ to eat (cf. សី /səy/ caneball)

However, the /trəysap/ is usually written above a converted ហ or អ , despite a superscript vowel, although either form may occur; e.g., ហ៊ីង ~ ហុីង /hiiŋ/ 'a kind of toad'.

4. ស្ក្រ្បាក /niqkəhət/ (⚬̄)

The /niqkəhət/ (the Sanskrit <u>anusvāra</u>) is frequently referred to as the /sraq qam/, and sometimes as the /damləə/.

a) When placed over a consonant symbol, it represents the short inherent vowel + /m/: /-am/ with a 1st series consonant and /-um/ with a 2nd series consonant.

ចំ /cam/ exact,   ទុំ /tum/ to perch

It is also commonly used in writing presyllables of shape /CVm-/ in disyllables:

ចំណែក /camnaek/ section   តុំងួន /tumŋuən/ weight

(See Chapter V, 6 a 1 for a discussion of the alternation of this spelling with the conjunct spelling of such disyllables.)

b) When the /niqkəhət/ co-occurs with the vowel symbol ◌ា , it represents /-am/ after a 1st series consonant symbol and /-oəm/ after a 2nd series consonant symbol.

ចាំ /cam/ to remember   ជាំ /coəm/ bruised

c) When the /niqkəhət/ co-occurs with the vowel symbol ◌ុ , it represents /-om/ in the 1st series and /-um/ in the 2nd series:

ដុំ /dom/ piece   ទុំ /tum/ to be ripe

d) The /niqkəhət/ is used instead of the /bantaq/ as a vowel shorter in syllables spelled with the vowel ◌ា + ង . Such syllables are pronounced /-aŋ/ in the 1st series and /-eəŋ/ in the 2nd series.

តាំង /taŋ/ to establish   ទាំង /teəŋ/ all

e) The /niqkəhət/ represents an /-aŋ/ or /-an/ in some words of Pali or Sanskrit origin.

សំស្ក្រឹត   /saŋskrət/ (~ /samskrət/) Sanskrit

សច្ចំ   /saccaŋ/ true

សំយោគសញ្ញា /sanyook-saññaa/ (~ /saŋyook-saññaa/) the symbol ◌̆ .

5. សំយោគសញ្ញា /sanyook-saññaa/ (◌̆)

a) The /sanyook-saññaa/ is used in certain words of Pali or Sanskrit origin, and usually has the same value as the short written ◌ា . Words spelled with the /sanyook-saññaa/ and a final silent subscript usually have alternative spellings without the /sanyook-saññaa/:

សក្ត (~ សក្តិ) /saq/ rank   ទ័ព   /tŏəp/ army

សព្ទ (~ សព្ទ) /sap/ sound   វាំង (~វាំង) /weəŋ/ palace

b) The /sanyook-saññaa/ plus a final យ is pronounced /-ay/ in the 1st
series and /-ɨy/ in the 2nd series.

សម័យ /samay/ era   ជ័យ /cɨy/ victory

c) The /sanyook-saññaa/ plus a final - រ is pronounced with the long diph-
thong /ɔə/ after a 2nd series consonant symbol (the combination apparently does
not occur after 1st series consonant symbols.)

ជ័រ /cɔə/ resin   ញ័រ /ñɔə/ to tremble

ទំព័រ /tumpɔə/ page

6. ទណ្ឌឃាត /tŏəndəkhiət/ to kill (៌)

The /tŏəndəkhiət/ is perhaps more commonly called សម្លាប់ /samlap/ 'to
kill'. However, since /samlap/ is sometimes used to refer to the /bantaq/ (´),
the term /tŏəndəkhiət/ is used to avoid ambiguity. It is also frequently called

បដិសេធ /patdesaet/ 'to cancel'. The /tŏəndəkhiət/ is placed over the final
consonant symbol of certain etymological spellings to indicate that the consonant
symbol is not to be pronounced. Any vowels or subscript consonants which ac-
company the "canceled" consonant are likewise rendered silent. If the canceled
symbol is preceded by ្រ , they are both unpronounced. Following are some
examples of common words spelled with the /tŏəndəkhiət/.

ប្រយោជន៍ /prayaoc/ usefulness   ឧស្សាហ៍ /quhsaa/ diligent

កេរ្តិ៍ /kei/ reputation   ពិសោធន៍ /pisaot/ to experiment

រោង៍ /poo/ banyan (tree)   ឧទាហរណ៍ /qutiəhaa/ example

In some cases the vowel or subscript that accompanies a preceding consonant
symbol is also unpronounced:

ក្សត្រិយ៍ (~ ក្សត្រ) /ksat/ king   ចន្ទន៍ /can/ sandalwood

លក្ខណ៍ (~លក្ខណ៍)/leəq/ good manners

In certain bound compounds whose first element is written with an unpronounced final consonant symbol, the /toˑəndəkhiət/ may occur internally.

ឫឫបាំ៩ល   /reepuăl/ army   ឫម្មាហាំ្ងាង/moobaŋ/ in a rage

The following two related words are irregular in that the subscript, rather than the superscript, preceding the /toˑəndəkhiət/ serves as the final of the syllable.

ព្រហ្មាំ   /prum/ Brahma   ព្រាហ្មាំ   /priəm/ a Brahman

7. ឫបាឥ   /rɔbaat/ (⌢)

   The /rɔbaat/, more formally known as the /reepheăq/, is the reflex of an original /r/ in Sanskrit words.

   a) In most words, when it occurs over a final consonant symbol, neither the /rɔbaat/ nor the symbol over which it occurs is pronounced. (Because of its functional similarity to the /toˑəndəkhiət/ in this position, the two are frequently confused.)

        បរិបូណ៌   /bɑribou/ abundant   ព្រះកណ៌/preăh-kaa/ ear (royalty)

An exception is the word ឝាឥ /qaat/ 'essence', where the symbol underlying the /rɔbaat/ is pronounced as a final.

   b) In the following words, the effect of the /rɔbaat/ is to change the vowel /ɔɔ/ to /ɔə/, as well as to cancel the final consonant symbol.

        ឝម៌ /thɔə/ law   ពណ៌   /pɔə/ color   គភ៌ /kɔə/ pregnant

This effect is called ឝំឡេង៑ ញ្ចា /samleiŋ ñɔə/ 'trembling sound' in Cambodian. Phonologically it is the same sound that occurs in such words as ជរ /cɔə/ 'resin' and ញ្ចា /ñɔə/ 'to tremble' in 5 above; in both cases a final written ឫ is involved.

   c) When the /rɔbaat/ appears over a medial consonant symbol, it is pronounced as the intruded syllable /-rə-/ preceding the consonant over which it appears. Most such words are more commonly spelled with − ឫ − :

        ឝណ៌ក   (~ ឝរណក)   /tuurəkuăt/ destitute

        ឝណ៌ក   (~ ឝរណក)   /mɔɔrədaq/ heritage

8. ឫះឝុ9 /reăhmuk/ (−ះ)

   The /reăhmuk/, also referred to as the ឝិឝគ៌ː /wihsəkeăq/ (Sanskrit <u>visarga</u>) or ឝិឝញ្ចនី /wihsañcənii/, always represents final /-h/ after a short syllable.

a) When no vowel is written, ‒ᣞ represents /-ah/ after a 1st series consonant symbol and /-eə̆h/ after a 2nd series consonant symbol.

ប៉ះ /pah/ to patch   ស្រឡះ /srɑlah/ clear   ប្រទះ /prɑteə̆h/ to meet

b) After the short vowel symbols ᣞ , ᣞ , and ᣞ , the /reə̆hmuk/ represents /-h/ alone.

ជិះ /cih/ to mount, ride   កោះ /kəh/ to scratch   ពុះ /puh/ to boil

c) After a long vowel symbol, the /reə̆hmuk/ shortens, and, except for េ + a 1st series consonant symbol, changes the value of the vowel symbol, as follows:

/ei/ > /e/ + /h/:	សេះ	/seh/ horse
/ee/ > /i/ + /h/:	នេះ	/nih/ this
/ae/ > /e/ + /h/:	កេះ	/keh/ wild goat (rare)
/ao/ > /ɑ/ + /h/:	កោះ	/kɑh/ island
/oo/ > /uĕ/ + /h/:	គោះ	/kuə̆h/ strike
/aə/ > /e/ + /h/:	ចង្កេះ (~ ចង្កេះ) /caŋkəh/ chopsticks	

An exception to the above rule is the irregular spelling ចា៎ះ /caah/ 'polite response particle used by women' in which the vowel is usually long in spite of a following /reə̆hmuk/.

9. យុគ្គលេៀបពិន្ទុ /yuqkəleə̆qpɨntuq ~ yuqkuə̆lpɨntuq/ (‒ᣞ)

This symbol, commonly called គោចពីរ /coc pii/ 'two dots', was only recent-ly introduced, and occurs only after consonant symbols that are to be pronounced as stressed syllables either at the end of a word, or preceding an internal juncture in compounds. It must be carefully distinguished from the /reə̆hmuk/ ‒ᣞ (8 above).

a) It is pronounced /-aq/ after a 1st series consonant and /-eə̆q/ after a 2nd series consonant.

ស្រៈ /sraq/ vowel   ធុរៈ /thureə̆q/ preoccupation

គណៈរៃ្ឋមន្ត្រី /kənaq-roə̆tmuə̆ntrəy/ cabinet

b) The /yuqkəleə̆qpɨntuq/ is also used as a diacritic in the official <u>Cambodian Dictionary</u> to describe the pronunciation of any consonant symbol which is to be pronounced as an independent syllable, whether stressed or unstressed.

ឆក្ដ ក ឆ្ម (ឆ:ក:ឆ:) /meə̆qkətheə̆q-phiəsaa/ Pali

ឥ ស្ររកម (ឥឥស-ស:រ:) /qehsəraq-phiəp/ freedom

10. ៨ស្គ ៩ ឥ្ស ($\tilde{-}$) /leik qahsdaa/ 'number eight'

The /leik qahsdaa/, also called ៨ស្គ(ប្រាំ ប៊ី /leik prambəy/, occurs only over the consonants ក៏ and ដ៏ when they represent the following words:

ក៏ /kɑɑ/ auxiliary: then

ដ៏ /dɑɑ/ pronoun: which

11. វិគ្ម /wiqriəm/ ($\underset{\wedge}{-}$)

The /wiqriəm/ (Sanskrit <u>virāma</u>) is sometimes used in the transcription of Sanskrit words to show that a consonant symbol is pronounced as a final consonant rather than as the initial of a following syllable:

អាត្ម័ន /qaatman/ soul

ជ័យ្វរ្មន /cɨyyeə̆q-wɑrəman/ Jayavarman

In a more Cambodianized (and more common) spelling of such words, the /wiqriəm/ is replaced by the /sanyook-saññaa/. In the standard <u>Cambodian Dictionary</u> the symbol ($\stackrel{=}{-}$) is used instead of the /wiqriəm/ to indicate the pronunciation of such words (in spite of the fact that the pronunciation of such words can be unambiguously specified by the /sanyook-saññaa/; see 5 above).

អាត្ម័ន (អាត្ម៑ន) /qaatman/ soul

12. កាក្កបាត /kaaqkəbaat/ ($\stackrel{+}{-}$)

a) The /kaaqkəbaat/, also commonly called ជើង ក្អែក /cəəŋ kqaek/ 'crow's foot', occurs in certain particles that are normally pronounced with a high or rising intonation. Some of the more common words of this kind are listed below:

ន៎: /nuh!/ there!

ចា៎: /caah/ polite response particle used by women

ណ៎   /naa!/ ~ /nah/ hortatory particle

ណ៎:   /nəh!/ hortatory particle

ហ៎:   /hah!/ derisive particle

ឯ៎   /qaa!/ really?

នុ៎:ន៎   /nuh nɔɔ!/ there it is!

b) The /kaaqkəbaat/ is also used to mark the point of insertion of an omitted word or consonant symbol:

សរសរ   (= សររសរ)   /sasei/ to write

ហាសិបប្រាំបីរៀល (= ហាសិបប្រាំបីរៀល)/haasəp-prambəy riəl/ 58 riels

B. PUNCTUATION

Although the common western punctuation marks, such as . , ; : ! ? . . ., etc. are being used in Cambodian writing with increased frequency, as a result of French influence, there are a number of punctuation signs which are characteristically Cambodian.

1. ឃ្លា /kliə/ space

Cambodian words are not normally separated by spaces in closely knit syntactic phrases or single-clause sentences. The /kliə/ 'space' is used in a way roughly analogous to the use of the comma in English, but is more comprehensive. There are stylistic differences from one text to another, but space typically occurs in the following situations:

a) between clauses within a sentence
b) between sentences in a cohesive group of sentences
c) after preposed adverbial words or phrases, such as "usually," "today," "in that town," etc.
d) before and after proper names
e) before and after numbers
f) before and after the symbols ។ , ៗ , ។ល។, and ។ប។ (explained below)
g) between coordinate words in lists

Some of the uses of the /kliə/ are illustrated in the following sentence:

ថ្ងៃនេះ   ខ្ញុំទៅផ្សារ   ទិញក្រូច   អង្ករ   ហើយនិងអីវ៉ាន់ផ្សេងៗ   ។

/tŋay-nih( )kɲom tɨw psaa( )tɨñ krouc( )qaŋkaa( )haəy-nɨŋ qəywan pseiŋ( )pseiŋ/
Today( )I'm going to the market( )to buy oranges( )rice( )and various things.

2. ឧ ញ្ញ   /khan/ (។)

The /khan/, or   ល្បះ៖ /lbah/, is the Cambodian full stop. It occurs less fre-
quently than the full stop in English (see 1 above). Although usage varies, the
/khan/ normally occurs only at the end of a paragraph, i.e. a single sentence or
several sentences dealing with a single theme or topic. Thus its occurrence
usually signals the start of a new theme or topic in the text that follows.

3. បរិយោសាន /baariyaosaan/ or   ល្បះ៖ /lbah/ (៕)

The symbol ៕ is a full stop that implies more finality than the /khan/ above.
It marks the end of a chapter or an entire text.

4. គោមូត្រ /koo-mout/ 'cow's urine' (៚)

The /koo-mout/ is a full stop symbol that, like the /baariyaosaan/ above,
marks the absolute end of a text. It is usually reserved for poetic or religious
texts. It sometimes occurs as the second part of the compound symbol ៕៚,
which is also called /baariyaosaan/.

5. ភ្នែកមាន់ /pnɛɛk mŏən/ 'cock's eye' (៙ or ๏)

The /pnɛɛk mŏən/, also called the   កុក្កុដនេត្រ /kokottəneet/, is an embellish-
ment said to represent the trunk of the elephant-god Ganesha, which marks the
beginning of literary and religious texts.

6. ចំណុចពីរគូស /camnoc pii kuuh/ 'two dots and a slash' (៖)

The /camnoc pii kuuh/ is used in much the same way as the colon in English.
In addition, it characteristically occurs after the quotative particle ថា (ថា៖)
/thaa/ 'saying, as follows' and the copulative គឺ /kɨɨ/ 'that is'.
A horizontal line is written between the two circles in order to distinguish it easily
from the /reəhmuk/ (ៈ).

7. លេខទោ /leik too/ 'the figure 2' (ៗ)

The /leik too/, more formally called   អាមេឌិតសញ្ញា /qaameendit-
saññaa/, indicates that the word (or phrase) after which it occurs is to be repeated.
The most common use of the /leik too/ is in the writing of reduplicative com-
pounds.

ផ្សេង ៗ   /psein-psein/ various

ក្តួ ៗ /touc-touc/ small and numerous

និមួយ ៗ /nimuəy-nimuəy/ each in turn

In some cases a phrase rather than a single word is to be repeated. This can be determined only by the sense of the preceding words.

បន្តិចម្តង ៗ /bantəc mdaaŋ, bantəc mdaaŋ/ little by little

ដោយឡែក ៗ /daoy laek, daoy laek/ separately

When the words at the beginning of one sentence are a repetition of those at the end of the preceding sentence, they may be represented by the /leek too/, e.g.

the words ផ្ទះខ្ញុំ /pteəh kñom/ 'my house' in the following example:

ខ្ញុំទៅផ្ទះខ្ញុំ ៗ   នៅជិតផ្សារ

/kñom tɨw pteəh kñom; pteəh kñom nɨw cɨt psaa/
I'm going to my house; my house is near the market.

8. ៗ ឡ ៗ /laq/ or ៗ ប ៗ /peiyaal/

   The /laq/, and less frequently the /peiyaal/, represent 'et cetera', and are both pronounced /laq/ when encountered in a text.

9. សហាសញ្ញា /sahaq-saññaa/ hyphen (-)

   The /sahaq-saññaa/ is used, as in English, to indicate that a word has been interrupted at the end of a line and is continued in the next. It is also used in verse where the poetic meter requires that a word be divided between two measures. In addition, a hyphen is commonly written between an individual's family name (which is written first in Cambodian) and succeeding names, and sometimes (especially in names of Cambodian Chinese) between all the names.

ញ៉ុក - ថែម /ñok thaem/ Nhok Thêm

លី - ធាម- តេង /lii thiəm teiŋ/ lii Thiam Teng

សេង. ងួន-ហួត /seiŋ ŋuən huət/ Seng Nguon Huot

10. The following punctuation marks are used much as in English, and may occur in Cambodian publications interspersed with the more traditional symbols discussed above. Their common Cambodian names are given below.

   a) (.)   ចុចមួយ /coc muəy/ one point

   b) (,)   ក្បៀស /kbiəh/ a stroke

c) (?)   ឫទ្ធ សញ្ញា   /bocchaq-saññaa/ question mark

d) (!)   ឧទាន សញ្ញា   /qutiən-saññaa/ exclamation mark

e) (. . .)   ពង ត្រី   /pɔɔŋ trəy/ fish eggs

f) (៉)   រ័ត   /rat/ bracket

g) (;)   ចំណុច ក្បៀស   /camnoc kbiəh/ point-stroke

h) (())   វង់ ក្រចក   /wŭəŋ kracaaq/ fingernail curves

VIII. NUMERALS AND ABBREVIATIONS

A. NUMERALS

Cambodian numeral symbols were borrowed from the same Indic source as the alphabet. Although Arabic numerals are well known, especially in urban areas, as a result of French influence, the Indic symbols (identical with those used in Thai) are used almost exclusively in Cambodian publications.

៩	២	៣	៤	៥	៦	៧	៨	៩	០
1	2	3	4	5	6	7	8	9	0

Although the symbols themselves are based on the decimal system, the names underlying them reveal an older system based on five, as can be seen in the names of the numerals 6 - 9, which are 5 + 1, 5 + 2, 5 + 3, and 5 + 4 respectively. The names of the numerals 1 − 9 and zero are as follows:

៩	/muəy/	one	1	៦	/prammuəy/		six	6
២	/pii/	two	2	៧	/prampii ~ prampɨl/	seven	7
៣	/bəy/	three	3	៨	/prambəy/	eight	8
៤	/buən/	four	4	៩	/prambuən/	nine	9
៥	/pram/	five	5	០	/soun/	zero	0

For the numeral 7, the pronunciation /prampii/ is used only in a reading pronunciation; in normal speech it is always pronounced /prampɨl/.

The names of the numerals 10 − 20 are as follows:

១០	/dɑp/	ten	10
១១	/dɑp-muəy ~ muəy-dɑndɑp/	eleven	11
១២	/dɑp-pii ~ pii-dɑndɑp/	twelve	12
១៣	/dɑp-bəy ~ bəy-dɑndɑp/	thirteen	13
១៤	/dɑp-buən ~ buən-dɑndɑp/	fourteen	14
១៥	/dɑp-pram ~ pram-dɑndɑp/	fifteen	15
១៦	/dɑp-prammuəy ~ prammuəy-dɑndɑp/	sixteen	16

෧៧	/dɑp-prampɨl ~ prampɨl-dɑndɑp/	seventeen	17
෧៨	/dɑp-prambəy ~ prambəy-dɑndɑp/	eighteen	18
෧៩	/dɑp-prambuən ~ prambuən-dɑndɑp/	nineteen	19
២0	/məphɨy ~ mphɨy/	twenty	20

For the numerals 11 –19, the second form with the use of /-dɑndɑp/ 'teen' is the more colloquial.

While the names of the numerals 1– 10 and 20 seem to be Cambodian in origin, the names for the numerals 30, 40, 50, 60, 70, 80, 90, 100, 1000, 10,000 and 1 million (and perhaps 0 and 10 million) are borrowed from Thai.

៣0	/saamsəp/	thirty	30
៤0	/saesəp/	forty	40
៥0	/haasəp/	fifty	50
៦0	/hoksəp/	sixty	60
៧0	/cətsəp/	seventy	70
៨0	/paetsəp/	eighty	80
៩0	/kawsəp/	ninety	90
෧00	/muəy-rɔɔy/	one hundred	100
෧.000	/muəy-poən/	one thousand	1,000
෧0.000	/muəy-məɨn/	one ten-thousand	10,000
෧00.000	/muəy-saen/	one hundred-thousand	100,000
෧.000.000	/muəy-liən/	one million	1,000,000
෧0.000.000	/muəy-kaot/	one ten-million	10,000,000

All complex numerals involve combinations of the above:

 ប ២២ ៀ /mphɨy-pii/   22

ញាៃ   /saamsəp-prambuən/   39

១៥៩   /muəy-rɔɔy haasəp-prambuən/   159

២.៨៦១   /pii-poən prambəy-rɔɔy hoksəp-muəy/   2,861

B. NOTES ON THE NUMERALS

1. In Cambodian numerals involving four or more symbols, a period is placed after every three symbols, counting from the right to the left (as in French). This system of punctuation has little relevance to the pronunciation of Cambodian numerals, however, since each succeeding numeral is read as a separate denomination, rather than in groups of three. Such additive components, except in numbers smaller than 100, are typically separated by rising intonation (represented by a comma in the transcription). This rising intonation never occurs in compounds separated by close juncture (represented by a hyphen in the transcription).

២.៣៥៤.៧៥៥

/pii-liən, bəy-saen, pram-məin, buən-poən, prampɨl-rɔɔy, haasəp-pram/
2,000,000 + 300,000 + 50,000 + 4,000 + 700 + 55 (= 2,354,755)

No punctuation is used, however, in writing dates; e.g., ១៩១៤ - ១៩១៨
1914–1918.

2. In multiplicative compounds whose first element is ម៉ួយ /muəy/ 'one', /muəy/ is usually shortened in rapid speech to /mə-/.

       ១០០   /muəy-rɔɔy/ ∼/mərɔɔy/   100

       ១.០០០   /muəy-poən/∼/məpoən/   1,000

This reduced form almost always occurs in ម្ភ្លៃ /məphɨy ∼ mphɨy/ '20' (reflected in the conjunct spelling), but /muəy-phɨy/ has been observed in deliberate speech.

3. The ordinal forms of Cambodian numerals are formed by placing the ordinalizing particle ទី /tii/ in front of the cardinal numerals above, in either their written or symbolic forms.

       ទីមួយ   (ទី១)   /tii-muəy/ first

       ទីសាមសិបបួន   (ទី៣៤)   /tii-saamsəp-buən/ thirty-fourth

4. In addition to the numeral system outlined above, reflexes of Sanskrit numerals occur in many compounds, with either cardinal or ordinal meaning; e.g.:

ឯក /qaek/ one + រដ្ឋទូត /qaqkeəq-riəccətuut/ ambassador =

 និកអគ្គរាជទូត /qaek-qaqkeǝq-riǝccǝtuut/ 'first (highest) ambassador'

លេខ /leik/ number + ពីរ /too/ two = លេខពីរ /leik-too/ the symbol ໆ

ត្រី /trǝy/ three + កោណ /kaon/ angle = ត្រីកោណ /trǝy-kaon/ triangle

ចតុ /cattoq/ four + បាទ /baat/ foot = ចតុបាទ /cattobaat/ four-footed

បញ្ច /pañcaq/ five + សីល /sǝl/ precept = បញ្ចសីល /pañcǝsǝl/ the
five precepts.

C. ABBREVIATIONS[1]

The use of abbreviations is not as common in Cambodian as in western languages; e.g., there are no established abbreviations for the names of months. Dictionaries and other technical works tend to coin abbreviations as needed; the official Cambodian Dictionary contains a long list of abbreviations for use in giving information about lexical entries, many of which are found in other dictionaries, and many of which were invented ad hoc. In addition, the following abbreviations are relatively standardized.

1. Dates

In Cambodian dates the Christian era is generally used for most publications. However, the traditional Buddhist era is used in older publications and in religious texts, and in many publications both are used concurrently. The Buddhist era is reckoned from the year of the death of the Buddha, usually considered to be the year 543 B.C. Thus, when confronted with a Buddhist era date, subtract 543 years to obtain the Christian era equivalent, e.g., B.E. 2510 – 543 = A.D. 1967. The two eras are abbreviated as follows:

ព. ស. = ពុទ្ធសករាជ   /puttǝsaqkǝraac/ Buddhist era

គ. ស. = គ្រិស្តសករាជ   /krɨhsaqkǝraac/ Christian era

When a date is written in its full form, the day of the week precedes, followed by the day of the month, the month, and the year, as in the following example:

ថ្ងៃពុធ   ទី ២៤   មករា   គ. ស.   ១៩៦៨

/tŋay-put tii-mǝphɨy-buǝn mĕǝqkǝraa krɨhsaqkǝraac muǎy-pŏǝn prambuǝn-rɔɔy
   hoksǝp-prambǝy/
Wednesday, the twenty-fourth of January, 1968.

Dates may be numerically abbreviated, however, in which case only the day, month,

---

1. The author is indebted to Tonkin, Modern Cambodian Writing (Bibliography Item 30), for many of the abbreviations included in this section.

and year are indicated by numerals only, separated by a hyphen. The above date, in its shortest form, would be:

២៦ - ១ - ១៥៩៥

2. Currency

The Cambodian monetary unit is the រៀល /riəl/, which is divided into 100

សេន /sein/ 'cents'. In accounting, រៀល is abbreviated ៛ , which is written between the riels and the cents as follows:

៤៥៛០០ /saesəp-pram riəl/ forty-five riels.

In columns of figures, the ៛ may be written only in the top figure and is replaced in succeeding figures by a period or a comma.

៤៥៛០០ 45 riels

៣៥,០០ 35 riels

Sometimes both a comma and a superscript ៛ are written:

៤៥,⁰⁰ 45 riels

Sometimes the ៛ occurs after the cents figure:

៤៥,០០៛ 45 riels

3. The Metric System

ម.ម.	=	មិល្លីម៉ែត្រ	/milimaet/ millimeter
ស.ម.	=	សង់ទីម៉ែត្រ	/saŋtimaet/ centimeter
ម.	=	ម៉ែត្រ	/maet/ meter
គ.ម.	=	គីឡូម៉ែត្រ	/kiloumaet/ kilometer
គ.	=	គ្រាម	/kraam/ gram
គ.គ.	=	គីឡូគ្រាម	/kiloukraam/ kilogram
ល	=	លីត្រ	/liit/ litre

4. Miscellaneous

វ.	= វិថិ	/withəy/	street
ម.វ.	= មហាវិថិ	/mɔhaa-withəy/	boulevard
រ.វ.	= រុក្ខវិថិ	/ruqkhaq-withəy/	avenue
ភ.ព.	= ភ្នំពេញ	/pnum-piñ/	Phnom Penh
ឧ.	= ឧទាហរណ៍	/qutiəhaa/	for example
ន.ដ.	= និងដទៃទៀត	/niŋ dɑtiy tiət/	and others (rare)
ឯ.ឧ.	= ឯកឧត្តម	/qaek-qotdɑm/	His Excellency
ស.រ.អ. =	សហរដ្ឋអាមេរិក	/sahaqroət-qaameri̇c/	U.S.A.
ស.អ.ត. .		/see-qaa-tou/	(transcription of the pronunciation of the English abbreviation) S.E.A.T.O.

D. PAGINATION

The great majority of Cambodian publications use Cambodian numerals for numbering pages in the main body of a book, usually at the top center and set off by dashes: – ១ – , – ២ – , – ៣ – , – ២៥ – , etc. Arabic numerals are very rarely used for pagination, except in some bilingual publications. For the pagination of material preliminary to the main body of a book, and for listing major headings within a chapter, the consonants of the alphabet are used in their dictionary order, e.g. ក , ខ , គ , ឃ , ង , ច , ឆ , etc. These may in turn be followed by subheadings listed by numerals, in the following pattern:

ក)	A -
១)	1 -
២)	2 -
ខ)	B -
១)	1 -
២)	2 -
គ)	C -

IX. UNWRITTEN SOUNDS

A. UNWRITTEN VOWELS

In the Cambodian writing system certain vowels are indicated by the absence of a vowel symbol in specific environments. Although the following general rules are valid for the great majority of cases, there are some exceptions and ambiguities, especially in learned or unfamiliar vocabulary.

1. The Long Inherent Vowel (/aa/ɔɔ/)

a) Any stressed syllable which is to be pronounced with the long inherent vowel (/aa/ after a 1st series symbol, /ɔɔ/ after a 2nd series symbol; see Chapter IV, B) is written with the initial consonant symbol alone, with or without a following final consonant.

ឥ	/taa/	to continue	ឥ	/kɔɔ/	dumb
ឭ	/lqaa/	pretty	ឈរ	/chɔɔ/	to stand
ចត	/caat/	to moor	រក	/rɔɔk/	to seek
ប្រកប	/prakaap/	to combine	លលក	/lɔlɔɔk/	dove

Since individual words are not separated in the Cambodian writing system, it is sometimes impossible to determine from the writing system alone whether a consonant symbol represents the final consonant of the preceding word or a separate word; for example បើក may be read either as /baək/ 'to open' or as /baə kɔɔ/ 'if (the) neck'. Such ambiguities are almost always resolved, however, by context.

b) In any disyllable whose initial syllable may be pronounced in a reading pronunciation with the long inherent vowel, no vowel symbol is written. Such unstressed presyllables are pronounced in normal speech with the short vowel /a/ or /ɔ/ (depending on the series of the initial consonant symbol), and in rapid speech with the vowel /ə/. Presyllables containing a single initial consonant usually consist of a consonant which is a reduplication of the initial of the stressed second syllable, although the consonants /m r l/ also occur as initials of non-reduplicative presyllables. Presyllables containing two initial consonants consist of the clusters /pr-, tr-, cr-, kr-, or sr-/ (with pr- most common), with /r/ written as a subscript ្រ .

កកាយ	/kakaay/ ~ /kəkaay/	to scratch about
ចចក	/cacɔk/ ~ /cəcək/	to peck at
តទួល	/tɔtual/ ~ /tətual/	to receive
របស់	/rɔbah/ ~ /rəbah/	thing

64

ឥស ឥ្យ[1]   /mɔnuh/ ~ /mənuh/   human being

ឲ្រ ពៃង   /prɑnɑŋ/ ~ /prənɑŋ/   to compete

ព្រ ឡិម   /prɔlɨm/ ~ /prəlɨm/   dawn

ស្រឡាញ់   /srɑlañ/ ~ /srəlañ/   to like

c) In polysyllabic words, when the consonant symbols ប /bɑɑ/ and ម /mɔɔ/ occur initially and before a following –រ–/r/, they are pronounced with their inherent vowels, long in careful speech and short in colloquial; before other consonants, the short vowels /a/eə̆/ŏə̆/ occur (see 3 below).

/bɑɑ/:	បរិបូណ៌	/bɑɑribou ~ baribou/	excellent
	បរិភោគ	/bɑɑriphook ~ bariphook/	to eat
	បរិសុទ្ធ	/bɑɑrisot ~ barisot/	pure
/mɔɔ/:	មរណ:	/mɔɔrənaq ~ mɔrənaq/	to die (eleg)
	មរកត	/mɔɔrəkat ~ mɔrəkat/	emerald

2. The Short Inherent Vowel (/a/u/ŭə̆/)

a) Any sequence of two consonants without an intervening vowel symbol, the second of which carries a បន្តក់ /bantaq/ (´) is pronounced with the short inherent vowel: /a/ after 1st series initial consonant symbols, and, after 2nd series consonant symbols, /u/ before a labial consonant, and /ŭə̆/ elsewhere.

បត់   /bat/   to turn

ឈប់   /chup/   to stop

លក់   /luə̆q/   to sell

b) Some words contain sequences of two consonant symbols which are pronounced with the short inherent vowel even though the second symbol does not carry the /bantaq/. Such words constitute exceptions to rule 1-a above, since

---

1. This word is sometimes written conjunctively ម្នុ ស្ស , implying that the first two consonants are pronounced as a cluster /mnuh/, which may in fact be the case in rapid speech.

such spellings normally indicate the long inherent vowel. Some of the commonest words with this spelling are listed below:

សម	/sɑm/	proper	សង្គម	/saŋkum/	society
សព	/sɑp/	corpse	ប្រាកដ	/praakɑt/	exact
ជន	/cŭən/	people	ជាតក	/ciədaq/	Jataka
រថ	/rŭət/	car	ពិភព	/piphup/	world

c) A few stressed syllables that are spelled with a silent final subscript but no /bantɑq/ are pronounced with the short inherent vowel. (Most words that have this spelling, however, are pronounced as if they were written with a short

−⁊−́ ; see section 3-a.) Some common words of this kind are listed below.

សព្	/sɑp/	every	ព្រះសង្ឃ	/preăh-saŋ/	priest
វង្ស	/wuəŋ/	circle, family	ប្រពន្ធ	/prɑpuən/	wife

d) In all disyllables whose first syllable has no written vowel but ends in a nasal consonant symbol, the first syllable is pronounced with the short inherent vowel (with certain exceptions as shown in section 3-c below) with distribution as described in 2-a above. In such presyllables, as in those described in section 1-b above, the vowel is reduced in rapid speech to /ə/.

សម្រាប់	/sɑmrap ~ səmrap/	for
កញ្ចប់	/kɑñcɑp ~ kəñcɑp/	parcel
កណ្ដាល	/kɑndaal ~ kəndaal/	center
សង្កាត់	/sɑŋkat ~ səŋkat/	section, quarter
គម្ពីរ	/kumpii ~ kəmpii/	scriptures
ពន្លឺ	/puənlɨɨ ~ pənlɨɨ/	light
ពង្រីក	/puəŋriik ~ pəŋriik/	to spread, broadcast

e) Whenever the diacritic ◌̊ (និគ្គហិត /niqkəhət/) appears over a consonant symbol with no written vowel, the syllable is pronounced with the short inherent vowel plus /-m/: /-ɑm/ after a 1st series consonant symbol and /-um/ after a 2nd series consonant symbol.

ស៊ៈ /cam/ exact   ខំ /kham/ to try to

ទំ /tum/ to perch   នំ /num/ cake

The common word ធំ /thom/ 'to be big' is an exception. Although it is pro-
nounced /thom/ in most dialects, in some dialects it has the regular pronuncia-
tion /thum/.

In disyllables, presyllables of shape /CVm-/ are commonly written with the
/niqkəhət/. In such syllables the vowels /ɑ/ and /u/ are reduced in rapid speech
to /ə/ as in 2-d above.

កំណត់ /kɑmnɑt ~ kəmnɑt/   to fix,   គំនិត /cumnɨə ~ cəmnɨə/ belief
                                agree on

ចំណែក /cɑmnaek ~ cəmnaek/ part,   គំនិត /kumnɨt ~ kəmnɨt/ thought
                                share

3. The Short Vowels /a/eə/oə/

All other syllables involving unwritten vowels are pronounced as if they were

written with the short vowel symbol $-?-$; i.e. /a/ after a 1st series consonant
symbol, and /eə/ or /oə/ after a 2nd series consonant symbol (see Chapter VII,
A 1 b for distribution).

a) Stressed syllables that are written with a silent final subscript but no vowel
symbol are typically pronounced as if they were written with the vowel symbol

$-?-$. (A few such words, however, are pronounced with the short inherent
vowel; see section 2-c above.) Some of the more common words of this type are
listed below.

សព្ទ /sap/   sound   យក្ស /yeəq/   demon

សត្វ /sat/   animal   ទ្រព្យ /troəp/   wealth

កម្ម /kam/   fate   ប្រវត្តិ /prawoət/   history

ខន្ធ /khan/   the symbol   សម្បត្តិ /sɑmbat/   possessions

b) In words of more than one syllable (other than the types already discussed
in sections 1 and 2 above), consonant symbols with no written vowel are pro-
nounced as separate syllables with the vowel /a/ or /eə/ (depending on the series)
when stressed, and /ə/ when unstressed. When stressed, such syllables are pro-
nounced with an unwritten final glottal stop /-q/; i.e. /-aq/ and /-eəq/.

អរុណ /qaqrun ~ qərun/   dawn

អនាគត /qanaakuət/   future

ឧក្ខលេខបិន្ទុ   /yuqkəleəqpɨntuq/   the symbol :

សហរដ្ឋ   /səhaqrŏət/   republic

The following very literary word is an extreme example of a sequence of consonant symbols, each of which is pronounced as an independent syllable:

បឋមពុទ្ធវចន: /pathəmaq-puttəwaccənaq/   first words of the Buddha

The stressed finals /-aq/ or /-eə́q/ are sometimes indicated in the writing system by the use of the /yuqkəleə́qpɨntuq/ (:) when they occur in a final syllable, or preceding an internal juncture within a compound (see Chapter VII, A 9 b):

ធុរ: /thureə́q/   preoccupation

ឋាន: /thaanaq/   position

គណ:កម្មការ/kənaq-kamməkaa/   commission

In learned vocabulary borrowed from Sanskrit and Pali, a consonant symbol which is pronounced in learned speech as an independent syllable may be pronounced in more colloquial speech as the final consonant of the preceding syllable:

បឋម   /pathamaq/ ~ /pathɑm/   first

ឧក្ខលេខបិន្ទុ   /yuqkəleə́qpɨntuq/ ~ /yuqkuə́lpɨntuq/   the symbol -:

c) In some words whose second consonant symbol serves as the final of the first syllable, the first syllable is pronounced with the short vowel /a/ or /ŏə/, depending on the series.

សច្ចា   /saccaa/   to promise   បច្ចុប្បន្ន   /paccoban/   the present

សត្រូវ   /sattrəw/   enemy   វណ្ណយុត្ត   /woə́nnəyut/   diacritic

In some words whose second consonant is ច , an initial 2nd series consonant symbol is pronounced with a 1st series rather than a 2nd series vowel:

រចនា   /raccənaa/   fine arts, crafts

វចនានុក្រម   /waccənaanukrɑm/   dictionary

In some disyllables with a medial double palatal nasal ញ្ញ , the first syllable

has the vowel /a/, rather than the short inherent described for disyllables of this kind in section 2-d above.

ក ញ្ញ	/kaññaa/	young woman
ស ញ្ញ	/saññaa/	sign, indication

d) The unwritten vowel /eə/ occurs in one very common word whose spelling is irregular with respect to initial cluster, series, and vowel:

ឯង	/neəq/	familiar 2nd person pronoun

B. UNWRITTEN CONSONANTS

1. Internal Doubling

In many words of more than one syllable, a medial consonant symbol serves both as the final consonant of one syllable and the initial consonant of the next; phonologically the consonant is doubled, and the extra syllable, if no vowel is written, is pronounced with the short vowel /a/eə/ (depending on the series) if stressed, and /ə/ if unstressed. (See section A 3 b)

-ត- >	/-tt-/	ចិត្តនា	/caettənaa/	to like
		សត្រូវ	/sattrəw/	enemy
-ត- >	/-td-/	ចេតិយ	/caetdəy/	stupa
-ជ- >	/-cc-/	រជនា	/raccənaa/	art
-ជ- >	/-cc-/	រាជការ	/riəccəkaa/	civil service
-ក- >	/-kk-/	ឯករាជ្យ	/qaekkəriəc/	independent
-ល- >	/-ll-/	ពលរដ្ឋ	/puəllərɔ̆t/	citizenry
-ស- >	/-hs-/	សាសនា	/saahsənaa ~ sahsnaa/	religion
		សាស្ត្រាចារ្យ	/saahstraacaa/	professor

2. Unwritten /-q/ after Stressed Short Vowels

a) The unwritten vowels /a/eə/, when stressed, are followed by a final /-q/, both medially and finally.

Medially: អមនុស្ស   /qaqmənuh/   inhuman (supernatural)

អភ័យ   /qaqphɨy/   fearless

Finally: អឃោសៈ   /qaqkhoosaq/   voiceless

រយៈ:   /rɔyeăq/   interval

b) The short vowels ◌ᷜ and ◌ᷝ , when no final consonant is written, are

pronounced, when stressed, with a final /-q/. Medially this final /-q/ tends to
occur after all such vowels in a careful or reading pronunciation, but disappears
with loss of stress in a more colloquial pronunciation. It <u>always</u> occurs finally.

Medially: ករុណា   /kaqruqnaa ~ karunaa ~ kənaa/   mercy

កិរិយា   /keqriqyaa ~ keriyaa/   conduct

Finally: លទ្ធិ   /latthiq ~ ləthiq/   belief, precept

អាយុ   /qaayuq ~ qayuq/   age

សីហនុ   /siihanuq/   Sihanouk

c) There is one example of an unwritten final /-k/.

តុ   /tok/   table

X. IRREGULAR SPELLINGS

In the preceding sections we have been dealing primarily with the "regular" aspects of the Cambodian writing system, in the sense that the pronunciation of any symbol or sequence of symbols could be unambiguously predicted, given sufficient information about the environment of the symbol, or about the composition of a constellation of symbols. The purpose of this section is not to provide an exhaustive list of irregularities, such as those found in only one or two words, but rather to point up irregular spellings which occur in enough words to constitute "sub-systems" of the writing system. The first three irregularities below have already been encountered in the preceding chapters, but are included here to provide an inventory of the major sub-systems.

1. /a/ŭə/ instead of /aa/ɔɔ/

Some syllables spelled with a sequence of two consonant symbols are pronounced with a short vowel /a/ or /ŭə/, rather than with the expected long /aa/ or /ɔɔ/ (see Chapter IX, A 1 a).

សម /sam/ proper (cf. សម /saam/ fork)

រទ /rŭət/ car (cf. រក /rɔɔk/ search for)

2. /a/ŭə/ instead of /a/eə/oə/

Some syllables spelled with a sequence of two consonants the second of which has a silent subscript, are pronounced with the short inherent vowel /a/ or /ŭə/, rather than the usual /a/, /eə/ or /oə/ (see Chapter IX, A 3 b).

សព្ /sap/ every (cf. សព្ /sap/ sound)

យន្ត /yŭən/ motor (cf. យក្ស /yeəq/ demon)

3. Exceptions to the Governance Rule

As a rule, the pronunciation of a vowel symbol is determined by the series of a preceding dominant consonant symbol (see Chapter VI, B). In some disyllabic and polysyllabic words, however, a passive 2nd series consonant symbol does not yield to a preceding dominant 1st series consonant symbol.

អង្រឹង /qaŋrɨŋ/ hammock (cf. អង្វរ /qaŋwaa/ to beg)

ឯករាជ្យ /qaekkəriəc/ independence (cf. សករាជ /saqkəraac/ era)

In some disyllables whose second syllable begins with the normally dominant 1st series កា , the កា is dominated by a preceding 2nd series consonant symbol.

ភាហាន /tiəhiən/ soldier (cf. ម្ហូប /mhoup/ food)

វិហារ /wihiə/ temple (cf. រហូត /rɔhout/ until)

4. Silent Final Short Vowel Symbols

Some words are spelled with an unpronounced final short vowel symbol:

ភូមិ /phuum/ village (cf. លទ្ធិ /ləthiq/ precept)

ជាតិ /ciət/ life (cf. មតិ /matteq/ decision)

ញាតិ /ñiət/ relative

កុដិ /kot/ monk's
                        quarters

ប្រវត្តិ /prɑwŏət/ history

ហេតុ /haet/ reason (cf. វត្ថុ /woəthoq/ artifact)

ធាតុ /thiət/ cremated
                        remains

5. /ae/εε/ instead of /ei/ee/

In some words, the vowel symbol ៃ is pronounced as if it were ៃ ; i.e.
/ae/ in 1st series and /εε/ in the 2nd. Below are some of the most common of
these words:

ខែត /khaet/ province

ពេត /pεεt/ doctor

ចេតិយ /caetdəy/ stupa

បដិសេត /patdesaet/ to cancel,
                          destroy

ចេតនា /caettənaa/ to like (cf. វេទនា /weetəniə/ miserable)

ហេត /haet/ reason

6. /əy/ instead of /e/

The vowel symbol ិ in some words is pronounced as if it were written ឹ
when it occurs in a non-final syllable.

បិតា	/bəydaa/	father
សិលា	/səylaa/ (~ /seqlaa/)	stone
បិសាច	/bəysaac/	ghost

7. /a/ instead of /ə/

In a few words the constellation េ- ច with a 1st series consonant symbol is pronounced /-ac/ rather than the regular /-əc/:

ស្រេច	/srac/	completely (cf. ម៉េច /məc/ why)
សម្រេច	/samrac/	to finish
ស្តេច	/sdac/	King
សម្តេច	/samdac/	royal title

XI. WRITING

A. HANDWRITING

Cambodians take great pride in their writing system, and penmanship has traditionally been highly valued as a discipline in the schools, and especially in the curriculum of the pagoda schools. The Cambodian script lends itself easily to flourish and embellishment, as is evidenced by the variety of styles in common use, and a carefully written text is aesthetically quite pleasing.

In careful writing, the following conventions are observed:

1. Symbol Composition

Individual symbols are drawn, where possible, in a continuous motion from left to right. Superscript elements, called /saq/ 'hair', such as  are added second. Short horizontal strokes are added last.

a) One stroke

Left to right

Consonant symbols: 

Subscript symbols: 

Vowel symbols: 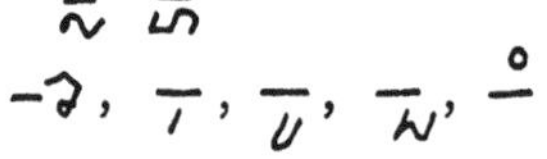

Independent vowel symbols: 

Numerals: 

Bottom to top

Consonants: 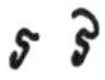 Vowels: 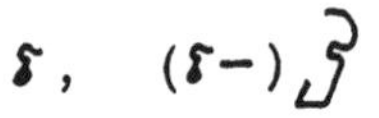

Subscripts: 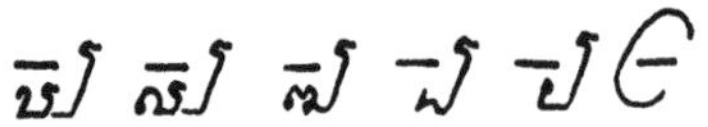

Right to left, lower part first where possible

Subscripts: 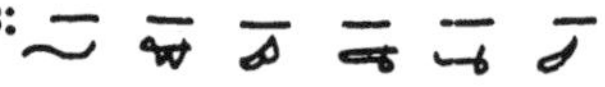

Vowel:  Numerals: 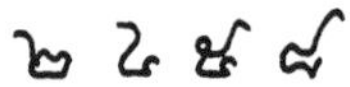

b) Two strokes

Superscript element added second

Consonants: 

Vowels: 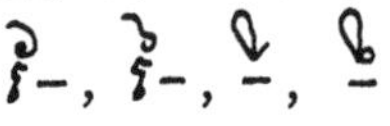 Independent vowels: 

Last vertical element second

Consonants: *ⵎⵎ ⵎⵎ ⵎⵎ ⵎ*   Vowels: *ſ–ʔ ſ–ʔ ſ–ʔ*

Top left hook added second

Consonants: *ⵎ ⵎ ⵎ*

Lower element second

Subscript: *–ʃ*   Vowel: $\overset{o}{\underset{/}{}}$ Independent vowels: *ⵎ ⵎ ⵎ ⵎ*

c) **Three strokes**

Consonants: *ⵎ ⵎ*   Vowels: $\overset{\downarrow}{-}$, $ſ\overset{\downarrow}{-}$, *ſ–:* , $\underset{/}{-:}$, $\overset{\downarrow}{-:}$

Independent vowels: *ⵎ ⵎ*

d) **Four strokes**

Vowels: *ſ–ⵎ, ſ–ʔ:, –:*   Independent vowel: *ⵎ*

2. The Symbol –ʔ or –ʔ

The vowel symbol –ʔ or –ʔ , in both written and printed styles, is usually attached to, or written as a continuation of, a preceding consonant symbol.

a) In consonant symbols surmounted by a /saq/ ($\overset{\sim}{}$), the /saq/ is extended and attached to a following –ʔ , as follows:

ⵎ kaa, *ⵎ* kiə, *ⵎ* caa, *ⵎ* chaa, *ⵎ* taa, *ⵎ* thiə, *ⵎ* phiə

b) The sequence *ⵎ* + *ʔ* is written *ⵎ* /baa/ to distinguish it from the sequence *ⵎ* /caa/ (shown above), and from *ⵎ* /haa/.

c) –ʔ is written as a continuation of the preceding consonant symbol in the following sequences:

ⵎ	khiə	*ⵎ*	thiə	*ⵎ*	yiə	*ⵎ*	laa
ⵎ	ciə	*ⵎ*	tiə	*ⵎ*	riə	*ⵎ*	qaa
ⵎ	chiə	*ⵎ*	niə	*ⵎ*	liə		
ⵎ	caa	*ⵎ*	miə	*ⵎ*	saa		

d) ~ꞈ is attached to the following consonant symbols:

ខា	khaa	ឌា	diə	ភ	piə	វា	wiə
ញា	ŋiə	ណា	naa	ផា	phaa	ហា	haa
ញ្ញ	ñiə	ថា	thaa				

3. Word Composition

In composing words, all "on-the-line" symbols, whether consonants or vowels, are written in a sequence from left to right. In vertical combinations, first all subscript symbols, and then all superscript symbols, are added before proceed-

ing to the next "on-the-line" symbol, except for the vowel symbols ~ꞈ , ~꞉ ,

or ꞈ~ , which are completed before writing the subscript. The sequence of writing steps is shown in the following examples:

Step 1	Step 2	Step 3	Step 4	Step 5		
1) ប	ប្	ប្			/pdəy/	husband
2) ស	សា	ស្ដា	ស្ដាប	ស្ដាប់	/sdap/	to hear
3) ប	បង	បង្	បង្	បង្ខ	/baŋkhouc/	to ruin
4) ប	បរ	បរង	បរង្	បរង្ក	/baŋkaət/	to origi- nate

A /cəəŋ rɔɔ/ (~ is added after the consonant, or consonant + ꞈ , to which it is subscript, and before a superscript vowel, and is usually drawn large enough to include a subscript consonant symbol. When it is not the initial element in a word, a small space is left preceding the consonant symbol to which it is subscript to accomodate its later addition, as in the following examples:

Step 1	Step 2	Step 3	Step 4	Step 5		
1) ស	ស្រ	ស្រ			/srəy/	woman
2) រ	រប	រ(ប	រ(ប	រ(ប ន	/craən/	much, many
3) ស	ស ម	ស(ម្រា	ស(ម្រាប	ស(ម្រាប់	/samrap/	for
4) ត	ត ន	ត ន្	ត(ន្ត្រ	ត(ន្ត្រ	/dantrəy/	music

However, the /cəəŋ rɔɔ/ is written before (in time), and usually does not include, a following subscript vowel symbol or the second part of the composite vowel

symbols ៵៑ and ៵៑ :

Step 1	Step 2	Step 3	Step 4	Step 5		
1)					/proh/	male
2)					/trəw/	correct
3)					/truət/	to examine
4)					/priəp/	to compare
5)					/krɨəŋ/	accessory

B. STYLES OF SCRIPT

There are two basic styles of script in modern Cambodian:

/qaqsaa criəŋ/ 'slanted script', and /qaqsaa muul/ 'round script'.

The first is by far the more common, and is used for running texts in publications of all kinds, such as novels, textbooks, and newspapers. A variation of this,

/qaqsaa chɔɔ/ 'standing script' is simply a vertical form of the

slanted script, and is used for chapter headings or subtitles, and in some publications replaces the slanted script entirely. The second style, /qaqsaa muul/, is more archaic and much more elaborate. While most of the letters are similar in

shape to their slanted counterparts, a few, notably /kɑɑ/, /ŋɔɔ/,

/nɔɔ/, and /tɔɔ/, have entirely different shapes, and must be learned by the

student in addition to the basic slanted forms. This elaborate script is used for titles of books, major headings, newspaper headlines, religious texts, proper names, and inscriptions on public monuments and buildings. /qaqsaa muul/ also

has a variant, /qaqsaa khaam/ 'Cambodian script', which differs

from /muul/ only slightly, but which seems actually to be in more common use than /muul/, although both forms are commonly referred to as /muul/ by the general public. These four styles of script can be compared in the following concordance.

Concordance of Script Styles

	Slanted Script	Standing Script	Round Script	Cambodian Script
1.	ក	ក	ក	ក
2.	ខ	ខ	ខ	ខ
3.	គ	គ	គ	គ
4.	ឃ	ឃ	ឃ	ឃ
5.	ង	ង	ង	ង
6.	ច	ច	ច	ច
7.	ឆ	ឆ	ឆ	ឆ
8.	ជ	ជ	ជ	ជ
9.	ឈ	ឈ	ឈ	ឈ
10.	ញ	ញ	ញ	ញ
11.	ដ	ដ	ដ	ដ
12.	ឋ (ឋ)	ឋ (ឋ)	ឋ (ឋ)	ឋ (ឋ)
13.	ឌ	ឌ	ឌ	ឌ
14.	ឍ	ឍ	ឍ	ឍ
15.	ណ	ណ	ណ	ណ
16.	ត	ត	ត	ត
17.	ថ	ថ	ថ	ថ
18.	ទ	ទ	ទ	ទ
19.	ធ	ធ	ធ	ធ

	Slanted Script	Standing Script	Round Script	Cambodian Script
20.	ឌ	ឌ	ឌ	ឌ
21.	ឍ	ឍ	ឍ	ឍ
22.	ណ	ណ	ណ	ណ
23.	ត	ត	ត	ត
24.	ថ	ថ	ថ	ថ
25.	ទ	ទ	ទ	ទ
26.	ធ	ធ	ធ	ធ
27.	ន	ន	ន	ន
28.	ប	ប	ប	ប
29.	ផ	ផ	ផ	ផ
30.	ព	ព	ព	ព
31.	ភ	ភ	ភ	ភ
32.	ម	ម	ម	ម
33.	យ	យ	យ	យ

C. SAMPLES OF HANDWRITING STYLES

The style of script used throughout this book, except in Selection 50 of the

Reader, which is typewritten, is that of carefully written អក្សរ ជ្រៀង

/qaqsɑɑ criəŋ/ 'slanted script.' Following are four samples of handwritten styles: careful and rapid masculine handwriting, and careful and rapid feminine handwriting. The text used in all four samples is taken from Selection 16 of the Reader (Part Three), as follows:

/taə look-qəwpuk niŋ neəq-mdaay sok-sapbaay ciə rɨɨ-tee? cɑmnaek koun wiñ, sok niŋ tuk ciə kaa-thoəmmədaa. sap-tŋay-nih, kaa-rɨəh-nɨw knoŋ salaa twəə qaoy koun miən cət nɨk-rɔlɨk dɑl pteəh niŋ kruəsaa ciə rɨəy-rɨəy/

'I hope that you (Father and Mother) are well. As for me, things are going as usual. These days, life in school makes me continually homesick for my home and family.'

1. Careful Masculine Style

2. Rapid Masculine Style

3. Careful Feminine Style

4. Rapid Feminine Style

D. TYPEWRITTEN STYLE

Cambodian typescript is currently available from only three companies: Adler, Olympia (both of West Germany), and Varitype (U.S.A.). Both Adler and Olympia use the keyboard designed by Mr. Keng Vansak, Dean of the Faculty of Letters in Phnom Penh. This keyboard is less than satisfactory from several points of view: the style is far less pleasing than almost any style of printed Cambodian in com-

mon use; since Cambodian consonant symbols vary greatly in width (e.g. ᎒ vs.
᎒᎒), the necessity of assigning each symbol the same amount of space on the
keyboard results in highly artificial spacing; and there are not enough keys on a
standard keyboard to accommodate all the different elements of the Cambodian
writing system, so that many symbols must be composed of elements which do
double or triple duty. The style used by the Varitype machine is more satisfac-
tory from an aesthetic point of view, although the subscript consonants are un-
naturally small; the major difficulty is that the Varitype machine is designed to
accommodate many different writing systems by installing a different bank of type
for each language. The great number of different elements in the Cambodian
writing system make it necessary to use two banks, or hemispheres, so that it
is necessary to rotate the banks while typing, sometimes in the middle of a word,
making it a very cumbersome and time-consuming procedure.

The sample shown below was typed on an Adler machine; the text is the same
as that used in the handwritten samples in C above.

រតីរលោកនឹងពុកនិងអ្នកម្នាយ   សុខសប្បាយជាប្ផូរទ   ចវ័ណកកូនវិញ្ញុលុខនឹងទុក្ខ

ជាការនធម្មតា   ។   លព្ផៃថ្ងនេះការរស់នៅក្នុងលោលា   ធ្វើនូរខ្ញុំ

នឹករឭកដល់ម្ផុះនឹងក្រុគ្គសារនជានរព្រឹយ ៕   ។

E. SAMPLES OF PRINTED STYLES

Cambodian publications use a great variety of attractive and artistic printed
styles. Samples 1–5 below illustrate the first five consonant symbols of the Cam-
bodian alphabet in slanted, standing, Cambodian, round, and shaded Cambodian
styles respectively. Sample 6 is the standard slanted script (/qaqsɑɑ criəŋ/)
which is used for running text in newsprint and most books. Sample 7 illustrates
the standing script (/qaqsɑɑ chɔɔ/) which is used in subheadings and running text
in some books; e.g.,Volumes I – IV of the Buddhist Institute's Collection of Cam-
bodian Folktales (Item 5 in the Bibliography) are printed entirely in this standing
script. Samples 8 and 9 are in Cambodian style (/qaqsɑɑ khɔɔm/), which is gen-
erally used for titles, proper names, and inscriptions on signs and public buildings;
although it is technically /qaqsɑɑ khɔɔm/, it would be referred to by the generic
term /muul/ by the general public. Samples 8 – 15 were all taken from the weekly
publication /neəq ciət niyum/ (The Nationalist), which illustrates the great variety
of display styles that may occur in a single publication.

The text of each sample is transcribed and translated below as an aid to the
student in reading the unfamiliar styles of script.

1-5. (The first five letters of the Cambodian alphabet, with subscripts.)

6. /qəwpuk-mdaay klah bɑndaoy koun touc-touc qaoy cee-bañcao kñom-kɑmdaa.
   cuən-kaal koun nuh way-dɑm-crɑm-theəq phaaŋ   haq-douc ciə miən qɑmnaac
   niŋ twəə-baap neəq-kɑmsɑt-tuurəkuət taam cət   pipruəh-tae kluən kaət laəŋ
   miən sɑmbat-troəp./

   'Some parents allow even quite small children to insult their servants.
   Sometimes these children even beat and kick their servants, as if they had
   the right to mistreat poor unfortunates as they wish just because they
   were born wealthy.'

7. /cou yəəŋ kom prɑmaat meə̆q-ɲiəy baaw-priəw yəəŋ/
    'Let's not mistreat our servants.'

8. /ween-yiəm daəmbəy bɑmraə saathiərənɑqcuə̆n nɨw kroŋ pnum-pɨñ/
    'Remaining open to serve the public in Phnom Penh'

9. /qɑmpəə-cliən-piən nɨy kɑɑŋ-toə̆p . . ./ 'the army's aggression . . .'

10. /ciət, sɑhsnaa, riəc-baalɑŋ/ 'Nation - Religion - Throne'

11. /neə̆q ciət niyum/ 'The Nationalist'

12. /preə̆h-sɑnnisət pɔədamiən/ 'Royal Press Conference'

13. /khaet stɨŋ-traeŋ/ 'Stung Treng Province'

14. /kaa-sɑmŋat/ 'Confidential'

15. /bɑɑrəteeh/ 'Abroad'

1.

2.

3.

4.

5.

6. ៰ពុកម្ដាយ១៖បណ្ដោយកូនភូចា ឲ្យដរបញ្ជោរៗខ្ញុំដរ ផ្ទនកាលកូននោះ រាយដៃប្រំពាក់ផន ហាក់ដូចជា មានអំណា ចនិនធ្វើបាបអ្នកកំសត់ទុត្តតាមចំត្ត ពីព្រោះតែ១ូនកើតឡេីនមានសម្បត្តិ្រ៍ព្យ ។

7. ឬយេីងកុំ្រ្រមាថមាក់ងាយ បារិ្រាវិយេីង

8. **ខេនយាម ដេីម្បីបំរេីសាធារណៈន នៅ្រកុងភ្នំពេញ**

9. # អំពេីឈ្មាឥ្ធានៃកនៃ្រ

10. ## ជាតិ សាសនា ៣ជបល្លិន្ល

11. ## អ្នកជាតិនិយយ

12. # ្រ្រះ ស្ន្ធិស៊ីទ សារព៌មាន

13. # ខេត្តស្ទឺងៃ្រត្រង

14. # ភារស្ឃ្ឃំ

15.

PART TWO

PROGRAMMED READING EXERCISES

I. INTRODUCTION

Part One of this book presents a formal analysis of the relationship between sound and symbol in modern Cambodian. The purpose of this section is to provide the student with a step-by-step introduction to reading and writing Cambodian words. Each exercise introduces a small amount of new material. The exercises are cumulative, building on and reinforcing points that have already been introduced. Periodic review exercises provide a test of the student's progress, and refer by number to the exercise in which each point was first introduced. The student should go back and review the exercise dealing with any point in the review exercise with which he has difficulty.

Since the primary aim of this section, and indeed, of the entire book, is to develop facility in reading, the great majority of the exercises involve a symbol-to-sound operation. However, some of the exercises involve a sound-to-symbol operation (much less predictable in Cambodian), since it is felt that the most effective way to help the student recognize the sometimes minute differences between symbols is to have him draw them himself.

As in Part One, it is assumed that the student is familiar with the transcription system used in the author's Spoken Cambodian, of which a summary is presented for convenience below.

However, if the student is unfamiliar with the sound system of spoken Cambodian, or if he intends to use this section without the aid of a native speaker, he should read carefully the chapter on Phonology in Part One. To use this section effectively, the student should follow these directions:

1) Cover the answer to each exercise (marked A.) with a blank sheet of paper.
2) Write the answer called for on the paper, and pronounce it aloud.
3) Check your answer against the correct answer which follows each exercise.
4) If you have made a mistake, practice the exercise until you can do it correctly from memory.

II. PHONOLOGICAL SUMMARY

Consonants

	Labial	Dental	Palatal	Velar	Glottal
Stops:					
Voiceless	-p	-t	-c	-k	-q
Voiced	b	ɗ			
Spirants:					
Voiceless	(f)	s			-h
Continuants:					
Nasal	-m	-n	-ñ	-ŋ	
Semivocalic	-w		-y		
Lateral		-l			
Trilled		r			

87

Vowels

Long Vowels			Long Diphthongs			Short Vowels			Short Diphthongs		
ii	ɨɨ	uu	iə	ɨə	uə	i	ɨ	u			uə̆
ee	əə	oo	ei	əɨ	ou	e	e	o		eə̆	oə̆
ɛɛ	aa	ɔɔ	ae	aə	ao		a				
	ɑɑ			ɔə			ɑ				
(10)			(10)			(8)			(3)		

III. CONSONANTS

1. There are 33 consonant symbols in the Cambodian writing system. How many different consonant sounds are there in the Cambodian language (refer to Phonological Summary)?

    A. 18

2. Thus there are about twice as many consonant symbols as are needed to represent the consonant sounds of the language. In fact there are two ways to represent every consonant sound, so that there are actually two series of consonant symbols in the Cambodian writing system. The pronunciation of a vowel symbol is determined by the series to which the preceding consonant symbol belongs. Every vowel symbol then has _____ values or pronunciations.

    A. 2

3. When a consonant symbol is written alone, with no accompanying vowel symbol, it is pronounced with an "inherent" vowel. The inherent vowel with which 1st series consonant symbols are pronounced is /ɑɑ/. The first letter of the Cambodian alphabet is ក . It is a 1st series consonant which represents the sound /k/. Write, transcribe, and pronounce the symbol ក with its inherent vowel.

    A. ក kɑɑ

4. When a 2nd series consonant symbol is written with no accompanying vowel symbol, it is pronounced with the "inherent" vowel /ɔɔ/. The 2nd series consonant symbol representing /k/ is គ . Write, transcribe, and pronounce it.

    A. គ kɔɔ

5. The initial consonant sequences /kh-, ch-, th-, ph-/ are represented by unit symbols, although phonologically they are clusters. The 1st series symbol for the cluster /kh-/ is ខ . Write, transcribe, and pronounce it.

    A. ខ khɑɑ

6. The 2nd series symbol for /kh-/ is ឃ . Write, transcribe, and pronounce it.

   A. ឃ khɔɔ

7. All nasal symbols (except ណ /n/), when unmodified, are pronounced with the 2nd series inherent vowel, and are classed as 2nd series consonant symbols. (The conversion of nasal symbols to 1st series will be discussed later.) The symbol for the velar nasal /ŋ/ is ង . Write, transcribe, and pronounce it.

   A. ង ŋɔɔ

8. You have now been introduced to the first five letters of the Cambodian alphabet. They are: ក ខ គ ឃ ង . The Cambodian alphabet is divided into five groups, based on <u>position of articulation</u>, proceeding from the back to the front of the mouth, and one residual group usually labeled miscellaneous. The letters in the group above are all <u>Velars</u>. Within each articulatory group, the order of letters is as follows:

1st series unaspirated consonant symbol	(ក)
1st series aspirated consonant symbol	(ខ)
2nd series unaspirated consonant symbol	(គ)
2nd series aspirated consonant symbol	(ឃ)
2nd series homorganic nasal	(ង)

   Write, transcribe, and pronounce the Velar series above.

   A. ក kɑɑ, ខ khɑɑ, គ kɔɔ, ឃ khɔɔ, ង ŋɔɔ

9. Every vowel symbol (with the exception of three, which will be discussed later) has two pronunciations, depending on the series of the initial consonant. In spelling a word aloud, however, Cambodians usually refer to vowel symbols by their 1st series values, regardless of the series of the preceding consonant. The vowel symbol −ា is called /sraq qaa/ 'the vowel qaa'. Its first series value is /aa/. ក + ា is written កា . Write, transcribe, and pronounce it.

   A. កា kaa

10. The second series value of −ា is /iə/. គ + ា is written គា . Write, transcribe, and pronounce it.

    A. គា kiə

11. Write, transcribe, and pronounce the following syllables: ខា ឃា ងា

    A. ខា khaa, ឃា khiə, ងា ŋiə

12. 𝒞 is the 1st series consonant symbol for /c/. Its 2nd series counterpart

   is 𝒞 . Write, transcribe, and pronounce the syllables 𝒞ា and 𝒞ា .

   A. 𝒞ា caa, 𝒞ា ciə

13. The second group of consonant symbols in the Cambodian alphabet are the

   Palatals. They are: 𝒞 /cɑɑ/, 𝒞 /chɑɑ/, 𝒞 /cɔɔ/, ឈ /chɔɔ/,

   and ញ /ñɔɔ/. Write, transcribe, and pronounce each of them in combina-

   tion with the vowel symbol ា .

   A. 𝒞ា caa, 𝒞ា chaa, 𝒞ា ciə, ឈា chiə, ញា ñiə

14. The vowel symbol ិ is called /sraq qəy/. Its 1st series value is /əy/

   and its 2nd series value is /ii/. Write, transcribe, and pronounce the syl-

   lables 𝒦ិ and 𝒦ិ .

   A. 𝒦ិ kəy, 𝒦ិ kii

15. You should now be able to read 30 different Cambodian syllables, as follows:

   ក ខ គ ឃ ង ច ឆ ជ ឈ ញ

   កា ខា គា ឃា ងា ចា ឆា ជា ឈា ញា

   កិ ខិ គិ ឃិ ងិ ចិ ឆិ ជិ ឈិ ញិ

   Transcribe and pronounce them.

   A. kɑɑ, khɑɑ, kɔɔ, khɔɔ, ŋɔɔ, cɑɑ, chɑɑ, cɔɔ, chɔɔ, ñɔɔ,
      kaa, khaa, kiə, khiə, ŋiə, caa, chaa, ciə, chiə, ñiə,
      kəy, khəy, kii, khii, ŋii, cəy, chəy, cii, chii, ñii

16. Now take the 30 syllables you have transcribed above and write as many of
   them as you can using the Cambodian symbols. Refer to the symbols in
   Exercise 15 only for those symbols you have been unable to remember.

17. The symbols 𝒟 /dɑɑ/, 𝒯 /thɑɑ/, 𝒟 /dɔɔ/, ឋ /thɔɔ/, ណ

   /nɑɑ/ are referred to as the Retroflexes, based on their values in the Indian
   writing system from which the Cambodian writing system is derived. Their
   position of articulation is not retroflex, however, but dental. They follow the

   Palatals and precede the "true" Dentals in the alphabetical order. 𝒟 and

   ឋ are rare, occurring in only a few loanwords. ណ is the only nasal symbol which belongs to the 1st series. Transcribe and pronounce the following syllables: ដៃ ថ្ង ដ៊ី ថៀ ណា

A. dəy, thaa, dii, thiə, naa

18. Now write the syllables you have transcribed above in the Cambodian alphabet without referring to the symbols in Exercise 17.

19. Notice that ច /cɔɔ/ and ដ /dɑɑ/ differ only with regard to the top element, referred to as the /saq/ 'hair'. Write, transcribe, and pronounce the following syllables: ដា ចា ច៊ី ដ៊ី ដ ច

A. ដា daa, ចា ciə, ច៊ី cii, ដ៊ី dəy, ដ dɑɑ, ច cɔɔ

20. The vowel symbol ◌ូ is called /sraq qou/. Its 1st series value is /ou/ and its 2nd series value is /uu/. Transcribe and pronounce the following syllables: កូ គូ ចូ ដូ ឧ ឃ្ន ទូ ធូ ងូ ងូ

A. kou, kuu, cou, cuu, khou, khuu, dou, duu, nou, ŋuu

21. Write each of the above transcriptions in the Cambodian alphabet without referring to Exercise 20.

22. The <u>Dentals</u> of the Cambodian alphabet are as follows:

ត taɑ, ថ thaɑ, ទ tɔɔ, ធ thɔɔ, ន nɔɔ

Transcribe and pronounce the following syllables:

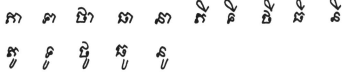

A. taa, tiə, thaa, thiə, niə, təy, tii, thəy, thii, nii, tou, tuu, thou, thuu, nuu

23. Write the Cambodian equivalents of the syllables in 22-A above without referring to the exercise.

24. Note that there are two representations for 1st series /thaɑ/: the Retroflex ឋ and the Dental ថ ; and two representations for the 2nd series /thɔɔ/: the Retroflex ឈ and the Dental ធ . These are the only two

cases of true redundancy among Cambodian consonant symbols. The Dental symbols are far more common in both cases. Write the following syllables two ways: thɑɑ, thaa, thəy, thou.

A.   ធ្ធ   ធា ធា   ធឹ ធឹ   ធុ ធុ

25.   Write the following syllables two ways: thɔɔ, thiə, thii, thuu

A.   ធោ ធ   ធៀ ធៀ   ធី ធី   ធូ ធូ

26.   Note that the 2nd series counterpart of ណ /nɑɑ/ is ន /nɔɔ/. Transcribe and pronounce the following syllables:

       ណា ន   ណី ន   ន ណ   ណ ន

A.   naa, niə, nəy, nii, nuu, nou, nɑɑ, nɔɔ

27.   Now write the syllables in 26-A in Cambodian symbols without referring to the exercise.

28.   In some printed styles, ឆ /chɑɑ/ and ធ /thɔɔ/ differ in shape only with regard to the height of the right-hand upright and its concluding circle. In written style, however (as below), ឆ /chɑɑ/ usually has a distinguishing loop in the lower left corner. Write, transcribe, and pronounce:

       ឆា ឆា   ឆូ ឆ   ឆី ឆី

A.   ឆា chaa, ឆៀ thiə, ឆូ thuu, ឆ chou, ឆ chəy, ឆ thii

29.   The vowel symbol េ— is called /sraq qei/. Its 1st series value is /ei/ and its 2nd series value is /ee/. Transcribe and pronounce the following syllables:

       េក េគ េដ េឌ េត េថ េណ េធ េឃ េឆ េន

A.   kei, kee, dei, cee, tee, tei, nei, thei, khee, chee, nee

30.   Now reproduce the syllables in 29-A in Cambodian script without referring to the exercise.

31.   You have been introduced to 20 consonant symbols (the Velar, Palatal, Retroflex, and Dental groups of five symbols each) and five vowels (the "inherent," —ា , ឹ , ុ , and េ—), so that you should now be

able to read 100 different Cambodian syllables. Transcribe and pronounce
them.

1.	21.	41.	61.	81.
2.	22.	42.	62.	82.
3.	23.	43.	63.	83.
4.	24.	44.	64.	84.
5.	25.	45.	65.	85.
6.	26.	46.	66.	86.
7.	27.	47.	67.	87.
8.	28.	48.	68.	88.
9.	29.	49.	69.	89.
10.	30.	50.	70.	90.
11.	31.	51.	71.	91.
12.	32.	52.	72.	92.
13.	33.	53.	73.	93.
14.	34.	54.	74.	94.
15.	35.	55.	75.	95.
16.	36.	56.	76.	96.
17.	37.	57.	77.	97.
18.	38.	58.	78.	98.
19.	39.	59.	79.	99.
20.	40.	60.	80.	100.

A.

1. kee	21. ñii	41. cee	61. cou	81. khee
2. dəy	22. chiə	42. thee	62. thii	82. dɑɑ
3. khou	23. khaa	43. nɔɔ	63. nou	83. chaa
4. cei	24. kuu	44. duu	64. thɑɑ	84. diə
5. ŋiə	25. kəy	45. dou	65. chei	85. ŋee
6. thaa	26. ñee	46. kaa	66. thɑɑ	86. thəy
7. khuu	27. thee	47. kɔɔ	67. ñuu	87. thei
8. naa	28. dii	48. nei	68. tee	88. tuu
9. dei	29. tii	49. daa	69. niə	89. nuu
10. cii	30. kiə	50. ciə	70. cɑɑ	90. ñɔɔ
11. thiə	31. ŋii	51. dɔɔ	71. kii	91. chou
12. thuu	32. ñiə	52. nii	72. chii	92. dee
13. tiə	33. nɑɑ	53. chuu	73. thou	93. cɔɔ
14. təy	34. khɑɑ	54. khɔɔ	74. tɑɑ	94. cəy
15. chɑɑ	35. chɔɔ	55. chəy	75. thəy	95. ŋuu
16. thɔɔ	36. khii	56. thei	76. thɔɔ	96. kɑɑ
17. taa	37. ŋɔɔ	57. tou	77. kou	97. thuu
18. tɔɔ	38. thaa	58. thii	78. khiə	98. tei
19. nəy	39. thou	59. khei	79. chee	99. thiə
20. nee	40. cɑɑ	60. cuu	80. khəy	100. kei

32.   Now write as many of the syllables in 31-A as you can in the Cambodian al-
phabet. Those which you can't remember you should study further. Due to

the redundancy in both the 1st and 2nd series for /th/ (⟨symbol⟩ and ⟨symbol⟩ in the

1st series, ⟨symbol⟩ and ⟨symbol⟩ in the 2nd series), 20 of the syllables can be
written either of two ways. Either spelling will be considered correct.

33.   The vowel symbol ⟨symbol⟩ is called /sraq qəɨ/, with its 1st series value /əɨ/,
although this vowel symbol occurs only rarely with 1st series consonant sym-

bols. Its 2nd series value is /ɨɨ/. Note that ⟨symbol⟩ differs from ⟨symbol⟩ /ii/
only in having two uprights rather than one. Write, transcribe, and pronounce

the following syllables: ⟨symbols⟩

A.   ⟨symbol⟩ kɨɨ,   ⟨symbol⟩ chɨɨ,   ⟨symbol⟩ dəɨ,   ⟨symbol⟩ ŋɨɨ,   ⟨symbol⟩ kəɨ,   ⟨symbol⟩ cɨɨ

34. We will now consider the last of the five articulatory groups of consonants in the Cambodian alphabet, the <u>Labials</u>. They are, respectively, ឞ /baa/, ភ /phaa/, ព /pɔɔ/, ភ /phɔɔ/, and ម /mɔɔ/. Write, transcribe, and pronounce the following syllables:

ឞ̌ ភ̌า ភ̌ ភ̌ា ម̌ា ម̌

A. ឞ̌ bəy, ភ̌า phaa, ភ̌ pii, ភ̌ា phiə, ម̌ា miə, ម̌ mii

35. When ឞ is followed by the vowel symbol −ា , it is written ឞា /baa/ to distinguish it from ហា /haa/ (to be discussed later) and from ម + ា , which is មា . Write, transcribe, and pronounce the following syllables: ឞ ឞា ចា ហា ម̌ា

A. ឞ baa, ឞា baa, ចា caa, ហា haa, ម̌ា miə

36. Notice that ភ̌ /phaa/ differs from ឋ /thɔɔ/ only in the uppermost element, or /saq/. Write, transcribe, and pronounce the following syllables:

ភ̌া ឋា ឋ̌ ភ̌ ឋ̌ េឋ̌ េភ

A. ភ̌া phaa, ឋា thiə, ឋ̌ thii, ភ̌ phəy, ឋ̌ chəy, េឋ̌ phei,

េភ phee

37. The following grid shows the first 25 consonant symbols of the Cambodian alphabet in the order in which they occur in Cambodian dictionaries and in oral recitation. On a separate sheet of paper draw a similar grid with 25 squares and practice until you can reproduce the chart from memory.

	1st Series		2nd Series (except ᧿)		
	Unaspirated	Aspirated	Unaspirated	Aspirated	Nasal
Velars	ក	ខ	គ	ឃ	ង
	kaa	khaa	kɔɔ	khɔɔ	ŋɔɔ
Palatals	ច	ឆ	ជ	ឈ	ញ
	caa	chaa	cɔɔ	chɔɔ	ñɔɔ
Retroflexes	ដ	ឋ	ឌ	ឍ	ណ
	daa	thaa	dɔɔ	thɔɔ	naa
Dentals	ត	ថ	ទ	ធ	ន
	taa	thaa	tɔɔ	thɔɔ	nɔɔ
Labials	ប	ផ	ព	ភ	ម
	baa	phaa	pɔɔ	phɔɔ	mɔɔ

38. The next four letters of the Cambodian alphabet (nos. 26–29 in order) are

    យ /yɔɔ/, រ /rɔɔ/, ល /lɔɔ/, វ /wɔɔ/. Like the nasals, they repre-
    sent continuants (i.e. are pronounced with voicing throughout) and belong to
    the 2nd series. (The conversion of continuants to 1st series will be dealt

    with later.) Notice that វ /wɔɔ/ differs from រ /rɔɔ/ only in having an
    additional flourish at the top. Write, transcribe, and pronounce the follow-

    ing syllables: យា រា លា វា យី រី លី វី

    A. យា yiə, រា riə, លា liə, វា wiə, យី yii, រី rɨɨ,

    លី lɨɨ, វី wii

39. Notice that ឃ differs from ឃ /khɔɔ/ only in that the initial circle
    is drawn to the right of the first upright rather than to the left. Write, tran-
    scribe, and pronounce the following:

    ឃុ ឃុ   ឃា ឃា   ឃី ឃី

A. ឈ្ងូ yuu, ឃូ khuu, យា yiə, ឃា khiə, ឃី khii, យី yii

40. The last four letters of the Cambodian alphabet (nos. 30–33) are ស /saa/, ហ /haa/, ឡ /laa/, អ /qaa/. They are all pronounced (when unconverted) with the 1st series inherent vowel. Transcribe and pronounce the following syllables: សា រហ ឡា អា ស ហូ លេ អើ

A. saa, hei, laa, qaa, səy, hou, lei, qəy

41. Now write the syllables in 40-A in Cambodian script without reference to the exercise.

42. ឡ /laa/ is the 1st series counterpart of ល /lɔɔ/, parallel with ណ /naa/ and ន /nɔɔ/. Write, transcribe, and pronounce the following syllables: ឡា លា ណា ឈ ឡើ លី ណៃ និ

A. ឡា laa, លា liə, ណា naa, ឈ niə, ឡើ ləy, លី lii, ណៃ nəy, និ nii

43. The 2nd series continuants ង , ញ , ម , យ , រ , and វ have no separate counterparts in the 1st series. They can be converted to 1st series by the addition of the /museqkətoən/ or /tmɨñ kandao/ 'rat's teeth' (̈): ង៎ /ŋaa/, ញ៎ /ñaa/, ម៎ /maa/, យ៎ /yaa/, រ៎ /raa/, វ៎ /waa/. Transcribe and pronounce the following:

យ៎ា យា   រ៎ី រី   រ៎ា រា   ម៎ា មា   ង៎ូ ងូ   ញ៎ា ញា

A. yaa, yiə, rei, ree, waa, wiə, maa, miə, ŋou, ŋuu, ñaa, ñiə

44. Write the syllables in 43-A in the Cambodian script.

45. The 1st series consonants ប , ស , ហ , and អ have no separate counterparts in the 2nd series. They can be converted to the 2nd series by the addition of the /treysap/ (̃): ប៊ /bɔɔ/, ស៊ /sɔɔ/, ហ៊ /hɔɔ/, and អ៊ /qɔɔ/. Transcribe and pronounce the following:

បូ ប៊ូ   ហ ហ៊   រស រស៊   សៃ ស៊ៃ   ប៊ី ប៊ី

A. bou, buu, haa, hiə, sei, see, qou, quu, bəy, bii

46. Now reproduce the syllables in 45-A in Cambodian script.

47. Whenever a /museqkətoə̌n/ (″ ⁻) or /trəysap/ (⁓̃ ⁻) converter co-occurs

with one of the superscript vowel symbols, such as ⁻ or ⁻ , it is

usually replaced (except in the case of ɪ̃ʃ ; see 45 above) by a short ver-

tical stroke (⁻), called /kbiəh kraom/, at the bottom of the consonant sym-

bol; e.g. ɐ̃ʃ /sii/, ɪ̃ʃ /qii/, although ɐ̃ʃ and ɪ̃ʃ do occur. Write,

transcribe, and pronounce the following:

(Cambodian script characters)

A. ɐ̃ʃ səy, ɐ̃ʃ sii, ɪ̃ʃ mii, ɪ̃ʃ məy, ɪ̃ʃ qii, ɪ̃ʃ qəy, ɪ̃ʃ

ŋɨɨ, ɪ̃ʃ ŋəɨ

48. Since ᧕ /pɔɔ/ has no 1st series counterpart, the /museqkətoə̌n/ (″ ⁻)

is also used to convert 1st series ɪ̃ʃ /baɑ/ to ɪ̃ʃ /paɑ/. Transcribe

and pronounce the following: (Cambodian script characters)

A. baa, paa, bəy, pəy, bou, pou, bei, pei

49. Now write the above syllables in Cambodian script.

50. The consonant /f/ is represented by the symbol ᧘ plus the subscript form

of ɪ̃ʃ : ᧘ /faɑ/. It belongs to the 1st series unless converted by use of

the /trəysap/: ᧘ /fɔɔ/. ᧘ in some words is pronounced like ɪ̃ʃ :

/waɑ/. In some words ᧘ plus the subscript form of ɪ̃ʃ (᧘ /maɑ/)

occurs instead of ɪ̃ʃ as the 1st series counterpart of ɪ̃ʃ ; likewise in

some words ᧘ plus the subscript form of ɪ̃ʃ (᧘ /naɑ/) is used in-

stead of ᧘ as the 1st series counterpart of ɪ̃ʃ , and ᧘ plus the sub-

script form of ᧘ (᧘ /laɑ/) occurs instead of ɪ̃ʃ as the 1st series

counterpart of ᧘ . Transcribe and pronounce the following:

(Cambodian script characters)

A. faa, fei, fiə, fii, maa, maa, naa, naa, laa, laa

51. The following chart shows both the 1st and 2nd series representations for each of the 18 consonants shown in the Phonological Summary on page 87 as well as for the clusters kh, ch, th, and kh, totaling fifty different consonant representations in Cambodian. Rare symbols are enclosed in parentheses. Study the chart, then cover the 2nd series column with a sheet of paper and supply the 2nd series counterparts of the symbols in the 1st series column. Next cover the 1st series column and reproduce the 1st series counterparts of the symbols in the 2nd series.

	1st Series		2nd Series	
Consonant	Symbol	Name	Symbol	Name
1. k	ក	kɑɑ	គ	kɔɔ
2. kh	ខ	khɑɑ	ឃ	khɔɔ
3. ŋ	ង	ŋɑɑ	ង	ŋɔɔ
4. c	ច	cɑɑ	ជ	cɔɔ
5. ch	ឆ	chɑɑ	ឈ	chɔɔ
6. ñ	ញ	ñɑɑ	ញ	ñɔɔ
7. d	ដ	dɑɑ	ឌ	dɔɔ
8. t	ត	tɑɑ	ទ	tɔɔ
9. th	ថ (ឋ)	thɑɑ	ធ	thɔɔ
	(ឍ)	thɑɑ	(ឯ)	thɔɔ
10. n	ណ (ន)	naa	ន	nɔɔ
11. b	ប	bɑɑ	(ព)	bɔɔ
12. p	ប	pɑɑ	ព	pɔɔ
13. ph	ផ	phɑɑ	ភ	phɔɔ

	1st Series		2nd Series	
Consonant	Symbol	Name	Symbol	Name
14. m	ម៉ (ម្ង)	maa	ម	mɔɔ
15. y	យ៉	yaa	យ	yɔɔ
16. r	រ៉	raa	រ	rɔɔ
17. l	ឡ (ល្ង)	laa	ល	lɔɔ
18. w	វ៉ (វ្ង)	waa	វ	wɔɔ
19. s	ស	saa	(ស៊)	sɔɔ
20. h	ហ	haa	(ហ៊)	hɔɔ
21. f	ហ្វ	faa	(ហ្វ៊)	fɔɔ
22. q	អ	qaa	(អ៊)	qɔɔ

IV. FINAL CONSONANTS

52. According to the Phonological Summary, what consonants occur in final
position in Cambodian syllables?

A. p, t, c, k, q, h, m, n, ñ, ŋ, w, y, and l

53. What consonants never occur finally?

A. b, d, f, s, and r

54. Nevertheless, almost all the consonant symbols <u>are used to represent</u> final
consonants in Cambodian words, so there is much more redundancy in the
representation of final consonants than in initial consonants. Although many

words are spelled with a final រ , it is not pronounced. However, it some-

times serves to distinguish orthographically between homonyms (see Part
One, III, D). Transcribe and pronounce the following:

កា កា រ   កូ កូ រ   ពី ពី រ

A. kaa, kaa, kuu, kuu, pii, pii

55. The final stops /p, t, c, k, q/ may each be represented by a variety of sym-
bols. Any <u>Labial stop symbol</u> (nasals are continuants and not stops) occur-

ring in final position represents final /-p/, although ប is by far the most common representation of final /-p/. (Consult the chart in Exercise 37.) Transcribe and pronounce the following:

 តាប   ទោប   សាប   ភៀប   លៀប

A. taap, tɔɔp, saap, phiəp, liəp

56. Any <u>Retroflex</u> or <u>Dental stop symbol</u> in final position represents final /-t/, although ត is the most common. Transcribe and pronounce the following:

ចាត   ឆាឌ   កឯ   ឆាថ   កុដ   កាណ   ម៉ាឍ   សាឲ   បាត

A. caat, baat, kɑɑt, baat, kuut, kiət, maat, saat, bɑɑt

57. Any <u>Palatal stop symbol</u> in final position represents final /-c/; only ច and ញ occur. Transcribe and pronounce the following:

តុច   ឆាច   ៅៀច   កាច   ពុញ

A. touc, qaac, riəc, kaac, puuc

58. After one of the vowels /a, aa, ɑ, ɑɑ, eə, uə, iə, ɨə, uə/ any <u>Velar stop sym</u><u>bol</u> in final position represents final /-q/. Transcribe and pronounce:

កាក   នាក   មៀប   ចាក   សាក

A. kaaq, niəq, miəq, caaq, saaq

59. After any other vowel, any <u>Velar stop symbol</u> represents final /-k/. Transcribe and pronounce the following:

ចិក   រិក   មៀប   លៀខ   ៅក   ម៉ក

A. ciik, riik, meek, leek, rɔɔk, mɔɔk

60. Transcribe and pronounce the following syllables:

ចុក   ចុក   ចៀប   ប៉ាក   យៅក   ញៀក   រេក

A. couk, cuuk, ciəq, paaq, yɔɔk, ɲiəq, reek

61. All the nasal symbols have the same values in final position as in initial position, except that ញ after ◌ represents /-ŋ/ rather than /-ñ/. Transcribe and pronounce:

ចាម   នាម   ឡាន   ម៉ាណ   ចៀន   កញ   មិង   លេង   រិង   សាញ

A. caam, niəm, laan, maan, ciən, tiəñ, miiŋ, leeŋ, riiŋ, saañ

62. The continuant symbols ឫ , ល , and ៝ have the same values in
final as in initial position. Transcribe and pronounce:

ប្ហ ឫ   កាល   ៕ឰៃ   ឆាឫ   ៃកាល   ឆ្ទៃ   ទ ល

A. baay, kaal, qaaw, niəy, peel, liiw, coul

63. ស in final position represents final /-h/. Transcribe and pronounce:

ស្ហា ស   ម៉ា ស   ម្ុ ស   ៃឌិ ស   ក្ុ ស

A. saah, miəh, muuh, ceeh, kuuh

V. VOWELS

You have already learned that the value (or pronunciation) of a vowel symbol
depends on the series to which the preceding consonant belongs. The following
chart shows the 1st and 2nd series values of the six vowel symbolizations (includ-
ing the lack of a vowel symbol, which indicates the inherent vowel) that you have
encountered so far.

Symbolization	1st Series Value	2nd Series Value
∅	aa	ɔɔ
-៣	aa	iə
្	əy	ii
្	əɨ	ɨɨ
្	ou	uu
ៃ-	ei	ee

The value of a vowel symbolization can be affected also by the final consonant sym-
bol, and by various diacritical marks. In fact, it is the total <u>configuration of sym-
bols</u> that determines the pronunciation of a syllable in the Cambodian writing sys-
tem. Fortunately, there is a finite number of such configurations, and with prac-
tice you will learn to recognize them easily. Furthermore, the pronunciation of
the configurations is, with few exceptions, regular and predictable. Cambodian
is much more regular in this respect than the English spelling system, where a
given spelling may represent several pronunciations, as in rough, bough, cough,
slough, etc. There is a certain amount of sound-to-symbol redundancy, however,
where a given sound may be represented in several different ways, parallel with

the "so, sew, sow," situation in English. In other words, it is easier to read Cambodian correctly than to write it correctly. In this section, the value of a vowel symbolization when final in the syllable is given first, followed by its values as modified by final consonants and diacritics, if different.

64. You have learned that when a syllable is spelled with a single consonant, or with an initial consonant symbol and an unmodified final consonant symbol, it is pronounced with the inherent vowel; e.g. ក /kɑɑ/, កត /kɑɑt/, គ /kɔɔ/, គត /kɔɔt/. However, when the final symbol carries a /bantaq/ (´) or 'shortener', the syllable is pronounced with its "short inherent" value, which in the 1st series is /a/. Transcribe and pronounce:

 កត កត់ ចាប ចាប់ បាន បន់ អះ

A. kɑɑt, kat, cɑɑp, cap, bɑɑn, ban, qah

65. When the initial consonant symbol belongs to the 2nd series, the short inherent vowel is /u/ before any Labial consonant symbol (ប ផ ព ភ ម). Transcribe and pronounce: ជប ជប់ ទម ទម់ លព លព់

A. cɔɔp, cup, tɔɔm, tum, lɔɔp, lup

66. Now write the above syllables in Cambodian script.

67. When the final consonant symbol is any consonant symbol other than a Labial, the vowel is /uə/. Transcribe and pronounce:

កត កត់ យល យល់ លក លក់ (see Exercise 59) ពះ

A. kɔɔt, kuət, yɔɔl, yuəl, lɔɔk, luəq, puəh

68. Write the above syllables in Cambodian script.

69. Transcribe and pronounce: ជប់ ជល់ លប់ លក់ ទម់ ទន់

A. cup, cuəl, lup, luəq, tup, tuən

70. Transcribe and pronounce:

ចាប ចាប់ ជប ជប់ ជក់ កក កក់ លក លក់

A. cɑɑp, cap, cɔɔp, cup, cuəq, kɑɑq, kaq, lɔɔk, luəq

71. Write the above syllables in Cambodian script.

72. When the final consonant symbol of a syllable spelled with ﹣ា carries

the /bɑntɑq/, the 1st series pronunciation is /a/. Transcribe and pro-

nounce: ក ្រ ក ្រ ́ ច ្រ ច ្រ ́ ផ ្រ ផ ្រ ́ ប ្រ ប ្រ ́

A. kaat, kat, caah, cah, baat, bat, caaq, caq

73. Write the syllables in 72-A in Cambodian script.

74. The 2nd series value of -្ɔ- is /eə/ before any <u>Velar Stop symbol</u>
     (គ , ឃ , គ , ង្គ) and /oə/ before any other consonant symbol.
     (Consult Exercise 59 for the value of Velar stop symbols after /eə/.)

     Transcribe and pronounce: ជ ្រ ជ ្រ ́ ម ្រ ម ្រ ́ ព ្រ ព ្រ ́

A. ciəq, ceə̆q, miəq, meə̆q, piəq, peə̆q

75. Write the above syllables in Cambodian script.

76. Transcribe and pronounce (refer to Exercise 74):

     ក ្រ ក ្រ ́ គ ្រ គ ្រ ́ ម ្រ ម ្រ ́

A. kiət, koə̆t, tiən, toə̆n, miən, moə̆n

77. Transcribe and pronounce: ត ្រ ́ ត ្រ ́ ព ្រ ́ ព ្រ ́ ជ ្រ ́ ជ ្រ ́

A. teə̆q, toə̆n, peə̆q, poə̆n, ceə̆q, coə̆n

78. Transcribe and pronounce:

     ក ្រ ក ្រ ́ ព ្រ ព ្រ ́ ព ្រ ́ ក ្រ ក ្រ ́ ជ ្រ ́ ជ ្រ ́ ច ្រ ́

A. kaaq, kaq, piəq, peə̆q, poə̆n, phiəp, phoə̆p, chap, coə̆p, cap

79. Write the syllables in 78-A in Cambodian script.

80. The vowel symbol ◌ី is called /srɑq qeq/. Notice that it differs from

     ◌ី /əy/ only in the absence of an upright stroke. When it occurs in a
     stressed syllable with no written final consonant, it represents /-eq/ in the
     1st series and /-iq/ in the 2nd series. (A stressed syllable is any syllable
     in isolation, or any word-final syllable.) Transcribe and pronounce:

     ស ី ស ី ស ី ស ី ត ី ត ី យ ី យ ី

A. qəy, qeq, qii, qiq, təy, teq, yii, yiq

81. When it occurs in an unstressed syllable with no written final consonant,

$\overset{\mathsf{Q}}{-}$ represents /e/ in the 1st series and /i/ in the 2nd series. Transcribe and pronounce: ᯀᯀᯀᯀ   ᯀᯀᯀ

A. keriyaa, nitiən

82. When $\overset{\mathsf{Q}}{-}$ is followed in the same syllable by a written final consonant, its 1st series value is /ə/ and its 2nd series value is /i/. Transcribe and pronounce: ᯀᯀ ᯀᯀ ᯀᯀ ᯀᯀ ᯀᯀ ᯀᯀ ᯀᯀ ᯀᯀ ᯀᯀ

A. cət, cit, cən, kit, ciik, pit, bət, təc, tiñ

83. When $\overset{\mathsf{Q}}{-}$ precedes a final $-\mathit{ᲦᲦᲦ}$, it has the same value as $\overset{\mathsf{Q}}{-}$: /əy/ in the 1st series and /ii/ in the 2nd series (this spelling occurs in only a few words). Transcribe and pronounce: ᯀᲦᲦᲦ ᯀᲦᲦᲦ

A. təy, tii

84. The symbol $\overset{\mathsf{Q}}{-}$ is called /sraq qəq/. It occurs only in syllables having a written final consonant. Its pronunciation is identical with that of $\overset{\mathsf{Q}}{-}$ before a final consonant, i.e. /ə/ in the 1st series and /i/ in the 2nd series. Transcribe and pronounce: ᯀᯀ ᯀᯀ ᯀᯀ ᯀᯀ ᯀᯀ ᯀᯀ ᯀᯀ

A. dək, tik, cək, nik, yiit, məin, phək

85. Write the following syllables two ways: cət, cit, həp, min

A. ᯀᯀ ᯀᯀ ᯀᯀ ᯀᯀ ᯀᯀ ᯀᯀ ᯀᯀ ᯀᯀ

86. The vowel symbol $\underset{/}{-}$ is called /sraq qoq/. When it occurs in stressed syllables with no written final consonant, it represents /-oq/ in the 1st series and /-uq/ in the 2nd series. (An exception to this is the word for 'table' $\underset{/}{ᯀ}$ /tok/ which is pronounced with a final unwritten /-k/.) Transcribe and pronounce: $\underset{/}{ᯀ}$ $\underset{/}{ᯀ}$ $\underset{/}{ᯀ}$ $\underset{/}{ᯀ}$

A. coq, tuq, thoq, muq

87. In all other environments $\underset{/}{-}$ represents /o/ in the 1st series and /u/ in the 2nd series. Transcribe and pronounce:

$\underset{/}{ᯀᯀ}$ $\underset{/}{ᯀᯀ}$ $\underset{/}{ᯀᯀ}$ $\underset{/}{ᯀᯀ}$ $\underset{/}{ᯀᯀ}$ $\underset{/}{ᯀᯀ}$ $\underset{/}{ᯀᯀ}$ $\underset{/}{ᯀᯀ}$

A. kon, kun, phot, thun, qoh, lup, koun, muul

88. You have now met two ways to represent the finals /-up/ and /-um/ (see Exercise 65). Write the following syllables two ways: cup, cum, lup, lum

A. [Khmer script]

89. There are three vowel symbols whose values are unaffected by the series of the initial consonant. They are ⟨Khmer⟩ /sraq quə/, ⟨Khmer⟩ /sraq qɨə/, and ⟨Khmer⟩ /sraq qiə/. Their values are /uə/, /ɨə/, and /iə/ respectively. Transcribe and pronounce:

[Khmer script]

A. kuə, kuə, cɨə, cɨə, tiən, tiən, riəŋ, biəŋ

90. Write each of the following syllables two ways: chuən, khɨəŋ, cuən

A. [Khmer script]

91. Notice that the value of ⟨Khmer⟩ is the same as the 2nd series value of ⟨Khmer⟩ . Write the following syllables three ways: tiən, kiət, phiəŋ

A. [Khmer script]

92. In Exercise 29 you learned that the values of ⟨Khmer⟩ are /ei/ and /ee/. However, when ⟨Khmer⟩ occurs in a syllable whose final consonant symbol is a Palatal symbol (⟨Khmer⟩ , ⟨Khmer⟩ , ⟨Khmer⟩ , ⟨Khmer⟩ , ⟨Khmer⟩), its 1st series value is /ə/ and its 2nd series value is /ɨ/. Transcribe and pronounce:

[Khmer script]

A. məc, pɨc, cəñ, pɨñ, ceik, meek

93. Thus the three vowel symbols ⟨Khmer⟩ , ⟨Khmer⟩ , and ⟨Khmer⟩ are all pronounced alike before a Palatal final. Write the following syllables three ways: təc, pɨc, cəñ, pɨñ

[Khmer script]

94. The vowel symbol ⟨⟩ is called /sraq qaə/. Its value is /aə/ in the 1st series and /əə/ in the 2nd series. Transcribe and pronounce:

ស្រ   ស្រ   ស្រ   ស្រ   ស្រ   ស្រ   ស្រ

A. taə, chəə, kaət, kəət, baək, khəəñ, ñəəh

95. Write the above syllables in Cambodian script.

96. The vowel symbol ⟨⟩ is called /sraq qae/. Its value is /ae/ in the 1st series and /ɛɛ/ in the 2nd series. Transcribe and pronounce:

ស្រ   ស្រ   ស្រ   ស្រ   ស្រ   ស្រ

A. kae, kɛɛ, saen, mɛɛn, taeŋ, pɛɛŋ

97. The vowel symbol ⟨⟩ is called /sraq qay/. It must be carefully distinguished in both pronunciation and writing from ⟨⟩ above. Its 1st series value is /-ay/, and its 2nd series value is /-ɨy/. It is never followed in the same syllable by a final consonant symbol since it represents both a vowel and a final consonant /-y/. Transcribe and pronounce:

ស្រ   ស្រ   ស្រ   ស្រ

A. day, tɨy, cay, nɨy

98. The vowel symbol ⟨⟩ is called /sraq qao/. Its values are /ao/ in the 1st series and /oo/ in the 2nd series. Transcribe and pronounce:

ស្រ   ស្រ   ស្រ   ស្រ   ស្រ   ស្រ   ស្រ

A. kao, koo, taoŋ, rooŋ, maoŋ, khao, loop

99. Write the syllables in 98-A above in Cambodian script.

100. The vowel symbol ⟨⟩ is called /sraq qaw/. Its 1st series value is /aw/ and its 2nd series value is /ɨw/. Like ⟨⟩ in 97 above, it already includes a final consonant, so it is never followed by a written final consonant symbol. It is distinguished from ⟨⟩ only by an additional stroke at the top right. Transcribe and pronounce:

A. taw, tɨw, caw, nɨw, haw, pɨw

ស្រ   ស្រ   ស្រ   ស្រ   ស្រ   ស្រ

101. The symbol ◌̊ is a diacritic whose formal name is /niqkəhət/, but which is commonly treated as a vowel symbol with the name /sraq qɑm/. Its 1st series value is /ɑm/ and its 2nd series value is /um/. (The word ធំ /thom/ 'big' is irregular.) Since it always includes the final consonant /-m/, it is never followed in the same syllable by a written final consonant symbol. Transcribe and pronounce: ចំ ជំ ខំ ត់ ឯ ឃំ

A. cam, cum, kham, tum, qam, khum

102. Consult Exercise 64, then write the following syllables two ways: cam, qam, kham

A. ចម់ ចំ   ឯម់ ឯ   ខម់ ខំ

103. When ◌̊ is combined with ◌́ to form ◌̊́ it is called /sraq qom/. Its 1st series value is /om/ and its 2nd series value is identical with the 2nd series value of ◌̊ above. Transcribe and pronounce:

ដំ ត់ កំ ជំ សំ ព

A. dom, tum, kom, cum, som, pum

104. Consult Exercise 87, then write the following syllables 4 ways: tum, cum.

A. តម់ តម ត់ ត់   ជម់ ជម ជ់ ជំ

105. The symbol ◌ាំ is called /sraq qam/. Its 1st series value is /am/ and its 2nd series value is /oəm/. Transcribe and pronounce:

ចាំ ជាំ កាំ គាំ ញាំ ញ៉ាំ

A. cam, coəm, kam, koəm, ñam, ñoəm

106. Consult Exercises 72 and 74, then write the following syllables: cap, cam, coəp, coəm, ñoəp, ñam

A. ចាប់ ចាំ   ជាប់ ជាំ   ញ៉ាប់ ញ៉ាំ

107. The configuration ◌ាំង is called /sraq qam ŋɔɔ/. Its 1st series value is /aŋ/; its 2nd series value is /eəŋ/. Transcribe and pronounce:

កាំង គាំង   ជាំង ឆាំង

A. taŋ, teə̆ŋ, phaŋ, pheə̆ŋ

108. The symbol — ៖ is called /reə̆hmuk/ or /sraq qah/. When no vowel sym-
bol is written it represents /ah/ after a 1st series consonant symbol and
/eə̆h/ after a second series consonant symbol. Transcribe and pronounce:

ក៖   ស៖   ប៉៖   ព៖

A. tah, teə̆h, pah, pheə̆h

109. Consult Exercise 72, then write the following syllables two ways: cah, sah

A. ចា ស់ ច៖   សា ស់ ស៖

110. After the short vowel symbols — , — , and — , the /reə̆hmuk/
represents final /-h/ alone. The configurations —៖ , —៖ , and —៖
are sometimes referred to as /sraq qeh/, /sraq qəh/, and /sraq qoh/ respec-
tively. Transcribe and pronounce: ច៖   ច៖   ក៖   ក៖   ប៖   ព៖

A. ceh, cih, kəh, pɨh, coh, puh

111. After the long vowel symbols េ- , ី- , and េ- , the /reə̆hmuk/
both shortens and changes the value of the vowel symbol. (An exception is
the irregular spelling ចា៎៖ /caah/ 'polite response particle used by
women' which is usually pronounced long in spite of a following /reə̆hmuk/.)
The configuration េ-៖ is sometimes referred to as /sraq qeh/. It is /eh/
in the 1st series and /ih/ in the 2nd series. Transcribe and pronounce:

េស៖   េន៖   េព៖   េញ៖

A. seh, nih, pheh, cih

112. Consult Exercise 110, then write the following syllables two ways: ceh,
cih, neh, nih

A. ច៖   េច៖   ច៖ េច៖   ន៖ េន៖   ន៖ េន៖

113. The configuration េ-ា៖ is sometimes called /sraq qah/. Its 1st series
value is /ah/ and its 2nd series value is /uə̆h/. (An exception is the ir-
regular spelling េនា៎៖ /nuh/ 'that, there'.) Transcribe and pronounce:

េក៖   េស៖   េញ៖   េម៖   េព៖   េន៖

A. kɑh, kuˇəh, bɑh, puˇəh, sɑh, luˇəh

114. Consult Exercises 64 and 67, then write the following syllables two ways: kɑh, kuˇəh, sɑh, puˇəh

A. *ភ្នំ ៈ*   *ភ្នំ ៈ*   *ភ្នំ ៈ*   *ភ្នំ ៈ*

115. The configurations *ƒ –ៈ* and *ƒ –ៈ* are sometimes called /sraq qɑh/ and /sraq qeh/ respectively. They occur only in the 1st series, and then only rarely. Their 1st series values are /əh/ and /eh/. Write, transcribe, and pronounce: *ƒភៈ*   *ƒភៈ*

A. *ƒភៈ* kəh, *ƒភៈ* keh

116. In Exercises 58 and 59 it was pointed out that final Velar stop symbols
(*ភ* , *ə* , *ភ* , *ɤɤ*) represent final /-q/ after the vowels /a, aa, ɑ,
ɑɑ, eˇə, uˇə, iə, ɨə, uə/, and final /-k/ after all other vowels. Transcribe
and pronounce the following syllables:

ƒភ ភភ ƒភ ƒ‌ʊភ ‌ɲភ ‌ɲភ ƒ‌ɱភ ‌ɭ‌ɴ ‌ɴ‌ɴ ‌ɥ‌ɴ ‌ɳ‌ɴ
ƒ‌ɲƒ‌ɴ ‌ɰ‌ɴ ƒ‌ɭ‌ɴ ƒ‌ʊ‌ʊ ‌ɭ‌ɴ ‌ɭ‌ɴ ‌ɥ‌ɴ ƒ‌ɲƒ‌ɴ

A. ciik, phiˇəq, nɨk, ceik, caaq, caq, rook, luˇəq, neˇəq, bouk, tuuk,
kiˇəq, muˇəq, ləək, meek, sɑɑq, sɑq, mɔɔk, nɨˇəq

117. The symbol *–⌣–* is called /sanyook-saññaa/ and is treated as a diacritic
in Cambodian textbooks, but it functions like a vowel. Its value in most en-
vironments is the same as the configuration *–ʔ́–* ; i.e. /a/ in the 1st
series and /eˇə/ or /oˇə/ in the 2nd series (see Exercises 72–78). Tran-
scribe and pronounce: *‌ɭ‌ɴ ‌ɴ‌ɱ ‌ɭ‌ɱ ‌ɭ‌ə ‌ɭ‌ʒ ƒ‌ʒ*

A. saq, toˇəp, sap, leˇəq, saŋ, weˇəŋ

118. When the /sanyook-saññaa/ occurs in the environment *–ⱱɤɤ* , its value
is /a/ in the 1st series and /ɨ/ in the 2nd series. Transcribe and pro-
nounce: *‌ə‌ɤɤ ‌ɴ‌ɤɤ ƒ‌ɤɤ ‌ə‌ɤɤ*

A. phay, phɨy, cay, cɨy

119. In the environment *–ⱱƒ* , the /sanyook-saññaa/ represents the diphthong

/ɔə/ in the 2nd series. (The combination apparently doesn't occur after 1st series initial consonant symbols.) Transcribe and pronounce:

ឝ៑ឞ   ឝ៑ឞ   ឝ៑ឞ   ឝ៑ឞ

A. cɔə, pɔə, ñɔə, thɔə

120. The configuration ឝ is pronounced /əw/ in the 1st series and /ɨw/ in

the 2nd series. Transcribe and pronounce: ឝ ឝ ឝ ឝ

A. səw, sou, nɨw, kuu

121. You have now been introduced to all the configurations by which vowels are represented in the Cambodian writing system. In the following chart, the 1st and 2nd series values of each vowel symbol, as well as each configuration by which vowels are represented, are shown in the sequence in which they occur in the standard Cambodian dictionary. Each <u>vowel symbol</u> is followed by its <u>name</u>. Notice that the name of a symbol or configuration may be different from its actual value in either series.

   a. Practice reciting the names of the vowel symbols until you can recite them in the proper sequence without referring to the chart.

   b. Cover the 1st and 2nd series values of the symbols and reproduce the 1st series values by reference only to the symbols.

   c. Cover the 2nd series values of the symbols and reproduce them by reference only to the symbols.

Symbol	Name	Exercise	1st Series Value	2nd Series Value
1. ◌	sraq qɑɑ	3	ɑɑ	ɔɔ
2. ◌̕		64, 65	ɑ	u before Labial finals
		67		uə elsewhere
3. ◌̆	sanyook-saññaa	117	a	eə before Velar finals
		117		oə elsewhere (except below)
4. ◌̆ឫ		118	ay	ɨy
5. ◌̆ឞ		119		ɔə
6. ◌ៗ	sraq qaa	9	aa	iə

	Symbol	Name	Exercise	1st Series Value	2nd Series Value
7.			72, 74	a	ĕə before Velar finals
			74		ŏə elsewhere
8.		sraq qeq	80	eq in stressed syllables	iq in stressed syllables
			81	e in unstressed syllables	i in unstressed syllables
9.			87	ə	i (except before *ʊɕ*)
10.			83	əy	ii
11.			110	eh	ih
12.		sraq qəy	14	əy	ii
13.		sraq qəq	84	ə	i
14.			110	əh	ih
15.		sraq qəi	33	əi	ii
16.		sraq qoq	86	oq in stressed syllables	uq in stressed syllables
			87	o in unstressed syllables	u in unstressed syllables
17.			87	o	u
18.			110	oh	uh
19.		sraq qou	20	ou	uu
20.			120	əw	iw
21.		sraq quə	89	uə	uə
22.		sraq qaə	94	aə	əə
23.			115	əh	

	Symbol	Name	Exercise	1st Series Value	2nd Series Value
24.	ເ–ຽ	sraq qɨə	89	ɨə	ɨə
25.	ເ–ຽ	sraq qiə	89	iə	iə
26.	ເ–	sraq qei	29	ei	ee
27.	ເ–ຽ		92	ə (before Palatals)	ɨ (before Palatals)
28.	ເ–ៈ		111	eh	ih
29.	ເ̇–	sraq qae	96	ae	ɛɛ
30.	ເ̇–ៈ		115	eh	
31.	ເ̃–	sraq qay	97	ay	ɨy
32.	ເ–ៅ	sraq qao	98	ao	oo
33.	ເ–ៅៈ		113	ɑh	uəh
34.	ເ–ៅ	sraq qaw	100	aw	ɨw
35.	–̊	sraq qom	103	om	um
36.	–̊	sraq qɑm	101	ɑm	um
37.	–̊ំ	sraq qam	105	am	ŏəm
38.	–̊ាង		107	aŋ	ĕəŋ
39.	–ៈ	sraq qah	108	ah	ĕəh

122. If you have successfully mastered the preceding 121 exercises, you are now
prepared to read any regular single-initial monosyllabic word in the Cam-
bodian language. The following list includes every configuration by which
vowels are regularly represented in the Cambodian writing system. Most
of the examples in the list are actual words in the language, and are followed
by their definitions as a matter of interest. They are listed in the order in
which they would occur in the standard Cambodian dictionary. Each example
is followed by the number of the exercise in which that particular vowel
representation was presented. Transcribe and pronounce each word. When

you have completed the list check your answers. Then go back and review
the exercises in which the syllables you have transcribed incorrectly were
introduced.

1. ကꩦ   (9) work   20. ဎ°   (105) to remember

2. ꩦꩩ   (87) movie   21. ꩪꩦဣ′   (74) attached

3. ꩨꩦꩦ   (94) be born   22. ꩪꩩ   (80)

4. ꩨꩦ꞉   (115)   23. ꩪ꞉   (110) to ride

5. ꩨꩦ꞉   (115) a kind of animal   24. ꩪꩦ   (14) to dig

6. ꩨꩦ꞉   (113) island   25. ꩪဣꩩ   (89) to help

7. ꩨꩪ   (98) trousers   26. ꩨꩪ   (89) to believe

8. ꩩ°   (101) to try (to)   27. ꩪꩩ°   (105) bruised

9. ꩨꩦ   (98) ox, cow   28. ꩩဣ   (33) sick

10. ꩨဣꩨꩦ   (94) to see   29. ꩦꩩ°   (105) to eat

11. ꩨꩪꩨꩦ   (89)   30. ꩪဣꩩ   (83)

12. ꩩဣ   (3) spade   31. ꩪꩦ   (84) to transport

13. ꩩဣ′   (64) to finish   32. ꩪ   (33) fallow

14. ꩩဣꩩ   (118)   33. ꩨꩪ   (97) hand

15. ꩩꩩဣ′   (72) to catch   34. ꩪꩩ°   (103) piece

16. ꩩ꞉   (110) to descend   35. ꩦ   (80)

17. ꩩꩩ   (20) to enter   36. ꩦ꞉   (100) to ridicule

18. ꩨꩩꩦ   (29) banana   37. ꩨꩪ   (89) dwarfed

19. ꩨꩩꩦ   (92) to exit   38. ꩨꩦ   (96) but

39. ᠊ᠡᠣ (107) to establish

40. ᠊ᠣ (86)

41. ᠊ᠣ (117) army

42. ᠊ᠣ (82) to buy

43. ᠊ᠣ (84) water

44. ᠊ᠣ (20) boat

45. ᠊ᠣ (100) to go

46. ᠊ᠣ (103) ripe

47. ᠊ᠣ (107) all

48. ᠊ᠣ (108) to slap

49. ᠊ᠣ (74) person

50. ᠊ᠣ (10) dragon

51. ᠊ᠣ (83)

52. ᠊ᠣ (110) this

53. ᠊ᠣ (97) of

54. ᠊ᠣ (9) rice

55. ᠊ᠣ (82) to close

56. ᠊ᠣ (14) three

57. ᠊ᠣ (45)

58. ᠊ᠣ (89) four

59. ᠊ᠣ (89) cards

60. ᠊ᠣ (48) flute

61. ᠊ᠣ (108) to patch

62. ᠊ᠣ (119) color

63. ᠊ᠣ (14) from

64. ᠊ᠣ (14) two

65. ᠊ᠣ (110) to boil

66. ᠊ᠣ (92) jewel

67. ᠊ᠣ (92) full

68. ᠊ᠣ (96) cup

69. ᠊ᠣ (113) stomach

70. ᠊ᠣ (118) to fear

71. ᠊ᠣ (10) to have

72. ᠊ᠣ (87) face

73. ᠊ᠣ (29) sky

74. ᠊ᠣ (92) why

75. ᠊ᠣ (4) to take

76. ᠊ᠣ (65) evening

77. ᠊ᠣ (86)

78. ᠊ᠣ (101) to cry

79. ᠊ᠣ (89) to study

80. ᠊ᠣ (67) to sell

81. ស្ងៃ   (117) gum-lac   85. សេះៈ   (111) horse

82. ស្គ់   (64) hair   86. ស្រែក   (100) to call

83. ស្គរ   (117) word   87. ឆ្ងៈ   (110)

84. ស្គុ   (120)   88. ឆ្ងៈ   (110)

VI. THE INDEPENDENT VOWEL SYMBOLS

Besides the "dependent" vowel symbols already discussed that always ac-
company an initial consonant symbol, there are 14 independent vowel symbols
called /sraq piñ tuə/ 'self-sufficient vowels', which occur in initial position in
some words, and which include an initial consonant, usually /q-/. Since these
symbols occur in relatively few words, Cambodians themselves disagree on their
use and pronunciation. Some independent vowel symbols, however, occur in very
common words, such as 'to give', 'father', and 'bamboo', so it is necessary to
learn them for reading even simple materials. The short independent vowel sym-
bols must be followed by a final consonant symbol; the long vowel symbols may
stand alone.

123.   The symbol ឥ is called /sraq qeq piñ tuə/, 'the independent vowel /qeq/'.

In most words it is equivalent to ឥ̌ , although in some words it may be

pronounced ឥ̃̌ or ឥ̌ . Transcribe and pronounce the following syl-

lables: ឥត (ឥ̌) , ឥន (ឥ̃̌) , ឥឡូវ (ឥ̌) 'now'.

A. qət, qɨn, qəyləw

124.   The symbol ឤ is called /sraq qəy piñ tuə/. It occurs in only a few

words, in which it has the same value as ឥ̌ . Transcribe and pronounce:

ឤស្សរ Siva   ឤសាន Northeast

A. qəysou, qəysaan

125.   The symbol ឧ is called /sraq qoq piñ tuə/. Its value in most words is

equivalent to ឥ̌ , although in some words it may be pronounced ឥ̃̌ or

ឡ̌ . Transcribe and pronounce:

ឧក្កញ្ញ (ឥ̌), ឧប (ឥ̃̌), ឧឡាសក (ឡ̌)

A. qokñaa, qup, qaobaasɑq

126. The symbol ⟨⟩ /sraq qəw pĭñ tuə/ is equivalent to ⟨⟩ and occurs in

the word ⟨⟩ 'father'. Transcribe and pronounce: ⟨⟩ ⟨⟩

A. qəw, qəwpuk

127. The symbol ⟨⟩ /sraq qou pĭñ tuə/ usually has the 1st series value ⟨⟩ ,

but it may also have the 2nd series value ⟨⟩ . Transcribe and pronounce:

⟨⟩ (⟨⟩)   ⟨⟩ (⟨⟩)   ⟨⟩ (⟨⟩)

A. qout, quun, qou

128. For each of the following independent vowel symbols, write the most com-

mon equivalent in Cambodian script: ⟨⟩ ⟨⟩ ⟨⟩ ⟨⟩ ⟨⟩

A. ⟨⟩ ⟨⟩ ⟨⟩ ⟨⟩ ⟨⟩

129. Write the independent vowel symbol for which each of the following is the

commonest equivalent: qəw, qəy, qə-, qo-, qou

A. ⟨⟩ ⟨⟩ ⟨⟩ ⟨⟩ ⟨⟩

130. Write in Cambodian script two equivalents of each of the following:

⟨⟩ ⟨⟩ ⟨⟩

A. ⟨⟩ ⟨⟩ (or ⟨⟩), ⟨⟩ ⟨⟩ (or ⟨⟩), ⟨⟩ ⟨⟩

131. The symbol ⟨⟩ /sraq qae pĭñ tuə/ is always equivalent to ⟨⟩ .

Write, transcribe, and pronounce: ⟨⟩ ⟨⟩ ⟨⟩ ⟨⟩

A. ⟨⟩ qae, ⟨⟩ qaek, ⟨⟩ qaeŋ, ⟨⟩ qaetiət

132. The symbol ⟨⟩ /sraq qay pĭñ tuə/ is equivalent to ⟨⟩ . Write, tran-

scribe, and pronounce: ⟨⟩ ⟨⟩

A. ⟨⟩ qay, ⟨⟩ riiqay

133. The two symbols ⟨symbol⟩ and ⟨symbol⟩ are both called /sraq qao piñ tuə/. They
are both equivalent to ⟨script⟩ . ⟨symbol⟩ is the more common of the two; ⟨symbol⟩
occurs in the word ⟨symbol⟩ /qaoy/ 'to give' (⟨symbol⟩ is the subscript form of
⟨script⟩ ; it does not normally represent a final consonant). Write, transcribe,
and pronounce: ⟨symbol⟩ ⟨symbol⟩ ⟨symbol⟩ ⟨symbol⟩ ⟨symbol⟩

A. ⟨symbol⟩ qao, ⟨symbol⟩ qao, ⟨symbol⟩ qaoy, ⟨symbol⟩ qaop, ⟨symbol⟩ qaon

134. The symbol ⟨symbol⟩ /sraq qaw piñ tuə/ is equivalent to ⟨script⟩ . It is ex-
tremely rare. Write, transcribe, and pronounce: ⟨symbol⟩ ⟨symbol⟩

A. ⟨symbol⟩ qaw, ⟨symbol⟩ qawlaa

135. Notice that ⟨symbol⟩ ⟨symbol⟩ ⟨symbol⟩ ⟨symbol⟩ ⟨symbol⟩ all have the same base ⟨symbol⟩ .
A good way to distinguish them is to remember that ⟨symbol⟩ /qo-/ and ⟨symbol⟩
/qou/ are "bald"; the "hair" of ⟨symbol⟩ /qəw/ attaches at the left, while that
of ⟨symbol⟩ /ao/ and ⟨symbol⟩ /aw/ attaches at the right. Write each of the follow-
ing symbols with its commonest equivalent:

A. ⟨symbol⟩ (⟨script⟩), ⟨symbol⟩ (⟨script⟩), ⟨symbol⟩ (⟨script⟩), ⟨symbol⟩ (⟨script⟩), ⟨symbol⟩ (⟨script⟩)

136. All of the preceding independent vowel symbols include the initial consonant
/q-/. The symbols ⟨symbol⟩ /sraq rɨk/ and ⟨symbol⟩ /sraq rɨɨ/ include initial /r-/,
and are equivalent to ⟨symbol⟩ and ⟨symbol⟩ respectively. ⟨symbol⟩ is the spelling for
the common conjunction 'or'. ⟨symbol⟩ is pronounced with a final (-k) only in
its syllabary pronunciation; in actual words it is pronounced with the final
consonant which is written. Write, transcribe, and pronounce:

⟨symbol⟩ ⟨symbol⟩ ⟨symbol⟩ ⟨symbol⟩
A. ⟨symbol⟩ rɨk, ⟨symbol⟩ rɨt, ⟨symbol⟩ rɨɨ, ⟨symbol⟩ rɨɨk

137. The symbols ⟨symbol⟩ /sraq lɨk/ and ⟨symbol⟩ /sraq lɨɨ/ include an initial /l-/

and are equivalent to 〔symbol〕 and 〔symbol〕 respectively. 〔symbol〕 is the spelling for the common word 'to hear'. Write, transcribe, and pronounce:

〔symbols〕

A. 〔symbol〕 lɨk, 〔symbol〕 lɨɨ, 〔symbol〕 lɨɨk

138. Write the equivalent of, and transcribe, each of the following:

〔symbols〕

A. 〔symbol〕 rɨk, 〔symbol〕 rɨɨ, 〔symbol〕 rɨɨk, 〔symbol〕 lɨk, 〔symbol〕 lɨɨ, 〔symbol〕 lɨɨk

139. The following chart lists the independent vowel symbols in their dictionary order. (Words spelled with independent vowel symbols involving initial /q-/ immediately precede words spelled with equivalent vowel symbols under the initial consonant symbol 〔symbol〕 – . Words spelled with 〔symbol〕 and 〔symbol〕 follow all words spelled with initial 〔symbol〕 – , and words spelled with 〔symbol〕 and 〔symbol〕 follow all words spelled with initial 〔symbol〕 – .) Each symbol is followed by the number of the exercise in which it was introduced, its equivalent spelling, and its transcription. Cover the equivalent spelling and transcription columns with a sheet of paper and practice until you can write them from memory.

Symbol	Exercise	Equivalent Spelling	Transcription
1. 〔symbol〕	136	〔symbol〕	rɨ-
2. 〔symbol〕	136	〔symbol〕	rɨɨ
3. 〔symbol〕	137	〔symbol〕	lɨ-
4. 〔symbol〕	137	〔symbol〕	lɨɨ
5. 〔symbol〕	123	〔symbol〕	qə-
6. 〔symbol〕	124	〔symbol〕	qəy
7. 〔symbol〕	125	〔symbol〕	qo-
8. 〔symbol〕	127	〔symbol〕	qou

Symbol	Exercise	Equivalent Spelling	Transcription
9.	126		qəw
10.	131		qae
11.	132		qay
12.	133		qao
13.	133		qao
14.	134		qaw

VII. SOME DISYLLABLES

140. Disyllables in Cambodian typically consist of an unstressed presyllable followed by a stressed main syllable. In the disyllables in this section, the vowel of each successive syllable is determined by the series of its initial consonant symbol, as in the monosyllables you have met. If the syllable

(in unstressed position) is pronounced /ni-/, and the syllable

is pronounced /tiən/, then   is pronounced /nitiən/. Transcribe

and pronounce the following disyllables: to speak,

language,   chair,   book

A. niyiəy, phiəsaa, kawqəy, siəwphɨw

141. Although some presyllables are written with long vowel symbols, they are usually reduced to short vowels in normal speech. Transcribe and pronounce the following disyllables with short presyllable vowels:

          kilo,   coffee,   clever,   age

A. kilou, kafei, pukae, qayuq

142. When a presyllable is represented by a single consonant symbol (frequently a reduplication of the initial consonant of the main syllable) it is pronounced with the unwritten vowel /a/ after a 1st series consonant and /ɔ/ after a 2nd series consonant. These vowels are reduced to /ə/ in rapid speech. Tran-

scribe and pronounce the following words: to scratch,

to argue,   persuade,   human (final -   is silent),

ᝄ thing, ᝄ smooth, ᝄ to receive

A. kɑkaay, cɔcɛɛk, bɑbuəl, mɔnuh, rɔbɑh, rɔliiŋ, tɔtuəl

143. Presyllables containing two initial consonant symbols consist of the clusters /pr-, tr-, cr-, kr-, or sr-/, with /pr-/ the most common. In such clusters, -r- is written in its subscript form ᝄ , and the syllable (as in 142 above) is pronounced with the vowel /ɑ/ after a 1st series /p, t, c, or k/ and with the vowel /ɔ/ after a 2nd series /p, t, c, or k/, both being reduced to /ə/ in rapid speech; s- in such presyllables is always 1st series. (ᝄ with a subscript always has the value /p/.) Transcribe and pronounce:

ᝄ to reserve, ᝄ dawn, ᝄ to meet, ᝄ to reverse, ᝄ a perch, ᝄ confused, ᝄ twisted, ᝄ to like

A. prɑkan, prɔlɨm, prɑteəh, trɑlap, trɔnum, crɑlɑm, krɑwiəc, srɑlañ

VIII. SUBSCRIPT CONSONANT SYMBOLS

When two consonants are pronounced consecutively within a word (without an intervening vowel), the second (and sometimes, in medial position, a third) consonant symbol is written in a special subscript form below the first symbol. The subscript always follows the superscript in pronunciation. The form of the subscript is in most cases a smaller version of its superscript counterpart, but without the ᝄ /saq/ 'hair' which adorns the top of seven consonant symbols (not to be confused with ᝄ /trəysap/ which converts 1st series symbols to 2nd series). Some subscripts, however, bear no discernible relationship to their counterparts. Subscript consonants are called /cəəŋ qaqsɑɑ/ 'consonant feet', and the resulting consonant clusters are called /qɑqsɑɑ dɑmruət/ 'stacked-up letters'.

144. The subscripts ᝄ ᝄ ᝄ ᝄ and ᝄ are identical in form with their superscript counterparts. Subscripts are called '/cəəŋ___/'; e.g., ᝄ is called /cəəŋ khɑɑ/ 'subscript /khɑɑ/'. Write each of the above consonants with its subscript, and transcribe and pronounce the name of the subscript.

A. ᝄ cəəŋ khɑɑ, ᝄ cəəŋ dɔɔ, ᝄ cəəŋ nɑɑ, ᝄ cəəŋ pɔɔ, ᝄ cəəŋ qɑɑ

145. The subscripts ᧿ ᧿ ᧿ ᧿ ᧿ ᧿ ᧿ and ᧿ differ from
their superscript counterparts only in the absence of the /saq/ 'hair':
⁓ for the first six examples above, ᧿ for ᧿ and ᧿— for
᧿ . Write each of the above consonants with its subscript, and tran-
scribe and pronounce the names of the subscripts.

A.   ᧿ cəəŋ kɑɑ,   ᧿ cəəŋ kɔɔ,   ᧿ cəəŋ cɑɑ,   ᧿ cəəŋ chɑɑ,

     ᧿ cəəŋ tɑɑ,   ᧿ cəəŋ phɔɔ,   ᧿ cəəŋ phɑɑ,   ᧿ cəəŋ hɑɑ

146. The subscripts ᧿ ᧿ ᧿ are reproductions of their super-
script counterparts whose final vertical strokes extend upward and end in
a "hook" even with the hooks of the superscript symbols. Write each com-
bination, and transcribe and pronounce the subscript name.

A.   ᧿ cəəŋ khɔɔ,   ᧿ cəəŋ chɔɔ,   ᧿ cəəŋ thɔɔ

147. The subscripts ᧿ ᧿ ᧿ are also characterized by a right-
hand vertical stroke which hooks on a line even with the top of the super-
script symbols, but their subscript portions differ in shape from their
counterparts. Write each combination, and transcribe and pronounce the
names of the subscripts.

A.   ᧿ cəəŋ bɑɑ,   ᧿ cəəŋ yɔɔ,   ᧿ cəəŋ sɑɑ

148. The remaining subscripts bear little or no resemblance to their counter-
parts: ᧿ ᧿ ᧿ ᧿ ᧿ ᧿ ᧿ ᧿ ᧿ ᧿ ᧿ Note that
᧿ /cəəŋ rɔɔ/ is the only subscript which is written to the left of the
consonant symbols it accompanies. Write each of the above combinations,
and transcribe and pronounce the names of the subscripts.

A.   ᧿ cəəŋ ŋɔɔ,   ᧿ cəəŋ cɔɔ,   ᧿ cəəŋ thɑɑ,   ᧿ cəəŋ thɑɑ,

     ᧿ cəəŋ tɔɔ,   ᧿ cəəŋ thɔɔ,   ᧿ cəəŋ nɔɔ,   ᧿ cəəŋ mɔɔ,

     ᧿ cəəŋ rɔɔ,   ᧿ cəəŋ lɔɔ,   ᧿ cəəŋ wɔɔ

149. When the symbol ᠁ /ñɔɔ/ occurs with any subscript whatever, the element ‿ is omitted; e.g., ᠁ /ñɔɔ cəəŋ cɔɔ/. When ᠁ occurs as its own subscripts, it takes the full form ⎯ ; e.g., ᠁ /ñɔɔ cəəŋ ñɔɔ/. When subscript to any other consonant symbol, /cəəŋ ñɔɔ/ takes the form ‿ ; e.g., ᠁ /cɔɔ cəəŋ ñɔɔ/. Write and transcribe the following combinations: ᠁ ᠁ ᠁

A. ᠁ ñɔɔ cəəŋ cɑɑ, ᠁ cɔɔ cəəŋ ñɔɔ, ᠁ ñɔɔ cəəŋ ñɔɔ

150. Certain special combinations of superscript plus subscript represent single phonological consonants: ᠁ /tɔɔ/ plus ᠁ /cəəŋ bɔɔ/ equal ᠁ /laa/, as in ᠁ /laan/ 'car'; ᠁ /haa/ plus ⎯ /cəəŋ wɔɔ/ equal ᠁ /faa/, as in ᠁ /kaafei/ 'coffee', and sometimes /waa/, as in ᠁ /woun/ 'crowd'; ᠁ plus ⎯ /cəəŋ mɔɔ/ equal ᠁ /maa/, as in ᠁ /mat/ 'fine'; ᠁ plus ⎯ /cəəŋ nɔɔ/ equal ᠁ /naa/, as in ᠁ /nəŋ/ 'there'; ᠁ plus ‿ /cəəŋ lɔɔ/ equal ᠁ /laa/ as in ᠁ /luəŋ/ 'king'. Write, transcribe, and pronounce:

᠁ ᠁ ᠁ ᠁ ᠁ ᠁

A. ᠁ leiŋ, ᠁ kaafei, ᠁ woun, ᠁ mat, ᠁ nəŋ, ᠁ luəŋ

151. Although there are thirty-three consonant symbols, there are only thirty-one different subscripts, since ⎯ /cəəŋ tɑɑ/ serves as subscript for both ᠁ and ᠁ , and ‿ /cəəŋ lɔɔ/ serves as subscript for both ᠁ and ᠁

In the chart below, write the appropriate subscript for each of the thirty-three consonant symbols (two forms for /cəəŋ ñɔɔ/):

ក្ដ   ខ   ស្ដ   ឃ្ស   ឯ

ឋ   ឈ្ស   ស្ញ   ឃ្ស   ក   ភា

ឋ្ង   ឋ្ម   ឫ   ស្ម   ណ

ក្ត   ឋ្ម   ថ   ស្ញ   ឌ

ឋ   ស្ញ   ម   ក្ត   ឋ

ឃ្ស   ត   ស   ថ   ស្ម

ឡ   ស្ដ   ក្ស

IX. INITIAL CLUSTERS

152. With a very few exceptions, all occurrences of written initial clusters (initial consonant symbol plus subscript) represent two-place initial sequences /CC-/ phonologically. When one of the aspirated consonant symbols (ខ kh, ឆ ch, ថ th, ភ ph, etc.) occurs in conjunction with a subscript, it represents an unaspirated stop /k, c, t, or p/ phonologically. For example, in ថែ /thae/ 'to care for', ថ represents /th-/, but in ថ្ល /tlay/ 'expensive', it represents /t-/. In other words, there is never an initial contrast between /CC-/ and /ChC-/ in Cambodian. For example, the pronunciations of the initial sequences in ក្មេង /kmeiŋ/ 'child' and ខ្មែរ /kmae/ 'Cambodian' are identical, although the first is spelled with ក and the second with ខ . Transcribe and pronounce the following: ក្បាល head, ខ្ញា ល, ឃ្ន together, ឆ្ងា space, ឆ្កែ ស់ clear, ឆ្កែ dog, ត្អូ ញ to complain, ព្ន arrow, ថ្លែក strange, ផ្លែ fruit. (Remember that ប with a subscript is pronounced /p-/. The vowels of the last two examples have their 1st series values.)

A. kbaal, kbaal, kniə, kliə, cbah, ckae, tqouñ, tnuu, plaek, plae

153. When an aspirated consonant symbol occurs as a subscript in a written initial cluster, the cluster represents a three-place initial consonant sequence /CCC-/. Only three such sequences occur in initial position:

ស្ថានីយ (- នីយ = /nii/) station, ម្ភៃ twenty, ល្ខោន drama.

Transcribe and pronounce the above three words (ល្ខោន is pronounced with a 1st series vowel).

A. sthaanii, mphɨy, lkhaon

154. The subscript ◌្ត is always pronounced /-d-/ in initial clusters. Transcribe and pronounce: ប្តី husband, ក្ដៅ hot, ស្ដាប់ to listen, កើត. ប្ដើម to originate.

A. pdəy, kdaw, sdap, pdaəm

155. You have already learned that the value of a vowel symbol is determined by the series of the preceding consonant (Exercise 2). However, in words written with an initial cluster of consonant symbols, the governance of the vowel is more complex. If both the initial consonant symbol and its subscript belong to the same series, there is no problem. In the following words, both consonant and subscript are 1st series, so the vowel has its

1st series value: ត្បាញ to weave, ស្អែក tomorrow, ស្ពៃ different, ក្ដារ board, ផ្កា flower, ស្ករ sugar, ប្រាប់ to inform, ឆ្កែ dog. Transcribe and pronounce these words.

A. tbaañ, sqaek, pseiŋ, kdaa, pkaa, skɑɑ, pdəŋ, ckae

156. In the following words, both the initial consonant symbol and its subscript belong to the 2nd series, so the vowel is pronounced with its 2nd series value. Transcribe and pronounce: ល្មម enough, ភ្នំ mountain, ម្នាស់ pineapple, ព្រៃ forest, ឃ្លាន hungry, ភ្លើង fire, គ្រែ bed.

A. lmɔɔm, pnum, mnŏəh, prɨy, kliən, pləəŋ, krɛɛ

157. When the initial consonant symbol and its subscript belong to different series, any symbol representing a <u>stop</u> or <u>spirant</u> takes precedence over any <u>continuant</u> in determining the series of a following vowel symbol. In other words, symbols representing the consonants of Group 1 below dominate symbols representing consonants of Group 2.

	Group 1 - Dominant					Group 2 - Passive			
p	t	c	k	q		m	n	ñ	ŋ
b	d					w	r	l	y
f	s		h						

In the following words, the initial consonant symbol is a dominant 1st series consonant, so the vowel has its 1st series value. Transcribe and pronounce:

ก fish, ស្រី woman, ស្វា monkey, ភែក section, ខ្មែ Cambodian, ថ្នាំ medicine, ផ្លូវ road, ស្រូ rice.

A. trəy, srəy, swaa, pnaek, kmae, tnam, pləw, srəw

158. In the following words, the subscript is a dominant 1st series consonant symbol, so the vowel has its 1st series value. Transcribe and pronounce:

ម្ហូប food, ម្ដាយ mother, ល្ង pretty, ម្សៅ flour, ល្បែង game,

ល្ហុង papaya.

A. mhoup, mdaay, lqɑɑ, msaw, lbaeŋ, lhoŋ

159. When both the initial consonant symbol and its subscript are dominant, the series of the vowel is determined by the subscript. In such words, only 1st series consonants occur as initial consonant symbols, since the series of the vowel is always determined by the subscript. Transcribe and pronounce the following words: ផ្ទះ house, ខ្ពស់ high, ស្គាល់ to know,

ស្ពាន bridge, ស្ទឹង river, ស្ដ្ប thin, ថ្ពាល់ cheek, ទៅ: toward, ខ្ជិល lazy.

A. ptĕəh, kpŭəh, skŏəl, spiən, stɨŋ, skɔɔm, tpŏəl, cpŭəh, kcɨl

160. You should now be able to determine the proper vowel series for any mono-syllable spelled with an initial consonant cluster. Transcribe and pronounce the following words. If you have any trouble, refer to Exercises 155–159.

1. ខ្ញុំ   I   4. ខ្ចី   borrow

2. ភ្នែក   eyes   5. ក្នុង   in

3. ភែក   section   6. គ្នា   together

#	Khmer	English	#	Khmer	English
7.	ខ្មែរ	Cambodian	28.	ម្ភៃ	twenty
8.	ខ្ពស់	high	29.	ម្ហូប	food
9.	ព្យួរ	to suspend	30.	ស្ពាន	bridge
10.	ផ្លែ	fruit	31.	ស្លាប់	to die
11.	ច្រើន	much	32.	ផ្សេង	different
12.	ប្រើ	to use	33.	ស្ថាន	place
13.	ខ្ទឹម	onion	34.	ស្ទឹង	river
14.	ស្រួល	easy	35.	ក្អក	to cough
15.	ស្អាត	pretty	36.	ភ្ញៀវ	guest
16.	ក្រោយ	after	37.	ឆ្មា	cat
17.	ល្មម	enough	38.	ព្រោះ	because
18.	ធ្លាក់	to fall	39.	អ្វី	what
19.	ក្បាល	head	40.	ឃ្លាន	hungry
20.	ឆ្វេង	left-hand	41.	ម្រេច	pepper
21.	ទ្វារ	door	42.	ជ្រៅ	deep
22.	ផ្សារ	market	43.	ឈ្មោះ	name
23.	ល្ខោន	drama	44.	ផ្លូវ	road
24.	ល្ងាច	afternoon	45.	ខ្សែ	string
25.	ខ្ជិល	lazy	46.	ឆ្កែ	dog
26.	ស្គាល់	to know	47.	ថ្នាក់	class
27.	ប្ដី	husband	48.	ផ្អែម	sweet

49. 𑖄 road   52. 𑖄 finger

50. 𑖄 sand   53. 𑖄 blind

51. 𑖄 pineapple   54. 𑖄 shade

A.

1. kñom	15. lqaa	29. mhoup	43. cmŭəh
2. pnɛɛk	16. kraoy	30. spiən	44. tnɑl
3. pnaek	17. lmɔɔm	31. slap	45. ksae
4. kcəy	18. tlĕəq	32. pseiŋ	46. ckae
5. knoŋ	19. kbaal	33. sthaan	47. tnaq
6. kniə	20. cweiŋ	34. stɨŋ	48. pqaem
7. kmae	21. twiə	35. kqaɑq	49. pləw
8. kpŭəh	22. psaa	36. pñiəw	50. ksac
9. pyuə	23. lkhaon	37. cmaa	51. mnŏəh
10. plae	24. lŋiəc	38. prŭəh	52. mriəm
11. craən	25. kcɨl	39. qwəy	53. kwaq
12. praə	26. skŏəl	40. kliən	54. mlup
13. ktɨm	27. pdəy	41. mteeh	
14. sruəl	28. mphɨy	42. crɨw	

X. GOVERNANCE OF VOWEL SERIES IN WORDS OF MORE THAN ONE SYLLABLE

161. In words of more than one syllable, as in monosyllables, the vowel series in any syllable is governed by the last preceding <u>dominant</u> consonant symbol. In the following words, the dominant initial consonant of the 1st syllable takes precedence over the passive initial consonant of the 2nd syllable.

Transcribe and pronounce: 𑖄 cigarette, 𑖄 to hurry, 𑖄 criss-crossed, 𑖄 approximately, 𑖄 to like, 𑖄 ant.

A. baarəy, prañap, crɑwat, prɑmaan, srɑlañ, srɑmaoc

162. In the following words, the initial dominant consonant symbol belongs to the 2nd series, and both syllables have 2nd series vowel pronunciations. The problem of governance does not arise here, however, since both syllables

have 2nd series initials. Transcribe and pronounce: ⟨perch figure⟩ a perch,

⟨figure⟩ thought, ⟨figure⟩ dawn, ⟨figure⟩ coolie, ⟨figure⟩ to shoulder.

A. trɔnum, kumnɨt, prɔlɨm, kuulii, prɔneə̆q

163. In a few words, however, a 2nd syllable initial continuant does not yield to
a 1st series dominant initial in the first syllable (especially in some disyl-
lables with an initial ⟨figure⟩), and the second syllable maintains its 2nd series

value, as in: ⟨figure⟩ hammock, ⟨figure⟩ category, ⟨figure⟩ stroke,

⟨figure⟩ history (second syllable pronounced /-wŏə̆t/). Transcribe and

pronounce them. (The first syllable of the first example above is pronounced
/qaŋ-/, and of the second and third examples, /qɑn-/.)

A. qaŋrɨŋ, qɑnləə, qɑnluuŋ, prawŏə̆t

164. In disyllables each of whose syllables begins with a dominant consonant,
the vowel series of each syllable is determined independently, consistent
with the rule stated in Exercise 161 above. In the following words each syl-
lable begins with a dominant 1st series consonant. Transcribe and pro-

nounce: ⟨figure⟩ to scratch, ⟨figure⟩ to compare, ⟨figure⟩ to an-

nounce, ⟨figure⟩ lineage.

A. kɑkaay, prɑdouc, prɑkaah, trɑkoul

165. In the following words, the 1st syllable begins with a dominant 1st series
consonant and the second with a dominant 2nd series consonant. Transcribe

and pronounce: ⟨figure⟩ country, ⟨figure⟩ to meet, ⟨figure⟩ cool,

⟨figure⟩ to illumine, ⟨figure⟩ dark.

A. prɑteeh, prɑtĕə̆h, trɑcĕə̆q, bɑmplɨɨ, srɑtum

166. In some disyllables an initial ⟨figure⟩ in the second syllable is passive rather

than dominant, as in ⟨figure⟩ size, ⟨figure⟩ soldier, ⟨figure⟩ temple.

These words are sometimes written with a converted ⟨figure⟩ ; e.g.,

⟨figure⟩ , thus conforming to the rule stated in Exercise 164 above.
Transcribe and pronounce them.

A. tumhum, tiə̆hiə̆n, wihiə

XI. MEDIAL CLUSTERS

167. The commonest type of disyllables in Cambodian are disyllables whose initial syllable has the shape /CVN-/ (Consonant-Vowel-Nasal). In such words the final nasal of the first syllable is written on the line and the initial consonant of the 2nd syllable is written as its subscript; e.g., កម្លាំង /kɑmlaŋ/, 'strength'. The initial syllable in such words has no written vowel, but is pronounced as if there were a /bantaq/ (´) over the nasal, i.e. /ɑ/ after a 1st series initial, and after a second series initial, /u/ before ម and /ŭə/ before other nasal symbols (see Exercises 64–67). All these presyllable vowels tend to be reduced to /ə/ in rapid speech. As with initial clusters, elements of the vowel symbol of the main syllable may be written before, above, below, and following the entire cluster; e.g., បង្កើត /baŋkaət/ 'to originate'. The series of the 2nd syllable vowel is determined by the rule described in Exercise 161. Transcribe and pronounce:

កន្លែង place, សង្កត់ to press, ចម្បាំង battle, សម្រាប់ for,

បង្កើត to originate, បង្អួច window, បង្ខំ to force, បញ្ឈរ to up-end, បន្ទាយ fort, សង្ឃឹម to hope, បន្ទប់ room,

សង្គម society (final syllable pronounced គម).

   A. kɑnlaeŋ, sɑŋkat, cɑmbaŋ, sɑmrap, baŋkaət, baŋʔuəc, baŋkham, bañcɔɔ, bantiəy, saŋkhɨm, bantup, saŋkum

168. The following words involve all three of the vowel alternants /ɑ/u/ŭə/ that occur in initial syllables of shape /CVN-/. Transcribe and pronounce:

បន្ត្រៀក strip, ទំនាស់ quarrel, បន្លែ vegetable, ពន្លឺ light,

កញ្ចប់ package, ទំពាន to carry, បង្រៀន to teach, ពង្រីក to spread.

   A. cɑmriəq, cumlŭəh, bɑnlae, pŭənlɨɨ, kañcap, cŭəñcuun, bɑŋriən, pŭəŋriik

169. You learned in Exercise 154 that ត /cəəŋ tɑɑ/ is always pronounced /-d-/ in initial clusters. Medially, however, its pronunciation is unpredictable. As a general rule, when it occurs subscript to ណ it is pronounced -d-, and when subscript to ន , it is pronounced /-t-/. Following this rule,

transcribe and pronounce the following: កណ្ដាល middle, បន្ដ

a little, អណ្ដាត tongue, បន្ដ to continue, កន្ដើយ indifferent,

សណ្ដែក beans, បណ្ដោយ length.

A. kɑndaal, bɑntəc, qɑndaat, bɑntaa, kɑntaəy, sɑndaek, bɑndaoy

170. In some words, however, ដ is pronounced -d- even when subscript to

ណ , as in សណ្ដាន lineage, សណ្ដោស to pity. Transcribe and

pronounce them.

A. sɑndaan, sɑndaoh

171. When ដ occurs as the initial symbol of presyllables of shape /CVN-/,

it has the value /d-/. Transcribe and pronounce: ដ(ម្រ)ត stacked up,

ដ(ម្រ)វ to correct, ដម្បាញ weaving, ដំឡ value.

A. damruət, damrəw, dambaañ, damlay

172. Disyllables whose 1st syllable has the shape /CVm-/ may be written either
with a medial cluster (/qɑqsɑɑ damrŭət/ 'stacked letters') or with the

/niqkəhət/ ($\overset{\circ}{-}$), commonly called /srɑq qɑm/. For example, /kɑmlɑŋ/

'strength' may be spelled either in the /qɑqsɑɑ damrŭət/ form កម្លាំង,

or in the /qɑqsɑɑ riəy/ 'consecutive letters' form កំឡាំង (or កំលាំង,

since ក dominates ឡ , although ល in such syllables is more com-

mon). The result is that there is disagreement among Cambodians them-
selves about how such words are spelled. The trend, however, seems to be
toward preference of the more efficient /srɑq qɑm/ spelling at the expense
of the conjunct spelling. In the official Cambodian dictionary the /srɑq qɑm/
spelling is usually recommended where two spellings are possible, with two

exceptions: in words spelled with initial ដ — , and in roughly half the

entries spelled with initial ប — , the conjunct spelling is recommended.

Write the following words two ways: /damrŭət/ stacked, /kɑmsɑt/ destitute,
/sɑmlɑɑ/ stew, /tumŋŭən/ weight, /kɑmpŭəh/ height, /damlouŋ/ (initial ល)
potatoes, /sɑmlañ/ to like.

A. ដ(ម្រ)ត, ដំរ្ត; កម្សត់, កំសត់; សម្ល, សំល; ទម្ងន់, ទំងន់;

កម្លស់, កំពស់; ដំឡូង, ដំឡូង; សម្លាញ់, សំឡាញ់.

173. Medial clusters in which the subscript is a repetition of the preceding consonant (geminate clusters) usually represent doubled consonants phonologically. The initial syllable of such words, if it has no written vowel, is usually pronounced as if it were written ⟨ ⟩, i.e. /a/ in the 1st series and /ĕə/ or /ŏə/ in the 2nd series (see Exercises 72–74). Transcribe and pronounce: ⟨ ⟩ girl, ⟨ ⟩ sign, ⟨ ⟩ promise, ⟨ ⟩ article, ⟨ ⟩ library (⟨ ⟩ = ⟨ ⟩).

A. kaññaa, saññaa, saccaa, wŏətthoq, pannaalay

174. When the syllable-final value of a consonant symbol differs from its syllable-initial value, a geminate cluster represents two different but closely related consonants phonologically. Transcribe and pronounce:

⟨ ⟩ (1st syllable pronounced ⟨ ⟩) happy, ⟨ ⟩ (see Exercise 63) bamboo, ⟨ ⟩ (1st syllable pronounced ⟨ ⟩) proper.

A. sapbaay, rɨhsəy, kŏəpbəy

175. A few words have medial clusters with two subscripts, resulting in three consonant symbols written vertically. Almost all three-symbol clusters consist of a nasal final in the first syllable, followed by a syllable whose initial consonant is a stop of the same articulatory position (homorganic) as the nasal, plus /-r-/. Transcribe and pronounce the following:

⟨ ⟩ scissors, ⟨ ⟩ music, ⟨ ⟩ fox, ⟨ ⟩ war.

A. kɑntray, dɑntrəy, kañcrooŋ, saŋkriəm

176. Exceptions to this pattern occur in the following three loanwords:

⟨ ⟩ English, ⟨ ⟩ Sanskrit (1st syllable usually pronounced /saŋ-/), ⟨ ⟩ professor (the second -⟨ ⟩- represents /-hs-/, so that the cluster actually represents the sequence /-hstr-/ phonologically; initial vowel is reduced to /a/; final -⟨ ⟩ is silent). Transcribe and pronounce them.

A. qaŋkleeh (~qaŋglee), saŋskrət, sahstraacaa

177. As in initial position, medial clusters which have an aspirated consonant as subscript represent the sequence /-CCh-/. Transcribe and pronounce:

⟨ ⟩ to hope, ⟨ ⟩ to bring to a stop, ⟨ ⟩ an interjection, ⟨ ⟩ artifact.

A. saŋkhɨm, bañchup, putthoo, wŏətthoq

178. Aspirated subscripts in medial clusters tend to be pronounced as unaspi-
rated consonants when they begin an unstressed syllable. In the following
words, the subscripts begin unstressed syllables which are pronounced
with the unwritten vowel /-ə-/. Transcribe and pronounce: ᧚᧚ letter
(the 1st syllable is pronounced like ᧚᧚), ᧚᧚ article, story
(the 1st syllable is pronounced like ᧚᧚ , the last like ᧚᧚),
᧚᧚ Buddhism (᧚᧚ is pronounced /sahsnaa/).

A. qaqkəraa, qattəbɑt, puttəsahsnaa

XII. WRITTEN FINAL CLUSTERS

179. Many loanwords are spelled with etymological final clusters, the subscripts
of which are not pronounced. Transcribe and pronounce the following
words: ᧚᧚ friend, ᧚᧚ Buddha, ᧚᧚ human, ᧚᧚ word,
᧚᧚ merit, ᧚᧚ heart, mind, ᧚᧚ letter, ᧚᧚ ocean
(1st syllable /sə-/), ᧚᧚ sun, ᧚᧚ state (pronounced like ᧚᧚).

A. mɨt, put, mɔnuh, piəq, bon, cət, sɑmbot, səmot, qaatɨt, rŏət

180. When a word that is spelled with a silent final subscript occurs in the first
element of a compound, the subscript is pronounced as the initial of the fol-
lowing, usually unstressed, syllable. Transcribe and pronounce the follow-
ing: ᧚᧚ friendship, ᧚᧚ Buddhism, ᧚᧚
government.

A. mɨttəphiəp, puttəsahsnaa, rŏətthaaphibaal

181. In spelling words aloud, Cambodians pronounce consonant symbols with
their inherent vowels, regardless of the series of a following vowel. Vowel
symbols are referred to by their 1st series values, regardless of their pro-
nunciation in the word being spelled. Subscript consonants are cited after
superscript consonants, even in the case of /cəəŋ rɔɔ/, which precedes.
For example, the word ᧚᧚ is spelled /baɑ, ŋɔɔ, cəəŋ kaɑ, sraq qaə,
taɑ/. Transcribe and pronounce the syllables used in spelling the following
words: 1. ᧚᧚ rice 2. ᧚᧚ to have 3. ᧚᧚ woman 4. ᧚᧚ to

create 5. ល្បី to hope 6. កម្លាំង strength 7. ⟨ប្រ⟩ regular

8. ពុទ្ធសាសនា Buddhism.

A. 1. bɑɑ, sraq qaa, yɔɔ
    2. mɔɔ, sraq qaa, nɔɔ
    3. sɑɑ, cəəŋ rɔɔ, sraq qəy
    4. bɑɑ, cəəŋ tɑɑ, sraq qaə, mɔɔ
    5. sɑɑ, ŋɔɔ, cəəŋ khɔɔ, sraq qəq, mɔɔ
    6. kɑɑ, sraq qɑm, lɑɑ, sraq qɑm, ŋɔɔ
    7. bɑɑ, cəəŋ rɔɔ, cɑɑ, sraq qɑm
    8. pɔɔ, sraq qoq, tɔɔ, cəəŋ thɔɔ, sɑɑ, sraq qaa, sɑɑ, nɔɔ, sraq qaa

182. When the /rĕəhmuk/ occurs alone after a consonant, it is called /sraq qah/.
      However, when it follows a vowel symbol, it is called /rĕəhmuk/ and follows
      the name of the vowel symbol. Diacritics are usually named following the
      consonant to which they apply, except that the /kbiəh kraom/ is named fol-
      lowing both the initial consonant symbol and vowel to which it applies. Tran-

      scribe and pronounce the spelling of the following words: 1. ទះ to slap

      2. ចុះ to descend 3. សេះ horse 4. ព្រោះ because 5. ហ៊ាន
      to dare 6. ស៊ី to eat 7. ល្អៃន kind 8. ម៉ឺន 10,000 9. កាត់
      to cut 10. គាត់ he, she.

A. 1. tɔɔ, sraq qah
    2. cɑɑ, sraq qoq, rĕəhmuk
    3. sɑɑ, sraq qei, rĕəhmuk
    4. pɔɔ, sraq qəi, pɔɔ, cəəŋ rɔɔ, sraq qao, reəhmuk
    5. hɑɑ, trəysap, sraq qaa, nɔɔ
    6. sɑɑ, sraq qəy, kbiəh kraom
    7. yɔɔ, museqkətŏən, sraq qaa, ŋɔɔ
    8. mɔɔ, sraq qəɨ, kbiəh kraom, nɔɔ
    9. kɑɑ, sraq qaa, tɑɑ, bantaq
   10. kɔɔ, sraq qaa, tɑɑ, bantaq

183. You have learned that the symbol ប /bɑɑ/ represents /p/:

      a. when written with the /museqkətŏən/ (̎) or its equivalent form

          (̢) as in ប៉ា /paa/ 'father' and ប៉ី /pəy/ 'flute';

      b. when it occurs with a subscript, as in ប្ដី /pdəy/ 'husband';

      c. and in syllable final position, as in ឈប់ /chup/ 'to stop'.

      In some words, an initial ប is pronounced /p-/ even though it is written

      neither with the /museqkətŏən/ nor a subscript. Such words are listed

inconsistently in the dictionary, sometimes occurring with the ប៉ 's,
sometimes with the ប 's. Transcribe and pronounce the following
words, all of which are pronounced with an initial /pa-/: ប៉ច្ច័យ
cause, ប៉ច្ចុប្បន្ន the present (final syllable pronounced /-ban/),
ប៉ដិសេធ to cancel (ឌិ represents /-td-/, final vowel irregularly pro-
nounced as ិ—), ប៉ញ្ញា intelligence.

A. paccay, paccopban, patdesaet, paññaa

184. Transcribe and pronounce the following words with particular attention to
the value of ប : បី three, បី flute, ឋាប sin, ប្រើ to use,
ប៉ញ្ញា intelligence, បញ្ចុល persuade, ប្រទេស country, ប៉ុន្មាន
how much.

A. bəy, pəy, baap, praə, paññaa, babuəl, prateeh, ponmaan

XIII. UNWRITTEN VOWELS

185. The following words summarize all of the spellings so far introduced by
which vowels are represented without a written vowel symbol. Transcribe
and pronounce them. Each word is followed by the number of the exercise
in which that particular unwritten vowel spelling was introduced. If you
are in doubt as to what vowel is represented, turn back and review the ap-
propriate exercise.

1.	កត់	(64) to jot down	7.	ឈ្លោះ	(142) to quarrel
2.	ជប់	(65) to absorb	8.	ខាំ	(143) to bite each other
3.	ជក់	(67) to smoke	9.	ព្រលឹម	(143) dawn
4.	ចង	(64) to tie	10.	ចន្លោះ	(167) opening, gap
5.	មក	(64) to come	11.	ជម្លោះ	(168) quarrel
6.	បញ្ចុល	(142) persuade	12.	ជញ្ជាំង	(168) wall

A. 1. kat 2. cup 3. cŭəq 4. caaŋ 5. mɔɔk 6. babuəl 7. cɔcɛɛk
8. prakham 9. prɔlɨm 10. canlah 11. cumlŭəh 12. cŭəñcĕəŋ

186. In addition to the above examples of unwritten vowels, words which are written with a silent final subscript but no vowel symbol are typically pro-

nounced as if they were written —ⁿᐟ . Transcribe and pronounce:

1. ស្ព speech 2. ស្ព animal 3. កម្ម fate 4. យក្ស demon

5. ១ ឡ the symbol 6. ទ្រព្យ wealth 7. ប្រវត្តិ history

8. សម្បត្តិ possessions (the final ◌◌ is silent in examples 7 and 8)

   A. 1. sap 2. sat 3. kam 4. yĕəq 5. khan 6. trŏəp 7. prawŏət
      8. sɑmbat

187. A few words which are spelled with a final silent subscript and no written vowel are pronounced with the short inherent vowel as if they carried a

final /bantaq/ (ᐟ). The following words are of this type; transcribe

and pronounce them. ស្ព every, ត្រកូល family, ម៉ូតូ motor,

ប្រពន្ធ wife, លោកសង្ឃ priest

   A. sap, wŭəŋ, yŭən, prɑpŭən, prĕəhsɑŋ

188. Some words whose final syllables are spelled with a sequence of consonant symbols, which would normally indicate the long inherent vowel, are pro-nounced with the short inherent vowel, even though the final consonant does not carry the /bantaq/. Transcribe and pronounce the following words of

this type: 1. សម proper 2. សព corpse 3. ជន people 4. រថ

car 5. សង្គម society 6. ប្រាកដ exact 7. ជាតក Jataka (ក =

d) 8. ភពម world.

   A. 1. sɑm 2. sɑp 3. cŭən 4. rŭət 5. sɑŋkum 6. praakɑt 7. ciədɑq
      8. piphup

189. In words of more than one syllable (other than the types discussed above) consonant symbols with no written vowel are pronounced as separate syl-lables with the vowel /a/ after a 1st series symbol and /ĕə/ after a 2nd series symbol when stressed, both reduced to /ə/ when unstressed. In a formal or reading pronunciation such syllables are pronounced with an un-

written final /-q/. For example, អរុណ 'dawn', is pronounced /qarun/

in normal speech, reduced to /qərun/ in rapid speech; in very formal speech it would be pronounced /qaqrun/. In the following examples, heavily stressed

syllables are marked ◌, syllables with medium stress are marked ◌ , and unstressed syllables are unmarked. Transcribe and pronounce them.

1. ᧑᧑ dawn 2. ᧑᧑᧑᧑ future (final syllable is pronounced as

if written —᧑᧑) 3. ᧑᧑᧑᧑ republic 4. ᧑᧑᧑᧑ non-human

5. ᧑᧑᧑᧑᧑ the symbol   –: 6. ᧑᧑᧑᧑᧑ Pali

> A. 1. qarun 2. qanaakŭət 3. səhaqrŏət 4. qaqmənuh
>   5. yuqkəleəqpɨntuq 6. mĕəqkəthĕəq-phiəsaa

190. The stressed finals /-aq/ or /-ĕəq/ are sometimes indicated in the writing
system by the use of the /yuqkəleĕəqpɨntuq/ (–:) when they occur in a final
syllable, or preceding an internal juncture within a compound. (This sign
must be carefully distinguished from the /rĕəhmuk/ — ᧐). Transcribe and
pronounce the following: ᧑᧑: preoccupation, ᧑᧑᧑: position, ᧑᧑᧑:
interval, ᧑᧑:᧑᧑᧑ commission.

> A. thurĕəq, thaanaq, rɔyĕəq, kənaq-kamməkaa

191. In some words whose second consonant symbol serves as the final of the
first syllable, the first syllable is pronounced /a/ in the 1st series and /ĕə/
or /ŏə/ in the 2nd series (see Exercises 72–74). Transcribe and pronounce
the following: ᧑᧑᧑᧑ letters, ᧑᧑᧑᧑ enemy (᧑ represents the
doubled consonant /-tt-/), ᧑᧑᧑ to promise, ᧑᧑᧑᧑ sign, ᧑᧑᧑᧑᧑
diacritic (final — is silent), ᧑᧑᧑᧑ worker, ᧑᧑᧑ usually (᧑ =
d), ᧑᧑᧑ January.

> A. qaqsɑɑ, sattrəw, saccaa, saññaa, wŏənnəyut, kamməkɑɑ, thŏəmmədaa,
>   mĕəqkəraa

192. In some words whose second consonant symbol is ᧑ , an initial consonant
symbol of the 2nd series is pronounced with the vowel /a/; ᧑ in such
words represents a double consonant /-cc-/. Transcribe and pronounce:
᧑᧑᧑ handicraft, ᧑᧑᧑᧑᧑᧑ dictionary (—᧑᧑ = ᧑᧑).

> A. raccənaa, waccənaanukrɑm

193. In polysyllabic words, when the consonant symbols ᧑ or ᧑ occur ini-
tially and before ᧑ , they are pronounced with their normal inherent
vowels rather than with a/ĕə/ŏə. Transcribe and pronounce (the series of
the second syllable in the first three words is irregular):

1. *ឃ្ស្រីឆាស* to eat (elegant)

2. *ឃ្ស្របុណ្ឌ* excellent (*ឃ្ស្រ* is pronounced /bou/)

3. *ឃ្ស្រីស្ដ* pure

4. *ឃ្ស្រលា:* to die (elegant)

5. *ឃ្ស្រគត* emerald (*គត* is pronounced like *គត́*)

A. 1. baariphook 2. baaribou 3. baarisot 4. mɔɔrənaq 5. mɔɔrəkat

XIV. UNWRITTEN CONSONANTS

194. In many words of more than one syllable a medial consonant symbol serves both as the final consonant of one syllable and the initial consonant of the next; phonologically the consonant is doubled, and the extra syllable, if no vowel is written, is pronounced with the short vowel /ə/. Transcribe and pronounce the following:

1. *ចេតស* to like (*ច-* is irregularly pronounced /ae/)

2. *ចេតិយ* stupa (*ច-* is irregularly pronounced /ae/; *តិ* = /-td-/)

3. *សត្រូវ* enemy (first syllable has /-a-/)

4. *រចនា* art (first syllable has /-a-/)

5. *រាជការ* civil service

6. *សករាជ* era (*ក* = /-qk-/)

7. *ពលរដ្ឋ* citizenry (first syllable pronounced like *ពល́*)

8. *សាសនា* religion (first syllable shortened to /-a-/, 2nd *ស* = /-hs-/)

9. *សាស្ត្រាចារ្យ* professor

A. 1. caettənaa 2. caetdəy 3. sattrəw 4. raccənaa 5. riəccəkaa
   6. saqkəraac 7. pŭəllərŏət 8. sahsnaa 9. sahstraacaa

195. You have learned that the unwritten vowels /a/ and /ĕə/ in stressed syllables with no written final are pronounced with a final /-q/, both medially

and finally. Transcribe and pronounce: $ᵇᵛᵇᵃ ᵇᵛᵇ$ non-human, $ᵇᵛᵇᵛᵇ$

fearless, $ᵇᵛᵇᵛᵇ ᵇᵛ:$ voiceless, $ᵇᵛᵇ:$ interval.

A. qaqmənuh, qaqphɨy, qaqkhoosaq, rɔyĕəq

196. The short vowels $-$ and $-$, when no final consonant is written, are
always pronounced with a final /-q/ in final syllables. (One exception is
the unwritten final /-k/ of $ᵇᵛ$ /tok/ 'table'.) Medially such vowels are
followed by /-q/ in a careful reading pronunciation, but the /-q/ disappears
in a more colloquial pronunciation. Transcribe each of the following exam-
ples first in a careful pronunciation and then in a more colloquial pronuncia-
tion. $ᵇᵛᵇᵛᵇ$ mercy (second syllable irregularly pronounced with 2nd

series value), $ᵇᵛᵇ ᵛᵇ$ conduct (second syllable is irregularly pronounced

in the 2nd series, third syllable reverts to 1st series), $ᵇᵛᵇ$ precept,

$ᵇᵛᵇ ᵛᵇ$ age (first syllable is /qa-/ in normal speech), $ᵇᵛᵇᵛᵇ$ Sihanouk

(first syllable irregularly pronounced with 2nd series vowel).

A. kaqruqnaa, karunaa; keqriqyaa, keriyaa; lĕəqthiq, ləthiq; qaayuq, qayuq;
siihaqnuq, siihanuq

XV. SOME IRREGULAR SPELLINGS

197. The rule that the pronunciation of a vowel symbol is determined by the last
preceding dominant consonant symbol in the same word (see Exercises 157
and 161) is without exception in monosyllables, is fairly regular in disyl-
lables (see Exercises 163 and 166 for exceptions), but is less regular in
polysyllabic words. Of the following three-syllable words, the first three
are regular throughout (with regard to governance of vowel series); the
fourth is irregular in the final syllable. Transcribe and pronounce them.

$ᵇᵛᵇᵛᵇᵛ$ to like, $ᵇᵛᵇᵛᵇ$ miserable, $ᵇᵛᵇᵛᵇ$ era, $ᵇᵛᵇᵛᵇ$
independence.

A. caettənaa, weettəniə, saqkəraac, qaekkəriəc

198. In words of more than one syllable, the occurrence of a converted sonorant

symbol ($ᵇᵛ''$, $ᵇᵛ''$, $ᵇᵛ''$, $ᵇᵛ''$, $ᵇᵛ''$, $ᵇᵛ''$, $ᵇᵛ''$) or $ᵇᵛ$ or

$ᵇᵛ$ converts the vowel of the syllable in which it occurs to 1st series,

but has no effect on succeeding syllables. This constitutes an exception to
the rule that sonorant symbols are always passive. Transcribe and pronounce

the following words: ᧡ᨣᨛᨣᨙ virtue, ᧡ᨣ who?,

᧡ᨲᨳᨳᨗᨭ kilometer, ᧡ᨳᨰ to pester, ᧡ᨳᨮ tattered.

A. kunaanuphiəp, nɔnaa, kiloumaet, rɔŋəw, rɔyay

199. In the following words, however, even ᧡ᨣ and ᨰᨳ submit to the gover-

nance rule. Transcribe and pronounce: ᨳᨣᨛ commerce, ᨳᨮᨣ

clock.

A. piənɨc, niəlikaa

200. A number of words are spelled with an unpronounced final short vowel sym-

bol. Transcribe and pronounce the following examples: ᧡ᨳ village,

ᨣᨛᨳ life, ᧡ᨳ monk's quarters, ᨳᨣᨳ reason (ᨳ— is irregular-

ly pronounced /ae/) ᨳᨳᨣ history (final syllable pronounced as if writ-

ten ᨳᨳ), ᨳᨣᨳ to behave.

A. phuum, ciət, kot, haet, prawŏət, prɑprɨt

201. In some words, the vowel symbol ᨳ— is pronounced like ᨳ— , i.e. /ae/

in the 1st series and /ɛɛ/ in the 2nd series. Transcribe and pronounce the

following: ᨳᨣᨳ reason, ᨳᨳ or ᨳᨳ province, ᨳᨣᨳ doctor,

ᨳᨣᨳᨰ stupa (ᨳ = /-dt-/) ᨳᨳᨣᨳ to cancel (first syllable is

pronounced /pat-/) ᨳᨳᨳᨳ to like (ᨳ = /-tt-/).

A. haet, khaet, pɛɛt, caetdəy, patdesaet, caettənaa

202. The vowel symbol — is pronounced like — in some 1st series initial

syllables. Transcribe and pronounce: ᨳᨳᨣ father (ᨳ = /-d-/),

ᨳᨣᨳ stone, ᨳᨣᨳᨳ spirit.

A. bəydaa, səylaa, bəysaac

203. In a few words the configuration ᨳ— ᨳ with a 1st series consonant sym-

bol is pronounced /-ac/ rather than the regular /-əc/. Transcribe and pronounce: ៖ ស្រ្ច completely, ស៊ម្រច to complete, សាច់ flesh,

ស្ដច king, សម្ដច a royal title.

A. srac, samrac, sac, sdac, samdac

XVI. SOME ADDITIONAL DIACRITICS

204. The following diacritics have already been introduced: 1. បន្ទក់ /bantaq/
$-$ (Exercises 64–78) 2. មុសិកទ័ន្ត /museqkatŏən/ $\overset{\shortparallel}{-}$, $\underset{/}{-}$ (Exer-

cises 43 and 48) 3. ត្រីសព្ទ /trəysap/ $\overset{\sim}{-}$, $\underset{/}{-}$ (Exercise 45)

4. និគ្គហិត /niqkəhət/ $\overset{\circ}{-}$ (Exercises 101–107) 5. សំយោគសញ្ញា

/sanyook-saññaa/ $\overset{\cup}{--}$ (Exercises 117–119).

Another important diacritic is the ទណ្ឌឃាត /tŏəndəkhiət/ ($-$),

sometimes referred to as the សម្លាប់ /samlap/ 'to kill', or the

បដិសេធ /patdesaet/ 'to cancel'. It is placed over the final consonant
symbol of certain etymologically spelled words to indicate that the final con-
sonant symbol is not to be pronounced. Any vowel or subscript consonant
symbols which accompany the canceled consonant symbol are likewise un-
pronounced. If the canceled symbol is preceded by ្រ , they are both un-
pronounced. Transcribe and pronounce the following words involving the

/tŏəndəkhiət/: ប្រយោជន៍ usefulness, ឧស្សាហ៍ diligent (ឧ =
/qu-/), កេរ្ដ៍ heritage, ពិសោធន៍ to experiment, ជោគ

banyan (tree), ឧទាហរណ៍ example, ប្រសាសន៍ to say (elegant).

A. prayaoc, quhsaa, kei, pisaot, poo, qutiəhaa, prasaah

205. In some words the vowel or subscript which accompanies a preceding con-
sonant symbol is also unpronounced, as in the following three words. Tran-
scribe and pronounce them. ក្សត្រិយ៍ (or ក្សត្រ) king, លក្ខណ៍
(~ លក្ខណ៍) good manners, ចន្ទន៍ sandalwood.

A. ksat, lĕəq, can

206. In certain compounds whose first element is written with an unpronounced final consonant symbol, the /tŏəndəkhiət/ may occur internally. Transcribe and pronounce: រៀបកងល army (archaic; final syllable pronounced as if ពល) ស្មោបក្ដៅង in a rage.

   A. reepŭəl, moobaŋ

207. The following two related words are irregular in that the subscript rather than the superscript consonant preceding the /tŏəndəkhiət/ serves as the final of the syllable. Transcribe and pronounce: ព្រហ្មន Brahma, ព្រាហ្មន a Brahman.

   A. prum, priəm

208. The រពាត /rɔbaat/ (◌៌) is the reflex of an original /r/ in Sanskrit loanwords. In most words, when it occurs over a final consonant symbol neither the /rɔbaat/ nor the consonant over which it occurs is pronounced. (Because of its functional similarity to the /tŏəndəkhiət/ in this position, the two are frequently confused.) An exception is the word សារ៌ /qaat/ 'essence', where the symbol underlying the /rɔbaat/ is pronounced as the final of the syllable. Transcribe and pronounce: បរិបូណ៌ abundant (see 193), ព្រះកណ៌ ear (royal vocabulary).

   A. bɑɑribou, prĕəh-kaa

209. In the following words the effect of the /rɔbaat/ is to change the vowel /ɔɔ/ to /ɔə/, as well as to cancel the final consonant symbol. This effect is called សំឡេង ញ៌ /samleiŋ ñɔə/ 'trembling sound' in Cambodian. It is the same sound that occurs in such words as ជ័រ /cɔə/ 'resin' and ញ័រ /ñɔə/ 'to tremble' (Exercise 119); in both cases a final រ symbol is involved. Transcribe and pronounce: ធម៌ law, ពណ៌ color, គភ៌ pregnant.

   A. thɔə, pɔə, kɔə

210. When the /rɔbaat/ appears over a medial consonant symbol, it is pronounced as the intruded syllable /-rə-/ preceding the consonant symbol over which

it occurs. Most such words are more commonly spelled with $-\int-$.

Transcribe and pronounce: ក្ស្ត (~ ក្ស្តៈ) destitute (first syl-

lable pronounced long; final syllable pronounced ក្ត), ម្ស្ត

(~ ម្រ្ត) legacy (Exercise 193; final syllable pronounced ត្ត).

A. tuurəkŭət, mɔɔrədaq

211. The ឈ្ល្ន /leik qahsdaa/ 'number eight' (—), also called

ឈ្ល្ន /leik prambəy/, occurs only in the following two words: ក៏

resultative auxiliary: then; ណ relative pronoun: which. It has no ef-

fect on the pronunciation. Transcribe and pronounce them.

A. kɑɑ, dɑɑ

212. The ក្ក្ន /kaaqkəbaat/ (—) more commonly called /cəəŋ kqaek/

'crow's foot' occurs in certain particles which are normally pronounced with

a high or rising intonation. This intonation can be indicated in the transcrip-

tion by / ! /. Transcribe and pronounce: ន៎ះ there!, ណា៎ female re-

sponse particle (— ៈ = /-h/), ណ៎ ~ ណ៎ះ hortatory particle, ហ៎ះ

derisive particle (initial /h-/).

A. nuh!, caah, naa! ~ nah!, hah!

213. The /kaaqkəbaat/ is also used to mark the point of insertion of an omitted

word or consonant symbol. Rewrite the following words correctly, then

transcribe and pronounce: ស្ររស្រ to write (neither ៏ is pronounced)

ហា ស្បៃ្រ ប្រៀល 58 riels.

A. ស្ររស្រ sɑsei ហា ស្បៃ្រ ប៊្រៀល haasəp-prambəy riəl

214. The ឈ្ល្ន /leik too/ ៗ 'figure two' indicates that the word (or

phrase) after which it occurs is to be repeated. The most common use of

the /leik too/ is in the writing of reduplicative compounds, as in

ស្រ ៗ /srəy-srəy/ 'women'. Transcribe and pronounce: ផ្សេង ៗ

various, តូច ៗ small and numerous, និមួយ ៗ each in turn.

A. psein-psein, touc-touc, nimuəy-nimuəy

215. In some cases a phrase rather than a single word is to be repeated. This can be determined only by the context. The following phrases are frequently written with the /leik too/. Transcribe and pronounce them.

     ឬ៝ងឬ៝ង ៗ little by little,   ដោយឡែក ៗ separately.

A. bɑntəc mədaaŋ, bɑntəc mədaaŋ; daoy laek, daoy laek

216. When the word or words at the end of one sentence are to be repeated at the beginning of next, the two sentences may be "telescoped" by the use of the /leik too/. The following two sentences share the words "my house." Transcribe and pronounce: ខ្ញុំទៅផ្ទះខ្ញុំ ៗ នៅជិតផ្សារ

     I'm going to <u>my house</u>. <u>My house</u> is near the market.

A. kñom təw <u>pteəh kñom</u>; <u>pteəh kñom</u> nɨw cɨt psaa.

XVII. VOWEL REDUCTION IN PRESYLLABLES

217. In rapid speech the vowels in presyllables of shape CV- (Exercise 142), CrV- (Exercise 143), and CVN- (Exercise 167), tend to be reduced to /ə/. Transcribe both the careful and rapid pronunciations of each of the follow-

     ing words: កកាយ to scratch about, ទទួល to receive, របស់ thing, មនុស្ស human, ប្រទេស country, ស្រឡាញ់ to like, ក្របី water buffalo, ព្រលឹម dawn, បណ្ដើត to originate, សំឡេង voice, ជំពាក់ to owe, កន្លែង place, ពង្រីក to spread, ជំលោះ quarrel, ជញ្ជាំង wall, សំបុត្រ letter.

A. kɑkaay, kəkaay; tɔtuəl, tətuəl; rɔbɑh, rəbɑh; mɔnuh, mənuh; prɑteeh, prəteeh; srɑlañ, srəlañ; krɑbəy, krəbəy; prɔlɨm, prəlɨm; bɑŋkaət, bəŋkaət; samleiŋ, səmleiŋ; cumpeə̆q, cəmpeə̆q; kɑnlaeŋ, kənlaeŋ; pŭəŋriik, pəŋriik; cumlŭəh, cəmlŭəh; cŭəñcéə̆ŋ, cəñcéə̆ŋ; sɑmbot, səmbot.

218. The presyllable of the following two common words is reduced in rapid speech to /tə-/. Transcribe the careful and rapid pronunciations of each.

     ដដែល same, សរសេរ to write.

A. dɑdael, tədael; sɑsei, təsei

219. Some presyllables that are written with a long vowel may be pronounced long in careful speech, but they are pronounced in normal speech with a short vowel (Exercise 141). Transcribe and pronounce the following words

two ways: ស្ហាឡា hall, សាឡ age, ញ៉ាង clever, ញ៉ាង(ញ៉ា) because, ញ៉ឡូ coffee, បូរាន ancient, ញ៉ញ៉ា euphonic, ឃុលី coolie.

A. saalaa, salaa; qaayuq, qayuq; puukae, pukae; piipr"uə"h, pipru"ə"h; kaafei, kafei; bouraan, boraan; piiru"ə"h, piru"ə"h; kuulii, kulii

XVIII. NUMERALS

220. Cambodian numeral symbols were borrowed from the same Indic source as the Cambodian alphabet; as with Arabic numerals, there are only ten different symbols. The <u>names</u> of Cambodian numerals, however, come from various sources. The ten symbols are listed below with their Cambodian names. Notice that the names of the symbols 6-9 are based on a system of five. The final syllable of 'seven' is pronounced /-pii/ only in a reading pronunciation; otherwise it is /-p$\dot{\text{i}}$l/. Transcribe and pronounce them.

				A.		
1.	១	មួយ	one		1.	muəy
2.	២	ពីរ	two		2.	pii
3.	៣	បី	three		3.	bəy
4.	៤	បួន	four		4.	buən
5.	៥	ប្រាំ	five		5.	pram
6.	៦	ប្រាំមួយ	six		6.	prammuəy
7.	៧	ប្រាំពីរ	seven		7.	prampil
8.	៨	ប្រាំបី	eight		8.	prambəy
9.	៩	ប្រាំបួន	nine		9.	prambuən
0.	០	សូន្យ	zero		0.	soun

221. Practice the above symbols until you can write them and pronounce them from memory.

222. Transcribe the names of the numerals 10-20 shown below. The names of the numerals 11-19 have two forms; the second is the more colloquial. Separate the elements of numeral compounds with a hyphen.

10. ១០ ដប់   ten

11. ១១ ដប់មួយ   ~ មួយដណ្ដប់   eleven

12. ១២ ដប់ពីរ   ~ ពីរដណ្ដប់   twelve

13. ១៣ ដប់បី   ~ បីដណ្ដប់   thirteen

14. ១៤ ដប់បួន   ~ បួនដណ្ដប់   fourteen

15. ១៥ ដប់ប្រាំ   ~ ប្រាំដណ្ដប់   fifteen

16. ១៦ ដប់ប្រាំមួយ   ~ ប្រាំមួយដណ្ដប់   sixteen

17. ១៧ ដប់ប្រាំពីរ   ~ ប្រាំពីរដណ្ដប់   seventeen

18. ១៨ ដប់ប្រាំបី   ~ ប្រាំបីដណ្ដប់   eighteen

19. ១៩ ដប់ប្រាំបួន   ~ ប្រាំបួនដណ្ដប់   nineteen

20. ២០ ម្ភៃ   twenty

A. 10. dɑp

    11. dɑp-muəy ~ muəy-dɑndɑp

    12. dɑp-pii ~ pii-dɑndɑp

    13. dɑp-bəy ~ bəy-dɑndɑp

    14. dɑp-buən ~ buən-dɑndɑp

    15. dɑp-pram ~ pram-dɑndɑp

    16. dɑp-prammuəy ~ prammuəy-dɑndɑp

    17. dɑp-prampɨl ~ prampɨl-dɑndɑp

    18. dɑp-prambəy ~ prambəy-dɑndɑp

    19. dɑp-prambuən ~ prambuən-dɑndɑp

    20. mphɨy

223. The names of the numerals 30, 40, 50, 60, 70, 80, and 90 are borrowed from
      Thai and bear no relation to the names of the numerals 3–9. Transcribe
      and pronounce them.

30.	៣០	សាមសិប	thirty	A.	saamsəp
40.	៤០	៊ិសសិប	forty		saesəp
50.	៥០	ហាសិប	fifty		haasəp
60.	៦០	ហុកសិប	sixty		hoksəp
70.	៧០	ចិតសិប	seventy		cətsəp
80.	៨០	៊ិបៃកសិប	eighty		paetsəp
90.	៩០	៊ិកៅសិប	ninety		kawsəp

224. The multiplier /muəy/ 'one' in the following compounds is shortened in normal speech to /mə-/; e.g. /muəy-rɔɔy/ ~ /mərɔɔy/ 'one hundred'. Transcribe and pronounce the following numbers both ways.

1.	១០០	មួយរយ	one hundred
2.	១.០០០	មួយពាន់	one thousand
3.	១០.០០០	មួយម៉ឺន	one ten-thousand
4.	១០០.០០០	មួយសែន	one hundred-thousand
5.	១.០០០.០០០	មួយលាន	one million
6.	១០.០០០.០០០	មួយកោដិ	one ten-million (final ◌៑ silent)

A.   1. muəy-rɔɔy ~ mərɔɔy   4. muəy-saen ~ məsaen

2. muəy-pŏən ~ məpŏən   5. muəy-liən ~ məliən

3. muəy-məɨn ~ məməɨn   6. muəy-kaot ~ məkaot

225. In Cambodian numerals involving four or more symbols, a period is placed after every three symbols, counting from the right (as in French). This system of punctuation has little relevance to the pronunciation of Cambodian numerals, however, since each succeeding numeral is read as a separate denomination, rather than in groups of three. Transcribe the names of the following numerals, separating each denomination larger than 100 by a comma in the transcription.

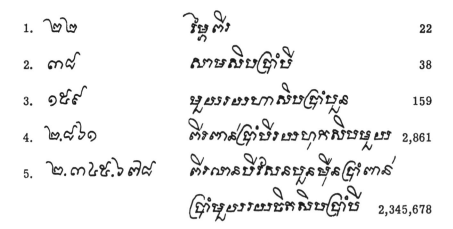

1. ២២   ម្ភៃ ពីរ   22

2. ៣៨   សាមសិបប្រាំបី   38

3. ១៥៩   មួយរយហាសិបប្រាំបួន   159

4. ២.៨៦១   ពីរពាន់ប្រាំបីរយហុកសិបមួយ   2,861

5. ២.៣៤៥.៦៧៨ ពីរលានបីរសននួនម៉ូន្ធប្រាំបាន់
             ប្រាំមួយរយចិតសិបប្រាំបី   2,345,678

A. 1. mph<u>i</u>y-pii

    2. saamsəp-prambəy

    3. muəy-rɔɔy, haasəp-prambuən

    4. pii-pŏən, prambəy-rɔɔy, hoksəp-muəy

    5. pii-liən, bəy-saen, buən-məin, pram-pŏən, prammuəy-rɔɔy,
       cətsəp-prambəy

226. Both the Buddhist Era and the Christian Era are used in Cambodian, al-
     though the latter is more common in secular life. The Buddhist Era date
     is obtained by adding 543 years to the Christian Era date; e.g. A.D. 1968 +

     543 = B.E. 2511. The word for Buddhist Era is ពុទ្ធសករាជ

     /puttəsaqkəraac/ and is abbreviated ព. ស. . The word for Christian Era

     is គ្រិស្តសករាជ /kr<u>i</u>hsaqkəraac/ and is abbreviated គ. ស. . When a

     date is written in its full form, the day of the week precedes, followed by
     the day of the month, the month, and the year. Transcribe and pronounce
     the following two dates:

     1. ថ្ងៃ ពុធ ទី ២៨ មករា គ.ស. ១៩៦៨
        Wednesday, the twenty-eighth of January, A.D. 1968

     2. ថ្ងៃ ចន្ទ ទី ១៦ កក្កដា ព.ស ២៥១១
        Monday, the sixteenth of July, B.E. 2511

A. 1. tŋay-put tii-mph<u>i</u>y-prambəy mĕəqkəraa kr<u>i</u>hsaqkəraac məpŏən
       prambuən-rɔɔy hoksəp-prambəy.

    2. tŋay-can tii-dɑp-prammuəy kɑqkədaa puttəsaqkəraac pii-pŏən
       pram-rɔɔy dɑp-muəy.

PART THREE

BEGINNING CAMBODIAN READER

I. INTRODUCTION

The aim of this section is to develop the student's reading ability to the point where he can read unedited Cambodian texts with the aid of a dictionary.

The Reader consists of fifty reading selections graded in length and difficulty, and includes a wide range of styles and subject matter. Selections 1–10 are short simple narratives about everyday topics such as school, home, family, food, and dress, and were adapted from various Cambodian primers, especially Chet-Chhem's Nouvelle méthode de lecture et d'écriture khmères pour les débutants (Item 7 in the Bibliography), and the three-volume Cambodian Reader of the Cambodian Ministry of Education (Item 18 in the Bibliography), to whom grateful acknowledgment is made. Selection 11 discusses the seasons in Cambodia, and selections 12–15 describe various Cambodian festivals and ceremonies, for which Porée-Maspero's Cérémonies des douze mois (Bibliography Item 22), Delvert's Le paysan cambodgien (Item 8), and the HRAF Handbook on Cambodia (Item 28) were useful. Selection 16 illustrates the style of a formal letter, and Selections 17–23 describe various aspects of life in Phnom Penh. Selections 24–28 are written in the form of conversations and provide the student with practice in reading colloquial Cambodian. Selection 29 describes a trip to Kampong Chhnang, and Selections 30–35 are in the form of informal letters in which a student relates to a friend his experiences in traveling to various towns and provinces in Cambodia. Selections 36–40 are examples of the didactic stories and moral essays which are so common in Cambodian literature. They are taken from the Ministry of Education's three-volume Cambodian Reader (Bibliography Item 18), for which grateful acknowledgment is made. Selection 41 is an excerpt from the popular folktale Thuon-Chey. Selection 42 is a folktale adapted from the Bouth-Neang Primer (Bibliography Item 19), and Selections 43–45 are folktales adapted from the Buddhist Institute's seven-volume Collection of Cambodian Folktales (Bibliography Item 5), to whom gratitude is hereby acknowledged. Selections 46 and 47 are more detailed descriptions of Cambodia which reinforce and build on the simpler description presented in Selection 6. Selections 48–50 are formal essays on Cambodian education, marriage ceremonies, and literature respectively.

Each new vocabulary item is introduced below the text on the same page on which it first occurs, and is not listed again unless it recurs in a different grammatical function. In the first twenty selections, each vocabulary item is followed by both its phonemic transcription and its definition; irregularly spelled words are preceded by an asterisk. After Selection 20 only those words which have irregular spellings or which present special problems are phonemicized, since the student should have no difficulty with regular spellings by this stage in his study.

The Reader is designed to be used following Part Two and/or Part One, and in conjunction with the author's Modern Spoken Cambodian, in which case the transcription used will present no problem. However, if the student is not familiar with the sound system of spoken Cambodian, he should study the chapter on Phonology in Part One.

All of the reading selections in Part Three were written and/or adapted by Mrs. Chhom-Rak Lambert. Mr. Im Proum wrote the Cambodian script for both the pre-final and final drafts of the Reader as well as for the other sections of the book. The transcriptions, the English glosses, and the analysis upon which idioms and multiple entries are based are those of the author. The organization of the Reader owes much to Mary Haas' Thai Reader (Bibliography Item 10).

សាលារៀនខ្ញុំ

សាលារៀនខ្ញុំ សង់នៅកណ្ដាលភូមិ មានដាំដើមឈើ ព័ទ្ធ
ជុំវិញ ជារបង ។

សាលា	saalaa, salaa	school, hall, pavilion
រៀន	riən	to study, learn
សាលារៀន	salaa-riən	school
ខ្ញុំ	kñom	I, me, my
សង់	saŋ	to build (here: is built)
នៅ	nɨw	situated; in, at
កណ្ដាល	kɑndaal, kəndaal, kədaal	center; in the center of
ភូមិ	phuum	village (here: of the village)
មាន	miən	to have, to exist (here: there is)
ដាំ	dam	to plant (here: the planting of)
ដើមឈើ	daəm-chəə	tree, trees
ព័ទ្ធ	pŏət	to surround, encircle
ជុំវិញ	cumwɨñ	around
ជា	ciə	be, be the same as (here: as, serving as)
របង	rɔbaaŋ, rəbaaŋ	fence, hedge
។	khan	full stop symbol

នៅខាងមុខ សាលា មានសួនឆ្ការ ដែលមានផ្កា ច្រើនបែប

ដុះចម្រុះ គ្នា ។ សាលានេះ សង់អំពីឥដ្ឋ ប្រក់ក្បឿង

ខាង	khaaŋ, khaŋ-	side, direction
មុខ	muk	front, in front of
ខាងមុខ	khaŋ-muk	front, in front
សួន	suən	garden
ឆ្ការ	cbaa	garden, plot
សួនឆ្ការ	suən-cbaa	yard, decorative garden
ដែល	dael	relative pronoun: which, that
ផ្កា	pkaa	flower
ច្រើន	craən	much, many
បែប	baep	kind, sort, variety
ដុះ	doh	to grow, come up (here: growing)
ចម្រុះ	camroh, cəmroh	mixed
គ្នា	kniə	together
នេះ	nih	this, here
អំពី	qampii, qəmpii, mpii	of, about
ឥដ្ឋ	qət	brick
ប្រក់	praq	to roof, thatch (here: roofed with)
ក្បឿង	kbɨəŋ	tile

មានបន្ទប់រៀនប្រាំ ធំទូលាយ ។ បន្ទប់និមួយៗ មានខ្លារ
និងបង្អួច សម្រាប់ឲ្យខ្យល់ និងពន្លឺ ចេញចូល ។

បន្ទប់	bantup, pətup, kətup	room
បន្ទប់រៀន	bantup-riən	classroom
ប្រាំ	pram	five
ធំ	thom	big, large, important
ទូលាយ	tuliəy	wide, spacious
ធំទូលាយ	thom-tuliəy	big and spacious
និមួយ	nimuəy	each
និមួយៗ	nimuəy-nimuəy	each, the various
ខ្លារ	twiə	door, opening
និង	nɨŋ	and, with
បង្អួច	baŋquəc, pəŋquəc	window
សម្រាប់	samrap, səmrap	for, for the purpose of
ឲ្យ	qaoy	to allow, let, cause, make
ខ្យល់	kyɑl	wind, air
ពន្លឺ	pŭənlɨɨ, pənlɨɨ	light
ចេញ	cəñ	to go out, exit
ចូល	coul	to enter
ចេញចូល	cəñ-coul	to go out and in

នៅក្នុងថ្នាក់ និមួយៗ មានកូនសិស្សច្រើននាក់ ។

សិស្សទាំងអស់ ំយកចិត្តទុកដាក់ ស្តាប់គ្រូបង្រៀនណាស់ ។

ក្នុង	knoŋ	in, inside
ថ្នាក់	tnaq	class, grade
កូន	koun	offspring (of either sex), children
សិស្ស	səh	student
កូនសិស្ស	koun-səh	student
នាក់	něəq	person (specifier for persons of ordinary estate)
ទាំងអស់	těəŋ-qah, təŋ-qah	all
ំ	kham	to try hard, to devote oneself to
យក	yɔɔk	to take, to bring
ចិត្ត	cət	heart, mind
ទុក	tuk	to put, keep
ដាក់	daq	to put, place, deposit
យកចិត្តទុកដាក់	yɔɔk cət tuk daq	to pay attention; devote oneself to
ស្តាប់	sdap	to listen, obey
គ្រូ	kruu	teacher, master
បង្រៀន	baŋriən, pəŋriən	to teach
គ្រូបង្រៀន	kruu-baŋriən	teacher
ណាស់	nah	very, very much

សាលារៀនខ្ញុំ ស្អាត រហើយសប្បាយនិង ។

ស្អាត	sqaat	clean, attractive
រហើយ	haəy	and, and then, then
សប្បាយ	sapbaay, səbaay	happy, pleasant
និង	phaaŋ	too, in addition

ជួយរធ្វើ ការ ឪពុកម្ដាយ

ថ្ងៃរនេះជារធ្វើ អានិត្យ ។ កូនសិស្សត្រូវឈប់សំរាក

រពញ ជួយរធ្វើ ។

ជួយ	cuəy	to help (to)
រធ្វើ	twəə, thəə	to do, to make
ការ	kaa	work, affairs, activity
រធ្វើការ	twəə-kaa	to work
ឪពុក	qəwpuk	father
ម្ដាយ	mdaay	mother
ឪពុកម្ដាយ	qəwpuk-mdaay	father and mother, parents
ថ្ងៃ	tŋay	day, sun
ថ្ងៃរនេះ	tŋay-nih	today
អានិត្យ	qaatɨt, qatɨt	week, Sunday (elegant for 'sun')
ថ្ងៃ អានិត្យ	tŋay-qatɨt	Sunday
ត្រូវ	trəw	must, have to
ឈប់	chup	to stop, discontinue
សំរាក	sɑmraaq, səmraaq	to rest, relax, take a break
ឈប់សំរាក	chup-sɑmraaq	to take a vacation, be off (from work, study, etc.)
រពញ	pɨñ	full, complete (here: all of, fully)
ម្ួយ	muəy, mə-	one

ខ្ញុំភ្ញាក់ពីព្រលឹម ដើម្បីជួយធ្វើការ នៅក្នុងផ្ទះ និងសួនច្បារ ។ ខ្ញុំចាប់ផ្ដើម បោសផ្ទះ រៀបចំតុទូកៅអី ។ ចប់ការក្នុងផ្ទះហើយ ខ្ញុំទៅដងទឹក

ភ្ញាក់	pñĕəq	to wake up (intransitive)
ពី	pii	from, since
ព្រលឹម	prɔlɨm, pəlɨm	dawn
ពីព្រលឹម	pii prɔlɨm	very early, at dawn
ដើម្បី	daəmbəy	in order to
ផ្ទះ	ptĕəh	house, home
ចាប់	cap	to get hold of, catch, begin
ផ្ដើម	pdaəm	to begin, to originate
ចាប់ផ្ដើម	cap-pdaəm	to begin
បោស	baoh	to sweep
រៀបចំ	riəp-cɑm	to put in order, to organize
*តុ	tok	table
ទូ	tuu	cabinet, chest
កៅអី	kawqəy	chair, seat
តុទូកៅអី	tok-tuu-kawqəy	furniture
ចប់	cɑp	to finish, to come to end of (here: having finished)
ទៅ	tɨw	to go
ដង	dɑɑŋ	to dip up, to draw up (water, etc.)
ទឹក	tɨk	water; head-word in compounds referring to liquids

ស្រោចបន្លែ នឹងដើមផ្កា នៅស្ងន់ស្ពារទាងខែក្រោយន្ធ់: ។
រស្រោចបន្លែរួចរហើយ ខ្ញុំនៅទ្រុងសត្វ វិលគ្រួសារ
ខ្ញុំចិញ្ចឹម ។ ខ្ញុំបាច ស្រូវនៅមួទ្រុង របាយរបិក្ខារទ្រុង

រស្រោច	sraoc	to water, to sprinkle
បន្លែ	bɑnlae, pəlae	vegetable
រដើម	daəm	plant, stalk; head-word in compounds referring to plants
រដើមផ្កា	daəm-pkaa	flower, shrub
រក្រោយ	kraoy	behind, after
ខាងរក្រោយ	khaŋ-kraoy	behind, the back (side)
រួច	ruəc	completed, already
រហើយ	haəy	already (perfective particle)
រួចរហើយ	ruəc-haəy	finished, already (here: having finished)
ទ្រុង	truŋ	cage
*សត្វ	sat	animal, being (human or animal)
គ្រួសារ	kruəsaa	family
ចិញ្ចឹម	cəɲcəm	to care for, to raise
បាច	baac	to broadcast, spread, scatter
ស្រូវ	srəw	paddy, unhusked rice
របើក	baək	to open

វនិម្យ ៗ មាន់នា របញ្ចមកសុីអាហារ ។ សត្វមាន់ប៉ុលចិត្ត ស្រុវ ឯនាវិញ សុីប្ហាយកកលាយនិក ។ វិជ្ជអាភិស្ស ដាវិធ្ធួយសប្ប្ហាយនាស់ រព្រោះខ្ញុំ សាចដ្ឋួយទិព្ធកម្ហាយខ្ញុំ រធ្ផកាវក្ខផ្ធៈខ្ធៈ និសវក្រិផ្ធៈឧៈ ។

មាន់	mŏən	chicken
នា	tiə	duck
មាន់នា	mŏən-tiə	chickens and ducks, poultry
មក	mɔɔk	to come
សុី	sii	to eat (derogatory or familiar)
អាហារ	qaahaa, qahaa	food
ប៉ុលចិត្ត	coul-cət	to like (to)
ឯ	qae	at; as for, regarding
វិញ	wɨñ	again, on the other hand (contrastive particle)
ឯ...វិញ	qae . . . wɨñ	as for . . . on the other hand
ប្ហាយ	baay	cooked rice, food
កក	kɑɑq	frozen, congealed
ប្ហាយកក	baay-kɑɑq	left-over rice
លាយ	liəy	to mix (here: mixed with)
រព្រោះ	prŭəh	because
អាច	qaac	to be able to, likely to
ខ្លះ	klah	some, to some extent
រក្រៅ	kraw	outside, outside of

អំពីផ្ទះខ្ញុំ

ផ្ទះខ្ញុំសង់របៀបខ្មែរបុរាណ   ធ្វើពីឈើ   កំពស់ប្រហែល
បីម៉ែត្រពីដី   ប្រក់ក្បៀងក្រហម   ឈញ្ជាំងក្តារ   ។   មានបន្ទប់
ប្រាំមួយគឺ ៖

ររប្បៀប	rɔbiəp, rəbiəp	style, way, method (here: in the style of)
ខ្មែរ	kmae	Cambodia; Cambodian, Cambodian people
បុរាណ	bouraan, boraan	old, ancient, former; former times
ធ្វើពី	twəə pii	made from
ឈើ	chəə	wood
កំពស់	kampŭəh, kəpŭəh	height
ប្រហែល	prɑhael, pəhael	about, approximately; similar
បី	bəy	three
ម៉ែត្រ	maet	meter
ដី	dəy	earth, ground
ក្រហម	krɑhaam, kəhaam	to be red
ឈញ្ជាំង	cŭəñcĕəŋ, cəñcĕəŋ	wall
ក្តារ	kdaa	plank, board
ឈញ្ជាំងក្តារ	cŭəñcĕəŋ kdaa	board wall
ប្រាំមួយ	prammuəy, pəmmuəy	six
គឺ	kɨɨ	be, be as follows (copulative particle)
៖	cɑmnoc pii kuuh	(Cambodian colon)

បន្ទប់រងិកប៊ី បន្ទប់ទទួលភ្ញៀវមួយ បន្ទប់បរិភោគបាយមួយ
ហើយនិងបន្ទប់ទឹកមួយ ។
នៅបងក្រោយផ្ទះទុំ មានផ្ទះតូចមួយ ជាកន្លែងផ្ទេ
បាយ ហើយនិងជាទីរស់នៅ របស់អ្នកបំរើ ។

រងិក	deik	to recline, to sleep
បន្ទប់រងិក	bantup-deik	bedroom
ទទួលភ្ញៀវ	tɔtuəl, tətuəl	to receive, greet, accept
ភ្ញៀវ	pñiəw	guest
បន្ទប់ទទួលភ្ញៀវ	bantup-tɔtuəl-pñiəw	living room (guest-receiving-room)
បរិភោគ	bariphook	to eat (elegant)
បន្ទប់បរិភោគបាយ	bantup-bariphook-baay	dining room
ហើយនិង	haəy-niŋ	and
បន្ទប់ទឹក	bantup-tɨk	bathroom
តូច	touc	to be small
កន្លែង	kɑnlaeŋ, kəlaeŋ	place
ទី	tii	place; head-word in compounds designating places
រស់	rŭəh	to live, to be alive
រស់នៅ	rŭəh-nɨw	to live, to reside
ទីរស់នៅ	tii-rŭəh-nɨw	abode, residence
របស់	rɔbah, rəbah	possessive relator: of, belonging to
អ្នក	nĕəq	person; head-word in compounds designating persons or agents
បំរើ	bamraə, pəmraə	to serve
អ្នកបំរើ	nĕəq-bamraə	servant, waiter

នៅ ស្រុកខ្មែរ រការច្រើន សង់ផ្ទះបាយ ដាច់ពីផ្ទះគំ
រព្រោះខ្មែរ មិនចូលចិត្តរផ្សែង នៅក្នុងផ្ទះរៅ ។
ផ្ទះខំបាស់បន្តិ រព្រោះ ដាប់សង់រវាង ប្រហែល ម្ភៃឆ្នាំ
រហើយ

ស្រុក	srok	country, district, village; head-word in compounds referring to countries or districts
ស្រុកខ្មែរ	srok-kmae	Cambodia
រច្រើន	craǝn	usually, mostly
ផ្ទះបាយ	ptēǝh-baay	kitchen
ដាច់	dac	to break apart, to separate (here: apart from)
មិន	mɨn	not (negative auxiliary)
ផ្សែង	psaeŋ	smoke
ទេ	tee	final negative particle
មិន . . . ទេ	mɨn . . . tee	discontinuous negative
ចាស់	cah	to be old, worn
បន្តិច	bantǝc, ntǝc	a little, rather
រវាង	rɔwiǝŋ, rǝwiǝŋ	duration, interval; between, during
ម្ភៃ	mǝphɨy, mphɨy	twenty
ឆ្នាំ	cnam	year

ប៉ុន្តែ នៅ មាន រូបរាង សមរនៃ រៀ យ ។

ប៉ុន្តែ	pontae, pənnae	but
នៅ	nɨw	still, still in the process of, remain
រូប	ruup	representation, form, figure
រាង	riəŋ	shape, form
រូបរាង	ruup-riəŋ	form, appearance
សម	sɑm	proper, appropriate, in order
នៅ រ ៀ យ	nɨw-laəy	still, up to the present

អំពីភូមិទូ

ខ្ញុំនៅភូមិច្បារអំពៅ ។ ភូមិនេះនៅមាត់ទន្លេបាសាក់ នៅ
ត្រើយម្ខាងនឹងក្រុងភ្នំពេញ ។ គីឯភូមិឯស្បឈយភុប គ្មានផ្លូវ
ដលថនន ។

នៅ	nɨw	to live, remain, reside
អំពៅ	qɑmpɨw, qəmpɨw	sugarcane
ច្បារអំពៅ	cbaa-qɑmpɨw	sugarcane field
ភូមិច្បារអំពៅ	phuum cbaa-qɑmpɨw	the village of Chbar Ampouv
មាត់	mŏət	edge, opening; mouth
ទន្លេ	tŭənlee, təlee	large river, waterway
បាសាក់	baasaq, basaq	Bassac (river)
ទន្លេបាសាក់	tŭənlee-baasaq	the Bassac River
ត្រើយ	traəy	side, bank (of a river)
*ម្ខាង	məkhaaŋ, mkhaaŋ	on one side
ក្រុង	kroŋ	city
ទីក្រុង	tii-kroŋ	city
ភ្នំពេញ	pnum-pɨñ	Phnom Penh
គ្មាន	kmiən	not have, not exist (here: there are no)
ផ្លូវ	pləw	street, road, way
ថ្នល់	tnɑl	street, route
ផ្លូវថ្នល់	pləw-tnɑl	streets and roads

របើកចង់ជិះឡាននៅកម្ពុជ៎ រគ(ត្រូវ)នៅតាម ផ្លូវធរផ្លូវកម្ពុជ៎

វិថីលមាន ស្រុកជារច្រើន ។

នៅកម្ពុជ៎មាន ខ្មែរ ចិន យួន និងចាម ។ ខ្មែរជា

អ្នករធ្វើចំការ ទីលំនៅរធ្មអំពររល្ខុស៌ពង៎ ។

រប	baə	if
រគ	kee	indefinite 3rd person pronoun: he, she, they, one, someone
ចង់	caŋ	to want (to)
ជិះ	cih	to mount, to ride
ឡាន	laan	car
តាម	taam	to follow; along, by, according to
ចរង្អៀត	caŋqiət, cəŋqiət	narrow, crowded
ត្រលុក	krɔluk, kəluk	hole
ចិន	cən	China; Chinese (noun or adjective)
យួន	yuən	Vietnam; Vietnamese (noun or adjective)
ចាម	caam	Cham (noun or adjective)
ចំការ	cɑmkaa, cəmkaa	garden, plantation (other than rice)
អ្នករធ្វើចំការ	nĕəq-twəə-cɑmkaa	gardener
លំនៅ	lumniw	residence
ទីលំនៅ	tii-lumniw	address, residence
ខ្ពស់	kpŭəh	high, elevated

មិនជាអ្នកដំនួញ របាយរក្សឿង តាមតាបនឹងឌី នៅឌិតផ្លល់ ។

យុននឹងដាមរកស្ទីនសាន(ទី របាយរក្សឿង នៅរក្សរមាត់(ច្រាំង

របាយដួនកាលរគរនៅក្នុងឪកផធំ ។

ដំនួញ	cumnuəñ, cəmnuəñ	business, commerce; merchant
អ្នកដំនួញ	néəq-cumnuəñ	businessman, merchant
ផ្ទះតាម	ptĕəh-tiəm	ground-level house with mortar walls
តាប	tiəp	low, short, flat (here: close to)
តាបនឹងឌី	tiəp niŋ dəy	flat on the ground
ឌិត	cɨt	near, close to
រក	rɔɔk	to seek, search for
រកស្ទី	rɔɔk-sii	to earn a living
នេសាន	neesaat, nesaat	to fish; fishing; fisherman
ត្រី	trəy	fish
រក្សរ	kbae	beside
ច្រាំង	craŋ	river bank
ដួន	cuən	some, sometimes
កាល	kaal	time; when
ដួនកាល	cuən-kaal	sometimes
ឪក	tuuk	boat

អ្នក(ស្រក)នាក្នុងភូមិខ្ញុំ ជាមនុស្សត្រឹមត្រូវ គេមិន
រឈ្លោះ(ប្រវិកក)ឆ្ញាក់ញាប់ទេ រឯវិវទសាររកស្សរឿង១ខ្លួន ។

អ្នក(ស្រក	nĕəq-srok	rural people; inhabitants
មនុស្ស	mɔnuh, mənuh	man, mankind; person
ត្រឹម	trəm	correct, exact
ត្រូវ	trəw	correct, exact; good (morally)
ត្រឹមត្រូវ	trəm-trəw	proper, correct
រឈ្លោះ	clŭəh	to quarrel
ប្រវិកក	prɑkaek, pəkaek	to quarrel
រឈ្លោះប្រវិកក	clŭəh-prɑkaek	to quarrel, squabble
ឆ្ញាក	ñɨk	often
ញាប់	ñŏəp	fast, quick
ឆ្ញាកញាប់	ñɨk-ñŏəp	often, frequently
រឿង	riəŋ	in order, consecutive
ខ្លួន	kluən	person; body; oneself
រឿង១ ខ្លួន	riəŋ-riəŋ kluən	each in turn, each on his own

គ្រួសារខ្ញុំ

គ្រួសារខ្ញុំនៅស្រុកពោធិ៍ចិនតុង ។ ឪពុកម្ដាយខ្ញុំជាអ្នកធ្វើ
ស្រែ ម្ដាយខ្ញុំនៅថែរក្សាផ្ទះ ។
ខ្ញុំមានបងប្រុសពីរ បង ស្រីម្នួយ ខ្ញុំជាកូនពៅនៅក្នុង
គ្រួសារខ្ញុំ ។

ពោធិ៍ចិនតុង	poocəntoŋ	Pochentong (name of a district)
ស្រុកពោធិ៍ចិនតុង	srok poocəntoŋ	the town of Pochentong
ស្រែ	srae	rice-field
ធ្វើស្រែ	twəə-srae	to rice-farm (to make rice-fields)
អ្នកធ្វើស្រែ	nĕəq-twəə-srae	rice-farmer
ថែ	thae	to take care of
*រក្សា	rĕəqsaa	to care for
ថែរក្សា	thae-rĕəqsaa	to take care of
បង	bɑɑŋ	older sibling; older friend or relative of one's own generation
ប្រុស	proh	man; male
បងប្រុស	bɑɑŋ-proh	older brother; older male friend or relative
ពីរ	pii	two
ស្រី	srəy	woman; female
បងស្រី	bɑɑŋ-srəy	older sister; older female friend or relative
ពៅ	piw	youngest, last
កូនពៅ	koun-piw	youngest child

បងប្រុសទីមួយរបស់ខ្ញុំ ជាអ្នកធ្វើស្រែដូចឪពុកខ្ញុំដែរ ។ គាត់ជួយធ្វើស្រែ ថែទាំគោក្របី ។ គាត់អាយុជាងម្ភៃឆ្នាំ ហើយនៅកំលោះ ។ បងប្រុសខ្ញុំទីពីរ អាយុប្រហែលដប់ប្រាំបួនឆ្នាំ ។

ទី	tii-	ordinalizing prefix
ទីមួយ	tii-muəy	first
ដូច	douc	like, as
ដែរ	dae	also, as well; nevertheless
គាត់	kŏət	respectful 3rd person pronoun: he, she, they; him, her, them
ថែទាំ	thae-tŏəm	to take care of
គោ	koo	cow, ox, beef
ក្របី	krɑbəy, kəbəy	water buffalo
គោក្របី	koo-krɑbəy	oxen and buffalo, livestock
អាយុ	qaayuq, qayuq	age; to have the age of
ជាង	ciəŋ	more, more than
កំលោះ	kɑmlɑh, kəlɑh	single (of a man); bachelor
នៅកំលោះ	nɨw kɑmlɑh	to be still a bachelor
ទីពីរ	tii-pii	second
ដប់	dɑp	ten
បួន	buən	four
ប្រាំបួន	prambuən, pəmbuən	nine
ដប់ប្រាំបួន	dɑp-prambuən	nineteen

កាត់បួស នៅវិត្តកងកូធ្ម៉ុ ។

ចំណែកបង(ស្រីខ្ញុំវិញ កាត់ទីបរិតនិងរៀបការ ជា

ម្ជួយនិស្ស្យៀនទេឬ នៅកូធ្ម៉ុ ។

ខ្ញុំវិញ ទំមានអាយុដ៏បង់ផ្ល ។ ខ្ញុំនៅរៀន នៅ

សាលាវិត្ត នៅរផ្លីយស ។

បួស	buəh	to enter the monk-hood
*វិត្ត	wŏət	temple, pagoda, temple compound
ចំណែក	cɑmnaek, cəmnaek	section, part; as for, on the part of
ចំណែក . . . វិញ	cɑmnaek . . . wɨñ	as for . . . on the other hand
ទើបតែ	təəp-tae	to have just (+ verb)
ទើបតែនិង	təəp-tae-nɨŋ	to have just (+ verb)
រៀប	riəp	to arrange, prepare
ការ	kaa	wedding; to marry
រៀបការ	riəp-kaa	to have a wedding ceremony
ជាម្ជួយ	ciə-muəy, cəmuəy	with
ជាម្ជួយនិង	ciə-muəy-nɨŋ	with, together with
ស្ម្យៀន	smiən	clerk, secretary
មេ	mee	chief, head; head-word in compounds
ឃុំ	khum	administrative unit composed of several villages
មេឃុំ	mee-khum	chief of a khum
សាលាវិត្ត	salaa-wŏət	pagoda-school

នៅ ក្នុង ត្បូង សារ ខ្ញុំ បង ប្អូន ទាំង អស់ ស្រឡាញ់ ទាក់ ទាក់
ភា ណាស់ ។ ពួក ម្នាក ខ្ញុំ រ ល្អ ក មាន ចិត្ត ល្អ ឯា ក្រៃ
វិ ល ង ធំ ពោះ ក្នុ ន ក្រ ប់ រូ ប ។

ប្អូន	pqoun	younger sibling; younger friend or relative of one's own generation
បង ប្អូន	baaŋ-pqoun	older and younger siblings; brothers and sisters
ស្រឡាញ់	sralañ, səlañ	to like, to love
ទាក់ ទាក់	rĕəq-tĕəq	intimate, tender, gentle
រ ល្អ ក	look	respectful 2nd and 3rd person pronoun; title of respect (here: they)
ល្អ	lqɑɑ	good, pretty
មាន ចិត្ត ល្អ	miən cət lqɑɑ	to be kind-hearted
ក្រៃ វិ ល ង	kray-lɛɛŋ	extremely, without bounds
ធំ ពោះ	campŭəh, cəpŭəh	toward, especially for
ក្រ ប់	krup	every, every one of
ក្រ ប់ រូ ប	krup ruup	each and every one

ប្រទេសកម្ពុជា (១)

ប្រទេសកម្ពុជា ឋិតនៅក្នុងទ្វីបអាសុីប៉ែកអគ្នេយ៍ នៅចន្លោះ
ប្រទេសវៀតណាម ឡាវនិងសៀម ។ ប្រទេសកម្ពុជាមានទំហំដី

ប្រទេស	prɑteeh, prəteeh	country (head-word in names of countries)
កម្ពុជា	kampucciə	Cambodia
ប្រទេសកម្ពុជា	prɑteeh-kampucciə	Cambodia
ឋិត	thət	to stand, be situated
ទ្វីប	twiip	continent
អាសុី	qaazii, qasii	Asia
ប៉ែក	paek	part, section
អគ្នេយ៍	qaqknee	southeast
អាសុីប៉ែកអគ្នេយ៍	qaazii-paek-qaqknee	Southeast Asia
ចន្លោះ	cɑnlɑh, cənlɑh	intervening space; between
វៀតណាម	wiət-naam	Vietnam
ឡាវ	liəw	Laos; Lao (noun and adjective)
សៀម	siəm	Thailand; Thai (noun and adjective)
ទំហំ	tumhum	size
ទំហំដី	tumhum-dəy	area (of land)

មួយសែនប្រាំបីម៉ឺនមួយពាន់សាមសិបប្រាំ គីឡូម៉ែត្រក្រឡា ។
ដីនៅប្រទេសនេះមានជីជាតិណាស់ ព្រោះទន្លេមេគង្គហូរនាំ

សែន	saen	hundred-thousand
មួយសែន	muəy-saen, məsaen	one hundred-thousand
ប្រាំបី	prambəy, pəmbəy	eight
ម៉ឺន	məɨn	ten-thousand
ប្រាំបីម៉ឺន	prambəy-məɨn	eight ten-thousands (80,000)
ពាន់	pŏən	thousand
មួយពាន់	muəy-pŏən, məpŏən	one thousand
សាមសិប	saamsəp	thirty
សាមសិបប្រាំ	saamsəp-pram	thirty-five
មួយសែនប្រាំបីម៉ឺន មួយពាន់ សាមសិបប្រាំ	məsaen, prambəy-məɨn, məpŏən, saamsəp-pram	one hundred-thousand, eight ten-thousands, one thousand, thirty-five (181,035)
គីឡូម៉ែត្រ	kiloumaet	kilometer
ក្រឡា	kralaa, kəlaa	square
គីឡូម៉ែត្រក្រឡា	kiloumaet kralaa	square kilometer
ជី	cii	fertilizer, humus
ជីជាតិ	cii-ciət	natural richness, fertility
មេគង្គ	meekoŋ	Mekong (name of a river)
ទន្លេមេគង្គ	tŭənlee-meekoŋ	The Mekong River
ហូរ	hou	to flow
នាំ	nŏəm	to lead

ដីល្បប់ មកចាក់រៀងរាល់ឆ្នាំ ។ រហេតុនេះរហាយបានជា
ប្រេសកម្ពុជា សម្បួរដោយផិល ដំណាស់ ។
ប៉ុន្តែ ឬនៅ(ប្រេសកម្ពុជា មិនាបរស្មៀ គ្រប់កន្លែងទេ

ដីល្បប់	dəy-lbɑp	alluvial soil
ចាក់	caq	to deposit, inject
រាល់	rŏəl	every (in a sequence)
រៀងរាល់ឆ្នាំ	riəŋ rŏəl cnam	year after year
*រហេតុ	haet	reason, cause
បាន	baan	to get, have (here: results in)
ជា	ciə	relative conjunction: that
រហេតុនេះរហេយ បានជា	haet nih haəy baan ciə	this is the reason that
សម្បួរ	sɑmbou, səmbou	complete, plentiful, full, rich
ដោយ	daoy	by, with
*ផិល	phɑl	produce, fruit, harvest
ដំណាំ	dɑmnam, təmnam	plants, vegetables
ផិលដំណាំ	phɑl-dɑmnam	crops, agricultural produce
រាប	riəp	smooth, flat
រស្មើ	smaə	to be equal, even
រាបរស្មើ	riəp-smaə	even, flat

ព្រោះមានជួរភ្នំជារច្រើន ។ ផ្ទៃ(ប្រទេសកម្ពុជា អាចបែក
បែក ដាបរផ្នែកៗ ÷

ផ្នែកខាងជើង មានជួរភ្នំដងរែក សន្ធឹង ៗ ខាងរកើត
រហូតដល់ (ៗ)រំដែនរស្រុប ខាងលិច ។

ជួរ	cuə	row, chain
ភ្នំ	pnum	mountain, hill
ជួរភ្នំ	cuə pnum	chain of mountains
ផ្ទៃ	ptɨy	stomach; surface
បែក	baek	to break
ចែក	caek	to divide, to share
បែកចែក	baek-caek	to divide, to share
ផ្នែក	pnaek	part, section
ខាងរជើង	khaŋ-cəəŋ	the north
ដង	daaŋ	range, chain
ដងរែក	daaŋ-rɛɛk	a shoulder pole; the Dang Raek (Mountains)
សន្ធឹង	santhɨŋ, sənthɨŋ	to spread out, extend
ខាងរកើត	khaŋ-kaət	the east
រហូត	rɔhout, rəhout, ləhout	until, up to, as far as
ព្រំរំដែន	prum-daen	border
ខាងលិច	khaŋ-lɨc	the west

ភ្នំទាំងអស់នេះមានកំពស់ ប្រហែលព្រាំពីរបម៉ែត្រ ។

វិធិកទាងជើងត្រង់ ជ្រុងទាងរកើត ភារនៅទាងរកើតនៗរបកុង

មានវិាលភ្នំខ្ពស់ ពិលព្បកពាងរផ្សេង ៗ នៅ ។

វិធិកវិលរាប នៅតាមនៗរបកុង ។ កន្លែងរនាះ

មានមនុស្សរនៅជារច្រើន រព្រាះមិវាបរស្ប រហាយមានដិជាតិណាស់ ។

ភាង	tĕəŋ	all of, including
ទាំងនេះ	tĕəŋ-nih, təŋ-nih	all these
ព្រាំពីរ	prampii, prəmpɨl	seven
ព្រាំពីររយ	prampɨl-rɔɔy	seven hundred
ត្រង់	traŋ	straight, exact, coincident with
ជ្រុង	cruŋ	corner
វិាល	wiəl	field, plain
វិាលភ្នំ	wiəl-pnum	plateau
ព្បក	puəq	group, category, people
ព្នង	pnɔɔŋ	the Pnong tribe; hill tribes in general
រផ្សេង	pseiŋ	to be different
រផ្សេង ៗ	pseiŋ-pseiŋ	various, various other, different (plural)
វិាលរាប	wiəl-riəp	a plain
*រនាះ	nuh	that, there; the referred to

របមានកូនភ្នំតួច ៗ ក៏មិនហួសពី(ក្រវ៉ាវរប៉ៃ"ក្រវ៉ៃរ ។

វិធ្ងកាងលិច មានដ្ឋូរភ្នំ ក្រវ៉ាញ លាតសន្ធឹងពីកំពត

វិធ្ងកាងត្បូង រទៅដល់ ព៌(ប្រទល់វស្បៀម ។ ភ្នំគំងរនេះមាន

កំពស់ខ្លុស ណាស់ ប្រវែហាលម្លួររទាន៍វធ(ក្រ ។

កូនភ្នំ	koun pnum	hill, foothill
តួច ៗ	touc-touc	small and numerous
ក៏	kɑɑ, kɑ-	relative auxiliary: so, then, accordingly
ហួស	huəh	to surpass, exceed
ហួសពី	huəh pii	beyond, exceeding
ក្រវ៉ាញ	krɑwaañ, krəwaañ	cardamom
ភ្នំក្រវ៉ាញ	pnum krɑwaañ	the Cardamom Mountains
លាត	liət	to spread out, extend
លាត សន្ធឹង	liət-santhiŋ	spread out
កំពត	kampɔɔt, kəmpɔɔt	Kampot (name of a province)
កាងត្បូង	khaŋ-tbouŋ	the south
ព៌ប្រទល់	prum-pratŭəl	border, territorial limit

ក្របី

ក្របីមានមាឌធំខ្លាស់ រោមវាក្លាំងជាងគោ ។ ក្របីមិន
សូវមានរោមរច្រើនទេ ។ សម្បុរវាភ្លើ ប្រផេះ រោមវានឹងស ។
ក្របីសរហៅថា ក្របីរប្ស្យៀច ។

មាឌ	miət	body, size
ខ្លាំង	klaŋ	strong
មិនសូវ	min-səw	hardly, not very
រោម	room	body-hair
*សម្បុរ	sɑmbao, səmbao (~ sɑmbol, səmbol)	complexion, color
វា	wiə	familiar or derogatory 3rd person pro-noun, used to refer to animals, chil-dren, persons of low estate (here: its)
ខ្មៅ	kmaw	black
ប្រផេះ	prɑpheh, pəpheh	gray
ខ្មៅប្រផេះ	kmaw-prɑpheh	dark gray
ស	sɑɑ	white
ហៅ	haw	to call, to name
ថា	thaa	to say; quotative conjunction which oc-curs after certain verbs: that, as follows
ហៅថា	haw thaa	be called, is called
ក្របីរប្ស្យៀច	krɑbəy-kliəc	white water-buffalo

វិស្ងវាន់វែង រកាងពុតតទៅាងវ(គ្រោយ ។ គ្របរនៃរ ហ៊តជាង
រកា ប៉រន្តែរចះអត់ធន់ និងការនឿយហាត់ រស្ៅបន្តិច
បន្តួច កៅស្ប៊ាន វៃងរ ។

្រិស្ងខ	snaeŋ	horn (of an animal)
ៃវ៉ង	wɛɛŋ	long
រកាង	kaoŋ	curved, bent
ពុត	put	to bend, be devious
រ៉ៅ ោងៃ(គ្រោយ	tɨw khaŋ-kraoy	backward, toward the back
រ៉ៃរ	daə	to walk, to go
ឈ្នត	yɨɨt	slow, slowly
រ៊ះ	ceh	to know how to, to be able to
៥វត់	qɑt	to withstand, resist
ធន់	thŭən	to endure, to withstand
៥វត់ធន់	qɑt-thŭən	to endure, withstand
រនឿយ	nɨəy	to be tired; tiring
ហាត់	hɑt	to be exhausted
ការនឿយហាត់	kaa nɨəy-hɑt	hard work, tiring work
រស្ៅ	smaw	grass, hay
ប៊ន្តចបន្តួច	bɑntəc-bɑntuəc, ntəc-ntuəc	just a little, somewhat
៦ាន	baan	Verb + _baan_: can, able, possible
កៅស្ប៊ាន វៃងរ	kɑɑ sii baan dae	can live on, can get along with

ក្របី ចាញ់ កំរៅ ដាច់ រោ រៀកក្លួងកក់ តំពា រអ្ជ្ជៀ ៃបរ ណ្ដើរ ៕ ក្របី អាច ៃហល ឆ្លង ៃ(ព្រក ឬ ឆ្លួង បឹង ៤

ចាញ់	cañ	to lose to, be defeated by
កំរៅ	kɑmdaw, kədaw	heat
ចាញ់កំរៅ	cañ kɑmdaw	to suffer from heat
ត្រាំ	tram	to immerse, soak
ត្រាំៃក	tram tɨk	to immerse or soak in water
ឬ	rɨɨ	conjunction: or
ភក់	phŭəq	mud
តំពា	tumpiə, təmpiə	to chew
តំពារអ្ជៀ	tumpiə-qiəŋ	to ruminate, chew the cud
បរណ្ដើរ	bɑndaə, pədaə	at the same time, simultaneously
ៃហល	hael	to swim
ឆ្លួង	claaŋ	to cross; across
ៃ(ព្រក	prɛɛk	canal, creek
បឹង	bəŋ	lake, pond

គេរប្រើ្របើក្របីនឹង្រេ ឬគីធររេះ ។ ្រកបីឆ្កាសត្ត
ប៉ររ មាន្របយោជន៍ណាស់ ។

	praə	to use, commission
រ្បើ	pcuə	to plough
្ភួរ	tɨm	to yoke (to)
នឹម		
រេះ	rɔteh, rəteh, qatiəh	cart, vehicle
សត្វប៉ររ	sat-bɑmraə	beast of burden, domesticated animal
្របយោជន៍	prɑyaoc, pəyaoc	useful; usefulness, purpose, importance

ម្ហូបខ្មែរ

ធម្មតានៅស្រុកខ្មែរ រាអត្តួលទានបាយបីនងៃ ក្នុងមួយថ្ងៃ ។
គឺរពាលព្រលឹម រពាលនៃថ្ងៃត្រង់ រហើយនិងរពាលល្ងាច ។
នៅរពាលព្រលឹម រាទត្តួលទានបបរ រហើយនិងត្រីរៀត

ម្ហូប	mhoup	food; a meal
ធម្មតា	thŏəmmədaa	usual, ordinary; usually
ទួលទាន	tɔtuəl-tiən, tətuəl-tiən	to eat (referring to oneself)
ទួលទានបាយ	tɔtuəl-tiən baay	to have a meal
ឌង	dɑɑŋ	time, occasion
រពាល	peel	time, period
រពាលព្រលឹម	peel-prɔlɨm	dawn, at dawn, early in the morning
នៃថ្ងៃត្រង់	tŋay-traŋ	noon, at noon
រពាលនៃថ្ងៃត្រង់	peel-tŋay-traŋ	noon, at noon
ល្ងាច	lŋiəc	late afternoon, evening
រពាល ល្ងាច	peel-lŋiəc	evening, at evening-time
បបរ	babaa, pəbaa	rice soup, porridge
រៀត	ŋiət	to salt and dry in the sun
ត្រីរៀត	trəy-ŋiət	dried salted fish

ត្រីខរ ឬពងទានៃប្រ ។ ដ្លូនកាលរកគុឆ្លានានកុយតាវ ។
នៅរពលបៃថ្ងៃត្រីង រកគុឆ្លានានប្លាយរ សម្ល ត្រីអាំង និក.
រគ្រៀង រហើយនឹងបន្តែស្រស់រផ្សេង ៗ និង ។ នៅរពល
ល្ងាច រកគុឆ្លានានម្ហូប ដ្លូនរពលបៃថ្ងៃត្រីងរនៀ រហើយនឹងបន្តែម ។
នមកា រករចិនមានម្ហូប យ៉ាងតិចណាស់

ត្រីខរ	trəy-khɑɑ	a kind of fish stew
ពង	pɔɔŋ	egg
ទា	tiə	duck
ៃប្រ	pray	salty
ពងទានៃប្រ	pɔɔŋ-tiə pray	salty duck-egg
កុយតាវ	kuy-tiəw	a Chinese noodle dish
សម្ល	sɑmlɑɑ, səlɑɑ	stew, thick soup
អាំង	qaŋ	to roast, barbecue
ត្រីអាំង	trəy-qaŋ	roast fish
រគ្រៀង	krɨəŋ	spices, ingredients, things, accessories
ទឹករគ្រៀង	tɨk-krɨəŋ	a spicy pungent sauce
ស្រស់	srɑh	fresh
បន្តែម	baŋqaem, pəŋqaem	sweets, dessert
យ៉ាង	yaaŋ	like, as
តិច	təc	little, few
យ៉ាងតិច	yaaŋ-təc	at least
យ៉ាងតិចណាស់	yaaŋ-təc nah	at the very least

បិម្ប   ក្នុងពេលឆ្ងាយរវិទ្ធ(ទិង'   និងស្លាច   ។

ខ្លវន្តុលគានឆ្ងាយ   ជាម្លួយ សម   រហាយនិងស្លាប(ពា ។

រតមិនរប្រកាំបិតរគ   រព្រោះអ្នករធ្វើ ឆ្ងាយ   រច្រិនកាប់ សាច់ជាដុំ

ខ្លួច ។   មុននិងរ្យៀបអាហារ   ។

ម្ខ១	muk	kind, variety (here: dishes)
សម	sɑɑm	fork
ស្លាប	slaap	wing
ស្លាប(ពា	slaap-priə	spoon
កាំបិត	kambət, kəbət	knife
អ្នករធ្វើ ឆ្ងាយ	nĕəq-twəə-baay	cook, chef
កាប់	kap	to cut, hack with an axe or cleaver
សាច់	sac	meat, flesh; texture
ដុំ	dom	piece
មុន	mun	before
និង	nɨŋ	future auxiliary: will, about to
មុននិង	mun nɨŋ	before (doing something)
រ្យៀបអាហារ	riəp qahaa	to prepare food, serve

សំរ្បៀកបំពាក់ខ្មែរ

នៅរេពលបុណ្យ មនុស្ស ប្រុសរ្ស្បៀក សំពត់ចងក្ប៉ន
ពាក់អាវករ្ទ្រង់ ។ នៅរេពលធម្មតា រគរច្រើនរ្ស្បៀកពាក់
តាមរបៀបអឺរុប ។

សំរ្បៀក	sɑmliəq, səmliəq	clothing worn below the waist
បំពាក់	bɑmpĕəq, bəmpĕəq	clothing worn above the waist
សំរ្បៀកបំពាក់	sɑmliəq-bɑmpĕəq	clothing
បុណ្យ	bon	ceremony, celebration, feast
រេពលបុណ្យ	peel-bon	festival-time
រ្ស្បៀក	sliəq	to put on, to wear below the waist
សំពត់	sɑmpŭət, səmpŭət	sarong, dhoti
ចង	cɑɑŋ	to tie
ក្ប៉ន	kbən	a roll of cloth, a knot
សំពត់ចងក្ប៉ន	sɑmpŭət-cɑɑŋ-kbən	sarong caught up in a roll at the back (a typically Cambodian way of wearing a sarong)
ពាក់	pĕəq	to put on, to wear above the waist
អាវ	qaaw	shirt, coat
ក	kɑɑ	neck, collar
អាវករ្ទ្រង់	qaaw-kɑɑ-traŋ	a straight-collared jacket
រ្ស្បៀកពាក់	sliəq-pĕəq	to wear, to dress
អឺរុប	qəɨrop	Europe; European

សំរស្យ្រែកបំពាក់រ];ប;ស;(ត្រី នៅ (ស្រុក ខ្មែរ មាន.;ប្រៀប
(ច្រើនយ៉ាំង ។ នៅពិធីបុណ្យរ];ផ្សេង ។ ;;ការ(ច្រើនស្ល្យ្រែកសំពត់
ធំ.;ង.;ស្ល្យ ពាក់អាវ;;;(ត្រីមធ;;ង្កេះ ។ អ្នក;(ស្រ;;ស្ល្យ;;សំពត់
;ទៅ;; ;;ប;;ហ;;;;ពាក់អាវ;;ដៃ;;ទ;;ង ។ ;;ក;;ក្មេង;(ស្រី ។ ;;ស្ល្យ;;ក
សំពត់;;ទ;;ង;;ឬ;;ខ្លី ;;ប;;ហ;;;;ពាក់អាវ;;ដៃ ។ ;;សំពត់;;ចាំង;;;;ន;;ៈ
;;(ច្រើន;;ត្បា;ញ;;អំពី;;ស;;(ត្រ;;ឬ;;អំ;;បះ ។

យ៉ាំង	yaaŋ	kind, way
ពិធី	pithii	ceremony, celebration
ពិធីបុណ្យ	pithii-bon	ceremony, festival, affair
ខ្លី	kləy	short
(ត្រីម	trəm	at, coincident with, as far as, just at
;;ង្កេះ	caŋkeh, cəŋkeh	the waist, hips
អ្នក;(ស្រ	nĕəq-srae	country folk
;;ដៃ	day	hand (here: sleeve)
អាវ;;ដៃ;;ទ;;ង	qaaw-day-wɛɛŋ	long-sleeve shirt
;;ក;;ង	kmeiŋ	child, children
(ស្រី ។	srəy-srəy	girls, women
;;ក;;ង;(ស្រី ។	kmeiŋ srəy-srəy	young girls
;;ត្បា;ញ	tbaañ	to weave; woven
ស;;(ត្រ	sout	silk
អំ;;បះ	qambah, mbah	cotton

សំពត់ សុ្ត្រ ដែលមានក្បាច់ រចនាចំរុះ ពណ៌ ហៅ ៉ង ច្រើន រហាជាសំពត់
ហ្គូល ។ ៉ងសំពត់ដែលមានពណ៌រិត ម្យួយ រហាជាសំពត់
ផា ម្វង ។ សំពត់ ៉ងឯ ្ទៀត ដែលមានក្បាច់ រចនា តាមឯាយ
រហាជា ផាម្វងដ រ ឯើង សំពត់ករប្យ ប រ នេ ច្រើនផ្ស៉ៃ ពីសុ្ត្រ
សាយ សរ ៉ស មាស ឬ ប្រាក់ ។

ក្បាច់	kbac	design
រចនា	raccənaa	art, handicraft
ចំរុះ	camroh, cəmroh	mixed, variegated
ពណ៌	pɔə	color
សំពត់ហ្គូល	sampŭət-houl	a variegated silk sarong
៉ត	tae	but, only
សំពត់ផាម្វង	sampŭət-phaa-muəŋ	plain (unpatterned) silk sarong
៉ងឯ្ទៀត	qae-tiət	other
ឯាយ	ciəy	border, rim, edge
៉ស	cɔɔ	embroidery
រឯើង	cəəŋ	foot, leg, base
ផាម្វងដ រ ឯើង	phaa-muəŋ-cɔɔ-cəəŋ	sarong with an embroidered border
សរ ៉ស	sɑsay, təsay	thread, vein
មាស	miəh	gold, golden
ប្រាក់	praq	silver, money

ទីក្រុងភ្នំពេញ

ទីក្រុងភ្នំពេញគឺជារាជធានី នៃប្រទេសកម្ពុជា ។
ភ្នំពេញជាទីក្រុងមួយយ៉ាងសម័យ មិនបាញ់ទីក្រុងិនរៀករស្វ័យយ ។
បានផ្លូវធំធំលាយយ កាត់ក្វាត់ក្វែង ពាសរពេញទីក្រុង
ហើយយមានស្ងួនឆ្ការ ជារច្រើនធិង ទិឧសជាទីកំសាន្តរបស់
ញុករេសចរ ។

រាជធានី	rieccəthiənii	royal capitol
សម័យ	saqmay, samay	period, era
យ៉ាងសម័យ	yaaŋ-samay	modern, up-to-date
រស្វ័យ	laəy	always; after a negative: (not) at all
កាត់	kat	to cut, to cross
ក្វាត់ក្វែង	kwat-kwaeŋ	from all directions, criss-crossing
កាត់ក្វាត់ក្វែង	kat kwat-kwaeŋ	to criss-cross
ពាស	piəh	to spread over, to cover
ពាសរពេញ	piəh-piñ	all over, completely covering
កំសាន្ត	kɑmsaan, kəmsaan	to relax, enjoy oneself
ទីកំសាន្ត	tii-kɑmsaan	place for relaxation, park
ទេសចរ	teehsəcɑɑ	tourist

រនៅតាមចន្លុះឃុម្ម៖ រកររឃើញ ព្រះបរមរាជវាំង រហើយ
នឹងមន្ទីរក្រសួងឯរទៀត ៗ ផារផ្សេន ។ រនៅម្ម៖ ព្រះបរមរាជវាំង
មានស្ខនផ្ការយ៉ាងផ្ចុលាយ ប្រកបរដាយបុផ្ផារផ្សុង ៗ ។
រនៅ សតវត្សរ៍ទីដប់ប្រាំ

ចក្	cattoq	four (usually in compounds)
ទន្លេចក្ម្ម៖	tŭənlee cattoq-muk	the Four-Faced River (intersection of four rivers at Phnom Penh)
រឃើញ	khəəñ	to see, to find
ព្រះ	prĕəh-	prefix used before nouns of a sacred or esteemed nature, and before verbs whose subjects are sacred or royal
វាំង	wĕəŋ	palace, enclosure, compound
ព្រះបរមរាជវាំង	prĕəh-baromməriəccəwĕəŋ	royal palace
មន្ទីរ	mŭəntii, məntii	office, official building
ក្រសួង	krəsuəŋ, kəsuəŋ	department; function, duty
មន្ទីរក្រសួង	mŭəntii-krəsuəŋ	ministry
ឯរទៀត ៗ	qae-tiət qae-tiət	various other
ប្រកប	prəkaap, pəkaap	to combine, endow
ប្រកបរដាយ	prəkaap daoy	provided with, combined with, consisting of
បុផ្ផា	bopphaa	flower (elegant)
*សតវត្ស	sattəwŏət	century
ដប់ប្រាំ	dap-pram	fifteen
ទីដប់ប្រាំ	tii-dap-pram	fifteenth
សតវត្សរ៍ទីដប់ប្រាំ	sattəwŏət tii-dap-pram	the 15th century

មានស្ត្រីនាស៊ីម្នាក់ ស្ប្ះ យាយរពញ បានលើកតំមួយ សម្រាប់
ជាកន្លែងកសាងវិត្ត រហាយរតាស រហាវិត្ត រតាះ ជា វិត្ត៊ ។
កាលព្រះ‍បាទអង្គ ឌួង រពកតំងរាជឋាន រនាម៉ួនន្ត៊ ធ្ម៉នន
ក្នុង គ. ស. ១៩៦៤ ព្រះអង្គ៊ ក៍សរម្រច រហា ព្រះរាជឋាន ធ្ម៉ "ភ៉ំរពញ"
កាមរស្ប្ះ ស្ត្រីនរពញ រហា យានំង៊ ៍ វិស្ស កាត៉ បាន រលីក ។

ដូន	doun	old lady; female ancestor
*ម្នាក់	mənĕəq, mnĕəq	one person
ស្ប្ះ	cmŭəh	name (here: named)
យាយ	yiəy	grandmother; title of respect for old ladies
រពញ	pɨñ	Penh (proper name)
បាន	baan	to have + verb (usually indicates past time: to have, to have been able to)
រលីក	leek	to lift up, raise up
កសាង	kɑɑ-saaŋ	to build, erect
វិត្ត៊	wŏət-pnum	Wat Phnom
ព្រះ បាទ	preeh-baat	title for a king
*ព្រះ បាទអង្គ ឌួង	preeh-baat qaŋ-duəŋ	King Ang Duong
តំង	taŋ	to establish, to set up, to appropriate
គ. ស.	krɨhsaqkəraac	Christian Era, A.D.
គ. ស. ១៩៦៤	krɨhsaqkəraac məpŏən prambəy-rɔɔy hoksəp-buən	1864 A.D.
*ព្រះអង្គ	preeh-qaŋ	2nd or 3rd person pronoun referring to royal or sacred persons
*សរម្រច	sɑmrac, səmrac	to decide
ធ្ម៉	tməy	new

រដូវកាលៃ(ប្រ៩សកម្ពុជា

ធាតុអាកាសនៃ (ប្រ៩សកម្ពុជា   មិនស្ូវផ្លាស់ប្ដូរប៉ុន្មាន

៩៩   ។   ដ្ឋិន(តជាក់ដ្ឋិនៈក្ដៅ   ឧសភ្ញាបន្តិចបន្តួចតាមរដូវ   ។

រដូវ	rɔdəw, rədəw	season
*ធាតុ	thiət	nature, natural element, mineral
អាកាស	qaakaah, qakah	air, atmosphere
ធាតុអាកាស	thiət-qakaah	weather, climate
ផ្លាស់	plah	to change
ប្ដូរ	pdou	to exchange
ផ្លាស់ប្ដូរ	plah-pdou	to change, to exchange
ប៉ុន្មាន	ponmaan, pəmaan	much, many
មិន...ប៉ុន្មានៈទ	mɨn....ponmaan tee	not....to any extent, not so very....

មិនស្ូវផ្លាស់ប្ដូរប៉ុន្មានៈទ

mɨn-səw plah-pdou ponmaan tee   doesn't change much

(តជាក់	trɑcĕəq, təcĕəq	cool, refreshing
ក្ដៅ	kdaw	hot
ខុស	khoh	to be different, wrong
ខុសគា	khoh kniə	to vary, be different from each other

រប្បុងរក្សាចាប់ពីខែមេសា មានកំរិតកំរ់ថៅ ៣៨ អង្ស៉ាសង់ទីក្រាឌ ។ ពីនេះរកសំគាល់ថា ឋារិឍរក្ខារប់ផុត នៅស្រុកខ្មែរ ។ ឯរឫូទ្រិឋាកនៅខែធ្នូនិញ កំរិតកំរ់ថៅនេះបះមករនៅក្រិម ២៥ អង្ស៉ា ។ ដូរ្បេះកំរ់ថៅឋាមធ្យយតើ ២៨ នៅ ៣០ អង្ស៉ា ។

ខែ	khae	month; head-word in names of months
ខែមេសា	khae-meesaa	April
កំរិត	kɑmrət, kəmrət	fixed level, mark, limit
៣៨	saamsəp-prambəy	thirty-eight
អង្ស៉ា	qaŋsaa, qəŋsaa	degree (of temperature)
សង់ទីក្រាឌ	saŋtikraat	centigrade
សំគាល់	sɑmkŏəl, səmkŏəl	to point out, indicate (here: agree)
បំផុត	bɑmphot, bəmphot	most, last
ខែធ្នូ	khae-tnuu	December
ចុះ	coh	to descend
២៥	məphɨy-pram	twenty-five
*ដូរ្បេះ	douccneh	therefore, thus
*ឋមធ្យយ	mattyum	average, medium
២៨	məphɨy-prambəy	twenty-eight
៣០	saamsəp	thirty

ប្រទេសកម្ពុជាមានប៉ូរដូវ÷

១- រដូវនិស្សាឬរដូវភ្លៀង ។ រដូវនេះចាប់រផ្តើមតាំង
ពីខែឧសភា ដល់ខែវិច្ឆិកា ។ មានភ្លៀងធ្លាក់រៀនរៀនៅ
រោសររស្យិល ។ រោល្រៃសិម របយស្ងាងក្អានភ្លៀងទេ ។
កាលណាមានខ្យល់ព្យុះ

១	muəy	one
និស្សា	wŭəhsaa, wəhsaa	rain; the Buddhist lenten season
រដូវនិស្សា	rədəw-wŭəhsaa	the rainy season; the Buddhist lenten season
ភ្លៀង	pliəŋ	rain; to rain
រដូវភ្លៀង	rədəw-pliəŋ	the rainy season
តាំងពី	taŋ-pii	from, starting from, beginning with
ខែឧសភា	khae-quhsəphiə	May
ដល់	dɑl	to arrive (here: until)
ខែវិច្ឆិកា	khae-wɨccəkaa	November
ធ្លាក់	tlĕəq	to fall (intransitive)
ររស្យិល	rɔsiəl, rəsiəl	afternoon, early afternoon
រមឃ	meek	sky
ស្ងាង	swaaŋ	bright, clear
កាលណា	kaal-naa	when, whenever
ព្យុះ	pyuh	a strong wind, storm
ខ្យល់ព្យុះ	kyɑl-pyuh	a windstorm, typhoon

នៅស្រុកយួនអាណាម ស្រុកខ្មែរមានក្បៀង ្រ្តជិនទុសពិធម្មតា ។

ភ្លៀងស្ងួរនេះ ខ្យល់បក់មកពីទិសអរគ្នេយ៍ ។

២- រដូវរំហាយ ឬ រដូវរងា ជារដូវ្រ ្តដាក់ ្រស្រួលជាងរដូវ

ដទៃទៀត ។ ខ្យល់បក់មកពីទិសឧត្តរ ។ រដូវរំហាយ

ចាប់រដើមតាំងពីខែ វិច្ឆិកា ឌ ឌស់ខែកុម្ភៈ ។

អាណាម	qaanaam	Annam
យួនអាណាម	yuən-qaanaam	Vietnam
ខុសពិធម្មតា	khoh pii thŏəmmədaa	exceptional, unusual (here: unusually)
បក់	bɑq	to blow (of the wind)
ទិស	tɨh	direction
ទិសអរគ្នេយ៍	tɨh-qaqknee	the southeast
២	pii	two
រំហាយ	rumhaəy, lumhaəy, ləhaəy	to fan; cool
រដូវរំហាយ	rədəw-rumhaəy	cool season
រងា	rɔŋiə, rəŋiə, ləŋiə	to be cold, unpleasantly cool
រដូវរងា	rədəw-rəŋiə	the cold season
ស្រួល	sruəl	easy, pleasant, comfortable
ទិសឧត្តរ	tɨh-qotdaa	the north
ខែកុម្ភៈ	khae-kumphĕəq	February

៣ - រដូវប្រាំងឬរដូវរក្តៅ គ្មានរក្ខៀងរសោះឡើយ ។
រដូវនេះចាប់រឭើមពីទិកុម្ភៈ ឥសេវិទុសភា ។ ក្លុងរដូវប្រាំង
ខ្យល់មកពីនិសក្តិសាន ។

៣	bəy	three
ប្រាំង	praŋ	dry, hot and dry
រដូវប្រាំង	rədəw-praŋ	the dry season
រដូវរក្តៅ	rədəw-kdaw	the hot season
រសោះ	sɑh	after negatives: (not) at all
រសោះឡើយ	sɑh-laəy	after negatives: (not) at all
និសក្តិសាន	tɨh-qəysaan	the northeast

បុណ្យចូលវស្សា

នៅយប់ថ្ងៃមួយរោចនៃខែអាសាឍ អ្នកស្រុក ស្រីប្រុស
នាំគ្នារៀវវត្ត ។ នៅថ្ងៃបន្ទាប់ ពួកអ្នកស្រុកនាំគ្នារៀវវត្តរៀត
ធ្វើបុណ្យបាំងស្កុល ដល់វិញ្ញាណក្ខន្ធ ខ្មោចក្រុមញាតិ ។

បុណ្យចូលវស្សា	bon-coul-wŭəhsaa	celebration of the beginning of Lent
យប់	yup	evening, night
រោច	rooc	to wane (of the moon)
យប់ថ្ងៃមួយរោច	yup tŋay muəy rooc	first night of the waning moon
អាសាឍ	qaasaat, qasaat	June-July
អ្នកស្រុក ស្រីប្រុស	nĕəq-srok srəy-proh	the villagers, both men and women
នាំគ្នា	noəm kniə	to go together, accompany each other
បន្ទាប់	bɑntŏəp, pətŏəp	next, following
រៀត	tiət	again, further; additional
ធ្វើបុណ្យ	twəə-bon	to hold a ceremony, to celebrate
បាំងស្កុល	baŋ-skoul	commemoration; to commemorate, hold a requiem
ដល់	dɑl	for, toward
វិញ្ញាណក្ខន្ធ	wiññiənnəkhan	soul, spirit
ខ្មោច	kmaoc	ghost, spirit; the deceased
ក្រុម	krom	group, circle
ញាតិ	ñiət	relatives
ក្រុមញាតិ	krom-ñiət	relatives, family, ancestors

នាវេពលវៃថ្ងៃត្រង់ គេប្រគេនម្ហូបដល់ព្រះសង្ឃ ។ នាវេពលល្ងាច
វៃថ្ងៃនិវៃដល ញុកអ្នកស្រុកនាំគ្នាទៅស្តាប់រលោកសង្ឃទេសនា ។
ដល់ព្រឹកនីពីរ ព្រះសង្ឃនិមន្ដព្វន្ដ្រជុំវិញ្ញ ព្រះវិហារ ធ្វើ
បុណ្យចូលវស្សា ហើយកបាប់ភ្លើមអុដវៀនធំ , នេះគឺជាការម្ហួយសំ-
ខាន់បំផុត ក្នុងពិនិចូលវស្សា ។ វត្តនម្ហួយ ៗ ត្រូវផ្ដើម្គ្រៀនធំ
ម្ហួយ វៃដលវេគអុដទាំងវៃថ្ងៃទាំងយប់ ក្នុងវៃស្សុវិស្សា ។

ប្រគេន	prɑkeen, pəkeen	to offer, give (to monks)
*ព្រះសង្ឃ	prĕəh-saŋ, prəsaŋ	Buddhist monk
និវៃដល	dɑdael, tədael	same, the same
រលោកសង្ឃ	look-saŋ	Buddhist monk; the clergy
ទេសនា	teehsənaa	to recite scriptures
ដល់	dɑl	when, at the time of
*វិហារ	wihiə	temple
ព្រះវិហារ	prĕəh-wihiə	sacred temple
អុដ	qoc	to ignite, to light
ទៀន	tiən	candle
សំខាន់	sɑmkhan, səmkhan	important
ទាំង...ទាំង	tĕəŋ . . . tĕəŋ	both . . . and
ទាំងវៃថ្ងៃទាំងយប់	tĕəŋ tŋay tĕəŋ yup	both day and night

រៀននេះរហើយវិនិលរករហៅថារៀនវិស្សា ។

លុះកុងរៀនរួចរហើយ របៀ អធិការវត្ត ក៏ ប្រកាស ថា នេះ
គឺងារកាលធ្លុលវិស្សា ពិនិលមានរយៈបវិ៍ង ។

របាវកាលធ្លុលវិស្សា គ្រះសង្ឃ ពុំអាចនិមន្តុរចញ្ញ រៅ ណាមក
ណាបានឡើយ ។ ប្រិន្តរបើមានការធំ៍ុំ គ្រះ សង្ឃអាចសុំ
ទនុញ្ញាតរបៀវអធិការវត្ត របញ្ញ ព័វិត្តុ ឋាន វិត ត្រវ ត្រឡប់មកវិត្ត
វិញ ក្នុងទាវង យ៉ាវង យ្យរបំផុត គ្រៃ ពាវវិធ ។

លុះ	luh	when
លុះ...រួចរហើយ	luh...ruəc-haəy	once having . . ., when one has finished
របៀ អធិការ	caw-qathikaa	head-monk, abbot
ប្រកាស	prɑkaah, pəkaah	to proclaim, announce
រយៈ	rɔyĕəq, rəyĕəq	duration, period
ពុំ	pum	negative auxiliary: not
រៅ ណា មក ណា	tɨw naa mɔɔk naa	to go anywhere, to go around
ធំ៍ុំ	thom-dom	grand, important (here: urgent)
សុំ	som	to ask for, request
ទនុញ្ញាត	qanuññaat	to permit; permission
ត្រឡប់	trɑlɑp, təlɑp	to turn around, reverse direction
យ្យរ	yuu	long (in time), late
យ៉ាវង យ្យរបំផុត	yaaŋ yuu bamphot	at the longest

រឿងធម្មិ ដោយរល្អីវិស្សយាជារល្អីរក្ខឿង ព្រះសង្ឃ ត្រូវនៅក្នុងវត្ត
រព្រោះរក្ខឿងរ ជ្រើនពាក រឆីរបិណ្ឌបាត្រ ពិបាក
ណាស់ ។

រឿ		
ដោយ	daoy	because, since
*ធម្មិ	thɔə	dharma: the law, the scriptures
ពាក	peek	extremely, very much, too much
បាត្រ	baat	monk's begging bowl
បិណ្ឌបាត្រ	bən-baat	to beg for food (of monks); food given to the monks
ពិបាក	pibaaq	difficult

បុណ្យចេញវស្សា
កាលធ្វើបុណ្យបា"ងនូឡាវិត រានាវិធីរកញ្ញាបុណិម"វៃ
អស្សុង រៈគឺជាគធិបុណ្យរចេញវស្សា ។
រានាវិធៃ ឌិវិងសរនៈ ព្រះសង្ឃរតាំងឡាយសូត្រមន្ត
សូមរោសាព្រះជាម្ចាស់ ។ អ្នកស្រុកយកអៃវ៉ា"ន់បកប្រោនានព្រះសង្ឃ

បុណ្យរចេញវស្សា	bon-cəñ-wŭəhsaa	celebration of the end of Lent, or of the rainy season
នូឡាវិត	qolaarɨk	gay, splendid, grandiose, boisterous
បុណិម"	bourəməy, bou	full-moon
រកញ្ញាបុណិម"	pɨñ-bourəməy	full-moon
អស្សុង	qasoc	September-October (lunar system)
តាំងឡាយ	tĕəŋ-laay	all
សូត្រ	sout	to recite
មន្ត	mŭən	magical formula, scripture
សូម	soum, som	polite auxiliary: to beg to, please
រោស	tooh	punishment, guilt
សូមរោស	soum-tooh	to ask forgiveness (in isolation: I'm sorry, excuse me)
ព្រះ	prĕəh	the Buddha
ម្ចាស់	mcah	lord, master, owner
ព្រះជាម្ចាស់	prĕəh-ciə-mcah	the Buddha
អៃវ៉ា"ន់	qəywan	things, baggage, merchandise

របៀររពសរបញ្ជិស្ត្យរនៈ　　　　សន្តកថា ព្រះសង្ឃ្យ អាចនិមន្តវេណាមក

ណាម្ហានតាមធិត្ត　　　របៀររស្ឪនិរភ្ល្ងិនធប់រហើយ　　　។

រតារពលយបរិន្ថ្ម　　　រកនាំត្តារភ្ល្ងិប្ល្យលយ្រ្រ្ងិប　　　។

តាមធម្មតា　　　រតារ្ត្រិនរភ្ល្ង្រ្ងិប កំរដ្ងិមរឍក　　　។　　　រតក្ល្ហក់

ស្រ្ងបរឍកនារ្ប ព្រះវិហារ　　　។　　　លុ ព្រះសង្ឃ្យ ស្ត្រធមិ រតារព និស់ត្តណា

ព្រះឌារ្ច្ល្ហស់ភ្ល្បរហើយ　　　ញ្ញកអ្នកស្រកនាំត្តា ស្ួមអកប្យររាស តំ ងិ រុរហើយ

និងិតិក　　　វិឌិស្ុ្នន្ហាន រ្ប្រ្ត្រ្រ្ហស់អស់រវាងិ ឪ្ុ្រនៈ　　　។

សុនត់	sɑnnəmat	to agree, allow, promise
និមន្ត	nimŭən	to walk, to go (of clergy)
តាមធិត្ត	taam-cət	freely, as one wishes
ភ្ល្ឺ	plɨɨ	light, bright
លយ	lɔɔy	to float, set afloat
ប្រ្ទិប	prɑtiip, pətiip, prətɨp	lantern; a miniature temple decorated with candles and set afloat
រឍក	ceik	banana
រដ្ងិមរឍក	daəm-ceik	banana tree
ឆ្លាក់	claq	to carve, sculpt
ស្រ្ទប	srɑtɔɔp, sətɔɔp	bark of a banana tree
រគារព	koorup	to pay respects, to venerate
គុណា	kun	good deeds, merit, quality
អកប្យររាស	qaphɨy-tooh	to forgive
រ្ប្រ្ត្រ្ហស់	praə-prah	to use
អរស់	qɑh	to use up; entirely, all of

លុះបន់ ស្រន់រួចធរហើយ រកអុងទ្បៀនធូបដាក់រសិ ប្រទិប រហើយ
រកបវិណ្ឌត ប្រទិប រនាៈ នៅ តាមទិក ។ នេៈ គដាការបញ្ចាប់បុណ្យ
របញ្ញវិស្សា ។

បន់	bɑn	to pray, petition
បន់ ស្រន់	bɑn-srɑn	to pray, petition
ធូប	thuup	incense sticks
បវិណ្ឌត	bɑndaet, pəndaet	to float, to put afloat
បញ្ចាប់	bañcɑp, pəcɑp	to end, bring to a close

បុណ្យភ្ជុំបិណ្ឌ

នៅពាក់កណ្ដាលខែសីហា ឬដើមខែរនៅដើមខែកញ្ញា ប្រជារាស្ត្រខ្មែរ តាំខ្លាចាប់រង្វើមធ្វើបុណ្យដាក់បិណ្ឌ ។ ដាក់បិណ្ឌ មានសេចក្ដីជា រកប្រកនធំណាំអាហារដល់ព្រះសង្ឃ ។ វិធីសនិមន្តមក បិណ្ឌបាត្រិកាលថ្ងៃ ។ បុណ្យដាក់បិណ្ឌ មានកំណត់ដប់ប្រាំថ្ងៃ ។

ភ្ជុំ	pcum	to unite, bring together
បិណ្ឌ	bən	food offering presented to the monks
បុណ្យភ្ជុំបិណ្ឌ	bon-pcum-bən	ceremony commemorating one's departed friends and ancestors
ពាក់កណ្ដាល	pĕəq-kɑndaal	center; half-way point, part, half
ខែសីហា	khae-səyhaa	August
ដើម	daəm	beginning, origin
ខែកញ្ញា	khae-kaññaa	September
រាស្ត្រ	riəh	people, populace
ប្រជារាស្ត្រ	praciəriəh	people, populace
ដាក់បិណ្ឌ	daq bən	to offer food to the monks
សេចក្ដី	səc-kdəy	subject, affair, essay (here: meaning)
ចំណី	camnəy, cəmnəy	dessert, sweets
ចំណីអាហារ	camnəy-qahaa	various kinds of food
កំណត់	kamnat, kəmnat	appointment, fixed period

រគរឡើបុស្សឌាក់បិណ្ឌ   សំរាប់វំព្យកឌល់គុណ ញាតិសត្តាន
វិឌិលឡានធាក ធាន នៅរហើយ   ។

     វិធ្នៃបំប៉់(ត្រ៉ នៃបុស្សឌាក់បិណ្ឌ   របៀធៀឆ្លុំបិណ្ឌ   ។ ព្យុក
អ្នក ស្រុកនាំគ្នារឡើនអន្សម   នឹងម្ហូបចំណីរឿៗង ។   យរគរនៅវិត្ត
របហ្យនឹងវែចកឆាយ   ឌល់បងប្អុនញាតិសត្តាន   ។ វិធ្ជរនះរគ
ប៉ាំងស្តួល   នៅរចតិយរ៉ន(ក្រម ញាតិរគ   ។   នៅរម៉ាងឌប់ព៉ិរ(ត្រ៉ក
រគនាំគ្នារៅ លា លាកុ៉ងវិត្ត

វ៉ុ(ក្ល៉ក	rumlɨk	to remind, commemorate
ញាតិសត្តាន	ñiət-sɑndaan	relatives
ឆាក	caaq	to leave, abandon
ឋាន	thaan	place, world
នុំ	num	confection, anything made with flour
នុំអន្សម	num-qɑnsaam	cake made of glutinous rice and pork
ម្ហូបចំណី	mhoup-cɑmnəy	food, various kinds of food
ឆាយ	caay	to spend, disperse
វែចឆាយ	caek-caay	to give out, distribute
បងប្អុនញាតិសត្តាន	bɑaŋ-pqoun-ñiət-sɑndaan	relatives
*រចតិយ	caetdəy	reliquary monument, stupa
រម៉ាង	maoŋ	hour, time
ឌប់ព៉ិរ	dɑp-pii	twelve
រម៉ាងឌប់ព៉ិរ(ត្រ៉ក	maoŋ dɑp-pii prɨk	twelve o'clock noon

ហើយម្នាក់ៗ ដាក់ម្ហូបប្រគេនព្រះសង្ឃ ។ រួចមកគេនាំគ្នាទៅបរិភោគអាហារ នៅវាលស្រែរបស់គេ ហើយគេដាក់ចំណីបន្តិចបន្តួចថ្វាយអ្នកតា បន់ស្រន់ឲ្យបានស្រូវច្រើនឆ្នាំក្រោយ ព្រោះបន្ទាប់ពីថ្ងៃភ្ជុំបិណ្ឌ គេចាប់ផ្ដើមរដូវស្ទូង ។

តាមសេចក្ដីអធិប្បាយពីបុរាណ គេនិទានថា

ម្នាក់ៗ	mənĕəq-mənĕəq	each one, one after the other
មក	mɔɔk	orientation toward speaker in space or time (aspectual adverb)
រួចមក	ruəc mɔɔk	afterward
វាលស្រែ	wiəl-srae	rice-field
តា	taa	grandfather, old man
អ្នកតា	nĕəq-taa	guardian spirit
ឆ្នាំក្រោយ	cnam kraoy	the next year, the following year
ស្ទូង	stuuŋ	to transplant, set out
រដូវស្ទូង	rədəw-stuuŋ	the rice-planting season
សេចក្ដី	səc-kdəy	matter of, quality of (forms abstract noun compounds when combined with verbs)
អធិប្បាយ	qathibaay	to explain, describe
សេចក្ដីអធិប្បាយ	səc-kdəy-qathibaay	explanation
និទាន	nitiən	to tell, relate

នៅវៃធ្ងុំបិណ្ឌ របើវិញ្ញាលារបាន នៅរក ក្រុមញាតិខ្លួនវៃដលរនៅរស់
នៅ ក្រៅ ពីរវិត្ត របោ.យរកមិនរបរិញ រក្ខាចរនាះនឹងអត់អាហារ
រអាងមួយឆ្នាំកាត់ រហូតដលភ្ងុំបិណ្ឌ ឆ្នាំរក្រោយ ។ រក្ខាចរនាះ
នឹងរដនផ្ដាសា ដល់បងប្អូនញាតិ សត្តានខ្លួន ។ របហតុរនះ
បានងាអ្នក ស្រុក មិនវៃដលរក្ខួស ប្រវិហាស រទវិត្តក្ផើយ នៅរពាល
ភ្ងុំបិណ្ឌ ។

វិញ្ញាល	wiqñiən, wiñiən	soul, spirit
រកមិនរបរិញ	rɔɔk mɨn khəəñ	to be unable to find
អត់	qat	to do without, lack
កាត់	kŭət	exact, exactly
រដរ	cee	to swear (at), curse, scold
*ផ្ដាសា	pdahsaa	to curse, put a curse on
វៃដល	dael	ever, to have ever + verb
មិនវៃដល	mɨn-dael	never
រក្ខួស	tweeh	to neglect, be careless
ប្រវិហាស	prɑhaeh, prəheh	to be careless, neglectful
រក្ខួសប្រវិហាស	tweeh-prɑhaeh	to neglect, be careless

បុណ្យកឋិន

នៅពុងរដូវវិស្សា នៅប្រេសកម្ពុជា គេច្រើនធ្វើបុណ្យ កឋិន ដើម្បីជាអំណរកុណ និស្សរដូវរក្សាងរិវិលស្ធ្វើ ឲ្យបិមានបិជាតិល្អ ។ បុណ្យកឋិនមានរយ:ពិរបិ ។ នៅរបិនិមួយរគសិវិធ្តីក្បួន កឋិន នៅតាមនិក្រុង រហើយត្រស្ឡប់មកកន្តែងរបិមរិញ រើម្បីនិងស្តាប់រលោកសង្ឃរសនា រហើយនិងកំសាន្តសុករត្រ្ត ឬ អារិយ ។ អ្នកស្រុកនិតងាងនាគ្នាយកត្រាក់បកចូលបុណ្យកឋិន ។

កឋិន	kathən, kəthən	ceremony of presenting gifts to the monks
ចុង	coŋ	end
អំណរ	qamnaa, qəmnaa	happiness, gratitude
អំណរកុណ	qamnaa-kun	gratitude, show of gratitude
ធ្វើឲ្យ	twəə qaoy	to cause
និរហែ	daŋhae, təŋhae	to parade, accompany in procession
ក្បួន	kbuən	procession, parade, train
រើម	daəm	beginning, origin
កត្រ្ត	dantrəy	musical instrument; instrumental music
ឌុរកត្រ្ត	dou-dantrəy	instrumental music
អារិយ	qaayay, qayay	impromptu dialogue sung usually by a boy and a girl
និតងាង	cɨt-khaaŋ	close by, nearby
ចូលបុណ្យ	coul-bon	to contribute (money) to a celebration

នៅវៃថ្ងៃទី ៧ះ កាដ្ឋបង់ត្ការហ៊ើយនាំគ្តានិះ ស្ថានតាវិត្តវៃវិសលកាងវិង្ឍកមិនរនាះ នៅ របិវិត្តវៃវិសលក(ត្ក)ូនតាវរនាះ នៅតាមគន្ត កានិះតុក ប្ុកប៉ាស់ ។ តាមផ្ឋវរកមានរលេងវភ្ក្លងវៃសយ៉ាំ មានសភាព សប្ប្រាយរៃកតាយៃ(ក្ត)វៃលង ។

លុះនៅងល់វត្ត កាវៃហាក្ុនកធិនពុ្ឋនដុ៎ទិញ ្(ព)ះវិហារបីដុ៎ ្ឋ្ូវរហ៊ើយរកនាំគ្តាច្ូល ្(ព)ះវិហារ ្(ព)កានស្ប្រង់និង្(ព)ក់ដល់្(ព)លសង្ឍ ។ បញ្ឋប់មកក(ត្ក)ប់រនៅ សាលា រនៅក្ឋងវត្ត រហ៊ើយ្(ព)កននអាហារដល់្(ព)ះ សង្ឍ្ រហ៊ើយរកនាំគ្តាបរិភាគអាហារ វិងលអ្ុក(ស្រ)កនិងកវត្តរនាះ ធ្ើតុស្ល ។

ផ្ឋប	cuəp	to meet
ផ្ឋបដ៎	cuəp-cum	to meet, come together, reunite
កផ៉ាល់	kɑpal, kəpal	ship, steamer
រលង	leeŋ	to play
វភ្ក្លង	pleeŋ	music, composition, song
វៃសយ៉ាំ	sayyam	dancing in time to drum-beats
*សភាព	saphiəp, səphiəp	atmosphere, attitude, aspect
វៃក	riik	to bloom, flourish
វៃកតាយ	riik-riəy	happy, joyful
ដ៎	cum	circle, revolution
ស្ប្រង់	sbaŋ	monk's robes
បញ្ឋប់មក	bɑntŏəp mɔɔk, pətŏəp mɔɔk	afterward, next (in succession)
ទទ្ួល	tɔtuəl, tətuəl	to receive (here: to eat)

រកាលបំណងបុណ្យកឋិន គឺយកស្បង់រៅប្រគេន ព្រះសង្ឃ ។ តាមនិណ័រពីសម័យដំបុង ព្រះដាម្ចាស់អនញ្ញាត ឱ្យ ព្រះសង្ឃ ទ្បួល ស្បង់ថ្មីពីឆ្អ្នកស្រុក រនៅរកាលដុតរស្ប្ញា រព្រោះស្បង់ពីឆ្អំមុន បាស់ររហាក រនៅយររស្វ្ងនឹងអាកាស ។ រហាត្ររនៈរហើយបានជារគ និញស្បង់ឆ្នានិបុងបំផុត ក្នុងការរធ្វើបុណ្យកឋិន ។ និព្រាក់ចំណុល បុណ្យ រគប្រគេននៅរលាកគ្រូរៅអធិការ

រកាល	kool	aim, goal, mark
បំណង	bamnaaŋ, bəmnaaŋ	desire, intention; to intend
រកាលបំណង	kool-bamnaaŋ	purpose, intention, goal
ដំរណ័រ	damnaə, təmnaə	process, procedure, custom
ដំបុង	dambouŋ, təmbouŋ	first, original
សម័យដំបុង	samay-dambouŋ	in the beginning, the earliest times
ផុត	phot	to end, pass out of; escape, avoid
ររហាក	rɔhaek, rəhaek, ləhaek	torn, ragged
និព្ញា	tɨñ	to buy
ចំណុល	camnoul, cəmnoul	profit, revenue
ព្រាក់ចំណុលបុណ្យ	praq camnoul bon	contributions (to a ceremony)
រលាកគ្រូ	look-kruu	teacher; the Venerable . . .
រលាកគ្រូរៅអធិការ	look-kruu caw-qathikaa	head-monk of a temple; abbot

របើម្តងនៃបរប្រើ ប្រាស់ ធ្វើបុជួសជុល ព្រះវិហារបុ្កុងនៅក្នុងវត្ត ។

របើម្តងនៃបរប្រើ ប្រាស់	daəmbəy nɨŋ praə-prah	for use in
ធ្វើ	twəə	to build
ជួសជុល	cuəh-cul	to repair
*កុដិ	kot	monks' quarters, monastery

ភ្នំពេញ ៥ មករា ព. ស. ២៥១១

សូមជំរាបមកលោកឪពុកសូមទានជ្រាប,

ជាយូរថ្ងៃណាស់មកហើយ   កូនមានថាន

៥	pram	five
មករា	mĕəqkəraa, maqkəraa	January
ព. ស.	puttəsaqkəraac	Buddhist Era (B.E.)
ព. ស. ២៥១១	puttəsaqkəraac pii-pŏən pram-rɔɔy dɑp-muəy	B.E. 2511 (A.D. 1968)
ជំរាប	cumriəp, cəmriəp	to inform, greet (polite)
សូមជំរាប	soum cumriəp	(I) beg to inform . . .; Dear . . . .:
ទាន	tiən	gift; to give (here: do the favor of)
ជ្រាប	criəp	to learn, to understand
សូមទានជ្រាប	soum tiən criəp	please be advised
សូមជំរាប... សូមទានជ្រាប		Dear . . . . (stylized salutation used in formal letters)
soum cumriəp . . . . soum tiən criəp		
សូមជំរាបមកលោកឪពុក សូមទានជ្រាប		Dear Father:
soum cumriəp mɔɔk look qəwpuk soum tiən criəp		
យូរថ្ងៃ	yuu tŋay	many days, a long time
ជាយូរថ្ងៃណាស់មកហើយ		for many days, for a long time
ciə yuu tŋay nah mɔɔk haəy		
កូន	koun	I (i.e. your child)
ខាន	khaan	to lack, miss, fail to

សររសរសំបុត្រទៅរលោកនិព្ពុក រ ព្រោះកូនរវល់រៀនពេក ។
រកៃរលោកនិព្ពុកនឹងអ្នកម្ដាយ សុខសប្បាយជាឬទេ?
ចំរលោកុននិញ្ញ សុខនឹងទុក្ខជាការនធម្មតា ។ សព្វថ្ងៃនេះ
ការរស់នៅក្នុងសាលា

*សររសរ	sɑsei, təsei	to write
សំបុត្រ	sɑmbot, səbot	letter
រវល់	rɔwŭəl, ləwŭəl	busy
រក	taə	initial question particle
អ្នកម្ដាយ	nĕəq-mdaay	Mother (respectful)
សុខ	sok	to be healthy, happy; good health, happiness
សុខសប្បាយ	sok-sapbaay	to be well and happy
ជា	ciə	to be well, free of trouble
ឬទេ	rɨɨ-tee?, rɨtee?, tee?	final question particle
សុខសប្បាយជាឬទេ	sok-sapbaay ciə rɨɨ-tee?	How are you?; Are you well?
ទុក្ខ	tuk	to be unhappy, sad; sadness, grief
ជាការធម្មតា	ciə kaa thŏəmmədaa	as usual
សុខនឹងទុក្ខជាការធម្មតា	sok nɨŋ tuk ciə kaa thŏəmmədaa	to be happy and sad as usual; to be so-so
*សព្វ	sɑp	every
សព្វថ្ងៃនេះ	sɑp-tŋay-nih	nowadays, these days
ការរស់នៅ	kaa-rŭəh-nɨw	life, living conditions

រឭៃ ប្រកួនមានចិត្តនឹករឭក ដល់ផ្ទះនិងគ្រួសារ នារឿយ ៗ ។
ការរៀនសូត្រក្នុងសាលា មិនសូវពិបាកប៉ុន្មានទេ
ប៉ុន្តែកូនត្រូវរៀននោរ ច្រើនម៉ាង រ ព្រោះមានរេមរៀនរ ច្រើនពេក ។
ៃមួបបំណឺនៈវិញ្ញា ឆាញ់ម្ហូបអ្នកម្តាយឆ្ងាយណាស់ ។
ទុំរង់ថារៃតងិងដិលវិស្សមកាលទេ រងឮ្ញនិងគ្រៀបរៅងៈ ញ៉ាំ
ម្ហូបអ្នកម្តាយវិញ ។

និក	nɨk	to think of, miss
រឭក	rɔlɨk, rəlɨk	to remember, miss
និករឭក	nɨk-rɔlɨk	to miss, long for, remember
រឿយ ៗ	rɨəy-rɨəy	often, continually
ជារឿយ ៗ	ciə rɨəy-rɨəy	often, continually
ការរៀនសូត្រ	kaa-rɨən-sout	recitation, studying
រមរៀន	mee-rɨən	lesson
ឆ្ងាយ	cŋaay	far, by far

ឆាញ់ម្ហូបអ្នកម្តាយឆ្ងាយណាស់

cañ mhoup nĕəq-mdaay cŋaay nah		is far inferior to Mother's food
ចាំ	cam	to wait for
រង់ចាំ	rŭəŋ-cam	to wait for, await eagerly
ឲ្យរៃត	qaoy-tae	just for, provided that
វិស្សមកាស	wɨhsəmaqkaal	vacation
ទេ	tee	emphatic final particle
ញ៉ាំ	ñam	to eat

លា ស្ត្រាចារ្យគំនិគ្គ្យាយរនៅ សាលា   មានធម្ម សប្បូរស និង
កូនសិស្សុ ណាស់   រិស្សភ្ញី ច្រុំ សម្ប្រាយ និងរៀនស្គ្រ៉េ ជានិបំផុត   ។
រនៅ សយ្យនដ្ឋាន   ទំបាន ស្គាល់មគ្គ ផ្ទៃ ជារ ច្រើន   រិស្ស
ជាស្រុក មាន ពួកពង្ស៍ វង្ស ត្រកុល ល្អ   ។
កូនស្អមលា រសាកទឹពុកត្រ៉មរនៈ សិន   រព្រាះ កូន ត្រ៉វិ ត្រៃឲ្យប់
រៅរៀននិញ   ។

*សា ស្ត្រាចារ្យ	sahstraacaa	professor
*សប្បូរស	sɑpbɔrɑh	kind, friendly
ជានិបំផុត	ciə tii-bamphot	the very most, extremely
*សយ្យនដ្ឋាន	sayyannəthaan	dormitory
ស្គាល់	skŏəl	to know, be acquainted with
មិគ្គ	mɨt	friend
ពួង	puuc	seedlings; background, family, lineage
*ពង្ស៍	pŭəŋ	family
វង្ស៍	wŭəŋ	circle, family
ត្រកុល	trɑkoul, təkoul	race, lineage, tribe
ពួងពង្ស៍វង្ស៍ត្រកុល	puuc-pŭəŋ-wŭəŋ-trɑkoul	family background, pedigree
លា	liə	to say good-by, to take leave
សុមលា	soum liə	good-by
ត្រ៉មរនៈ	trəm nih	right here, at this point
សិន	sən	first (polite final imperative)

រលច្ឆ្គុរ៉ូគ្នុរ   ស្ងមរណាកនីពុកះរមត្តាអកិយរតាស   ៤

កងិយរស្ឆ្កុរតារាក,

៣. ក្ញីម៉ៅ

គ្នុរ	kuə	proper, correct
រសច្ឆ្គុរ៉ូគ្នុរ	səc-kdəy-kuə-pum-kuə	mistakes (literally: both good and bad points)
រមត្តា	meettaa	to pity; be good enough to

រសច្ឆ្គុរ៉ូគ្នុរស្ងម....រមត្តាអកិយរតាស

səc-kdəy-kuə-pum-kuə soum . . . . meettaa qaphɨy-tooh

please forgive my mistakes

កំរពញ

ទីក្រុងកំរពញ ជារាជធានីនៃប្រទេសកម្ពុជា ។
ហេតុវិតនៃក្រុងនេះនៅមាត់ទន្លេ កំរពញមានស្ពានឆ្លារយក៏ស្ពា
ធ្មើន ។ នេះគឺជាកន្លែងមួយវិនិលនងនានដិន ច្រើនៅរលង
កំសាន្ត នៅវេលាល្ងាច ។ នៅតាមមាត់ទន្លេ ចានភ្លុកក្តុច ៗ
វិនិលមានមនុស្សវិស្រកអំពាវនាវលក់ម្ហូបចំណី រហាយឭកអ្នករកស៊ីធរ
អាចនិញម្ហូបបរិភោគ នៅកន្លែងនេះដិង ។ នេះគឺជាការ
កំសាន្តមួយ វិនិលកម្មលធិក្កវិនិជាបំដុត ។

ព្រះបរមរាជវាំង កំដិតនៅនិតមាត់ទន្លេវិពែរ ។
រប់រយ៉ាងនិញវរីរវាតាមមាត់ទន្លេ រយៈនិងប្រៈរបឬញ ព្រះបរមរាជវាំង

ហេតុវិត	haet-tae	since, because
*ជិនានុនិន	cŭənniənucŭən	people, population
វលងកំសាន្ត	leeŋ-kɑmsaan	to relax, be at leisure
វិស្រក	sraek	to yell, shout
អំពាវនាវ	qɑmpiəw-niəw	to peddle, advertise by shouting
លក់	lŭəq	to sell
វិស្រកអំពាវនាវលក់	sraek qɑmpiəw-niəw lŭəq	to shout one's wares, to peddle by shouting
ការកំសាន្ត	kaa-kɑmsaan	pastime, sport
ប្រៈ	pratĕəh, pətĕəh	to come upon, to meet (by accident)
ប្រៈរបឬញ	pratĕəh-khəəñ	to come upon, to suddenly see

ស្រុងខ្មែរប់ព្រៃពិរ ៦៣

ប្រកបរងាយ សភាព ស្តុកស្តម្ភ ។ រហាយរប៉ុរវ៉ុងកាន់តែរវ៉ុ
និតរៅឝិល់ព្រះរាជវាំង រប៉ុងនិងញ ស្ងុរសរម្លេងខ្ងុរកត្រ្ដ នៃក្រុម
ព្រះរាជត្រួព ពិរោះពីរាះស្ងុរ គួប្តាប់ចិត្ត ។
ព្រះរាជ ឌ្បាន់ក៌រពញ ដ្ឋាន់ក្រុងម្ងួយ ពីឝិលដ្បុះ ល្អតលាស់
យ៉ាងខ្ញុំរខ្ញុំងប់ ផ្ត ក្ងងរតល យ៉ាងខ្ញុំល

Khmer	Romanization	English
*ស្តុកស្តម្ភ	sdok-sdɑm	impressive, grand
កាន់តែ	kan-tae	increasingly, the more
ព្រះរាជវាំង	prĕəh-riəccəwĕəŋ	royal palace
ឮ	lɨɨ	to hear, to be heard
ស្ងុរ	sou	noise, sound
សរម្លេង	samleiŋ, səmleiŋ	voice, sound
ឮ ស្ងុរសរម្លេង	lɨɨ sou-samleiŋ	to hear the sound of
*ក្រុម ព្រះរាជត្រួព	krom prĕəh-riəccətrŏəp	the royal orchestra
ពីរោះ	piruəh	beautiful, sweet (to the ear)
គួរ គ្យ	kuə qaoy	worthy of (when kuə-qaoy precedes a verb, its meaning is comparable to the English suffix -able.)
ឌ្បាប់ចិត្ត	cap-cət	to like, be interested in
គួរ គ្យ ឌ្បាប់ចិត្ត	kuə-qaoy cap-cət	likeable, appealing
ល្អតលាស់	luut-lŏəh	to expand, increase, flourish
ដ្បុះល្អតលាស់	doh luut-lŏəh	to grow, increase, expand
ខ្ងុំរខ្ងុំង	tkom-tkaəŋ	big, important, impressive
យ៉ាងខ្ងុំរខ្ងុំង	yaaŋ tkom-tkaəŋ	importantly, impressively

ពីរ ព្រោះ កំពុញ បានបាប់ដើមកំលាកជា ព្រះរាជធានី រៃ
ក្នុងរជ្ជកាល ព្រះបាទអង្គ ដួង ក្នុង គ.ស. ១៨៦៤ រាប់មួយ
រយឆ្នាំ ប៉ុណ្ណោះ ។

ពីរ ព្រោះ	piiprŭəh, piprŭəh	because
កំរលាត	kɑmnaət, kəmnaət	origin, birth, beginning
ដើមកំរលាត	daəm-kɑmnaət	origin, beginning
បាប់រដើមកំរលាត	cap daəm-kɑmnaət	to originate, come into existence
*រជ្ជកាល	raccəkaal	reign, dynasty
រយ	rɔɔy	hundred
មួយរយ	muəy-rɔɔy, mərɔɔy	one hundred
*ប៉ុណ្ណោះ	ponnoh	only, that's all

វិមានឯករាជ្យ

នៅភ្នំពេញ   របើយើងរនីរតើនងនងិងរឆ្ពោះរៅនាងត្បូង

កាមមហាវិថី(ព្រះបាននរោត្តម   រយើងនឹងរៅដល់វិមានឯករាជ្យជាតិ   ។

វិមាននេះនិតរៅកទិន្ងង   វិដលមហាវិថី(ព្រះបាននរោត្តម   ដ្បនិង

មហាវិថី(ព្រះសុរាម្រិត

វិមាន	wiqmiən, wimiən	monument, mansion
ឯករាជ្យ	qaekkəriəc	independence; independent
វិមានឯករាជ្យ	wiqmiən qaekkəriəc	Independence Monument
រឆ្ពោះ	cpŭəh	toward, directly toward
មហា	mɔhaa, məhaa	big, great (usually occurs as a pre-fixed modifier in compounds)
វិថី	withəy	street
មហាវិថី	məhaa-withəy	boulevard
(ព្រះបាននរោត្តម	prĕəh-baat nɔrootdɑm	King Norodom
មហាវិថី(ព្រះបាននរោត្តម	məhaa-withəy prĕəh-baat nɔrootdɑm	Boulevard Preah-Bath Norodom
រៅដល់	tɨw dɑl	to arrive at, to come upon
ជាតិ	ciət	nation, nationality; national
(ព្រះសុរាម្រិត	prĕəh-soraamərɨt	King Suramarith
មហាវិថី(ព្រះសុរាម្រិត	məhaa-withəy prĕəh-soraamərɨt	Boulevard Preah Suramarith

របៀយនិងរុក្ខវិថី ព្រះសីហនុ ។ របាកូឡូរធៈរហៀយរកអាច របៀក

របៀយន្ត ក្ពួន្ស្ឡូវិញ្ញវិមាននៈ វិងសរនៅចំកណ្ដាលវិថីគ័ងប៉ិ

នៈ ឆ្ពធវិមាន "អារឌីទិយ៉ម" នៅក្រុងប៉ារ៉ិ ។ នៅ

សង្ខាងវិមាន មានក្ពុនឆ្ពារវិទៃង វិងសនៅបវន្ល្នះមហាវិថី

សុកម្រិក និងរុក្ខវិថី ព្រះសីហនុ ។ នៅក្ពុងស្ពុនឆ្ពារនៈ

កាងិរនិងមឆ្ពារផ្ពួង ។ របៀយមានតំងរកា៉ងវិទៃង ស័វាប់អ្ពក

នៃសធរល្សរប់ស័ពាកងង ។

រុក្ខវិថី	rukhaq-withəy	avenue
*ព្រះសីហនុ	prɛ̈əh-siihanuq	King Sihanouk
រុក្ខវិថី ព្រះសីហនុ	rukhaq-withəy prɛ̈əh-siihanuq	King Sihanouk Avenue
របាកូឡូរធៈរហៀយ	haet douccəneh haəy	for this reason, therefore
របៀក	baək	to drive
*រធ	rŭət	car, vehicle
*យន្ត	yŭən	machine, motor
របធយន្ត	rŭət-yŭən	car, automobile
ចំ	cɑm	right, exact; to coincide with
*អារឌីទិយ៉ម	qaa-dəɨ-triiyom	Arc de Triomphe
ប៉ារ៉ិ	paarii, parii	Paris
សង្ខាង	saŋkhaaŋ, səŋkhaaŋ	the sides
នៅសង្ខាង	nɨw saŋkhaaŋ	at the sides
កាៅ៉ងវិទៃង	kawqəy wɛɛŋ	bench

ការរដ្ឋាភិបាលខ្មែរ បានកសាងវិធាននៈ ជាតំណាង
ងកាពុជ្យប្រទេសកម្ពុជា ។ ប្រទេសបារាំងបានប្រគល់ងកាពុជ្យវិស់
ប្រទេសកម្ពុជា នៅថ្ងៃ ៩ វិច្ឆិកា គ.ស. ១៩៥៣ ដោយយសារ
រសេចក្តីខិតខំរបស់ ព្រះបាទសម្តេចនរោត្តមសីហនុ ។ រហាត្ររនៈរហើយ
បានជាប្រជាកស្ត្រខ្មែរថ្វាយ ព្រះនាមថា " ព្រះបិតាងកាពុជ្យជាតិ " ។

*រដ្ឋាភិបាល	rŏətthaaphibaal	government
ការរដ្ឋាភិបាល	riəc-rŏətthaaphibaal	royal government
តំណាង	dɑmnaaŋ, təmnaaŋ	symbol, representative
បារាំង	baaraŋ, baraŋ	France; French; western; a westerner
ប្រគល់	prɑkŭəl, pəkŭəl	to restore, to hand over
៩	prambuən, pəmbuən	nine
គ.ស. ១៩៥៣	krɨhsaqkəraac məpŏən prambuən-rɔɔy haasəp-bəy	A.D. 1953
ដោយយសារ	daoy saa	because, because of the fact that
ខិតខំ	khət-khɑm	to try hard (to), work assiduously (at)
រសេចក្តីខិតខំ	səc-kdəy-khət-khɑm	hard work, effort
*សម្តេច	sɑmdac, səmdac	royal title: Prince, King
ព្រះបាទសម្តេចនរោត្តមសីហនុ		
preəh-baat sɑmdac nɔrootdɑm siihanuq		King Norodom Sihanouk
ថ្វាយ	twaay	to give, present (formal)
ព្រះនាម	preəh-niəm	name (royal)
*បិតា	bəydaa	father (elegant)
ព្រះបិតាងកាពុជ្យជាតិ	preəh-bəydaa qaekkəriəc ciət	Father of National Independence

អំពីវត្ថុភ្ជុំ

វត្ថុភ្ជុំនៅចំកណ្ដាល ក្រុងភ្នំពេញ ។ ភ្នំនេះមិនមែនជា
ភ្នំកើតឡើងដោយឯងកងទេ គឺនាំគ្នាយករកើតឡើងដោយកម្លាំង
មនុស្ស ។ នៅក្នុងសតវត្សរ៍ ១៥ មានស្ត្រីចាស់ម្នាក់ ឈ្មោះ
ពេញ បានរើសរាល់សំណាត់អណ្ដែត កាមទន្លេ ដោយយករាក្នុង
រាល់សំណាត់នោះ កាត់ប្រទេញ ព្រះពុទ្ធរូបបី ព្រះអង្គ , ស្ត្រីនាមពេញក៏
បាប់ភ្នំមរស់កំពូលម្ចាស់ នឹងឆ្លងនឹង កម្ពល ព្រះពុទ្ធរូបទីនិងតាត់
វិសប្បាន ។ នេះជានិទានកំណើតនៃវត្ថុភ្ជុំ ។

មែន	mɛɛn	to be right, true, correct
មិនមែន	mɨn-mɛɛn	not really
កើត	kaət	to be born; come into existence
កើតឡើង	kaət laəŋ	to arise, come about, happen
ដោយឯកឯង	daoy qaek-qaeŋ	by itself, by oneself
កម្លាំង	kɑmlaŋ, kəmlaŋ	strength, power
១៥	dɑp-pram	fifteen
រើស	rəəh	to pick up, to select, to gather
រល្សសំណាត់	chəə-sɑmnat	drift-wood
អណ្ដែត	qɑndaet, qəndaet	to float (intransitive)
ព្រះពុទ្ធរូប	prĕəh-puttəruup	image of the Buddha
ព្រះអង្គ	prĕəh-qaŋ	specifier for royal or sacred persons
ដម្កល់	dɑmkɑl, təmkɑl	to raise up, set on a pedestal; to house, keep

ឥឡូវនេះវត្តភ្នំ ជាទីកន្លែងមួយវិសេសអ្នករេសបរ

រជ្រីននៅរលងក់សាន្ត ។ នៅរជ្ជីងភ្នំមានសួនឆ្មារផ្នូរលាបរ

រហើយមាននាឡិការលើទំមួយ ផ្ទាល់នឹង សម្រាប់ប្រាប់រម៉ោង ។

នៅខាយម្ខាងវេវ៉ូត មានសួនសត្វនិងសួនកុមារ ។

រនៅរលើកំពូលភ្នំ មាន ព្រះវិហារមួយរហើយនិងកុដិ

កុដ ៗ សម្រាប់ព្រះសង្ឃ ។ នៅក្នុងព្រះវិហារ មានទិព្ភ

មួយ យ៉ាងធំ ពិសេសអ្នករេសបររាចរនិរកំសាន្តបាន ។

*ឥឡូវ	qəyləw	now
ឥឡូវនេះ	qəyləw-nih	now, nowadays
ទីកន្លែង	tii-kɑnlaeŋ	place, site
រជ្ជីងភ្នំ	cəəŋ pnum	foothills, low-lying mountains
*នាឡិកា	niəlikaa	watch, clock
ផ្ទាល់	ptŏəl	next to, against
ផ្ទាល់នឹង	ptŏəl nɨŋ	against
ប្រាប់	prap	to tell, to inform
សួនសត្វ	suən-sat	zoo
កុមារ	komaa	boy (elegant); in compounds: children
សួនកុមារ	suən-komaa	playground, children's park
រលើ	ləə	on, above
កំពូល	kɑmpuul, kəmpuul	summit, peak
ទ្លា	tliə	clearing, expanse
ទីទ្លា	tii-tliə	courtyard, clearing

ទៅរដើររលង

មានមិត្ត ពីរនាក់   ម្នាក់ ឈ្មោះ គិមហ្លួន   ម្នាក់ ឈ្មោះ

ឈុនលី ។   គិមហ្លួនជានិស្សិត រៅវិទ្យាលយ ស្ុីសុវត្ត   ២

ឈុនលីវិញ   ជានិស្ស្រិត រៅវិទ្យាលយ សីហាន   រៅរខត្ត កំពង់-

ចាម ។   រៅរពលវិស្ស្រមកាល   ឈុនលីមក រលង់ភ្លំៗ រៗៗ

ឲ្យបង្ហ័ាៗមួយ គិមហ្លួន   ។

          រៅថ្ងៃ អាតិ្យ្រម្ួយ   គិមហ្លួននិង ឈុនលី ទៅគ្ន្ា រៅើររលង

រម្ើលព្ិ(ភ្ពវិ)ភ្លំៗ រៗៗ   ។

រៅើររលង	daə-leeŋ	to go around for fun; to amuse one-self
គិមហ្លួន	kɨm-huən	a personal name: Kim Huon
ឈុនលី	chun-lii	a personal name: Chhun Li
និស្ស្រិត	niqsət, nihsət	student, scholar
វិទ្យាលយ	wɨttyiəlay	secondary school, lycée
ស្ីុសុវត្ត	siisowat	Sisowath (King of Cambodia 1904–28)
*វិទ្យា លយ ស្ីុសុវត្ត	wɨttyiəlay siisowat	Lycée Sisowath
វិទ្យា លយ សីហាន	wɨttyiəlay siihanuq	Lycée Sihanouk
*រខត្ត	khaet	province
កំពង់ចាម	kɑmpuəŋ-caam	Kampong Cham (name of a province)
រខត្ត កំពង់ចាម	khaet kɑmpuəŋ-caam	Kampong Cham Province
មក រលង	mɔɔk leeŋ	to visit, come for a visit
រម្ើល	məəl	to look at, watch

គេនាំគ្នាដើរកាត់វិថីល្អស្អាតធំទូលាយ មានរថយន្ត រទេះកង់ ស៊ីក្លូបរឆ្វាត់ឆ្វែង ។ នៅសងខាងផ្លូវមានដើមឈើល្អ ៗ ។ ផ្ទះសង់តាមវិថី មានរបងថ្មស្អាត ៗ ណាស់ ។

មិត្តទាំងពីរនាំគ្នាដើរតម្រង់ទៅផ្សារថ្មី តាមមហាវិថីព្រះបាទនរោត្តម ។ គឹមហួនចង្អុលប្រាប់សុខលី វិទ្យាល័យស៊ីសុវត្ថិ ហើយនិងថ្នាក់រៀនរបស់ខ្លួន ។ លុះទៅដល់អនុវិទ្យាល័យនរោត្តម និងសាលាសាលារបស់កូនសិស្សស្រី

កង់	kaŋ	wheel, bicycle
រទេះកង់	rəteh-kaŋ	bicycle
ស៊ីក្លូ	siklou	cyclo, pedicab
បរ	baa	to drive (here: being driven, passing)
ល្អ ៗ	lqaa-lqaa	very beautiful (intensification of lqaa)
ថ្ម	tmaa	stone
ស្អាត ៗ	sqaat-sqaat	very neat and attractive (intensification of sqaat)
ទាំងពីរ	tĕəŋ-pii	both
តម្រង់	damraŋ, təmraŋ	directly, straightaway
ផ្សារ	psaa	market, shopping area
ផ្សារថ្មី	psaa tməy	the New Market
ចង្អុល	caŋqol, cəŋqol	to point out
អនុវិទ្យាល័យ	qanuq-wɨttyiəlay	junior high school, academy
អនុវិទ្យាល័យនរោត្តម	qanuq-wɨttyiəlay nɔrootdam	Norodom Academy

គឹមហ្គូននិងស្មុនលីបង្អង់ម្ងយវិភ្លេក រនិម្ងនិងរមើលនារីកុងសាលា ។

មិត្តតាំងពីរនាក់មានតឹកមុខរីករាយ រហើយនាត្តាធ្វលហាងរផ្ទៀង ។

រមើលអ៊ីវ៉ាន់ ។ គឹមហ្គូន ប្រាប់ស្មុនលីអំពីររប្បូបតរថ្លៃជាម្ងយ

និងអ្នកដ៏ន្ត្រា ។ ស្មុនលីមានចិត្តរីករាយ សប្បាយណាស់

រ(ព្រា)រកធ្វលចិត្តស្ការថ្មីវិលមានរបល់(ត្រប់ហ្វាំង ។ ចំណែកគឹម-

ហ្គូននិញ ជាការរធម្មតារន រ(ព្រា)រកជាអ្នកភ្នំរពញ ។ ប៉ុន្តែ

គឹមហ្គូនធ្វលចិត្តរវិររលងរថ្លៃអាត៍ស្ញណាស់ រ(ព្រា)ពូកនារីរនៅអ៊ុំរពញ

រ(ព្រ)នរគៅរវិររលងតាំងហ្គង ។ កុងរថ្លៃអាត៍ស្ញ រហើយគឹមហ្គូនធ្វល-

ចិត្តរមើលនារីណាស់ ។

បង្អង់	baŋqaŋ, pəŋqaŋ	to delay, slow down
ម្ងយវិភ្លេក	muəy-plɛɛt, məplɛɛt	a moment, just a bit, awhile
នារី	niərii	young unmarried girl
តឹកមុខ	tɨk-muk	facial expression
ហាង	haaŋ	shop, store
ថ្លៃ	tlay	price
តរថ្លៃ	taɑ-tlay	to bargain
របស់	rɔbah, rəbah	thing(s)
អ្នកភ្នំរពញ	nĕəq-pnum-pɨñ	resident of Phnom Penh
ហ្គង	wouŋ	flock, herd, group
តាំងហ្គង ៗ	tĕəŋ wouŋ, tĕəŋ wouŋ	in groups

ទៅរមើលកុន

ថ្ងៃមួយ ឈ្នាំលុបប្អូលគិមហ្នូនទៅរមើលកុន ។ គិម-
ហ្នូនធ្លាប់ធ្លិត្តរមើលកុនប្លាក់ាំង ៗ ងឈ្នាំលុវិញ្ញឆ្លួលធ្លិត្តរមើលកុនគ្រប់
វិបប ។ គិត្តាំងព័រនាក់យ់ល'ព្រមទៅរមើលកុនប្លាក់ាំង រគ្រោះ
រោងកុនវិងួរលង់រៀងឈ្លាក់ាំង រោងឌិតរហ៊យរលងរៀងឧក្ខុង ។
រឡ្កងរោងកុនមានកន្លែងអង្គុយ សារគ្រិន ថ្ងៃលវិឌក
សាប់វិឌ្ឋក ៗ វិឌ្ឋកថាងម្ពួរផាកសាងរក ៗ ថ្ងៃកខាង
រគ្រោយថ្ងៃស្ពួរសម ងវិឌ្ឋករលិវ្ខាវិញ្ញ ថ្ងៃសាងរកបំផុត ៗ

កុន	film, movie	រផ្ទាកសាងរក	the cheapest
ទៅរមើលកុន	going to the movies	ថ្ងៃ	expensive
បប្អូល	/bɑbuəl, pəbuəl/ to agree; to persuade	ស្ពួរសម	/kuə-sɑm/ reasonable, moderate, appropriate
គ្រប់វិបប	of all kinds	រលិ	on
យ'ល	to learn, to understand	រឡ្ខា	balcony
ព្រម	to agree (to); to accept	ថ្ងៃសាងរក	the most expensive
យ'ល'ព្រម	to agree, to consent		
រោង	hall, building		
រោងកុន	movie-house		
រៀង	story, subject, affair		
អង្គុយ	to sit down		
កន្លែងអង្គុយ	seat, place to sit		
រផ្ទាក	cheap; inexpensive		
សាងរក	most, most of all		

ស្សនលឺមានចិត្តរំភើបជាភ្លិង រ(ក្រោះនៅក្នុងរាងកុននរៈ
មានម៉ាស៊ីន(ត្រជាក់ ក្ដុកព័រាងកុនរិនស្សរគ ឆ្លាប់រៅរម៍ើល រៅ
រៗក្ក៌ពៗ់ៗម ។

រគរលៗេកុនរឿង "ស្ដូរ៍វ៍លេហារ៍ខ្ញុំ" ។ ស្សនលឺហៃយេ
និងគិមហ្នុន រសិចកំសាៗដៃៗ(ត្រិន រ(ក្រោះៗៗរឿងកំវៃ្ឆៃង
ប៉ុ្នុក ។ ស្ៈ រម៍េលកនៗ្ចៗហៃ ៗ ស្សនលឺហៃយេនិងគិម-
ហ្នុន នាំ្គៗៗៗផ្ដ្ក ៗៗ រនិ្ឆៀៗនិ (ស្រស់ (ស្ដ្ឍ ។

រំភើប	excited
ម៉ាស៊ីន	/maasiin, masɨn/ engine, machine
ម៉ាស៊ីន (ត្រជាក់	air conditioner
ឆ្លាប់	used to, accustomed to
ស្ដូរ៍វ៍ល និងហារ៍ខ្ញុំ	/lourael nɨŋ haadii/ Laurel and Hardy
រសិច	to laugh
កំវៃ្ឆៃង	funny, humorous
(ស្រស់ (ស្ដ្ឍ	to eat something, have a snack

នៅញ៉ាំបាយ

ស្បុនលីនឹងគិមហ្គុនតាំគ្នានៅញ៉ាំបាយជ្រួក ។ មិត្តទាំង
ពីរនាក់គិតជា ខ្លួនជាកូនសិស្ស រហើយមិនសូវមានលុយនឹង ។
ផ្សូវជួររកក៏(គេមរ(ក្រៀងគ្នានៅហាងចិន ។ ម្ហូបចិនឆ្ងាញ់ណាស់
រហើយរជាកនឹង ។

នៅ(ស្រុករៃវ្រ របើកាលណាការនៅបរិរភាកអាហាររនៅ
រភាជនិយដ្ឋាន រភធ្លុលចិត្តម្ហូបចិនឬបាតាំង រ(គ្រះម្ហូបរៃវ្រ
រនៅរភាជនិយដ្ឋាន មិនសូវឆ្ងាញ់ឌូច ម្ហូបរៃវ្ររការធ្វើរនៅផ្ទះរភ
រគ្យួ ។ ប៉ុវ្ន្តិគូវ្ររនៈ រនាយរមានអ្នករគសធររកៀបរ-
រលសងារធ្រិន រភាជនិយដ្ឋានរនៅ(ស្រុករៃវ្រ បានចាប់រធ្មើមលក់
ម្ហូបរៃវ្រ រហើយរំយកចិត្តទុកដាក់ក្នុងការរធ្វើម្ហូប រឌីម្ប្ឫ
មានជាតិឆ្ងាញ់ ឌូចម្ហូបរនៅផ្ទះ ។

ស្បុនលីនឹងគិមម្ហុន រនៃវរនៅផ្សាររកណ្តាល រហើយក៏
បាប់រធ្មើមរករមិលហាងបាយ ។ រហាក្ករិគគិមហ្គុនជាអ្នកធំ-
រទឲ្យ រគស្តាស់ករភ្លិងរ(ជ្រើនជាងស្បុនលី ។

គិត	to think, plan, intend	រភាជនិយដ្ឋាន	/phoocəniiyəthaan, phoocəniithaan/ restaurant
គិតជា	to think that, to think as follows	រនៅផ្ទះរភ	in one's home (here: in their homes)
លុយ	money	បររទស	/baarəteeh/foreign, foreign countries
(គេមរ(ក្រៀង	to agree (to)	ជាតិ	/ciət/ taste, flavor
ឆ្ងាញ់	tasty, delicious	ផ្សាររកណ្តាល	the Central Market
របកាលណា	if, whenever	ហាងបាយ	restaurant

គឹមហ្គុនតាំស្បុនសំរៅហាងមួយ រនៅដឹករាងកុនកាព័តុល ។
មិត្តតាំងក៍ររហាយកម្មុបរៀ្បង ។ ⊹ ឆានាឆ់រគា សាឆ់ជ្រុក
រ៉ៃ នាវៃ សាឆ់គ្រក គ្រីបំពង សម្ម្លុរ ប្ាយ ។
មិត្តតាំងក៍រនាក់បរិភាគ ហា"ងឆប្ប្ាយ ។

រោងកុនកាព័តុល	/rooŋ-kon kaapitol/ the Capitol Cinema
រហាយយក	to order, have brought
ឆា	to fry; a fried meat and vegetable mixture
សាឆ់រគា	beef
ឆាសាឆ់រគា	fried beef with vegetables
ជ្រុក	pig; pork
សាឆ់ជ្រុក	pork
រ៉ៃ	roasted
សាឆ់ជ្រុករ៉ៃ	roast pork
សាឆ់គ្រក	sausage
បំពង	to deep-fry in oil
គ្រីបំពង	deep-fried fish
ម្ជូរ	/mcuu/ sour or pungent food
សម្ម្លុរ	pungent stew

ផ្សារធំ

នៅភ្នំពេញយើងឃើញមានឃើញនៅផ្សារធំ ដ៏ម្នានិងនិយាយគ្នា ។

នៅផ្សារធំមានលក់របស់គ្រប់បែប ។ ផ្សារនេះបែកជាច្រើនរឿង ។
រហ័យរឿងនិមួយៗ មានរបស់នូស ៗ ក្នា ។

នៅក្នុងផ្សារនេះ យើងអាចនិញម្ហូបចំណី សាច់ ត្រី
មាន ៗ សាច់គោ បន្លែ និងផ្លែឈើរផ្សេងៗ ។ ១
មិនតែប៉ុណ្ណោះ នៅផ្សារនេះមានលក់ សំពត់ របារ វិស្សក-
រដ៏ង ក្បួ ត្រ៊ីងមានរពេជ រហ័យនិងរបស់រផ្សេងៗ ក្បែកដាច្រើន ។
អ្នកលក់ដំនិញ នៅក្នុងផ្សារមានច្រើនសាសន៍ ។ រីរ
លក់បន្លែរហ័យនិងម្ហូប ។ យួនលក់ត្រីនិងម្ហូប ។ ចាម
លក់របារ ត្រី សាច់គោ ។ ចិនលក់សាច់ ឈ្លែក
របារនិងនំនិញរផ្សេងៗ ។ ក្នុងចំរណោមអ្នកលក់ទាំងនោះ
មានធនរហ័យនិងប្ញុនៗ ច្រើនដាងរគ ។

ផ្សារធំ	the Big Market (name of a large covered market in Phnom Penh)	វិស្សករដ៏ង	/sbaek-cəəŋ/ shoes
នូស ៗ ក្នា	varied, different from one another	រពេជ	/pic/ precious stone; diamond
ផ្លែ	fruit; specifier for fruits	ត្រ៊ីងមានរពេជ	jewelry
ផ្លែឈើ	fruit	ទំនិញ	merchandise
មិនតែប៉ុណ្ណោះ	/min-tae ponnoh/ not only that, but also . . .	អ្នកលក់ទំនិញ	salesman, merchant
សំពត់	cloth, dry goods	សាសន៍	/saah, sah/ race, nationality
របា	trousers, pants	ចំរណោម	group, totality
របារ	clothing; suit of clothes	ក្នុងចំរណោម	among
វិស្សក	skin; leather	អ្នកលក់	salesman

ផ្លូវរថភ្លើងនេះ ដុតកាលរគរហាជាផ្លូវរថ្មី រគ្រោះផ្លូវរ
នេះសង់ រកាយផ្លូវរងក្រេត នៅកំរពញ ។ រគរ ជិនធុល-
ធិត្តរៅផ្លូវរទំ រគ្រោះរគរអាចនិញ របស់ប្លាន គ្រប់មុខ នៅករន្លែង
នោះ មិនប្លាច់រដីររៅ រ ជិនករន្លែងរផ្សេយ ។ ផ្លូវរទំជា
ករន្លែង ស្មូលនញ អ៊ីវ៉ាំនណាស់ ធំរពោះអ្នក ស្រុកមកពីររគ្រ រគ រគ្រោះ
ផ្លូវរនេះ នៅឯិគធំណាករយន្តនិងរថ ក្លើង ពិសមកពីររគ្រ រ ។

មិនប្លាច់	not necessary (to), no need (to)
រគ្រ	/khaet-kraw/ the outer provinces
ធំណាគ	station, parking place
ភ្លើង	fire, light
រថភ្លើង	/rŭət-pləəŋ/ train

អំពីសៀមរាប

គឹមហ្គួន	រលាករប្បៀល ។
រប្បៀល	ជំរាបសួរគឹមហ្គួន ។
គឹមហ្គួន	រប្បៀលមានឱកាសទៅរស់ងីងណាទេ រនៅវេលាឈប់សំរាក រ៉េ ?
រប្បៀល	ខ្ញុំបានទៅរស់ក្រុងសៀមរាប រហើយនិងទៅអង្គរវត្ត អង្គរធំ ។
គឹមហ្គួន	ទៅប៉ុន្មានថ្ងៃ ?
រប្បៀល	ខ្ញុំទៅនិតកម្ពុយរាជិក្យ ។
គឹមហ្គួន	រប្បៀលបានទៅកន្លែងណាខ្លះ ?
រប្បៀល	ខ្ញុំទៅមើលអង្គរវត្ត អស់រវាងមួយថ្ងៃ ។ ខ្ញុំទៅ មើលអង្គរធំបន្តិង ព្រោះទំទាក មើលមួយថ្ងៃមិន អស់ទេ ។ រហើយខ្ញុំទៅមើលបន្ទាយ ស្រីមួយថ្ងៃ ។

សៀមរាប	Siem Reap	ជិត	almost, nearly
រប្បៀល	/biəl/ Bill	ណា	which?, where?
ជំរាបសួរ	greetings, hello, how are you?; to greet	ណាខ្លះ	/naa-klah/ which?, where? (plural)
រប្បៀល	Bill, you (proper name used as a pronoun)	កន្លែងណាខ្លះ	which places, what places?
មានឱកាស	to happen to, to have occasion to (here: did you . . .)	បន្ទាយ	fortress
និណា	where; somewhere (here: anywhere)	បន្ទាយស្រី	Banteay Srei (literally: women's fortress)
រពលសរប់សំរាក	vacation		
អង្គរវត្ត	/qaŋkɔɔ-wŏət, ŋkɔɔ-/ Angkor Wat		
អង្គរធំ	/qaŋkɔɔ-thom/ Angkor Thom		

គីមហ៊្វន   រប្បៀលឯង (ស្គាល់)   ប្រាសាទណាដាងរត ?

រប្បៀល   ្បាត   រំឭកចិត្តប្រាសាទទាំងអស់   ប៉ុន្តែខ្ញុំ (ស្គាល់)
 បន្តាយ ស្រីដាងរត   ។   ចម្លាក់អប្សរានៅរេលីផ្ងើងជុ
ន្ល ។ រសោករអើយ !

គីមហ៊្វន   ពិតនហើយ !   រូបចម្លាក់អប្សរានោះស្អូរមែន !

រប្បៀល   រំឭកចិត្តក្សាច់រនានៅប្រាសាទអប្សរាទាំងនោរណាស់   ។

គីមហ៊្វន   រំនិនរទៅ រស្ងៀមកាបរវិន   នៅរពលចូលឆ្នាំ   រប្បៀល
ឯងចង់រទៅដាធ្លួយរ៊ុរត ?

រប្បៀល   អូ !   រំចង់រទៅផ្ទាំងរស្ងៀករវិន !

គីមហ៊្វន   អញ្ចឹង រប្បឯងនិនរទៅទាំងអស់គ្នា   ។   រំនិនតារប្បៀល
ឯងរទៅមើលករតិ្តនរផ្ងុង   ។ រ្សៀត   វិនល ពួករអែសចរ
មិនវិនលរទៅរសា: ។

រប្បៀល   អញ្ចឹងឬ ?   រំ សូមអរគុណរ្ចិនណាស់   ។

ឯង	/qaeŋ/ reflexive pronoun: yourself, itself, oneself	ម្ដង	/mədaaŋ/ once, one time
ប្រាសាទ	/praasaat, prəsaat/ palace; ancient monument	ម្ដងទៀត	once more, once again
ចម្លាក់	sculpture, frieze	អញ្ចឹង	/qañcəŋ, ñcəŋ/ then, therefore, in that case
អប្សរា	/qapsəraa/ Apsara, heavenly maiden	ពួករអែសចរ	foreigners
ផ្ទាំង	slab, side, wall	ឫ	/rɨɨ/ final question particle used in either-or questions
រសោករអើយ !	/look-qəəy!/ Oh!, please!, believe me!	អញ្ចឹងឬ	is that so?, really?
ពិតនហើយ	right, that's right, that's true	អរ	/qɑɑ/ to be happy
ចូលឆ្នាំ	the New Year (literally: enter year)	អរគុណ	to thank (in isolation: thank you)
អូ !	Oh!		

កំពង់ចាម (១)

កិមហ្គន	ស្សុនលី ! រ៉ឺនេះគ្មានមិត្តរុំម្នាក់ មកពីសហរដ្ឋអាមេរិក ។
រប្បៀល	ដ៏រាបស្សូរ ស្សុនលី ។
ស្សុនលី	ដ៏រាបស្សូររប្បៀល ។
កិមហ្គន	ស្សុនលីជាអ្នកកំពង់ចាម រហើយនិៗកម្លាយបរមានរោងកិន (ស្សូរ) ។
រប្បៀល	អ្វ ! អញ្ចឹង ស្សុនលី ដឹងច្បriហាល ដឹងរៀបដាំ (ស្សូរ) រ្រើនហើយមែនៗ ?
ស្សុនលី	ខ្ញុំដឹងបន្តិច បន្តួចទៃន ។
រប្បៀល	រនៅកំពង់ចាម រគដាំ (ស្សូរ)របៀបណាខ្លះ ?
ស្សុនលី	រគដាំ ពីររបប ។ រនៅរដូវៗ ណាវីដលមានភ្លៀង រ្រើន រគភ្ជ (ស្សូវិស្ស្រា) , ៗ ដូវៗ រភ្ជៀតរគដាំ (ស្សូរ ព្រៃាំង) ។ (ស្សូវិស្ស្រា) (ត្រូវការ) តិករភ្លៀង រ៉ើដ្បរ្បូនដ ស្លុក លាស់ , ៗ (ស្សូវ ព្រាំង វិញ) រគដាំ រដាយប្បាចទឹកពី ប្រឡាយ ។

សហរដ្ឋ	/sahaqrŏət/ union; the United States	មែនៗ	right?
អាមេរិក	/qaameric/ America	(ស្សូវិស្ស្រា)	rainy-season rice
សហរដ្ឋអាមេរិក	the United States of America	(ស្សូវ ព្រាំង)	dry-season rice
កិន	to grind, to mill	(ត្រូវការ)	/trəw-kaa/ to need, want (to)
រោងកិន (ស្សូរ)	rice mill	ប្បាចទឹក	to irrigate by sprinkling
ប្រៃហាល	perhaps	ប្រឡាយ	ditch, canal, stream
ដឹង	to know, to be aware of		

របៀស រ(ក្រៅ)ពី ស្រុកំពង់ចាមមានអ្វីខ្លះរៀត ?

សុនិល នៅតាមគន្ធ ជាពិសេសនៅរកាះ សុទិន រគមាន
ទាំថ្នាំ គរ កប្បាស ។ នៅមុមមានចំការ
កៅស៊ូរហាងនិងម្នាស់ ។ នៅចំការរលមានរងិមរលរ
ដំ ។ រចក ម្នាស់ រពាត អំរៅ ។

គឹមហ៊ុន របៀស កំពង់ចាមជាវិត្តមួយសម្បូររាងនិលដំណំណាស់,
ម្នាស់ពិចំការរលស្បាញ់ជាងរគបំផុត ។

របៀស ៦ឃុំជារកាះ សុទិន ស្គណាស់ កិមនប ?

សុនិល ហ៊ឹងរហ៊ើយ ស្ងៃមិន ! មានឯួស់ក្រដាក់រហ៊ើយ
មានរងិមរលរហ៊ាយនិងចំការរ ។ រនៅមាក់គន្ធ ។

គឹមហ៊ុន ៦ឃុលធ្គុរការ សុទិន រ(ក្រ)ះមាននារិស្គ ។ រច្រិនណាស់
របៀស កិមនប ?

រ(ក្រៅ)ពី	outside of, besides	មីមត	Mimot (a district)
អ្វី	/qwəy/ what?	កៅស៊ូ	/kawsuu/ rubber
អ្វីខ្លះ	/qwəy-klah/ what (pl.)?, what (specific) things?	ចំការរកៅស៊ូ	rubber plantation
ពិសេស	/pisaeh, piseh/ special	ម្នាស់	pineapple
ជាពិសេស	especially	ចំការរល	Chamcar Leu (district)
រកាះ	island	រពាត	corn (maize)
សុទិន	proper name: Sotin	ទាង	in the field of, in the area of
ថ្នាំ	tobacco; medicine, herb	ហ៊ឹងរហ៊ើយ	/nəŋ haəy, niŋ haəy/ that's right, you've got it!
គរ	kapok		
កប្បាស់	/kɑpbaah, krəbaah, kəbaah/ cotton		

ស្សុនសុី   ពិតវិមែន ស្រី ៗ នៅវេការស្ទិន   មានសាច់ឈាម ល្អ
ណាស់   រ(ព្រ)ះរេងមិនវិលសរឆ្វើការហាលថ្ងៃរ   ។

របៀល   យី ! ទុំចង់នៅវេការស្ទិននណាស់   !

ស្សុនសុី   របៀលសងងចង់នៅ   ឆ្នុំដុននៅអាទិត្យរ(ក្រោ)យ
រ(ព្រ)ះរុំមានទ្ពូកបាម្ចាស់   នៅកន្លែងនោះ   ។

របៀល   រតរបេរងនៅតាមអ្វី?

ស្សុនសុី   អូ ! របេរងនេះស្ថាននៅកំពង់បាយ   រហេយដិះ
កង់នៅវេការស្ទិន   ។

របៀល   ដិះកង់នៅវេការ: នៅកណ្ដាលនវន្ត   អាត់ពិព្?

ស្សុនសុី   អនិកិអញ្ចាងវ   និ្ស្សវិនេះជារស្ងួរ(ព្រា)ង   ទិកនវ
រុំងអស់រហាយ   នៅ រ(ក្រោ)យរការ:ស្ថានទិកវេ   មាន
ទិ្ស្សឃ្យាច់រេ   ។

ពិត	to be true, real	របេរង	we (familiar)
ឈាម	blood	ពិក	colloquial negative auxiliary: not
ស្ថាច់ឈាម	complexion	រិង	to be dry, dried up; to evaporate
ហាស	to expose to the sun	ឃ្យាច់	sand
ហាលថ្ងៃ	exposed to the sun, in the sun		
យី	/yii!/ interjection of surprise or annoyance		
ដុន	to accompany		
អាទិត្យរ(ក្រោ)យ	next week, the following week		
ម្ចា	uncle (younger brother of either parent)		
ទ្ពូកម្ចា	uncle (younger brother of either parent)		

រប្បៀល ដឹ:កង់រលីឡ្យាច់ម៉ាងរម៉េចបាន?

សុនលី អ្នកស្រុកបានក្បាញបន្ះបុស្សីឯាក់រលីឡ្យាច់ រនិម្ប្ល
ឲ្យ ស្រុលដឹ:កង់បុរបើកឡ្បាន ។

រប្បៀល ឺ! បញ្ញាណាស់!

គិមហ្ុន អញ្ចឹងទ្ីរៅឌិងបានទ

សុនលី មានឌ! រយ្ឺងរៅត៌ឺងអស់ក្ ។

រម៉េច	how?, why?
ម៉ាងរម៉េច	how?
ក្បាញ	to weave
បន្ះ	sheet, strip, plate
បុស្សី	/rɨhsəy/ bamboo
បញ្ញា	/paññaa/ intelligence, cleverness; to be clever, intelligent
មានឌ	why not?, of course

ចូលរៀន

កឹមហ៊ុន ៖ ជំរាបសួរ សុននល្យ !

សុននល្យ ៖ ជំរាបសួរ ! កឹមហ៊ុនឯងចូលរៀននៅថ្ងៃណា ?

កឹមហ៊ុន ៖ ថ្ងៃទី ១៥ ខែកញ្ញាគឺរអាទិត្យក្រោយ ។

សុននល្យ ៖ ឆ្នាំនេះ កឹមហ៊ុនឯង រៀននៅថ្នាក់ណារហើយ ?

កឹមហ៊ុន ៖ ខ្ញុំ(គ្រូ)វិរៀននៅថ្នាក់ទី ១ ទំនើប ។ ខ្ញុំ គយ៉រណាស់

រ(គ្រោះ)រគជាថ្នាក់នេះពិបាកណាស់ ។

សុននល្យ ៖ កុំ(គ្រួ)យរអាក វិរិតរៀន(ឲ្យ)វិមែនវិននទៅ មិនជា

ពិបាកប៉ុន្មានទេ ។

កឹមហ៊ុន ៖ អាសាណាចូលរៀន វិសរប់រឱិររសងរហើយ ខ្លួនខំ

រៀនមដាង ។

សុននល្យ ៖ កឹមហ៊ុនឯងមិនិញ្ញរ សៀវិរឱ៍ រហើយឬនៅ ?

កឹមហ៊ុន ៖ ខ្ញុំមិនទាន់និញ្ញ រសៀវិរឱ៍រមើលទេ ទិត្តខ្ញុំនិញ្ញ រសៀវិរឱ៍

សររសរ រឱ៍ រហើយ ។

សុននល្យ ៖ មានិញ្ញ កាតាបផ្ទេរ ?

ចូលរៀន	to begin studies, to go back to school	មដាង	/mədaaŋ/ once and for all, definitively
ទំនើប	modern, recent (here: secondary)	រសៀវិរឱ៍	book(s)
ថ្នាក់ទី ១ ទំនើប	Grade one, secondary (12th year of Cambodian system)	រហើយឬនៅ	yet?, yet or not?
ខ្ពើរ	/phɨy/ to fear, be afraid	មិនទាន់	not yet
ក្រួយ	to worry, be anxious, sad	រសៀវិរឱ៍រមើល	books to read
វិមែនវិនន	really, truly	រសៀវិរឱ៍ សររសរ	notebook
រឱ៍	directional verb: away from speaker in space or time	កាតាប	/kaataap, kataap/ briefcase, satchel

គីមហាន   រលាកន្ទិព្ធកុំ   ឲ្យកាតាបុំម្នួយឆ្ងៃនៈ   រ(កៈខ្ញុំ

            ឃ្លានឡើងឋ្នាក់   ។

ឈុនលី   គីមហានងិនរងិររៅរៀន   ឬនឹៈកង់   ?

គីមហាន   ខ្ញុំខិលរងិរណាស់   ខ្ញុំ់ម្ងលចិត្តនឹៈកង់   ។

ឈុនលី   ខ្ញុំកំនឹៈកង់ រៅរៀនវិនិរ   ។

គីមហាន   គិត្តវិឈុនលីងិនរៅណាហ្ងិង   ?

ឈុនលី   ខ្ញុំរៅរងិររលងិកំសាន្ត នាមបាត់នន្ត   មករៅ រលង

            នាម្ងួយខ្ញុំ់រគ   ?

គីមហាន   រៅក៏រៅ   !

ឲ្យ   to give

ឡើងឋ្នាក់   to be promoted, to advance in rank

ខិល   to be lazy; to be disinclined to

នឹង   /niŋ, nəŋ/ right now, right there

រៅ ក៏រៅ   /tɨw ka-tɨw/ fine, O.K., let's go

អាហាររូបករណ៍

ឈុនលី ជំរាបសួរគឹមហួន !

គឹមហួន ជំរាបសួរឈុនលី ! ហេ ! ខ្ញុំឮថាឈុនលីឯងទើបនឹង
បានទទួលអាហាររូបករណ៍ ទៅស្រុកបារាំងមែនឬ ?

ឈុនលី មែនហើយ ! ខ្ញុំនឹងទៅប៉ារីសខែក្រោយ ។

គឹមហួន ឈុនលីឯងមានសំណាងមែន ខ្ញុំចង់ទៅប៉ារីសជាងអ្វីទៅទៀត ។

ឈុនលី ខំរៀនទៅ មុខជានឹងបានអាហាររូបករណ៍ជាមិនខាន ។

គឹមហួន ឈុនលីឯងទៅរៀនវិជ្ជាអ្វី ?

ឈុនលី ខ្ញុំទៅរៀនវិជ្ជាច្បាប់ នៅមហាវិទ្យាល័យ " ស៊័រប៊ន " ។

គឹមហួន ឈុនលីឯងត្រូវរៀនប៉ុន្មានឆ្នាំ ?

ឈុនលី តាមធម្មតាបីឆ្នាំ ប៉ុន្តែបើខ្ញុំចង់រៀនទៅដល់ថ្នាក់បណ្ឌិត
ខ្ញុំត្រូវរៀនប្រាំឆ្នាំ ។

អាហាររូបករណ៍	/qahaaruuppəkaa/ scholarship
ហេ !	hey! (interjection to attract attention)
ខែក្រោយ	next month, the following month
សំណាង	luck, good fortune, chance
ជាងអ្វីទៅទៀត	more than anything else
មុខជា	/muk-ciə/ probably, undoubtedly
មិនខាន	without fail, surely
វិជ្ជា	/wɨcciə/ subject, study, field of learning
ច្បាប់	law, custom
មហាវិទ្យាល័យ	/məhaa-wɨttyiəlay/ university
ស៊័រប៊ន	/sɔɔbɔɔn/ Sorbonne
ប៉ុន្មាន	how much, how many?
បណ្ឌិត	learned man, scholar
ថ្នាក់បណ្ឌិត	doctorate

គិមហ្វាន ព្រាំផ្ដយ្យរណាស់ ។ ងស់ស្សនលិងង ត្រ្សប់មកផ្ង:វិញ

សក់សអស់រហើយ ។

ស្សនលិ មិនយ្យរប៉ុន្មានទេ ព្រាំផ្ដរនោះ វិក្រុ ព្រុយចត្តនិងការ រៀន

ស្ទ្រៃរវិញ ។ ព្រោះទុំ ព្ញុរតធ្ងាគ ធ្ញាកណាស់ ។

គិមហ្វាន កុំកំឡុយអំស្សនស់ រអើយ ។ ព្រោះ ខ្ញុំរៀនព្ញុវិកណាស់ ។

ស្សនលិ ណ់ ។ ទុំតករស្ជ្ជិរ ។

គិមហ្វាន រ៉ប់មនព្ញុរិករនោះ រម្ល្ងគ់ខ្ញុនធ្ញានអាហារ្រប ករណ៍ ?

ស្សនលិ រ ស្ល្ងិយ ស្រប់និយាយ ព្កិមរនៈ ច្ហៈ រកិគ ស្ល្ញវិនៈ គិមហ្វាន

ងងធ្ផ់រគ៉ិវិររលងដាមុ្យទ៉ិទ ?

គិមហ្វាន រ៉ោរ៉ិររលងប្ហ ? មាររៅ ! ចាំស្ជិររេ្ញឹត !

សក់	hair (of the head)
កុំ	negative imperative auxiliary: don't
អី	what, anything (colloquial variant of /qwəy/)
កុំកំឡុយអំ	don't be afraid of anything, don't worry about a thing
រអើយ	/qəəy!/ supplicatory particle: really!, believe me!, please!
ព្ញុកិត	/puukae, pukae/ clever, smart, skillful (at)
ណ់	/naa!, nəh!/ colloquial hortatory particle: come on!, go on! (frequently occurs at the end of imperative sentences)
រស្ជ្ជិ	to believe
រម្ល្ងច	/mdəc/ why?, how?
រម្ល្ងចគ់	then why?, why is it that . . . ?
រស្ល្ងិយ	/nəhaəy!/ preemptory particle: there, that's enough, enough said!
ចាំស្ជិររេ្ញឹត	come on, what are we waiting for?

ការទទួលភ្ញៀវ

រដិយខ្ញុំន (គ្រូវិទ្យ) ទៅរៀន នៅបរទេស ស្សុនលី ថ្ងាប់ផ្ទះ ច ទៅរលង់ផ្ទះ

ម៉ិត្តដិតខាង ។ វិញ្ញនះ ស្សុន សិ ទៅរលង់ផ្ទះ នាង ធាវី ។

ធាវី ដ៏ ស្សុន លី !

ស្សុន លី ធាវី !

ធាវី ស្បអរញ្ញញ អង្គុយបង ! អត់ ទោស វុំ ម្យុយ វិក

នស់ ទៅ

Vocabulary

ការទទួលភ្ញៀវ	receiving guests
ម៉ិត្តដិតខាង	neighbor
នាង	Miss, young lady (title or pronoun for women younger than speaker)
ធាវី	Thavi (proper name)
អរញ្ញញ	please, go ahead and . . . (word of polite invitation)
អត់ទោស	/qɑt-tooh/ to excuse, forgive; pardon me, I'm sorry
	polite response particle used by men; yes
អក(ស្រី	Madam; woman (title of respect for women, or for mistress of a household)
អុស	Ous (proper name)
	aunt (younger sister of either parent)
អកម៉ីង	Aunt (title of respect for women of one's parents' generation)
	niece or nephew; young person of one's children's generation
(ក	this very next month
(ក្រូច	orange; citrus fruit
	orange juice

នាងធារីក៏យកខ្ទើរឈ្មោះជារ ម៉ិន ។បប   របៀបនឹងតិក្ប្ខ្តបពីកនិមក

ហុនប៉ក្សរក្សៀ ។

អុក (ស្អុក ស)   កយនឹងរដ្ឋដំណើរទៅតាមអ្វី ?

ឈ្មនល   ខ្ញុំនឹងទៅតាមកប៉ាល់របោះ ។

ធារី   បងទៅ ឈ្មប់ទៅ (ប្រទេសណាខ្ល:

ឈ្មនល   ទៅហុងកុងម្តួយអានិម្ល   ក្ប់ទៅម៉ារបហូតពិតម្ល្ល

នឹងមាន ឈ្មប់ទៅ ៑ណករក្ស៑ ក រ្ប៑យ ។

អុក (ស្អុក ស)   កយ មាន រកអាទិ សំរាប់រផ្លឹនិរវា រន ?

ឈ្មនល   ផ្ទានគ្គានរន   ប៉ុន្តិ ខ្ញុំនឹងទៅនិញ្ញរកអាវ (ក្រាស ។

   ពីរប៉ី ស(ម្រាប់រៅ ហ្ងកុង   របាគ្គរន: របៀបបានផ្ទាំរៅ

   ហ្ងកុង ។

ធារី   បង ឈ្មនល   រៅ (ស្រុក ផ្លាកំង   កំពុង្ខ អុកះរៅ(ស្រុក

   ក្ប៑រ !   ខ្ញុំនឹងរ៉ង ផ្ការក្ស៑ល សំហ្ (ក្របង ។

ឈ្មនល   កំកយ៑ង   ខ្ញុំនឹងសរររ៑ស៑ហ្ (ក្រ មកជារិ ជា រ្បៀយ ។

   រ៉ប៑ (ព្រសិនជាអុកម៉ធ៑ម៑ន (ប្រកាន៑ ។

កែវ	glass; a glass	(ក្រាស៑	thick
ដំណើរ	travel, trip	ពីរប៑	/pii-bəy/ two or three
ធ្វើដំណើរ	to travel, take a trip	ស(ម្រាប៑	set, suit
របោះ	to fly	រភ្លួច	/plic/ to forget
កប៉ាល់របោះ	/kɑpal-hɑh/ airplane	រ៉ប៑ (ព្រសិនជា	if, if perchance
ហុងកុង	Hong Kong	(ប្រកាន៑	to be conservative, stuffy, particular (here: to mind, object)
របហូតពិតក្ប្ឃង	all the way (without stopping)		

អ្នកស្រីអុស   មិនអីទេកូយ   ប៉ុន្តែមិន ប្រកាន់អ្វីទេ   រ(ភោះ)ង ង

ធំ ៗ រហើយ ៕

ឃុនលី   អារកុណាអ្នកមីង ៕   ចា ! ខ្ញុំបេកឈ្យរណាស់

រហើយ   រប៉អញ្ចើងសុមលាអ្នកមីងនិងនាងសិន

រហើយ ៕

អ្នកស្រីុ្រ ស   សុមកុយរឆ្ពីំរាសី (ឲ)ឲ្យបានរសឆគ្ពសុខ ៕
ឋានី   សាសិនរហើយបង !   កុំក្ងូធ សំហុ(គ) !

មិនអីទេ	don't mention it, it's nothing, don't worry
ងង	familiar second person pronoun
ធំ ៗ	/thom-thom/ big, mature (intensification of /thom/)
រប៉អញ្ចើង	then, in that case, therefore
រសឆគសុខ	happiness, safety, good health

ទៅលេងខេត្តកំពង់ឆ្នាំង

កាលពីអាទិត្យមុន គ្រួសារខ្ញុំបានទៅលេងខេត្តកំពង់ឆ្នាំង ។ ខេត្តនេះឋិតនៅមាត់ទន្លេសាប ហើយមុខរបរធំបំផុតនៃកំពង់ឆ្នាំង គឺការនេសាទត្រី ។ កំពង់ឆ្នាំងមានឈ្មោះដូច្នេះ ព្រោះជាកន្លែងមួយយ៉ាងល្បីល្បាញ ខាងការធ្វើឆ្នាំង និងប្រដាប់ប្រើប្រាស់ធ្វើអំពីដីឥដ្ឋ ។

លុះយើងទៅដល់កំពង់ឆ្នាំង ឪពុកខ្ញុំនាំគ្រួសារទាំងមូលទៅជិះកាណូត ។ យើងទៅកាត់កោះតូច ៗ ជាច្រើន ហើយយូរ ៗ ម្ដង យើងឃើញពួកអ្នកនេសាទត្រី កំពុងបង់សំណាញ់ ហើយនៅពេលគេលើកសំណាញ់ឡើង មានជាប់ត្រីជាច្រើន ។

កំពង់ឆ្នាំង	Kampong Chhnang (province)	ដីឥដ្ឋ	clay
ខេត្តកំពង់ឆ្នាំង	Kampong Chhnang Province	មូល	to be round; circle, group
អាទិត្យមុន	last week, the preceding week	ទាំងមូល	all of, the whole
សាប	to broadcast, to spread, to sow	កាណូត	/kaanout, kanout/ motor-boat
ទន្លេសាប	Tonle Sap (river)	ទៅកាត់	to pass by, to go past
របរ	/rɔbaa, rəbaa/ trade, profession	យូរ ៗ ម្ដង	once in a while, from time to time
មុខរបរ	trade, profession	អ្នកនេសាទត្រី	fisherman
ការនេសាទត្រី	fishing; the fishing industry	កំពុង	in the process of . . .-ing
ល្បីល្បាញ	famous, well-known	បង់	to cast, throw, deposit
ការធ្វើឆ្នាំង	pottery-making	សំណាញ់	a net
ប្រដាប់	tool, utensil, instrument	ជាប់	caught, attached

ន្ហុក្រុំបង្គាប់ ប្រែបឃ្ល្យាប់កាស្លាត រនៅក្មិ វិលស្អក (ស្រុក

ស្ន្ធវិតដាអ្នករនសាត(ត្រី ។ រយឯងធះពិកាស្លាត រហយ

(ក្លករន្ឋសរនៅរ(ក្លាមនឹមរស្ល រហយក៏ចាប់ដុកអ្លសរន្ឋម្យុនឧន

រឋ្ឋម្សុប ។ ន្ហុក្រុំរហយនឹងបង្គ(ប្រសន់ នៅតារនៅនិន្ញអវ៉ាន់

គអ្លក(ស្រុក ។ រយឯងឯកបង្ងរហយនឹង(ត្រីរស្បន ។ រហយ

ដាបាយម្យុយឆ្នាន់ងះ ។ បរិភាគឋ្ឋាយរនៅតិវាសរនះឌ្លញ់ណាស់ ។

ឲ្យល់អាកាសឃ្ល រឋ្ឋ(ប្ររឯងឃ្ល្យានឋ្យាយណាស់ ។

ឍ្ល;បរិភាគ អាហាររខ្លចរហយ រយឯងរឯកសំក(ប្រវិហាល

ម្តុយរម៉ាង រឌ្ឋ(ត្រឡ្យប់រនៅកំពន់ឆ្ល្មន់វិញ ។ គកពន់ឆ្មន់

រយងនៅក្លានិ;រឋ យន្ត វិល(ត្រឡ្យប់រនៅកំរពញវិញ ។

បង្គាប់	to order, to command	ឲ្យល់អាកាស	air, weather
បញ្ឈ្យប់	to bring to a stop, to stop (transitive)	ឃ្ល្យាន	to be hungry
ស្ន្ធ	/sot/ pure	រឯកសំកក	to lie down, to take a nap
ស្ន្ធវិត	/sot-tae, sət-tae/ exclusively, all without exception	រឌ្ឋ	then, and then
(ក្ល	to spread out, to lay out	វិល	to turn around, rotate
ករន្ឋល	mat	វិល(ត្រឡ្យប់	to turn around, return
រ(ក្លាម	under, below, beneath		
ឧន	to heat, burn, roast		
ឲ្យស	firewood		
បង្ង	prawn, river lobster		
ឌា	to cook		
តិវាល	open space, field		

ក្រុងបាត់ដំបង ៩ មិនា គ.ស. ១៩៦៩

សួស្តីមិត្ត ,

ក្នុងសប្ដាហ៍នេះ ខ្ញុំនឹងគ្រាប់មិត្ត អំពីដំណើរការ
រករៀនភ្លើង ។ ខ្ញុំបានមកដល់បាត់ដំបងរកាង ២ ថ្ងៃហើយ ។
ធ្វើដំណើរការមករករៀនភ្លើងស្រួលណាស់ របាយសប្បាយណាស់ ។
ថ្ងៃធ្ងាញ់ដំណើរ ខ្ញុំទៅដល់ចំណតអយស្មាយយាន វេលា
៥ ល្ងាច ។ ទិញសប្ដាហ៍ធ្ងាររហើយ ខ្ញុំភ្លើងនេះរករៀន
ភ្លើង ។ ឃ្ល់រម៉ាង ៥ កន្លះ រករៀនភ្លើងក៏ចាករចេញពីក្រុង
កុំពេញ កម្រិនទៅបាត់ដំបង ។
រេឋាយមិនស្ទើសម្បូរគ្រាប់រពាក
ទិដលដាករភ្លើងរេឋាកបស្ទិត ។ ខ្ញុំទិញសប្ដាហ៍រលេវ
៣ ក្នុងរនេះមិនងាយ៉ាប់
ប៉ុស្ដាននេ ។

ឃ្លាត	to lose, disappear	សំបុ្គ	ticket
ដំបង	stick, club	កន្លះ	half
បាត់ដំបង	Battambang (province)	រម៉ាង ៥ កន្លះ	five-thirty o'clock
មិនា	/minaa/ March (month)	ចាករចេញ	to leave, depart
គ.ស. ១៩៦៩	A.D. 1968	រលេវ	/leik/ number, class
សួស្តី	/suəsdəy/ greetings, salutations (formal)	រលេវ ៣	number 3 (here: 3rd class)
រករៀនភ្លើង	/rɔteh-pləəŋ/ train	មិនយ៉ាប់ប៉ុស្ដាននេ	not so bad, fairly comfortable
រចេញដំណើរ	departure		
អយស្មាយយាន	/qayĕəqsmaayiən/ train		
ចំណតអយស្មាយយាន	train station		

អ្នកដំណើរអង្គុយរេវេកាងវើង ផ្ទាប់នឹងជញ្ជាំង ។ នៅវេលី
វេកាវិវេនាៈ ក្មានពូករ បុរិន្ទ្រខ្ញុំបានយកពរ ខ្ញុំយប្អួយមកដាក្ស្យខ្ញុំ សំអាប់
អង្គុយ ។ វេងាយ ក្មានអ្នកដំណើររដ្រើន ដូនកាល្យវិសណ្ដូក
ខ្លួរងក៏បានវេង ។

វេងិរពសរវេៈ ភ្លើងឈ្លប់វេនាក្ចុមនឹងប្អួយ ៗ មានគេលាក់
ចំណិអាហារដាវេ ធ្រើន ។ ខ្ញុំបានឃ្ញើមាន់ឆាំងប្អួយ បាយប្អួយ
កញ្ចប់ រ ហើយនិងដ្ងដ្ងខ្ញុំប្អួយ វេដិ ឝ្រើននិងបរិកាគ រ(ក្រោះ
ម្អួប នៅបន្ទប់វេ កាងនិយស្ថានវេរលិ វៈ ៈ ភ្លើង វែផ្ងណាស់ ។

ក្រោយម៉ោងកន្លងមក វៈ ៈ ភ្លើងផ្ងមកដ្ងល់ បាត់ដំបង ។
នៅចំណាកអង យ ស្អួយ យហាន ក្សារខ្ញុំបានមកទទួលខ្ញុំ ។
ខ្ញុំ ស្អួប លាមិត្ត ក្រិមរៈ សិន នៅវេលិក ក្រាយខ្ញុំនឹងសវេរសវ
ក្រាបមិត្ត អំ(ក្រិ)ង បាត់ដំបង ។

                                    វេងាយរអាល័យ,

                              (ព)ម ហ ក័

អ្នកដំណើរ	traveler		បន្ទប់បាយនិងស្ថាន	dining room (here: dining car)
ផ្ទាប់	attached to, against		កន្លង	to pass, elapse (of time)
ពូក	mattress, cushion		ក្រោយម៉ោងកន្លងមក	five hours later
ខ្នើយ	pillow		វេលិក	time, occasion
សណ្ដូក	to stretch out, lie down		អាល័យ	/qaalay, qalay/ affection
កញ្ចប់	package, wrapped parcel		ដោយអាល័យ	affectionately
ដូង	coconut			

បាត់ដំបង ២៥ មេសា គ.ស. ១៩៦៩

សួស្តីមិត្ត ,

ខ្ញុំមានចិត្តរីករាយដាប់ដុក រដាយបានឃ្លលសំបុត្រ
មិត្តពីថ្ងៃមុន ។ រនៅក្នុងសំបុត្ររនះ ខ្ញុំនឹងប្រាប់មិត្តអំពី
ទីក្រុងបាត់ដំបង ។

បាត់ដំបង សប្បាយ ណាស់ ។ រនៅរនាះមានកន្លែង
រនីររលងកំសាន្តរច្រីនណាស់ ។ រកអាចរនីររលងកាមមាត់ស្ទឹង
សរវិង ដែលមានសំររនៅរវាយ ស្អុនឆ្ពោះដារច្រីន ។ ស្តីករនៅ
ចំម្រស្តានឆ្ពើ កីអាការរ១ត្ត ។ អាការរនះ សំរាប់ដាសំរនៅ នៃរបៀ-
ឡាយរ១ត្ត ។ រនៅកាមមាត់ស្ទឹង មានរកសៅររនិម ដ្បង
ដាស្តួរ យ៉ាំងល្អ ។ រនៅរលីមាត់ស្ទឹង មាន ផ្សារ ឆ្ពួយធំ ល្អម
រល្បាះ "ផ្សារ ក្រាម" ។

រប ស៊ា	/meesaa, mesaa/ April (month)	អាកា	building
រក្កអរ	happy	អាការរ១ត្ត	governor's mansion
ថ្ងៃមុន	previously, earlier	រលៀឡ្បាយរ១ត្ត	provincial governor
ស្ទឹង	river, tributary, stream	រនិម ដ្បង	coconut palm
សរវិង	Sanké (river)	ល្បម	enough, adequate (here: rather)
សំរ	beauty, embellishment	ផ្សារ ក្រាម	the Lower Market
រនៅរឡាយ	consisting of		
ស្ថិក	/sthət, thət/ to place; be situated		
ចំម្រ	just opposite, right in front of		
ស្ពាន	bridge		

ម្នាក់ នំបង នា រ‌ត្ត មួយ   សម្បូរ‌ករ‌នា‌រ‌ងី‌យ‌ ស្ត្រ   រ‌ហ៊យ
នង វ៉្ខ‌រ‌ល‌បិ ‌ប‌ំ‌ ‌ណា ‌ន ្រ   ៤   ‌ក‌ស‌ិ‌ក‌ម្ម‌រ‌‌នៅ ‌ប្នា ‌ក់ ‌នំ‌ប‌ង   ឲ្យ‌ ‌ន‌ល ‌ជា
រ‌ ‌ ‌ជ្រិ‌ន ‌ក្ខ‌ង ‌ផ្ល ‌យ ‌ ‌ ‌   ៤   ‌ ‌ ‌ ‌   ‌ ‌ ‌ ‌ ‌   ‌ ‌ ‌ ‌ ‌
ន‌ា រ‌ ‌ ត្ត ‌ ‌ ‌   ៤

មិ‌ន ‌

ចំណាន	good at, skilled in; special, of best quality
ចំណាន ៗ	of the very best quality; outstanding
កសិកម្ម	/kaqsikam, kasikam/ agriculture
មួយ ឆ្នាំ ៗ	/muəy cnam, muəy cnam/ each year
មាន	to be rich, to have possessions
គ្រាន់ តែ	/krŏən-tae/ only, just
ស្ឹ រ ស្សា៖	fame; to be famous
រូប រ៉ាម	figure, appearance
វិល ង	to leave off, desist from; to divorce
ទំនេរ	free, vacant
មេ ត្រី ភាព	/meetrəyphiəp/ friendship

កំពង់ចាម ១៥ កុម្ភៈ គ.ស. ១៩៦៩

ស្ងួនលឺ ,

 និរាស់និះកញ្ញាល់ព៎ើករ៉ពញមកកំពង់ចាម សប្បាយ
ណាស់មិត្តរអើយ ។

ខ្ញុំបានរជញ៎ៃរៃឃើះនៅក៎ររពញ រនៅពាក់កណ្ដាល
អា(ត្រា)ត្រ រៃថ្ងៃ(ព្រ)ហស្បតិ៍ រហើយរ៉ុំមកឆ្ងល់កំពង់ចាម រនៅរៃថ្ងៃ
សុក្រ រម៉ិងឌិប៎ព៎ើក ។ និរាស់តាមកញ្ញាល់(ស្ស)លណាស់ ។
អ្នកនិរាស់ឈ៎រនៃរកូលនៅកខ្នុងណាក៏បានរៃវ ។ កខ្នុងអង្ស្ពយ
រនៅនៃរៃផ្ទៃ)ខាងៃរ(ក្រោម ។ រនៅៃរលើ)ឋានរកាៃន៎អង្ស្ពយ
រៃ ។ អ្នកនិរាស់អង្ស្ពយរលើកខ្នុលផ្តា)ល់ត្តោ ។ រនៅៃខាង
រ(ក្រោម)មានសភាពង៎ត រហើយមានអ(ង្រឹ)ងច្រវាត់)ច្រវិ)ង ។
អ(ង្រឹ)ករៃ(ម៉ិន)ៃច្រ)ផា)ក(ខ្នុ)ង រៃឌកសំរាករបស់)កម្មករ រៃ(ដ)ធ្វើ
ការៃនៅ)កខ្នុងកញ្ញាល់ ។ តាមរៃសចក្ដី)សង្កេ)តរបស់ៃ)ខ្ញុំ រៃ(ដ)ធ្វើ
ៃខាង)រ(ក្រោ)មរៈ

កុម្ភៈ	/kumphĕəq/ February	ស្រអ៊ិត	dark, dim
ៃឃ	pier, wharf	អ(ង្រឹ)ង	hammock
អា(ត្រា)ត្រ	/qatriət/ night	ច្រវាត់ច្រវិង	helter-skelter, criss-crossing, from all directions
ពាក់កណ្ដាលអា(ត្រា)ត្រ	in the middle of the night, midnight	កម្មករ	/kamməkɑɑ/ workers, coolies
ៃថ្ងៃ(ព្រ)ហស្បតិ៍	/tŋay-prɑhŏəh/ Thursday	សង្កេត	to observe, consider
ៃថ្ងៃសុ(ក្រ)	/tŋay-sok/ Friday	រសៃចក្ដីសង្កេត	observation, opinion
ខាងៃលើ	above		
ខាងៃ(ក្រោ)ម	below, lower part		

គិនិ កន្លែង សំកាប់ ងាស់ ងំវៗន ។

នៅ រពាល ធ្វើ ងំរណែ រកប ញ្ញៗបក ឬ សរវាង កន្ត:
រម៉ៗង រនា រិជន ម្លយ ។ រ ងំម្លនង ្រ អ្នក ងំរណែ វ្រ: ចៗ:
រធ ញ្ញ រ ម៉ន យក អ្នក ងំរណែរ ធ្វើ ច្រៀក , ទក សំកាន បង្ហក
រងំម្លនង យក អុស រិច រច្រៀក និង ។ រនា ងិ រិង ល ក បា ល សរប
មាន មនុស្ស អ៊រអរ លក ម្មប អាហារ ទៅ អ្នក ងំរណែ ។

មិត្ត អើយ រធ្វើ ងំរណែ តាម ក បា ល សប្ប យរ ណាស
រក រពាល អស្សុក គ្មានរ រ (ព្រ: អ្នក ងំរណែ នាង្គាំរ ច្រៀង ម្លយ យរប
កាល ។

 ្រ កុម លា មិត្ត (កិមរណ: សិន រហា យ ។

រងា យរប (កិ ភាគ ,

<hr>

សំកាន បង្ហក	the most important (here: most importantly)
រិជន	to add, increase; more, in addition
អ៊រអរ	/quu-qɑɑ/ noisy, boisterous
អស្សុក	/qɑpsok/ to be bored; boredom
រ ច្រៀង	to sing
កាល	until
ម្លយ យរបកាល	all night long

បុករា ១៣ រមសា គ.ស. ១៩៦៨

ស្ដេចល្បូនលី ,

បុករា ! ខ្ញុំមិនគ្មានអើយ គន្លង់នេះជាគំមួយឬគូរបក
រលង់ណាស់ ។ គឺជាគន្លង់មួយឬ១លរ៏ប្លកគំកិនភាងង្រឡើតរនៅស្រុក
ខ្មេរយើង ។

រំងិះគ្មានជាមួយ(គួសារ)រំ គំគំពតរនៅបុករា ។
រនៅរពាសរឡើងគំបុករា រគរបើកគ្មានសន្ត្រឹម ។ រ(ពោះ)ផ្លូវ
រាគរហៅយររហាគនិង ។ រនៅមួយបុករាជាគ្ក្ខុសរពាគ គ្មាន
(គួរិបើក)(គន្លើង)រសិចគន្ត្រ:គំហា"ងឬរ រនិបរទាិលស់គំពុល ។
ការបើគ្មានបានរឡើងខ្លុស់រនៅ ។ អាគាសគ៏អាប់រហាយរ៣គ
រហ៏យររយិង ងាគរបើលរពាគងរ(គ្រមទិញ) រយ៉ងរបើញគិគសម្(ទ
៣ណិរឡ្យិ៏ លាគ(គ្ងាង)ហា"ងរិវ៉ិងឆ្មយ ។

បុករា	/boukkoo, bokkoo/ Bokor (a resort area)	ខ្លុស់រៅ ៗ	/kpŭəh tɨw, kpŭəh tɨw/ higher and higher
១៣	thirteen	អាប់	foggy, dense
ឱ្យ	/qaol/ interjection of surprise or excitement	៣គ	cloud(s)
ភាគ	section, part	ងាគ	to turn one's head, to look around
ភិនភាគ	/phɨn-phiəq/ region, area	សម្ទ	/səmot/ sea, ocean
សន្ត្រឹម ៗ	slowly, laboriously	រឡ្យិ៏	blue
រពាគ	steep	(គ្ងាង)	to spread out, extend
(គន្លើង)	to encircle	លាគ(គ្ងាង)	to spread out
អាលបើ	if, when, whenever		

គីនារេសភាពមួយស្ទួ ឲ្យបាប់អារម្មណ៍ជាប់ផុត ។

រនៅរលិកំព្យុលបុករគា មានសណ្ណាគារហ៊ើយនឹងគាង.
និយស្ថាន ។ ក្រស្ងួងកសិកម្ម បានបង្កើតរនៅបុករគា
សាលាមួយសំរាប់និស្សួតកងកសិកម្ម ។

រនៅសាលារគមានដាំរនឹមផ្លា និងបរិគ្ត ក្រប់ម្យ វិនិសស្ងុះ
រនៅក្ដុងអាគាស ក្រដាក់ ។ មិគ្តរអ៊ើយ ផ្លារហ៊ើយនឹងបរិគ្ត
រនៅកគ្នែងរនះ នំ ។ ដាំងបរិគ្ត វិនិសស្ងុះរនៅចំការឧម្ពុគា
រប៊ើយ មានរស់ដាតិផ្លាញ់នឹង ។

វិស្ពុករនះ ក្រុសារវ៉ុងនឹងបាគរចញ៉ព័បុករគារនៅវិកប ។
រប៊ុងនឹងសរប់រនៅវិកបរកាងឧម្ពុបរអាគិស្ងា រប៊ើយ ក្រស្ងួប់រនៅផ្ងុនពចញ៉
និញ ។ ស្ងុរៈវ៉ុងនឹងផ្ងុបមិគ្តខ្ងុងរកាងឧម្ពុបរអាគិស្ងារស្ងើគ ។

រដ៏ាយរហ ក្រិភាព ,

_ក. ម៉ុហ_

រេសភាព	/teehsəphiəp/ view, landscape; nature, aspect
អារម្មណ៍	/qaarɑm, qarɑm/ attention, mood, attitude
ចាប់អារម្មណ៍	to be interested, intrigued
សណ្ណាគារ	/sɑnthaakiə, sɑnthəkiə/ hotel, guesthouse
ក្រសួងកសិកម្ម	Department of Agriculture
បរគ្ត	to originate, establish, give birth to
រសដាគិ	/rŭəh-ciət/ taste, flavor
វិស្ពក	tomorrow
វិកប	Kep (a coastal resort)

ទីក្រុង ២៥ រមសា ១៩៦៩

សួស្តីមិត្ត ,

ខ្ញុំ ព្រមទាំងគ្រួសារ បានធ្វើដំណើរទីក្រុង ទៅកាន់មួយអាទិត្យ
រហើយ ។ គ្រួសារខ្ញុំនៅសំណាក់នៅផ្ទះរាំងរស់ផ្គុំ ឯបង
ប្រុសខ្ញុំរហើយនិងខ្ញុំ បានបោះអង់នៅមាត់សមុទ្រ ។

កាលថ្ងៃបងប្រុសខ្ញុំរហើយនិងខ្ញុំ ផ្គាក់ងៃ ព្រលឹម ។
រយៈងៃមាំងពីរ ផ្គាក់នាំគ្នារនៅ សួចទ្រៃ ។ រយៈបានរកបរិញ កវិន្ទង
ម្យួរ វិលមានគ្រៃ ច្រើន ។ រហើយម្យួយថ្ងៃ ។ រយៈបង
ស្លួច គ្រៃ បានរ ច្រើននាស់ , គ្រប់គ្រាន់ស្លួចគ្រួសារ ទាំងមួស ។
រនាវ ពាលថ្ងៃ គ្រប់ រយៈបងរនៅ ញុំ បាយ ដុ បដុ គ្រួសារ រនៅ គាធ វត្ត រ
សមុទ្រ ។ ស្រះ បាយ រួច រហើយ គ្រួសារខ្ញុំ នាំគ្នារនៅ ងុតទិក រលង
សប្បាយ ។ ខ្ញុំ ភ្លួ ក៏ខ្ញុំ បានយកបាស់ មករលាបិ ងុងទិក ។
រលងបាស់ សប្បាយ ណាស់ រ ព្រោះ ដុន កាស្ងុំ បោះ បាស់ រនៅរស់ ផ្លួ ក នារ
ពិសរិ ហាសទិក ឬ ងុតទិក រនៅ និត ៗ រនា៖ ។

ព្រមទាំង	along with, together with	គ្រប់ គ្រាន់	enough, plentiful
សំណាក់	to rest, to stay; hotel	ឆ្នេរ	beach
បោះ	to throw, pitch	ញុំ បាយ	to eat, have a meal
តង់	tent	ងុត	to bathe
ស្លួច	to fish with a line	ងុតទិក	to bathe
រករបរិញ	to search successfully, to find	បាស់	ball
ម្យួយថ្ងៃ ៗ	/muəy tŋay, muəy tŋay/ each day, every day	និត ៗ រនា៖	close by, near there
គ្រាន់	enough		

របៀបយនឌដបំណាំបក(១)អ្នកដំរឈីរ   ។   នំចំណីនោះឆ្ងាញ់ណាស់

ងករសម្ងួនញ   អ្នកដំរឈីរចង់បានឆ្មីឆីបានវិញ   ។   ពីយន្ត
របោះ   ខ្ញុំធ្មីររបៀញញាសវិ(ស   ខនវិ(ពរបៀយនដលសួរក្មៅតាំងក្នុង
វិសលមានសភាពកុច   ។   អស្ចារ្យ   រ(ពះយន្តរបោះ   របោះខ្ចូស់
ណាស់   ។   ងមនុស្សរនៅរលងវិញ   មានសភាពកុច   ។   ខ្លួច
ខ(សរមាច   ។   កាលណាយន្តរបោះ(ពននងពពកផ្លុង   ។   ខ្ញុំ
របើលស្ងមនរបរញរច   របៀញវិតពពកប្បរស្លាះ   ។

របៀរពលវិសលយន្តរបោះធុះ   រ(ប្រហោងរកោះបន្តិច
រ(កះកស្ងលស់របោះធុះរស្ងៀនពពក   ។   ខវិរណីរតាមកស្ងល់ស់របោះ
(ស្ងលរបៀីយនបឌង   ។   មន្តរអយរបាងកុងសប្បាយរណាស់
មានហោងលសក់អាំនរ(ធនណាស់   ។

ខ្ញុំសួមលាមិត្ត(ក្តមរនះធុះ   ។

                    រង្ងា យរម(តតាព ,
                    ៣. សាម

នំចំណី	food, snack
ខន	range, train
វ(ព	forest, jungle
ខវិរ(ព	expanse of forest, jungle
ទាំងក្នុង	all together, the whole group
អស្ចារ្យ	/qɑhcaa/ marvelous, extraordinary
(សរមោច	ant
របើលស្ងមនរបរញ	to be unable to see anything
(ប្រហោង	vacant, empty; a void, a hole
រកោះ	stomach
(ប្រហោងរកោះ	to have an empty feeling in the stomach
រស្ងៀន	fast, rapid
ឆាប់	fast, rapid
ធុះ	hortatory final particle

ត្រូវដួឬឆ្អួរះអ្នកនៅខ្លួន

ការនារវិញដ៏ពុៃរស្ពៃភ្លឹង   មាននាងាស់ម្ដាក់ៃកេករញេ

អង្ករបាំងធ្ងន់   រឆៃភូមិវិសនាត់ៃនា   ៕   ម្តនាត់ស្ពៃងក្រហាម

ៃបករញៀសអស់តាំងខ្លួន   ៕   នាត់ំ ប្រង ក្រខរវិកអង្ករនាះ

ម៉ូរិត្តនាត់សរបថជារញៀយ   ๆ   សាស់   ៕

រៃសារនាះ មានកុមារ ប្រិននាត់   រឆៃរលងវិស្តរខ្លុ

ម្ហានរយរិញ ខ្លរហាររបាយ   កិនំនាត់ម៉ីម៉ា   រឆៃដួយរិកស្លាស់គ្នា

ម្ហលងម៉ាក់   រឆៃរយ៉ាងរស្រិន   ាល់វិករឆៃវិសភូមិវិសការនារៃនា   ៕

នាងាស់រនាះកិនហ្ចរបាជា   "   ាសរុលានិងរឆៃដាំងអស់នា

សាស់   "   ៕   កុមារតាំងរនារសប្បាយធិត្តសាស់   រៃាយ

ម្ហនដួយឆ្អួរះការនាះ   ៕   រៃាយកិនតា ត្រស្ពប់បករលងវិល្ងង

ដួចរៃមវិញ   ៕

ឆ្អួរះ	affairs, duties; trouble	ប្រង	to make an effort (to)
គ្រា	time, occasion	ក្រិនះ	to carry on, persevere
គ្រារនាះ	at that time; once upon a time	រវិលា	time, period; when
ៃរក	to carry on a pole across the shoulder	ដួចនះ	/douccnah/ thus, therefore
ករញៀ	a tightly-woven basket	រត់	to run
អង្ករ	uncooked rice	ម៉ីម៉ា	/mnii-mniə/ hurriedly
ធ្ងន់	to be heavy, serious	ស្លាស់គ្នាម្ដងម៉ាក់	/plah kniə mədɑɑŋ manёəq/ to take turns
រស្ពៃងក្រហាម	to flush, blush, become red	ាល់ៃក	/tŏəl-tae/ until
រញៀស	perspiration	រឆៃ	grandchild; general term for children of one's grandchildren's generation
ិបករញៀស	to perspire, to break into perspiration	វិល្ងង	game

រសចក្ដីព្យាយាម

ទឹកវិលស្រក់តក់ ៗ រលិថ្ម ឫករគាតង់ផ្លុះធ្លុបាន ។

អ្នកអាវលិបន្ដិចម្ដង ៗ ក៏តង់ជាច់រលិ ដាក់ណាត់ ៗ

ប្លាន ។ ស្រមោច ករណ្ដៀរ វាកាំងញ្ញានងើរផ្លើសំបុក

បន្ដិចម្ដង ៗ ក៏តង់រកើតដាសំបុក ដាងំបុកធំ ៗ ប្លាន ។

សត្វបក្សីក្ួច ៗ ឌូចនាបាប វាកាំយកចំរឿករស្លាក្ួច ៗ

ម្ដងមួយ ៗ មករធ្ើសំបុក ក៏តង់រកើតដាសំបុកបាន ។

មនុស្សុណាវិលមាន រសចក្ដីព្យាយាម ឌូចាង

រលិរនះ មនុស្សុរនះ មិនវិលរព្ាះបង់ការរបាលរត

ព្យាយាម	to try, endure; effort, endurance	កាំ	to carry in the mouth
រសចក្ដីព្យាយាម	/səc-kdəy-pyiəyiəm/ effort, endurance, perseverance	ឌញ្ញាន	to carry, to transport
		សំបុក	a nest
ស្រក់	to drip	ឌំបុក	mound, hillock
តក់ ៗ	sound of dripping, drop by drop	បក្សី	/baqsəy/ bird; the bird kingdom
តង់	surely, inevitably	សត្វបក្សី	/sat-baqsəy/ birds; the bird kingdom
ផ្លុះ	to pierce, penetrate	ចាប	sparrow, rice-bird
អ្ារ	to saw	ចំរៀក	strip, splinter
បន្ដិចម្ដង ៗ	/bantəc mədaaŋ, bantəc mədaaŋ/ little by little	មនុស្សុណា	/mənuh naa/ anyone; whoever
កំណាត់	piece, section	រព្ាះបង់	/bah-baŋ/ to abandon, to leave unfinished
កំណាត់ ៗ	various pieces	របាល	to throw away, abandon; give up
ករណ្ដៀរ	termite		

ឬមិនវិលធុញឌប់ និងការងារអ្វីវិលពពាកធ្វើ ។

ធួររប្រើងកាស់គ្ន កាំងញ្ញាយាមឲ្យខ្ជាប់ រឱិ៍ងនិងសរ្រេច

ការអ្វីនិមួយ ៗ ឱ្យធរសឌក្ដីប្រាជ្ញា ។ មនុស្សណា

វិលគានញ្ញាយាម មនុស្សនោះនិងធ្វើការអ្វី គ្មិពុំបាន

សរ្រេចឡើធធ្លួបំណាងឡើយ ។

ធុញ	to be bored
ឌប់	to stifle; be out of breath
ធុញឌប់	to be bored, discouraged
ការងារ	/kaa-ɲiə/ task, duty
ឲ្យ	hortatory particle: let us, go ahead and . . .
កាស់គ្ន	each of us, all together
ខ្ជាប់	firm, tenacious
ឲ្យខ្ជាប់	tenaciously, firmly
សរ្រេច	/sɑmrac, səmrac/ to achieve, finish, fulfill
ប្រាជ្ញា	/praatnaa/ to wish, intend
រសឌក្ដីប្រាជ្ញា	/sec-kdəy-praatnaa/ desire, wish, intention, design

រសចត្តិ៖ កាក ្ឃ្លាច បាស់ ព្រិ ្ឍា ចារ្យ

នៅ កវិន្ត ង លក់ សាហារ មួយ មាន សិស្ស ងារ៖ ច្រើន ៯ូល

នៅ អ ្ឋួយ រ លើ រនី ង ម៉ា រ ពញ្ញ អ ស ្ថាន ស ល់ មួយ ប្រ ្ហាប់

និ ្ហា អាហារ បរិ ភាគ រួ ច ៯ូ រ នៅ រៀន ។ រ វិ លា នា៖

ធាន តា ចាស ់ ម្ហាត ់ ស ក ់ ស ្ថ ន ១ង រ កាង រ ៏ រ ៯ូ ល រ ៕ ្ក ង

ក វិ ន្ត ង នា៖ ។ រ ឥ ង ម៉ា តំ ង ប៉ ្ឋាន កូន សិ ស ្ស អ ្ឋួយ រ អ ស

្ថាន ស ល់ មួយ រ ៀ យ ។

មាន សិ ស ្ស ម្ហាត ់ រ ៕ ្ក ង ៯ានិ ង ក រ ្ក្រាក រ ៀ ង ុ ន

ក វិ ន្ត ង នៅ កា រ នា៖ អ ្ឋួយ ង ក ុ មា រ ង រ ្ក្រាក ក៏ វ ្ច ្រ ្ហៀ ត ្ឃ្លា

រ ក ក វិ ន្ត ង ្ក្រ ្ឍ លា យ ្ច ្ន កា រ នា៖ អ ្ឋួយ រ វ ិ រ ។ ្ក្រ លា

 ្ឋាន ស រ ប ់ សំ ភាក កំ លា ំ ង ប ្ន្ត ិ ច រ ហ៉ យ

រ កាក	to respect, honor	ស ក ់ ស ្ថ ន	gray-haired
្ឃ្លា ច	to fear, respect	្ក ង	the back, dorsal ridge
រ ស ច រ ៕ ្ក រ កា ក ្ឃ្លា ច	respect, veneration	រ ៕ ្ក ង	to be young
ព្រិ ្ឍា ចារ្យ	/prɨtthiəcaa/ old age; elders	រ ្ក្រា ក	to get up, rise up
ចា ស ់ ព្រិ ្ឍា ចារ្យ	/cah-prɨtthiəcaa/ old age, elders	រ ្ក្រា ក រ ្ក ្រ ្ហៀ ង	to get up
រ ស ច ត្តិ រ កា ក ្ឃ្លា ច ចា ស ់ ព្រិ ្ឍា ចារ្យ		្ឃ ន	to give, to offer (polite)
respect for one's elders		្ច ្រ ្ហៀ ត	to squeeze in, huddle to-gether
រ ឥ ង ម៉ា	bench, stool	្ក្រា ណា	when, whenever
ស ល់	to remain, be left over	កំ លា ំ ង	power, strength
្ច ្ហា ប ់	to hurry (to)	សំ ភាក កំ លា ំ ង	to rest, recuperate
ស ្ថ ន	to be gray (of hair)		

ការនោះខាត់មានវាចាសរសើរជា   សាលាវិជ្ជសួរអ្នកចៅរៀន   ផ៎·
វិស្តេកពន់រពេកណាស់   គ្រូបានបររៀននិងដំបូន្មានល្អប្រសើរណាស់   ។
ខ្ញុំមានរសជធ្មិរិកាយ្យ   សក្ការញ៎កិរិយាសំផន់   របស់អ្នករចៅ
ជានប់ផ្តិក   ។

វាចា	speech (elegant)
សរសើរ	/sɑsaə, səsaə/ to praise, flatter
អ្នករចៅ	/nĕəq-caw/ term of address for one's grandchildren, or children of one's grandchildren's generation
ដ៎វិស្តេក	extraordinary, special
ពន់រពេក	very, extremely
ដំបូន្មាន	/dɑmboun-miən, dɑmboul-/ deportment, good manners
ប្រសើរ	praiseworthy, extraordinary
កិរិយា	/keqriqyaa, keriyaa/ conduct, behavior

មានះនឹងល្បែងនាំឲ្យវិនាសខ្លួន

ល្បែងរមែងតែងតែ ធ្វើឲ្យឃើញលំបាកគ្រប់ជំពូក ហើយនាំឲ្យអាប់ឱនកេរ្តិ៍ឈ្មោះ ។ អ្នកប្រកាន់ល្បែង ច្រើនតែគេចមិនរួច ពីសេចក្តីទាល់ក្រ ខ្លួននាំឲ្យប្រព្រឹត្ត ដល់បទអាក្រក់ផងសឹងក៏មាន ។ ល្បែងពុំដែលចំរើនទេ បើឈ្នះពីនេះ យកទៅចាញ់នៅនោះមិនលែងឡើយ ។

មានះ	/miənĕəh/ to be stubborn, proud; to persist in
វិនាស	to ruin, destroy
មានះនឹងល្បែងនាំឲ្យវិនាសខ្លួន	compulsive gambling leads to self-destruction
រមែង	usually
តែង	usually, as a matter of course
តែងតែ	usually, almost always
រមែងតែងតែ	inevitably, surely
លំបាក	difficult; difficulty, trouble
ជំពូក	way, type, sort
អាប់ឱន	/qap-qaon/ to degrade, compromise
កេរ្តិ៍	/kei/ heritage, legacy, reputation
កេរ្តិ៍ឈ្មោះ	/kei-cmŭəh/ fame, honor, reputation
ប្រកាន់	to object, be opposed
ច្រើនតែ	usually, mostly
គេច	to avoid
គេចមិនរួច	to be unable to avoid
ក្រ	to be poor
ទាល់ក្រ	/tŏəl-kraa/ destitute, poor
សេចក្តីទាល់ក្រ	poverty, misery
ប្រព្រឹត្ត	/praprɨt, prəprɨt/ to behave, act, follow
បទ	/bat/ path, way
អាក្រក់	bad, wicked
បទអាក្រក់	crime
សឹងក៏មាន	/səŋ-ka-miən/ is possible, can happen
ពុំដែល	never
ចំរើន	to advance, increase, prosper; prosperity, advance
ឈ្នះ	to win, succeed
មិនលែងឡើយ	increasingly, inevitably

កាលណាបានល្មមម្ដង ។ កុំបាយវាយពិតរបពិត ៩៩

រព្រោះប្រាក់រនាះ កុំពិមនរកបានរងាយកម្ម៉ោងវិរថ្លើការរត្ថ្យិយហាក់ ។

រកស្និងវិស្សងរជ្រិនវិគឆាញ់ រទើបាញ់ដាប់ររជ្រិននិង អក

រលងរនាះ រងឌាងដំ៉ាក់បំណុលរក រម្ល៉ាះរហើយលក់ផ្ទះ

សំរិបង វិ[ស្រ]ចំការ រហើយនិងរបស់ទ្រព្យ៍តាំងអស់ ៩

មនុស្សរនាះរងឌាងរង្វុករវិទនា រងឌាយសារិតប្រ[គ្រឹ]ក្ខ វិស្សង ៩

អ្នករលងវិស្សង ទិងឃ្ញរកក្ដ៍រវ្ល៉ាះ រងឌារាលរងឌាកវ្លិ្តង

វិងិសររលង ៩ របូតឌាមានមុខក្រសួង រថ្លើការធ៌ប៉ាង

ណាក្ដី គិវិងិវិតៅ៊្ញ រឌាកខ្លួននាឌិងរាប ៩

Khmer	Definition
ឆាយវាយ	/caay-wiəy, caay-way/ to waste, be extravagant
ពិតរបពិត	heedlessly, thoughtlessly
ពុំមែន	not really, not truly (lit.)
រកបាន	to gain, get, find
ឆាញ់ដាប់	to lose repeatedly
អ្នករលង	/nĕəq-leeŋ/ gambler; gangster
ឌំ៉ាក់	to owe, be indebted, involved
បំណុល	debt
រម្ល៉ាះរហើយ	/mlɑh haəy/ therefore, in this way
ផ្ទះសំរិបង	home; house and property
វិ[ស្រ]ចំការ	land, farm-land
ទ្រព្យ	/trŏəp/ wealth, possessions
របស់ទ្រព្យ	wealth, possessions
រង	subjected to
រវិទនា	/weetəniə/ misery, strife
ទុក្ខរវិទនា	/tuk-weetəniə/ misery, grief
រឌាយសារិតគ	because, only because
មុខក្រសួង	status, function, duty
ក្ដី	even though; to whatever extent
របូតឌា...ក្ដី	even though; no matter what
រឌាកខ្លួន	to debase oneself
ឌិរាប	/dɑraap/ always, continuously

អ្នកកុំរសាគបនិងមន្សស្បៈវិស្បៈងឲ្យរសាះ

មន្សស្បៈរសះ: និងន់ឲ្យអ្នកវិនសខ្លួនមិនហាន ។

រសាគប់   /saep-kup/ associate with, hang around with

កុំ _ _ _ ឲ្យរសាះ   strong negative imperative: never . . ., don't . . . at all

មនស្បៈវិស្បៈង   gambler

គុណគ្រូ

ម៉ែដែលបានគុណ	គុណមានទម្ងន់	ផ្នូនស្ងួចប្រធពី
គ្មានអ្វីនឹងសង	គុណវលោកតាំងអ្វីនិ	មាសប៉ុន្តិរិ
ទៃព័រស្មើរហាង	๗	
ទៃក្រូបាឆ្យាយ	ស្ររតក់ស្ងួចផ្គាយ	ឲ្យតករយ៍នឹងនិ
ប្រៅរក្រេន ប្រៅជិា	រៅាយនិកន្លង់	កំឲ្យផ្គា់ផ្គង
និងផ្គាយប៉ាសាលា	๗	

គុណគ្រូ	the merit of teachers, the value of teachers	ប្រៅ រ ក្រេន	to discipline, instruct rigorously
ម៉ែ	Mother	ប្រៅជិា	to advise, instruct, counsel
ឪ	/qəw/ Father	នឹ	/nɨw/ according to; consisting of
ម៉ែឪ	mother and father, parents	កន្លង់	path, furrow (here: the path of good conduct)
ទម្ងន់	weight	កំឲ្យ	in order not to (be)
ប្រធពី	/prathəpii/ the earth	ផ្គា់ផ្គង	crude, improper, inappropriate
សង	to repay	ផ្ងាប៉ាសាលា	institutional law, prescribed law
គ្មានអ្វីនឹងសង	nothing can repay		
ផ្នូ	both, two		
ប៉ាន	to equal, be the same as		
គិរិ	mountain (lit.)		
រហាង	/haɑŋ/ poetic final particle		
៛	as for, concerning		
ក្រូបាឆ្យាយ	/kruu-baatyiəy/ teachers, mentors		
ស្ររតក់ស្ងួច	should be considered as		

ឲ្យ ដ៏ងឲ្យ រវៈ   ឲ្យ មាន ដំរិ:   រកស្ រវ្គ្ កា រ

មាន រក្ មាន រល្មះ   មាន យសសក្ដ   មាន ទំ ងបរិវា រ

មន ស្សសត្ សម្មា យ

រូប គ្រូ ឡាត់ រៅ   រក្ រល្មះ គ៏ រៅ   និង សិក្ស ទំង ឡ្មា យ

វិ សមាន កតញ្ញ   និង គ្រូ ឡាឡា យ   អាថ ឲ្យ ពន្ល កា យ

ប្រ យោ ជន៏ ទ៏ ងបិ

                                        ម. ស ៊ ក

រវៈ	to be learned
ដំរិ:	/dɑmreh/ education, knowledge
យសស	/yŭəh/ rank, grade
យសសក្ដ	/yŭəh-saqkədaa/ high position or rank
បរិវា	/bɑɑriwaa/ servants, entourage
សម្មា យ	/sɑmmətiəy/ ordinary, general, common
រូប គ្រូ ឡាត់ រៅ	when the teacher has died
គ៏ រៅ	to survive, remain, live on
កតញ្ញ	/kattaññuu/ gratitude
ពន្ល វាយស	/pŭənnəriəy/ light, brilliance
ប្រ យោ ជន៏ ទ៏ ងបិ	all three goals (education, honor, and wealth)

ធនញ្ជ័យ

កាលពីព្រេងនាយ   មានកុមារម្នាក់ឈ្មោះធនញ្ជ័យ
វៃឆ្លាតណាស់អ្នកប្រាជ្ញ   ។   ព្រះមហាក្សត្របានល្បងប្រាជ្ញាធនញ្ជ័យ
ណាស់ច្រើនដង   ប៉ុន្តែធនញ្ជ័យមិនវៃឆ្លាតជាញ់ប្រាជ្ញារបើយ   ។
សម្ដេចវៃឆ្មប្រួយ   ព្រះរាជាទ្រង់ព្រះករ:ក្នុងព្រះរ័យ
ថា " អញធង់ល្បងប្រាជ្ញាអាធនញ្ជ័យក្នុងរមឹស " ។ ទ្រង់ព្រះករ:
ស្ដូវឆ្លោះរបើយ   ទ្រឹករបើងទ្រង់បង្គាប់នាម៉ឺនតាំងអស់គ្នា   ឲ្យ
យកពងមាន់ម្នាក់ម្ដាក់   ។   កាន់ធុររើករបាំយមុនរៅ   ។
ល្ះរឹមបរបើងរកាន់រងាវថា

ធនញ្ជ័យ	/thənŭəñ-cɨy, thŭəñ-cɨy; tmɨñ-cɨy/ Thuon Chey (the Victorious)	អញ	/qañ/ I (first person pronoun used among intimates, or by a superior to an inferior)
រព្រេងនាយ	former times, the old days	អា	/qaa-/ derogatory or diminutive prefix
កាលពីព្រេងនាយ	once upon a time	ជ័យ	/cɨy/ victory; short for Thuon Chey
អ្នកប្រាជ្ញ	/nĕəq-praac/ sage, wise man	អាជ័យ	that Chey, that (rascal) Chey
ព្រះមហាក្សត្រ	/prĕəh-məhaa-ksat/ king	នាម៉ឺន	/niəməɨn/ official, mandarin
ល្បង	to test, try	ពងមាន់	(chicken) egg
ប្រាជ្ញា	/praacñaa/ intelligence	មួយម្នាក់	/muəy mənĕəq, muəy mənĕəq/ one each
ព្រះរាជា	king	កាន់	to hold
ទ្រង់	auxiliary which precedes verbs describing royal action	មុជ	to dive, submerge oneself
ព្រះករ:	/prĕəh-dɑmreh/ to think, decide (royal)	រេបើ	to raise oneself up
ទ្រង់ព្រះករ:	to think, decide (royal)	រកាន	must, necessary to
ព្រះរ័យ	mind, heart (royal)	រងាវ	to crow, cluck

" តុក្កតតពងមួយ " ហើយយកពងមាន់នោះមកឲ្យអញ តែកុំឲ្យអាជ័យវាដឹងថា យកពងមាន់ពីផ្ទះទៅ ពួកនាហ្មឺនក៏ធ្វើតាមបង្គាប់ស្ដេចគ្រប់គ្នា ។

ចំណែកធនញ្ជ័យមិនដឹងថា ពួកនាហ្មឺនតាំងនោះមានពងមាន់នោះ ។ ទើបស្ដេចត្រាស់ថា " អាជ័យ ! ចូរឯងមុជទៅក្នុងទឹក ហើយទើបឡើង យកពងមាន់មកឲ្យអញ ឲ្យបានដូចគេ ។ ធនញ្ជ័យគ្មានពងមាន់នោះ មុជទៅក្នុងទឹកហើយទើបឡើង ទាំងស្រែករងាវថា " កុកកិទែកកឹត " ។ ស្ដេចមានព្រះបន្ទូលថា " ឯណាពងមាន់ " ធនញ្ជ័យក្រាបទូលថា " ទូលបង្គំជាមាន់ឈ្មោល គ្មានពងទេ ចំណែកពួកនាហ្មឺនមន្ត្រីទាំងអស់ សុទ្ធតែជាមាន់ញី ទើបមានពង ។

តុក្កតត	/tokkətaat/ sound of clucking	ទូលព្រះបង្គំ	I (1st person pronoun used in addressing royalty)
តុក្កតតពងមួយ	cluck-cluck: an egg!	ឈ្មោល	male (oı animals)
ស្ដេច	/sdac/ king	មាន់ឈ្មោល	rooster, cock
ត្រាស់	to say, decree (royal)	មន្ត្រី	minister, official
ឲ្យបានដូចគេ	as the others, to be like the others	នាហ្មឺនមន្ត្រី	government officials
កុកកិទែកកឹត	/kokkəkii-kae-kəɨt/ cockle-doodle-doo	ញី	female (of animals)
ព្រះបន្ទូល	royal speech; to say (royal)		
ក្រាប	to bow, prostrate oneself		
ទូល	to say, to tell (to royalty)		
ក្រាបទូល	to inform, to say respectfully (to royalty)		

រឿងអាសុកស្អកអាសុកាច

ផ្ទែមួយ   អាសុកាចបុលអាសុកស្អក

រកាម៉ាក់ស៊ីង ។   នៅដល់ស៊ីងស្អាយពព្រីម្ភី   វានាំគ្នាឫក

និក ។   អាសុកាចចិត្តអា(គក់ណាស់   ,   ភិវាយអាសុ

ស្អកល្អួក់និក   ឫចអិរួ៖វិតកអាសុនស្អកក្អក់តាំងរៈ ។

ឫចរហាយអាសុកាច(ក្ស្លួបមកដុ៖វិញ   ។

ងអាសុនស្អក   រវាយរួក់វិតកធ្មើលម្អូមិនររិញ

ភ៊រវិរស្អក់និក   ។   វា(ត្ស្រវនិកហួរ   ត់រនៅដល់ខុមរនវា

ម្ខុយ ។   រនិកាចត្តន្ល   ឭាន(ស្រង់អាសុស្អក   ឫ្ន

ងិតព៌រសធ្ស្កី ស្ពាប់   រហ៊ើយដ្ំវិតកអាសុនស្អក(ឫ)ជាស្ងិចរើម   ។

អាសុ	Asok (proper name with diminutive prefix)	១យ	hut, miniature house
ស្អក	good, polite, gentle	រនិកា	/teewədaa/ god, spirit, angel
កាច	bad, wicked, malicious	ចិត្តល្អ	kind-hearted
រឿងអាសុស្អកអាសុកាច		(ស្រង់	to extract, take from
the story of good Sok and bad Sok		ឫច	to get free from, escape
វាយ	/wiəy, way/ to beat, hit, strike	ឫចនិក	to escape, avoid, get free
ល្អក់	to choke, strangle (tr.)	ស្ពាប់	to die
ឫច	then, and then	រសចណ្តស្ពាប់	death
ឫ៖	to scratch or dig out with the fingers	ស្ដ៉	to blow (on)
វិតក	eye(s)	ឌួរនិយ	like new, as before
ក្ក់	to be blind		
(ត្ស្រ	to hit, come in contact with, be subjected to		

ទេវតាអាណិតវា ក៏ឲ្យមាសមួយពាង ។ អាសុខស្លូតសំពះលាទេវតាវិលមកផ្ទះវិញ ។ ម្ដាយវាឃើញសប្បាយចិត្តណាស់ ។ រឿងនេះដឹងទៅដល់អាសុខកាច ។ អាសុខកាចនឹកចង់បានមាសមកឲ្យម៉ែវាដែរ ។

ព្រឹកឡើង អាសុខកាចបបួលអាសុខស្លូត ទៅកាត់ស្មៅទៀត ។ ម្ដងនេះវាលែងវាយអាសុខស្លូតទៀតហើយ ។ វាអង្វរឲ្យអាសុខស្លូត វាយកវាជ្រមុជទឹកវិញ ។ អាសុខស្លូតពុំហ៊ានទេ , វាបង្ខំឲ្យអាសុខស្លូតចោះត្រចៀកវា , អាសុខស្លូតក៏ពុំហ៊ានចោះទៀត ។ វាក៏តាំងយកដែកស្រួចមកចោះត្រចៀកខ្លួនឯង រួចលោតចុះទៅក្នុងទឹកប្លុង , ទឹកហូរនាំយកអាសុខកាច ទៅបាតដីស្លាប់ទៅ ។

អាសុខស្លូតយំអាណិតអាសុខកាច ។ វាត្រឡប់មកផ្ទះវិញតែម្នាក់ឯង ។

អាណិត	to pity, take pity on
ពាង	a large clay storage jar
សំពះ	to greet, salute (with palms together)
សប្បាយចិត្ត	/sapbaay-cət/ to be happy, content
ដឹងទៅដល់	got to, spread to
នឹកចង់	to desire, to covet
អង្វរ	/qaŋwɑɑ/ to beg
ជ្រមុជ	to submerge, duck, put under
ហ៊ាន	to be brave, to dare (to)
បង្ខំ	to enforce, require
ដែក	iron, metal; piece of metal
ស្រួច	pointed, sharp
ខ្លួនឯង	oneself, himself, herself, etc.; sometimes used as a familiar 2nd person pronoun
លោត	to jump
ប្លុង	with a splash (sound of an object falling into water)
បាត	bottom
យំ	to cry
តែម្នាក់ឯង	by oneself

អាពាក់អាពិនវាយយក្ស

អាពាក់អាពិនជាមនុស្សប៉ររើក ។ យប់ម្ងួយវិាលា

ភា លួចរត់ពីផ្ទះរលើហ្សូ យពិ ។ ពិនិខ្ពកាលម៉ួនភា ងាំភា
វិវិធវិត្កម៉ួយយប់អាល់ក្ត ។ ផ្ទុះគ្ភុកមិនរឃលាការលះ រងា
ពិតនិសំគ់ពង់ , ក្រុករស្ពើម៉ាស់ភិរគាំយក មកផ្ទុះនិញ ។
រក្រាយមកភិនាំស្ការក់កាមផ្ទុិរភាក ។ អាពិន
និះអាពាក់ រហាយបង្ហាញផ្ទិរអាពាក់ ។ រតាិស់ក្រកម៉ួយ
ភិ ប្រនះ រពិុ្ញខ្ពរក ភាំរិ(ស្ត ។ ពាំសិព័រនាក់ក៏ស្ត្ហាយរកអស់
ខ្ពតេនំគារ ពាម្ងរក្សួក ។ តមកភិនាំគា រតាិស់ល់សាលា សំណាក់
ផ្ទុយ ។ ក្រិសាលា រនាះ រស្ពុក ស្ត្រីក្រម៉ាក់ ។

យក្សុរស្ត្រ ។

អាពាក់	the blind one; a blind person	ផ្វៃ	to row with an attached oar
ពិន	to be lame, paralyzed	ក្រោយមក	afterward, later
អាពិន	the lame one; a lame person	គោក	land, by land
យក្ស	/yĕəq/ giant, ogre	បង្ហាញ	to show, point out
អាពាក់អាពិនវាយយក្ស		ចាំ	to guard
the blind man and the lame man beat the ogre		ត	to continue
លួច	to steal, sneak, go stealthily	តមក	afterward, later on
លួចរត់	to run away, sneak away	សាលាសំណាក់	resting place; public hall (in the temple grounds)
ចៅហ្វាយ	/cawwaay/ owner, master, boss	ក្រមុំ	/krɑmom/ young girl, virgin
ទល់	opposed, at odds with	ស្រីក្រមុំ	young girl of marriageable age
តល់មុខគ្នា	face to face, opposite one another		

អាក្យាក់អារ៉ូនមិនស្គាល់យក្ស   ពាមិនឃ្លាធរសាះ   ។   វា

បាខាដ្បយនាង(ត្រប់)   ។

            រពលយរប់យក្សរមក   ធូលសាលាពំ្ណុច   ។

យក្សរ៉ៃ(ស្រក្សស្ត្រា)ព៉ីរ(ត្រី)   ។   អាក្យាក់អារ៉ូនរ៉ៃ(ស្រកតបព៉ី)

ពាង់កុង   ។   យក្សស្ត្ររ៉ាធា   "   រផ្ទឹមឯនិប៉ុណ្ណា   ឃ្លាន

ដ៏ចក្តុំ់រម្លេះ?   "   ,   អាក្យាក់រ៉ាះធរស្តូររអ៉ឡ)យក្សររ៉ៃស   ។

យក្សាក់យស្ត្ររ៉ៃដមធា   "   រតរ៉ៃចងនដ់ប៉ុណ្ណា?   "   ,   អាក្យាក់រ៉ាះ

អររ៉ាក្ដក់អ៉ឡ)   ។   យក្សរនិកក្តុច   ស្ត្ររក្តូតរ៉ៃធា

'   រអាមរ៉ៃនិងនដ់ប៉ុណ្ណា?   "   ,   អាក្យាក់រ៉ាះ៣ររ៉ឡ)   ។

យក្សស្តូន់រឃាះរត់រ៉ាវ៉ើញ   ។   អាក្យាក់អារ៉ូនក៏ដ្ប)យនាង(ត្រប់)

ឡ)រួចធនិវ៉ើត   ។

ឋាខា	to assure, promise, undertake	រ៉ៃដម	to add, increase; again, more, in addition
ដ្ប៉	to be able to	រ៉ៃម	louse
ព៉ីដ្ប៉	to be unable to	អររ៉ាក់	turtle
ស្ត្ររ៉ៃ	loudly	៣រ	rope, thong
ស្ត្ររ	to inquire, ask	ស្ត្ររន់	to panic, be terrified
រផ្ទឹម	liver	ធិវ៉ើត	/ciiwɨt, ciwɨt/ life
ប៉ុណ្ណា	to what extent (here: how big?)	ដ្បធនិវ៉ើត	to survive, save one's life
រផ្ទឹមឯនិប៉ុណ្ណា	how big is your liver?		
ធក្តុំ់	to be bold, presumptuous		
រម្លេះ	/mleh/ so, to such an extent, like this		
ធរស្តូរ	a wide flat basket		

រឿងបងថ្លៃនិងប្អូនថ្លៃ

មានមនុស្សពីរនាក់ជាបងថ្លៃប្អូនថ្លៃនឹងគ្នា ។ បង
ថ្លៃងអ្នកត្រ ប្អូនថ្លៃជាអ្នកមាន ។ ថ្ងៃមួយប្អូនថ្លៃបានប-
ពូលបង រៀសុីដឹកទៅផ្ទះ ខ្ញុំពុករក្ពុក ។ បងថ្លៃនឹហាយរ
ប្រាប់កាមត្រង់ថា " មិនហ៊ានទៅសុីរ " រព្រោះខ្ញុនជាអ្នកត្រ
មិនស្គាប់ស្ពិម្ពបចំណ្សួ ថៃត្រង់មិនត្រូវៃបបបឧក្ពស់រក ។
ប្អូនថ្លៃរោះជាមនុស្សចិត្តស្ព ក៏ត្រាប់ទៅវិញញជា " មិនអីរ
ទៅពិសាឧ្យ របរមិនឱ្យឱ្យរមើលវិកកាមធ្ថំ ឧ្ស្ពិអ្ស្ហ៊ឹ្ងទៅ
បងទៅជាឧ្យនឹវ្ឌ្ឌៈ " ។ បងក៏ព្រមទៅ ។ រក
បពូលគ្នាស្ព៊ាយ កាមឧ្ម្ការៅ ។ នឹល់រោះលិកលម្ពរៀមក
អ្នកក៏យកចង្ក្ឌៈ់ចាប់មួយមកពម ឡូចឧ្ញ្ញាក់អស់ ឡ្ញាក់សំ-
បករឡ្ញរោះនាក់នឹងករិស្ស្ង រហាយរបាលសំបករោះរៅ ។

បងៃថ្លៃ	older brother-in-law	ពិសា	/piisaa, pisaa/ to eat (elegant)
ប្អូនៃថ្លៃ	younger brother-in-law	របើលវិកកាមធ្ថំ	just watch me, imitate me
ឧិក	to drink	រៀ	shellfish
សុិក	to eat and drink, to have a meal	ចង្ក្ឌៈ	chopsticks
ឧ្ពុករក្ពុក	father-in-law	ពម	put into the mouth, take a bite
និហាយរ	to speak	ឧ្ញ្ញាក់	to suck, to taste
កាមត្រង់	honestly	ឡ្ញាក់	to spit out
រៃត្រង	to fear, be afraid; for fear that	សំបក	bark, skin, shell
ៃបបបឧ	/baep-bɑt/ proper etiquette, good manners	កឧ្ស្ស្ង	cloth, napkin, handker-chief
ឡ្ញស	embarrassed, ashamed; to lose face (to)		

ឯបងរនាះមិនខ្ញុំង រងាយមិនបានរប្ញ្ញេរគង្ញើ

ស្ត្រីថ្លា: គំនុំព្ទាសំបងករឆ្កៅរនាះតាល់វិតល្អិត រហ៊យរសប

រទា ។ ម្នុនរប្ញេញស្ត្រីថ្លា:គំវិលងស្វរឆ្កៅ រឌាឆាប់យក

អំរកៅវិលសរគរឆ្កៅនិតរនៅទាន មកស្វ ស្វ្ញុបគំយក

កវិត្ដុងឆ្នាស់ឌាស់សាកអំរកៅរឌាលរនៅរឡ្ញិត ។ ចិងរប្ញេញរគស្វ

អំរកៅ គំយកអំរកៅរនាះមកស្វ និងរករឡ្ញិត , វំនុំព្ទាអំរកៅ

តាល់វិតល្អិតសាករលបរនៅរឡ្ញិត ។ ម្នុនវិលងស្វអំរកៅ ន

រទាស្វសម្ភមីស្វរឡ្ញិត ។ រគបវិតនិងពមក្នុងមាស់ និក

រប្ញេញបងស្វអំរកៅទាំងកាករនាះ រហ៊យអស់សំរណាឌនបម្ភមិន

ស្ប្ងះ: គំរឆញ សំរ្ឡុងមកក្ញវិតបបិក ។ រងាយឡ្ញស់

រនាះ រឡ្ញិងនៅថ្ល ឯក្នុនច្រមុះ តាំងពីរ មីស្វរនាះ គំរឆញមករ្ងៅ ។

បងកៃ្ងរប្ញេញស្ត្រីថ្លា: គំវិតាលចង្ងះ: នៅក្នុងថាស រហ៊យជា

ល្អិត	fine; in small pieces	ទប់មិនស្ប្ងះ:	unable to restrain
រលប	to swallow	សំរ្ឡុង	sound, voice
រឆ្កៅ	to carve, cut designs on	បបិក ។	sound of giggling or chuckling
កាក	leavings, refuse (here: sugar-cane pulp)	ច្រមុះ	/crɑmoh/ nose
១	to reach out for	រន្ធច្រមុះ:	nostrils
មីស្វ	rice noodles	ថាស	tray, platter
ទាំងកាក	including the pulp		
សំរណាឌ	laughter		
អស់សំរណាឌ	to break out in laughter		
ទប់	to stop up, hold back, restrain		

" ទេ ! ទិសងសុីរហាយ ស្ម្ុិងឡ្ូនរធ្ើកាមបាន
ស្ម្ូបីអំរកាទាំងសំបុត ទាំងភាគ គ្ូិស្ថានទាំងអស់
ខលុក្ុបសុុ ខ្ុំនិង ច្រម:ស្ូរៈ: ក្ផិកាមមិនឡុានទ
ខ្ុុនិងសុីទែនងឱៈ: បងទិសងសុីរហាយ សុីរ្ភាក្ូក
មិនកករ ។

" ៣ក ក្ុុកំ ត្រាប់ ប្ផាប់ ត្ុ ឱ្យ ឃរក "

Khmer	Gloss
ទេ !	No!
ក្ុិកាប	to imitate
ស្ម្ូបី	/soumbəy/ even, although
ៈ:	to pass through, push through
ទែនង	alone, by oneself
រ្ភាក	to be able, possible
៣ក	deviousness, weakness, fault
ត្រាប់	to imitate
៣ក ក្ុុកំ ត្រាប់ ប្ផាប់ ត្ុ ឱ្យ ឃរក	don't imitate the teacher's faults; follow the teacher's advice.

រឿងអណ្តើកនិងស្វា

មានអណ្តើកម្នាក់   រហ័យនិងស្វាម្នាក់   សុំ
ឲ្យគ្នាធ្វើខ្លួន   វិតគ្នានក្នុងរបាយចងពន្ធអ្វីរៃ   ស្គាល់វិតនិយាយ
ថា   សុំគ្នាធ្វើខ្លួន ។ រតស្រឡាញ់រាប់អានគ្នាណាស់ ។
រគាយមកនឹងឲ្យងស្អានៈ   រតមានកូនស្រី
រៀបការ ។   រតរហាៃត្រឡប់ពូកស្វា   ស្នុតថ្ងៃសុការ
រឭើបនឹរឆ្វៃញអណ្តើកជាឌិន្លង់ថា "   រយ៍ងការកូននៈ   រហា
ឆ្វៃវិនស់រហៃយ   រនៅវិតអណ្តើកជាឌិនង   មិនកាន់
ធានរក្រាប់   ។   ឌឡ្លូនៃថ្ងៃការនិង ណាស់រនៅរ ហៃយ   រ
ឡ្វុៈៈ ឫ

ប្រាំ   អណ្តើកមកនឹងស់រ

ស្វា	monkey	និករឭញ	to remember, realize
ឌិនង	parents of one's son- or daughter-in-law	ថ្ងៃការ	the wedding day
កូនរថ	children, offspring	អរញញ	to invite
ចងពន្ធ	/caaŋ-pŭən/ to connect, tie together	បំណាច់	since, because
រាប់អាន	to respect, like	ឣាត់	to order, arrange
រហា	to invite, summon	ប្រជុំ	to gather, convene
សុការ	to hold a wedding feast	ទ្បើត	/tbət/ because, since (here: it happens that)

ខ្លួនឯងស្គាល់ៈមក របស់ញញអរណ្តើកគឺប្រាប់ជា " ខ្លួនឯងឯង
ក្បៀងមិនរួចរវេ មានវិតៈខ្លួនឯងឯងទាំងវល្លិរនៈថ្មៈ របស់ឯង
នឹង (ស្គាន់វរក្បៀង ប៉ុន្ត រហាមិនខាន'វិល។កខ្លួនឯង ទិឯស
របស់ឯង ឲ្យអរក្បៀយរត ខ្លួនឯងឯងក៏នឃាយៈ ស្រះ រណៈ
ម៉ៅរបស់ញញ្ញុ៉ បុរភឯ្ហា្ញ៉ីគឺរាៃ យ វិកនិឈរា យរ ឆ្លាក់
ស្លាប់'រហាំ យ   "   ។ អរក្តើក ក្គុលបណ្តាំ ខ្លួនឯង រនាៈសព្វ(គ្រប់
រហាំ យ   អ៊ិគនុលទាំងវល្ល៉ូ   ។   ព្វក្សាគំងប៉ុ៉ន្លានន
(ស្គានវល្ល៉ូិ រណៈ ក្បៀង   ទាំ អរក្តើកតៃ៉ាំងឆ្លាក់'រល៉ូ ។
ស្តុៈ ឌិតឯិល'រហ៉ាំ យ   ខ្លួនឯា ខ្លួនឯង (ស្ម៉ី ស្គារ បៃ៉ីញ
អរក្តើក   គំស្គរ វិឌា យរ កាប់'អានឯា   "   ខ្លួនឯង សុ១ស ប្ប៉ុៃ យ
រ ៃុ ?   "   ។

មានវិត	the only thing to do is, [you'll] have to
ទាំ	to bite, to hold between the teeth
វល្ល៉ូ	/wɔɔ/ vine
ស្គាន	to pull up, draw up
រៃ៉ាៈប	although
គំវិឌាយរ	/ka-daoy/ to whatever extent; even though
រៃាៈប... គំវិឌាយរ	even though, no matter what
បណ្តាំ	warning, instruction
សព្វ(គ្រប់	/sap-krup/ all, entirely; every
ទាំងប៉ុ៉ន្លាន	however many, to whatever extent
ឌិនឯា	it happened that
ខ្លួនឯ (ស្ម៉ី	female parent of one's son- or daughter-in-law
ស្គរ វិឌាយរ កាប់អានន	to inquire politely

រឿងនិរាសសិបប្រាំ ១៣១

អារណ្ឌកភ្លេចពាក្យបណ្ដាំ   ហាធាត់ស្តីរាន់និងនិន្ទង់

វប្បតមាត់   ឆ្លាស់ខ្ញុំនរក្កដិស្មី   វិបកស្នក់ឧទ្ធរត

ខ(ក្បៈ)នឹងកាំបិត   ស្លាប់រសាទិលារនាៈ   ធនស្ដីការ

រនាៈរតា   ។

ពាក្យ   /piəq/ word, speech

ពាក្យបណ្ដាំ   instruction, warning

ហា   to open (the mouth)

ស្តី   to say, to speak

រឭក   to come loose, slip off, loosen

រពក   with a crash (sound of falling)

ស្នក   turtle-shell

ខ(ក្បៈ)   to hack up in little pieces

ប្រទេសកម្ពុជា (២)

ប្រទេសកម្ពុជា ជាប្រទេសកូនម្មួយ ទឹត
នៅក្នុងនៃបរាសីុរ៉ែប់កអន្តេយ៍ នៅចន្លោះប្រទេសវៀតណាម
លាននិងស្យាម រហ័យមានតំហំ ១៨១.០៣៥ គីឡូម៉ែត្រ
ក្រឡា ។

ប្រទេសនេះមានអណ្ដូងរ៉ែកិបណាស់ ។ នៅ
កានាងរដីង មានមាស ត្បូង ថ្មវិចិត្រ ប៉ុន្តែ
អណ្ដូងរ៉ែទាំងនេះ ឲ្យនិងលតិចស្ដួចស្ដើងណាស់ ។

ប្រទេសកម្ពុជា ស៊ិងគ្របដណ្ដប់ទៅរដាយ រលឹ ។
រលឹទាំងនេះ ជារលឹខ្ញុមបរ៉ាងស្ល ។ វិនសរការរធ្វើការគ្រឿង
រប្រើប្រាស់ រហ័យនិងលក់វិធញ្ញរទៅប្រទេសរគ ខ្លួចជា
រលឹយកករទៅធ្វើរគ្រឿងខ្លុ៖ នៅក្នុងឡាន " រ៉ូលរ៉យ " នៅ
ប្រទេសអង់គ្លេសជារដិម ។

១៨១.០៣៥	181,035	ស៊ិង	almost, just about
អណ្ដូង	well, mine	គ្រប	to cover; a cover, lid
រ៉ែ	mineral, ore	ដណ្ដប់	to cover; covered over
អណ្ដូងរ៉ែ	mine, ore-mine	គ្របដណ្ដប់	to cover over (here: covered over)
ត្បូង	diamond, precious stone	រលឹខ្ញុម	precious wood; hardwood
ថ្មវិចិត្រ	marble	រគ្រឿងរប្រើប្រាស់	furniture, things to use, commodities
ស្ដើច	thin, worn, tattered	ប្រទេសរគ	abroad, foreign countries
រស្ដើង	thin, slight	រ៉ូលរ៉យ	/roul-raay/ Rolls Royce
ស្ដួចស្ដើង	minute, negligible, very little	អង់គ្លេស	/qaŋkleeh, qaŋglee/ English; England

ការចិញ្ចឹមសត្វនៅប្រទេសកម្ពុជា ឋានឋិលជា
បច្ចុប្បន្ននេះ ។ ប៉ុន្តែរស សង្ឃឹមថា នឹងបានចំរើន
រកើនឡើងឡើតនៅថ្ងៃមុខ រ(ក្រោះរនៅគ្រាបច្បុន្នរនះ
អ្នកស្រុកតាំគានិក(ស្រះទំ ។ សំរាប់ចិញ្ចឹមគ្រី រហ័យរ
នឹងបរឡូតកនិន្តនិចិញ្ចឹមសត្វ រគ្រិនរន្តនិឈ្នាស់ រច្រិន
សាងសម័យមុន ។ រៅរឡូត ។ សត្វវិថ្ងៃនរកុនិមុយឋា ។
រកឋានឋិលសត្វ សំរាប់រ(ច្រៀស់ បរិភោគ(ក្រប់(គ្រាន់
រហ័យនឹងនាំរឈ្ញារៅលក់ ឲ្យ(ប្រទសង្វិនរឡូត ឋ្មិ
ឋា(ប្រទសរឡូតណាម ហ្វិលពិន (ក្រងសិង្ហបុរិ នឹង
(ក្រងហុងកុង ។ សត្វវិឋលរកនាំរចញ្ចិ ថ្មី(ប្រទសរនៈ គ៖
រគា , (ក្របិ , មាន់ , ៗ , រស៖ ។ ល ។ រហាត្តវិត
(ប្រទសកម្ពុជា មាននរន្តរមកុងហ្វ្យាកាត់តិវិឋិន (ប្រទសរនៈ
សម្បូរ(គ្រិ ជាអារនគ ។ រៅរពាលរឡិវរស្ត្រូង (គិគនន្ត
ផ្លសរនៅកុនិទិ(គក នឹងវិ(ស្រកាសរពញ ។

ការចិញ្ចឹមសត្វ	livestock-raising, raising of animals	សម័យមុនៗ	/samay mun-mun/ earlier times, in the past
សង្ឃឹម	to hope, expect	ឋតិយ	/dɑtiy/ other, additional
រកើន	to multiply, increase	ហ្វិលពិន	/fiilipiin/ the Philippines
ចំរើនរកើន	to increase	(ក្រងសិង្ហបុរិ	/krɔŋ-səŋkəbɔrəy/ Singapore
រនៅថ្ងៃមុខ	in the future	រស៖	horse
បច្ចុប្បន្ន	/paccopbɑn/ now, the present, modern times	។ ល ។	/lɑq/ et cetera
ឋិក	to dig	ឋិឋិន	territory, land
(ស្រ៖	man-made pond	នរនគ	/qanaek/ extremely, especially

រឿងទីសែសិបប្រាំមួយ

នៅទិសខាងត្បូង តាមសមុទ្រ គេធ្វើការនេសាទច្រើនដែរ ។ ដូច្នេះហើយខ្មែរបរិភោគ ត្រីទឹកសាបហើយនិងត្រីទឹកប្រៃ ។ ក្រៅពីការប្រើប្រាស់នៅក្នុងប្រទេស គេដឹកនាំត្រីរាប់ពាន់តោន ទៅលក់នៅបរទេស ក្នុងមួយឆ្នាំ ៗ ។ ដូច្នេះហើយឧស្សាហកម្មត្រីសំខាន់ណាស់ ។ នៅប្រទេសកម្ពុជា គេយកត្រីទៅស្លយកខ្លាញ់ ដើម្បីនឹងប្រើប្រាស់ដែរ ។

ប្រទេសកម្ពុជា ជាប្រទេសកសិកម្ម នៅគ្រប់ដំបន់តាមស្រុកស្រែ គេឃើញមានវាលស្រែដេរដាស ។ ក្រៅពីស្រូវ គេមានដាំ ម្រេច , ថ្នាំ , ពោត , កប្បាស , សណ្ដែកដី , ត្នោត , ដូង , ម្លូ , អំពៅ , ចេក , កាហ្វេ , កៅស៊ូ ។ល។

សាប	bland; fresh (as opposed to salty)	ខ្លាញ់	oil, grease
ត្រីទឹកសាប	fresh-water fish	ដំបន់	part, area
ត្រីទឹកប្រៃ	salt-water fish	ស្រុកស្រែ	the country, rural areas
ដឹក	to carry, transport	ដេរដាស	all over, everywhere
ដឹកនាំ	to transport, haul	ម្រេច	black pepper
រាប់	to count, consider as	សណ្ដែក	beans
តោន	ton	សណ្ដែកដី	peanuts
រាប់ពាន់តោន	by the thousands of tons	ត្នោត	sugar palm
ឧស្សាហកម្ម	/quhsaahaqkam/ industry	ម្លូ	betel leaves
ស្ល	to cook, stew, boil	កាហ្វេ	/kaafei, kafei/ coffee

ទស្សាហាកម្មខ្លួន១ ស្រុកវិរ រគាវ ប្រឹកម្ផ្លាំងបនុស្សរគាវ រ្អើយ
ខ្លួនដា ÷ អាររលី រភ្លើ ក្លូម ឆ្លាំងដា។រងិម ។

តាំងពីមានឯកកាងួរមក ទស្សាហាកម្ម មានស្ថិតលាស់
ដា(ច្ចិន ខ្លួនដា ទស្សាហាកម្មគិនស្រុ វភ្លើ ម្លាន
រភ្លើរលីតួស រភ្លើ សាប៉ូ ស្ថារច្រង រភ្លើ(តងស រភ្លើ
(កម្ផន រភ្លើ(ស្មា រភ្លើរអសឌ្ឍះ រភ្លើ វិឌិករគាល រភ្លើ
ឋាន , វិសវ រភ្លើក្តារបន្ធះ រភ្លើ ស្ម៉ាច់ង ។ ល ។ (ប្រ-
រ្អសកម្ផ្លា មានរគាងឌប (តងិ រភ្លើ្ងរឌ យន្ត្ល មួយវិង រគាងិ(តងិ(ព្រះ
សិហាន ។

Khmer	Gloss	Khmer	Gloss
កម្ផ្លាំងមនុស្ស	man-power	ឋាន	plate, dish
ខ្លួនដា	such as	ក្តារបន្ធះ	plywood
ក្លូម	water-jug	ស្ម៉ាច់ង	/siimaŋ/ cement
ក្លូមឆ្លាំង	pottery, earthenware	រគាងិឌ(ត	/rooŋ-caq/ factory
ដាររងិម	as examples, and so forth, et cetera	ឌរភ្លើង	to assemble, set up
ម្លាន	/baarəy, barəy/ cigarettes	ឌ(តងិ(ព្រះសិហាន	/tii-kroŋ prĕəh-siihanuq/ Sihanoukville
រលីតួស	matches		
សាប៉ូ	soap		
រច្រង	oil, petroleum		
(តងស	paper		
(កម្ផន	wax		
(ស្មា	alcohol, alcoholic beverages		
វិឌិករគាល	nails		

ប្រទេសកម្ពុជា (២, គ)

ប្រទេសកម្ពុជា មិនសូវមានបណ្តាជនរច្រើនទេ

របប (ប្រៀបធៀបរ) (ប្រទេសឯទៀតនៅអិណ្ឌូចិន រលែកវិសងវិត

(ប្រទេសលាវ ។ បណ្តាជនរវៀរមានចំនួនប្រហែល ៦ លាននាក់ ។

ខ្មែរស្លុត មានចំនួនប្រហែល ៨០ ភាគរយ ។

នៅក្នុងរចក្ខុៈ រសៅវិធិកាងរនឹង មានជនជាត

គុយ , ពោរ , រដែ , ពោរ , ស្អូច , សំរែ , ចុង ។ ល ។

វិសេសរស់រនៅក្នុងវិត្បៀនឬនឹងនឹងគ៌ រងាយរវិ្ឆ្សកពិសា ។ រគមានទំ.

រក្លៀបទំលាប់ខុស ៗ គ្នា ។ រគរប្រើនកស្សិ្យាជំណាំ រហៀយ

ផ្សាស្ផ្សេរ ពីកវិន្លឹងឬម្ម្យយរពៅកវិន្លឹងឬម្ម្យយ ជាញ្ញឹកញ្ញាប់ ។

ប្រទេសកម្ពុជា សស្ស្ុររពៅរងាយឬជនបរទេស ឆ្ងុជា

ចិន , ប្ស្ុន , និរ ្ឆ , អ្រ្ប , និស្សាមឬនាមរហាយនិងកុ្ស ។

Khmer	Definition	Khmer	Definition
បណ្តាជន	/bɑndaacŭən/ people, population	រដែ	/rɔdae, rədae/ Radé (a tribal group)
ប្រៀប	to compare (here: compared with)	ពោរ	/pɔə/ Pear, Por (a tribal group)
អិណ្ឌូចិន	/qəndoocən/ Indochina	ស្អូច	Saoch (a tribal group)
រលែកវិសងវិត	except, with the exception of	សំរែ	/sɑmrae/ Samré (a tribal group)
ចំនួន	number, total	ចុង	Chong (a tribal group)
៦	six	រងាយវិ្ឆ្សក	individually, separately
លាន	million	ទំលាប់	customs, culture
៨០	/paetsəp/ eighty	ជន	/cŭən/ people, populace
ភាគរយ	/phiəq-rɔɔy/ percent	និរ ្ឆ	/qəndiə/ India; Indian
ជនជាត	/cŭən-ciət/ people, race, tribe	និស្សាម	/qihslaam/ Islam; Moslem
គុយ	Kuy, Kuoy (name of a tribal group in Cambodia)	កុ្ស	/koulaa, kolaa/ Cambodians of Burmese origin

ពួកចិននៅស្រុកខ្មែរ ដែលមានសញ្ជាតិជាខ្មែរ ច្រើនរក-ស៊ីខាងជំនួញ ។ មួនខ្លះជាអ្នកជំនួញ ប៉ុន្តែភាគច្រើន គេច្រើនរកស៊ីនេសាទត្រី ។ ពួកឥស្លាមឬចាម ដែលទាក់មកនៅស្រុកខ្មែរ ច្រើនរកស៊ីនេសាទត្រី ហើយនឹងត្បាញសំពត់ កាន់សាសនាឥស្លាម តែមានសញ្ជាតិខ្មែរ ។ ពួកឥស្លាមច្រើននៅតាមមាត់ទន្លេ និងឯស្ទឹង ។ ពួកឥណ្ឌានៅស្រុកខ្មែរ ជាពាណិជ្ជករលក់ដូរសំពត់ ពួកនេះមានសញ្ជាតិជាខ្មែរដែរ ។ ពួកអឺរ៉ុបច្រើនជាពាណិជ្ជករ ឬជាអ្នកបច្ចេកទេស ហើយគ្មានសញ្ជាតិជាខ្មែរឡើយ លើកលែងតែពួកស្រី ៗ ដែលរៀបការនឹងប្រុសខ្មែរ ។

នៅស្រុកបរប៉ៃលិន ដែលសម្បូរទៅដោយត្បូង មានពួកកុឡាមួយក្រុម ដែលមានសញ្ជាតិជាខ្មែរ ។ ពួកនេះប្រសប់ខាងកាត់ហើយនឹងច្នៃត្បូងណាស់ ដែលជារបររកស៊ីរបស់គេ ។ ពួកឥណ្ឌា អឺរ៉ុប ហើយនឹងភូមា មានចំនួនតិចជាងសាសន៍ដទៃឯទៀត ។

សញ្ជាតិ	/sañciət/ nationality	បច្ចេកទេស	/paccaekəteeh/ expert, specialist
សាសនា	/sahsnaa/ religion	លើកលែងតែ	except for
សាសនាឥស្លាម	Islam, the Moslem religion	បរប៉ៃលិន	/baa paylɨn/ Bar Pailin (name of a town)
ពាណិជ្ជករ	/piənɨccəkaa/ merchant	ប្រសប់	skilled, skillful, clever (at)
ដូរ	to trade	ច្នៃ	to shape (diamonds)
លក់ដូរ	to trade, deal in	ភូមា	Burma; Burmese

សាសន៍វិសលមានធំន្លួន រត្រិនជាងរតាបំផុត រស្រាវី
ខ្វះរក្ស ឬូននឹងមិន ។

ប្រទេសកម្ពុជា ជារដ្ឋិងកាដ្យ មាន៣ៈ
មហាក្សត្រិវរិសាយកាដ្យ ។ ប្រការនៈជាកាជានិបរតប្បូ
វិសលមានរដ្ឋធម្មន្ញ្ញ រហ៍យរដ៏រិតាមនាយាបាយអញ្ញា្ក្រិត ។
រដ្ឋធម្មន្ញ្ញ រតិតរក្ខ៉្វិងក្លាង គ.ស. ១៩៤៧ រត្រូមកាដ្យ៣ៈបាន
សារត្ថនិវាត្តធ សំហាន៍ វិសលជា៣ៈ ជា វិនប្រទេស
កម្ពុជ្ជសុ៦ិ្ត្រិនាៈ ។ ស្រូករិវរមាន សភាពិរិត ៖
រដ្ឋសភា និងិត្រិប៣ក្ស្រា ៣ៈរាជ អាណាចក្រ ។ ប្រជាក ស្ត្រ
រ៉ាះរនាតរ ឺសរវិស្ដ្ងិសភា ។

Khmer	Romanization / Meaning
រដ្ឋ	/rŏət/ state, country, political entity
កាដ្យ	/riəc/ reign, kingdom
រសាយកាដ្យ	to reign, to rule
កាជានិបរតប្បូ	/riəciəthippətay/ monarchy
រដ្ឋធម្មន្ញ្ញ	/rŏətthaqthŏəmmənuñ/ constitution
នរយាបាយ	/nəyoobaay/ policy
អញ្ញាក្រិត	/qapyiəkrət/ neutral; neutrality
គ.ស. ១៩៤៧	A.D. 1947
សភា	/saphiə, səphiə/ house, parliament, assembly
រដ្ឋសភា	/rŏət-saphiə/ national assembly
ព្រ្ក្សា	/prɨksaa/ to counsel, advise
៣ៈរាជអាណាចក្រ	/preəh-riəc-qanaacaq/ kingdom

ត្រិប៣ក្ស្រា ៣ៈរាជ អាណាចក្រ
Council of the Kingdom

Khmer	Meaning
រស្នាត	ticket, vote
រ៉ាះរស្នាត	to vote, to cast one's vote
រ៉្ជិស	to choose, pick out
រ៉្ជិសរិស	to choose, to elect

ក្រុមមហាក្សត្រ រឺនាយរដ្ឋមន្ត្រី រដ្ឋមាន
ការយល់ព្រម ឬរសចិត្តទុកចិត្ត ពីរដ្ឋសភា ។ ឬក៏
រហ័យនាយករដ្ឋមន្ត្រី រឺរឺសសមាជិកនៃគណៈរដ្ឋមន្ត្រី ។

Khmer	Gloss
នាយករដ្ឋមន្ត្រី	/niəyŭəq-rŏət-mŭəntrəy/ Prime Minister
ការយល់ព្រម	consent, approval
ទុកចិត្ត	to trust, have confidence in
រសចិត្ត, ទុកចិត្ត	confidence, consent
សមាជិក	/səmaacɨk/ member
គណ	/kənaq/ party, group
រដ្ឋមន្ត្រី	/rŏət-mŭəntrəy/ government minister
គណៈរដ្ឋមន្ត្រី	cabinet, council of ministers

របៀបសិក្សានៃប្រទេសកម្ពុជា

ការសិក្សានៃប្រទេសកម្ពុជា មានមហាវិទ្យាល័យ
ថែកងាបព័រិណាតី ៖ បឋមសិក្សា មធ្យមសិក្សាមួយ
រហ័យនិងមធ្យមសិក្សាពីរ ។

បឋមសិក្សាតិង វិឌ្ឍវិប្បូងបំផុត វិនិលកូនសិក្ស
ត្រូវរៀនត្រាំមួយឆ្នាំ ដាប់ពីថ្នាក់ទី ១២ ងល់ថ្នាក់ទី ៣ ។
ល្ះ់ចប់បឋមសិក្សារហ័យ រគអាចចូលរើឌ្ឍទី ២
គិមធ្យមសិក្សាទី ១ ។ មធ្យមសិក្សាទី ១ មានកំណត់
ប្នឆ្នាំ គិងាប់ពីថ្នាក់ទី ៦ ទំនិប រាវិថ្នាក់ទី ៣ ទំនិប ។
ល្ះ៍ងល់ចុងឆ្នាំនៃថ្នាក់ទី ៣ ទំនិប កូនសិស្សត្រូវប្រឡងយក
សញ្ញាបត្រ " ឌិប្លូម " ។
ល្ះ់រៀនចប់ចមធ្យមសិក្សាទី ១ កូនសិស្សអាចរៀន
បត្តនៅក្សិត

សិក្សា	to study, do research; education	ថ្នាក់ទី ១២	12th grade (1st year of primary school)
រ18បៀបសិក្សា	education system	ថ្នាក់ទី ៣	7th grade (6th year)
ការសិក្សា	education	ថ្នាក់ទី ៦ ទំនិប	6th grade, secondary (7th year, or 1st year of secondary school)
បឋម	/pathɑm/ first, primary	ថ្នាក់ទី ៣ ទំនិប	3rd grade, secondary (10th year)
បឋមសិក្សា	/pathɑmməsəksaa/ primary school, primary education	ប្រឡង	to compete; to take an examination
មធ្យមសិក្សាទីមួយ		សញ្ញាបត្រ	/saññaabat/ diploma, certificate
/mattyum-səksaa tii-muəy/ first cycle of secondary school		ឌិប្លូម	diploma (secondary school)
មធ្យមសិក្សាទីពីរ		បត្ត	/bantɑɑ/ to continue, extend
second cycle of secondary school			

បុិចូលរៀនវិជ្ជាពិរសសរផ្សេង ៗ ៕ ធប់បឋមសិក្សាន ១

សិស្សុព់អាចចូល មហាវិទ្យា ល័យបានរឭ្យិយរ វិតរកអាចចូលរៀន

ក្រ្តុបឋមសិក្សា ភិសានុបដ្ឋាក ឬភិសានុបដ្ឋាយិកា ៕

បស្សម សិក្សាន ២ បន្ទាប់ភិមស្យមសិក្សាន ១

រកក្រុវិរៀនបន្ថំ ភិធ្នាក់ន ២ ទំនិប ធ្នាក់ន ១ ទំនិប

រហ៌ាយរ នឹងធ្នាក់ធុងបំផុត ៕ ធប់ធ្នាក់ន ១ ទំនិប សិស្សុ

ក្រុនប្ស្សុងយរកសញ្ញាបក្រ " ធ្នាស " ន ១ ៕ រប់ប្រុ្សុង

សិាប់ធ្នាសន ១ សិស្សុ អាចរឭ្យុងធ្នាក់ធុងបំផុត រហ៌ាយរ

ប្រុ្សុយរក ធ្នាសន ២ រនៅធុងបន្ថំ ៕ កាមឬឬតា រប

សិស្សុធុងចូលរៀនវិជ្ជា ជាន់ខ្ពស់ រនៅមហាវិទ្យាលយ រក

ក្រុនមានធ្នាសន ១ និងន ២ ៕ ប៉ុរិន្តរប្រ្កសនជា សិស្សុ

ណា ធុងរ៌ារៀនរនៅមហាវិទ្យាលយ រនៅសហរ៌ដ្ឋអារម-

រិក រកក្រុវិការវិត ធ្នាសន ១ ប៉ុរណាះ ៕

វិជ្ជាព៌ិរសស	/wìcciə piseh/ special trade, profession	ធ្នាសន ២	2nd Bachot (received after 13 years of education)
ក្រុបឋមសិក្សា	primary school teacher	ជាន់	stage, era, floor, level
ភិលានុបដ្ឋាក	/kiliənuppəthaq/ male nurse	វិជ្ជាជាន់ខ្ពស់	higher education
ភិលានុបដ្ឋាយិកា	/kiliənuppəthaayikaa/ female nurse		
ធ្នាក់ន ២ ទំនិប	2nd grade, secondary (11th year)		
ធ្នាក់ធុងបំផុត	final grade (13th year)		
ធ្នាស	bachot (French baccalaureate degree)		
ធ្នាសន ១	1st Bachot (received at the end of 12 years of education)		
ប្រ្សុងជាប់	to pass an examination		

ពិធីអាពាហ៍ពិពាហ៍ ខ្មែរ

អាពាហ៍ពិពាហ៍ខ្មែរ រ ប្រែនរឡូ កូមិនពាល ព៌័រវិធី ។

រនាវិធីនិមួយ រតវិហាកូនកវម្ភ្លៈ ធ្បុលរពាង វិងិសត្រុសារ ពាង ស្រីបានសាង

រនាវ៉ែតុង្ស សំពាប់ពិធិរន: ។ កូនកវម្ភ្លៈ រវ៉ីរ ពាង

មួងកាន់សិនិមួយ ។ រន: គិឌ៉ាសញ្ញាថ្នា កូនកវម្ភ្លៈ

គិងិត្តុលសារការ កូន ស្រីឡាប់ តាំងពិ រ ពិធីរន: កាវតិ ។

រនាវិធីនិរិស ប្រវិហាសរម៉្លាង ២ ល្យាឌ រតរ័រ

ពិធិកាត់សក់ ។ រតវិយរ រប្ប្លៈ រហារ កូន ប្រុស ្ម្រមកអង្ស្ក្ល្យ

រនាវ៉ីរ លិរាង្សិរ នាឌ្ស: ពាង ស្រិ ។ កូន ប្រុស រស្ម្ញវិក សំពាត់ធ៌ង

កូន៉ន ពាត់អាវិក ស្ម្រ័ង់ រ ហា៉ យរមាន ប្រស កំ៉ងវ៉ិន ការិរនាក់

រឌិរអមឌ៌ង ។ បន្ទាប់មក រតវិយរ ឫ៉្ន រហារ កូន ស្រ៉ិ ្ម្ររញ្ញ

មកអង្ស្ក្ល្យ នុ៉ម៉ិម កូន ប្រស ។ កូន ស្រ៉ិ៉ុ៉ិមាន ស្រ៉ិ កំ៉ងវ៉ិន ការិរនាក់

អមវិ៉ិរ ។ មានអករ៉ំម្លាក់ បាប់រ៉ំ រហា៉ យនិ៉ង ប្រ៉ួ៉ងរ៉ិវ៉ិ៉រ៉ូ

ឌ៉ិវ៉ិ៉ា្ញ្ក រន: ។

អាពាហ៍ពិពាហ៍	/qapiə-pipiə/ marriage, wedding	កំ៉ងិរ	to accompany, assist in, participate in
ពិធិអាពាហ៍ពិពាហ៍	wedding ceremony	ប្រ៉សកំ៉ងិរ	groomsmen
រពាង	groom's temporary quarters	អ៉ង៉យ	to accompany
ឌាវ	sword	ត៉ន៉ម	to yoke, put side by side, pair off
សញ្ញា	/saññaa/ sign, symbol	ស្រ៉ិកំ៉ងិរ	bridesmaids
ការពារ	to protect, defend	រ៉ាំ	to dance
ពិធិកាត់សក់	hair-cutting ceremony	អ្នករ៉ាំ	dancer
ឫ៉្ន៉ស	gong, drum	គ៉ូ	couple, pair

រួចរហាៗអ្នកការនេះ យកកន្ត្រៃ ដែលស្គាន់របារ វិន   មកធ្វើជាកាត់

សាក់ ឲ្យកូន ប្រុសរហា យរនិងកូន ស្រី ។

ខ្ល់រម៉ាង ៥   រគទាយ ឬ្យសរហាកូនប្រុសនិងកូនស្រី

មកអ្វីៗ   រងិ្យនិងស្គាប់រលាក ស្ត្រិ ធមិ្ ឲ្យ ការ ខ្ល់ ភ្ញ   ។

ខ្ល់រម៉ាង ៦   រគទាយ ឬ្យសរហាកូនស្រីនិងកូនប្រុស

ឲ្យ រួចញ្ញមកវិសនច ងៃដ   ។   ទ្វិ ពកម្ម៉ាយ តាំងសង្ការ រហាយ

និង ញ្ញាកសគ្លានច ងៃ ដៃ្យកនាំងពរ   និង ភ្ញ្រុ រ អំរ ព្រះ:សរសៅ

រងិ្យ ជា សញ្ញា ឲ្យ ការ ឲ្យ បាន រុ ងរ្យ ង ចំរុ ន   ។

ពិធ ទាំង នេះ:អ ស់រ ពល ប្រវ្យ ហស   ២០ ឬ ៣០   នាទិ

ប៉ុ ណ្ណោះ:   ។   ពិ ធ និ ម្ល យៗ]   ត្រូ វិ ហាន ប ន ត រ ក្ល ង រ ឈ្យ ង]

រ ល ង ត៌ ឃិ ៖   ។

ខ្ល់ រ ព ល ស្យ ៖   ប្រ ពិ ហា ល រ ម៉ា ង ត្រ ហ្គ ៃ រ

ភ្ញ្យ វិ ត៌ ៖ មិ អ ស់ ម ក ខ្ល់   រ ហា យ រ ក ថា ប៌ ការ ដ ប៌ រ ល្យ ង រ ក្ល្យ ៃ   ។

កន្ត្រៃ	/kɑntray/ scissors	នាទិ	minute; degree
ក្លែងជា	to pretend to, pretend that	ដប៌រក្ល្យ ង	to hold a feast, banquet
ពរ	/pɔɔ/ blessing, good wishes	ការ ដប៌រក្ល្យ ង រក្ល្យ ៃ	banquet, feast, entertainment
ឲ្យពរ	to bless		
វិសន	to make an offering		
ចងៃដ	ceremonial binding of the couple's wrists		
រឆៅ	to be raw		
រ ង រ្យ ៃ	brilliant, successful; success, increase		
២០	twenty		

ស្ម:ការឥប់រស្ងៀងឥចប់របាំហួយ ក្សាម៉ុននាំងព័រ ៣ ឋ នាំង

ប្រុសកំឥររបាំហួយ នឥ ស្រីកំឥរ ន៉ភាយកភ្ងារឥឲ្យុនឥក្សុិ

ពីក្សបួយ ៗ រឥៀតរឥៀ ៗ ៗ របៀត៣ លរនា: ឥក្សូ៊ិរ ស៉ាកសួរ

ក្ស៉ៀង រប៉ុ៊ិ ៗ នឥ ៗ ការ ៗ ឥល់ គ្គៀ ៗ

រឥៀរ៉ិឥ ២ បរិបាលរម៉ាំង ព្រ ៣ក របៀរ៉ាល

រៃ៊ិ៊ៈ រ៉ាររ៉ៀ ៊ិ ម៊ិ ឥ្ញៀប រ៉ាល ៗ ៊ិ ៉ិ ៣ នៈ ៣ ៉ា ៉ា ៊ិ

រ(ក្រៀ) ៀ ៊ិ ៊ិ ៊ិ ៉ិ ៊ិ នៈ៉ា ៊ាៀ រ៉ាររ៉ា ៉ិ ៣ ៊ិ ៣ សៀ ៉ា

ក្រៀប់ រ៉ម៉ាំង រ៉ាល រ៉ិ៊ិ៊ា ៊ិ ៗ ៊ិ ៊ារ៉ៀ ៊ិ ៊ៀ ៉ិ ៊ាៀ ៗ រឥៀ៉ា

៉ា សរ៉ាៀ ៉ុ៊ិ (ៀ)ប្រ៊ា ៉ា ៊ា ៉ា ៉ុ៊ិ ៉ា ៉ា ៣ ៊ា ៉ា៊ិ ៊ា ៊ា ៉ុ

ប្រ៊ា ៩ ៊ា៉ា ៉ុ៊ា ៊ា ៩ ៊ា៉ា ៊ា ៊ា ៉ា ៊ា ៊ា ៉ុ

ៀ៉ិ (ៀ)រ៉ាៀ ៉ា ៉ា ៊ិៀ ៉ិ ៊ិ នៈ ៉ា ៊ា ៉ុៀ ៊ា ៉ុ

៉ា ៊ា ៉ិ ៊ា ៉ា ៉ុ ១៩ ៉ុ ៗ

Khmer	Gloss
សាម៉ីខ្លួន	/saaməy-kluən/ the person(s) in question; himself, herself, themselves
ក្សសាម៉ីខ្លួន	the couple themselves
ពីតុប្លួយរៅតុប្លួយ	from table to table
ឈរ	/chɔɔ/ to stand
រ(ក្រោ)កឈរ	to stand up
រ:	to rise (of the sun); dawn
កំប៉ិតរៀលា	to set the hour, determine the auspicious time
បផ្ងុស់	most, last, most of all
រ(ក្ស)ៀបផ្ងុស់	last, last of all
អាចារ្យ	/qaacaa, qacaa/ sage, astrologer, teacher

Khmer	Gloss
ផ្ងុំ	to combine, put together
ផ្ងុំដំរៀណាក	to sleep together, to consummate the marriage
ប្រពន្ធ	/prapŭən, prəpŭən, pəpŭən/ wife, female companion
ប្ដី	husband
ស៊ិបក្រៀតាបផ្ងាប់	lawful, legal, proper
ផ្ដាច់ខ្ងៈ	to divorce, separate
ប៊ុល	to spin, rotate
ទ្ងូល	bobbin; a leaf-shaped candle-holder used in ceremonies
១៩	nineteen

ស្ត្រី រហ៊ យរស យាក ផ្កា ស្លា វង្ស៖ វលិស្តុ ខ្ញុំ ជា ស ញ្ញា រជាគ ជ័យ និ ង
ស្ុក ម្ង្គល ។ សុ៖ ធប់ រហ៊ យ ក្ន ុ ប្រ ស រនាង វិស្ត្រ
ក្ន ុ ប្រ វ ៀ រ្បុ ស រ ៀ ក្ុ ង ប ន ប់ ក្ន ុ ស្ត្រី ។ ក្ុ ង ប ន ប់ រ នា ៖
ក្ន ុ ស្ត្រី យ រ ក ប្ា រ ្ ប្ុ យ ៀ ក្ន ុ ប្ុ ស រហ៊ យរ ស្ុ ង ប្ារ រ នា ៖ រ ន ៖
គ ជា ស ញ្ញា ជា ប្រ ជ ន គ្ូ រ គ ណ រ គ រ គ ៣ ប្រ ន ប ដ្ត ្ី ្ ។
ញ្ញា ត ស ្ត ន គ ្ ី គ ្ ្ ប់ រ ា ង ្ ៈ ន ៀ ៗ ។ យ រ ប រ ន ៖ ជា យ រ ប់
ផ្ត ុ ស៊ិ រ ណា ក ។ រ ៀ ប្រ វិ ហា ស រ ៣" ង ៨ យ រ ប់
បា ស់ គ រ ្ នា ក ្ ុ ល រ ្ ៀ ក្ុ ង ប ន ប់ ក្ាី ្ ។ វ ិ ស្ល មា ន ម្ប ប ច" ្ ា រ គ ក
គ ្ គ ្ ង ្ ា យ រ គ រ ្ ា ន ។ រ ក្ ុ ជ ្ ្ ្ ុ ន ្ ូ ប ម្ប ុ ង ស្ត ុ ង
រ ជ ្ ្ ា រ ហា យ រ ក ប ្ ្ ្ ប់ ្ ្ ្ ្ ្ ី ប ្ ា ក ្ ា យ រ គ ្ ក ្ ្ ា
រ ៀ ្ ិ ញ្ញ ្ រ ៀ ម ្ ក ។ ្ ្ ្ ្ ច ្
ា ្
ស្ត្រី រ ហា យ រ ក ្ ៀ រ ិ ឈ្ញ ្ ៀ ប ន ប់ រ ន ៖ ។ ្ ្ ្ ្ ្ ្ ្ ្
ជ ប់ ្ ្ ា ម រ ន ៖ ។

ផ្កា ស្លា	betel flower	គ ្ ្ ត ៗ	separately, each on his own
រ ជា គ ជ័យ	victory, good fortune, success	្ ្ ្	/sətrəy, srəy/ lady (formal)
ស្ុក ម ្ ង្គ ល	/sophĕəq-mŭəŋkŭəl/ good fortune, prosperity and happiness	្ ្ ្ ្ ្	to pray, petition
រ នា ង	to hold on to, grasp	ច ្ ្ ក	to feed by hand
វិ ស្ត្រ	train (of the bridal outfit)	រ ៀ ្ ិ ញ្ញ ្ រ ៀ ្ ក	back and forth, reciprocally
រ កា ត រ កា រ ត	/kaot-koorup/ to respect, honor	្ ្ ្	to turn, to turn aside
្ ្ ្ ្	/prɑtebat/ to serve, follow, obey	្ ្ ្	left (side)
្ ្ ្	/titɨy/ opposite, different	្ ្ ្ ្ ្	the left side, on the left

អក្សរសាស្ត្រែខ្មរ

អក្សរសាស្ត្រែខ្មរ ចាប់នៃមកំណើតយូរណាស់មកហើយ ។ អក្សរសាស្ត្រនេះ រួ្ម្បនៃ
ប្រកបដោយ រេ្យ៉ងព្រេ៉ង ផ្ស៉ង ៗ ចរ្ម្យ៉ង លាស្ត្រា សិលាចារិក ដែលមាន
គង់ ជីមកដ៏ឈ្ពុងៃថ្ងនេះ ។ តេអាចៃចក្ប៉ង់ភ្ិសាស្ត្រអក្សរៃខ្មរ ជាព្រាំៃថ្នក ។

ៃថ្នកទី ១ គិសម័យមុនអង្គរ ចាប់តាំងពីសតវត្សទី ១ ៃនគ្ិល្សុករនាជរហួតដល់ចុងសតវត្ស
ទី ៨ ។ កាលនិ៉ងទៃរ៉ង ព្រះ ចាន រេកា្ណ្ិនរ្ពួតដិកនាំអា រ្យធមិ៌ព្ឡ៉ៃ្វ ខ្មរខាងត្ប៉ងមកលាបរ្ព៉ះ
នៅប្រទេសៃខ្មរ ៃដលមានអក្សរសាស្ត្រជាៃនៃម ។ ក្នុងសម័យនេះ អក្សរសាស្ត្រ
ៃខ្មរស្ិតនៅក្នុងការកលា៉ងនៅៃទ៉យ ។

អក្សរ	/qaqsɑɑ/ letters, writing	៨	eight
អក្សរសាស្ត្រ	/qaqsɑɑsaah/ the study of letters, literature	រកោ្ណ្ិនរ្	/kaondɨn/ Kaundinya
អក្សរសាស្ត្រៃខ្មរ	Cambodian literature	អា រ្យធម៌	/qaarəyĕəqthɔə/ culture, civilization
រេ្យ៉ងព្រេ៉ង	traditional story, folk tale	លាបរ្ព៉ះ	to spread, broadcast
ចរ្ម្យ៉ង	song	ការកលា៉ង	/kaa-kɑɑ-saaŋ/ formation, development
លាស្ត្រា	/satraa/ palm-leaf manuscript (usually religious in nature)		
សិលាចារិក	/səylaa-caarək/ stone inscription		
គង់និ៉ង	to exist, survive		
ប្រវត្ិលាស្ត្រ	/prɑwŏəttəsaah/ history		
អង្គរ	Angkor		
សម័យមុនអង្គរ	the pre-Angkorian period		
គ្ិល្សុករនាជ	/krɨhsaqkəraac/ the Christian Era, A.D.		

ផ្នែកទី ២ គឺសម័យអង្គរ ចាប់តាំងពីសតវត្សទី ៩ ដល់សតវត្សទី ១៥ ។

អក្សរសាស្ត្រក្នុងជំនាន់នេះ បានល្អឥតល្បើងឡើងប្រើឆ្នោស ។ មានសិលាចារិកជាច្រើននៅ
ប្រទេសកម្ពុជានិងប្រទេសជិតខាងសព្វថ្ងៃនេះ ។ ដោយប្រទេសកម្ពុជាកាន់លទ្ធិព្រហ្មញ្ញសាសនានៅគ្រា
នោះ គេច្រើនប្រើសំស្ក្រឹតជាច្រើន ព្រោះ ព្រហ្មញ្ញសាសនានិយមសំស្ក្រឹត ។

ផ្នែកទី ៣ គឺសម័យកណ្តាល ចាប់តាំងពីសតវត្សទី ១៥ ដល់ទី ១៩ ។ សម័យ
នេះបានទុកមរតកដ៏ច្រើនបួនខ្លួននិងលើករឿងផ្សេងៗ និងសាស្ត្រារឿងច្រើនជាច្រើន ។ អ្នកនិពន្ធ
ច្រើនសរសេរពាក្យកាព្យលើស្លឹករឹត ដែលមានរលលរ់ដល់សព្វថ្ងៃនេះ ។ រឿងដ៏ល្បីៗ
ឈ្មោះជាងគេក្នុងសម័យនេះគឺ ទុំទាវ មហាវេស្សន្តរជាតក ។ល។

សម័យអង្គរ	the Angkor period	រលរ់	/saeh-sɑl/ remaining, left over
ជំនាន់	period, era	ទុំទាវ	Tum-Teav (a romantic poem)
កាន់	to believe in, insist on	មហាវេស្សន្តរជាតក	/məhaa-weehsəndaaciədɑq/ the Maha Vessantara Jataka
លទ្ធិ	/latthiq, ləthiq/ belief, precept		
ព្រហ្មញ្ញសាសនា	/prummaññəsahsnaa/ Brahminism		
សំស្ក្រឹត	/sɑmskrət, saŋskrət/ Sanskrit		
និយម	/niyum/ to like, prefer; popular, preferred		
សម័យកណ្តាល	the Middle Period		
អ្នកនិពន្ធ	/nĕəq-nipŭən/ writer		
កាព្យ	/kaap/ poetry		
ពាក្យកាព្យ	/piəq-kaap/ poetry, verse		
ស្លឹក	leaf		
ស្លឹករឹត	palm leaves; palm-leaf manuscript		

រដ្ឋាយល្ទ្ធិពុទ្ធសាសនាបានចាក់ឬសរជ្រៅ នៅប្រទេសកម្ពុជា ក្នុងសម័យនេះ   អាកប្បកិរិយាអក្សរសាស្ត្រខ្មែរក្នុង

សម័យនេះគឺទេគនិយមចូលិរេចិនជាឯសំស្រ្កិត   ។   សម័យកណ្ដាលនេះ   អក្សរសាស្ត្រខ្មែរបានស្គាល់

លេចក្ដីរុងរេរឿងជាចំផុត   ។

       ថ្នែកទី ៤ គឺសម័យអាណាព្យាបាល   ចាប់តាំងពីឆ្នាំ ១៨៦៤ ដល់ឆ្នាំ ១៩៥៣   ។

គឺរេពលដែលប្រទេសកម្ពុជា នៅរេ្កាមអំណាចបារាំងសែល   ។   ក្នុងសម័យនេះអក្សរសាស្ត្រខ្មែរនិយម

តាមរបេ្របរេរ្របនាបារាំង   ។   គឺថាអ្នកនិពន្ធសម័យនេះរេ្ចិនសររេរឿងខ្មែរតាមរបេ្រប

ថ្នេកបារាំង   ។   វចនានុក្រមខ្មែរក៏មានកំណើតក្នុងសម័យនេះថ្នែរ   ។

ពុទ្ធសាសនា	/puttəsahsnaa/ Buddhism	របេ្របរេរ្របរេរ្ឿង	style, organization, form
ឬស	/rɨh/ root	ថ្នែង	to write, compose
ចាក់ឬស	to take root, penetrate	របេ្រូបថ្នែង	style of writing
រេជ្រៅ	deep, profound	វចនានុក្រម	/waccənaanukram/ dictionary
អាកប្បកិរិយា	/qaakappaq-keriyaa/ characteristic		
ចាលិ	/baaləy/ Pali (language)		
លេចក្ដីរុងរេរ្ឿង	success, prosperity		
អាណាព្យាបាល	/qanaapyiəbaal/ protector, protectorate		
សម័យអាណាព្យាបាល	period of the (French) Protectorate		
១៨៦៤	1864		
១៩៥៣	1953		
អំណាច	power, control		
បារាំងសែល	/baraŋsaeh/ French		

លក្ខណៈយៈទ្រង់ទ្រាយផ្សេងៗពីសម័យនេះមក គេប្រើសូរសព្ទជាពាក្យរាយ ។
វិងសម័យមុន ។ គេប្រើតែកាព្យឃ្លោងប៉ុណ្ណោះ ។

ផ្នែកទី ៤ គីសម័យបច្ចុប្បន្នកាលឥឡូវនេះ ។ មានអ្នកនិពន្ធនិងកវីជាច្រើន
សូរសព្ទរឿងប្រលោមលោក រឿងឃ្លោនថ្មីៗនិងពាក្យកាព្យផ្សេងៗ ។ ជាអក្សរខ្មែរ ។ គេ
សូរសព្ទរឿងខ្មែរពិត ។ តែរៀបសូរសព្ទនៅតែតាមរបៀបបុរាណនៅដើម ។
ផ្នែកទាំងនេះគេកំនត់ចងក្រងជាលាយលក្ខអក្សរ រឿងព្រេងនិងចរៀងឃ្លោន ដែលអ្នកស្រុកប្រើតែនិតិយាយ
បន្តៗគ្នា តាមមាត់ដោយឥតមានសូរសព្ទកត់ត្រាឡើយ ។

<table>
<tr><td>លក្ខណៈ</td><td>/lĕəqkənaq/ charac-
teristic, attribute</td><td>បន្តៗ</td><td>/bantaa-bantaa/ successively,
each in turn</td></tr>
<tr><td>រាយ</td><td>to spread, scatter,
distribute</td><td>កត់ត្រា</td><td>to register, write down, record</td></tr>
<tr><td>ពាក្យរាយ</td><td>prose</td><td></td><td></td></tr>
<tr><td>កាព្យឃ្លោង</td><td>verse, poetry</td><td></td><td></td></tr>
<tr><td>កវី</td><td>/kawəy/ poet</td><td></td><td></td></tr>
<tr><td>រឿងប្រលោមលោក</td><td>novel</td><td></td><td></td></tr>
<tr><td>ឃ្លោន</td><td>/lkhaon/ drama</td><td></td><td></td></tr>
<tr><td>រឿងឃ្លោន</td><td>a play, drama</td><td></td><td></td></tr>
<tr><td>ពិត ៗ</td><td>really, truly, genuinely</td><td></td><td></td></tr>
<tr><td>ចងក្រង</td><td>to compile, collect</td><td></td><td></td></tr>
<tr><td>ជាលាយលក្ខអក្សរ</td><td>/ciə liəy-lĕəq qaqsaa/
in written form</td><td></td><td></td></tr>
</table>

អក្សរសាស្ត្រៃខ្មែរបាននៅក្រោមឥទ្ធិពលនៃទេសនិងឥទ្ធិសាសនា   ។   បុ៉ៃន្តទារៈជាឥទ្ធិ

ពលនោៈខ្លាំងខ្លាយ៉ាណាក៏ៃដាយ   អក្សរសាស្ត្រៃខ្មែរមិនបានលេបរស់ជាតិឥទ្ធិពលនោៈទាំងស្រុងៗ   ។

អ្នកនិពន្ធៃខ្មែរប្រើនៃតប្រើសាថៃនរឿងៃខ្មែរលុទ្ធ   ៃដាយយកានៃតប្រើកព្រួនច្រៀលរលបរៃទលបុ៉ណ្ណោៈ

តំកុំថជារឿងរាមៃកតិ៍ជាៃដីម   ។   ៃនរឿងនៈក្នុងភាសាៃខ្មែរ   មានលក្ខណៈៃផ្សង ពុ៉ច

ៃនរឿងៃផ្សេងៗ   បុ៉ៃន្តលាថៃនរឿងមានៃរកងជារៃនរឿងៃខ្មែរលុទ្ធ ពុ   ៃព្រាៈៃទលភាពៃនៃនរឿងនៈ

មិនអាចនឹងមាននៅៃស្រុកៃណាៃរកាៃពីៃស្រុកៃខ្មែរៃៃទៀយ   ។

ឥទ្ធិពល	/qətthipŭəl/ influence
ខ្លាំងខ្លា	strong, powerful
ទាំងស្រុង	completely, "hook, line, and sinker"
លាថៃនរឿង	facts, plot, subject matter
រាមៃកតិ៍	/riəm-kei/ Ream Kerti (Cambodian version of the Ramayana)
ភាសា	language
ៃភទ	/phɛɛt/ aspect, genre; sex, gender

PART FOUR

CAMBODIAN-ENGLISH GLOSSARY

INTRODUCTION

This Glossary contains the some 2000 vocabulary items introduced in the <u>Reader</u> (Part Three), as well as all examples used throughout the other sections of the book. Each item is followed both by its transcription (in its formal or unreduced form), by its definition(s), and, for those items introduced in the <u>Reader</u>, the number of the story in which it first occurred.

Cambodian dictionaries differ slightly in the order in which words are listed. The order used in this Glossary is based on that used in the official <u>Cambodian Dictionary</u> of the Buddhist Institute (Item 4 in the Bibliography). Words are listed <u>primarily</u> by initial consonant symbol, <u>secondarily</u> by vowel symbol, and <u>tertiarily</u> by final consonant symbol. The order of consonant symbols is shown in Part One, Chapter III, Chart 1; the order of vowel symbols is shown in Part One, Chapter IV, Chart 2. The following additional rules apply:

a) Words spelled with a final /bantaq/ (◌) follow identically spelled words without the /bantaq/.

b) Words spelled with a converted initial consonant symbol (◌ or ◌) follow identically spelled words without a converter.

c) Words spelled with initial ប៉ follow <u>all</u> words spelled with initial ប and precede <u>all</u> words spelled with initial ប + a subscript.

d) Words spelled with an initial independent vowel symbol involving an initial /q-/ follow words spelled with initial អ + the equivalent vowel symbol.

e) Words spelled with initial ឫ and ឭ follow <u>all</u> words spelled with initial រ , and words spelled with initial ឮ and ឭ follow all words spelled with initial ល .

f) Words spelled with initial consonant + a subscript follow all words spelled with the same initial without a subscript.

ក

ក /kaa/ neck, throat; collar 9

កសាង /kaa-saaŋ/ to build, erect 10

កៅ /kaa, ka-/ auxiliary: so, then,
accordingly 6

កិរិយា /ka-daoy/ to whatever extent;
even though 45

កសិ៊្បានដែរ /kaa sii baan dae/ can live
on, can get along with 7

កក /kaaq/ frozen, congealed 2

កក្កដា /kaqkədaa/ July

កកាយ /kakaay/ to scratch about

កង់ /kaŋ/ wheel; bicycle 20

កញ្ចប់ /kañcap/ package, wrapped
parcel 30

កញ្ចើ /kañcəə/ a tightly-woven basket
36

កញ្ជ្រោង /kañcrooŋ/ a fox

កញ្ញា /kaññaa/ young lady, Miss 35

កណ្ដាល /kandaal/ center; in the center
of 1

កណ្ដៀរ /kandiə/ termite 37

កតញ្ញូ /kattaññuu/ gratitude 40

កត់ត្រា /kat-traa/ to register, write
down, record 50

កឋិន /kathən/ presentation of gifts to
the monks 15

កន្តើយ /kantaəy/ indifferent

កន្ត្រៃ /kantray/ scissors 49

កន្ទេល /kanteel/ mat 29

កន្លង /kanlaaŋ/ to pass, elapse 30

កន្លែង /kanlaeŋ/ place 3

កន្លែងណាខ្លះ /kanlaeŋ naa-klah/ what
places? 24

កន្លែងអង្គុយ /kanlaeŋ-qaŋkuy/ seat
21

កន្លះ /kanlah/ half 30

កន្សែង /kansaeŋ/ cloth, napkin, hand-
kerchief 44

កប្បាស~ក្របាស /kapbaah~krabaah/ cotton 25

កប៉ាល់ /kapal, kəpal/ ship, steamer 15

កប៉ាល់ហោះ /kapal-hah/ airplane 28

កម្ចិល /kamcɨl/ sloth, laziness

កម្ម /kam/ karma, fate

កម្មករ /kamməkaa/ workers, coolies
32

កម្ពុជា /kampucciə/ Cambodia 6

កម្រិត /kamrət/ mark, level, degree
11

កម្លាំង /kamlaŋ/ strength, power 19

កម្លាំងមនុស្ស /kamlaŋ mənuh/ man-
power 46

កម្លោះ /kamlah/ to be single; bachelor
5

ករុណា /kaqruqnaa, karunaa/ mercy;
to have the goodness to

កវី /kawəy, kəwəy/ poet, writer 50

កសិកម្ម /kaqsikam/ agriculture 31

កា /kaa/ to address (a letter)

កាក /kaaq/ leavings, refuse 44

កាកបាត /kaaqkəbaat/ the symbol +

កាច /kaac/ bad, wicked, mischievous
42

កាណូត /kaanout, kanout/ motorboat 29

កាត់ /kat/ to cut, to cross; across 10

កាត់ខ្វាត់ខ្វែង /kat kwat-kwaeŋ/
to criss-cross 10

កាតាប /kaataap, kataap/
briefcase, satchel 26

កាន់ /kan/ to hold 41; believe in,
insist on 50

កាន់តែ /kan-tae/ increasingly, the
more 17

កាប់ /kap/ to cut, hack (with an ax or
cleaver) 8

កាព្យ /kaap/ poetry, verse 50

កាព្យរក្លោង /kaap-klooŋ/ poetry,
verse 50

កា /kaa/ work, affair, activity 2

កា /kaa/ wedding; to marry 5

ការកសាង /kaa-kɑɑ-saaŋ/ formation,
development 50

ការកំសាន្ត /kaa-kɑmsaan/ pastime,
sport 17

ការងារ /kaa-ŋiə/ task, duty 37

ការចិញ្ចឹមសត្វ /kaa-cəɲcəm-sat/
raising animals 46

ការឧបវរ្លៀងភ្ញៀវ /kaa-cup-liəŋ-pñiəw/
banquet, feast,
entertainment

ការតតួលភ្ញៀវ /kaa-tɔtual-pñiəw/
receiving guests 28

ការធ្វើកសិកម្ម /kaa-twəə-kaqsikam/
farming

ការធ្វើឆ្នាំង /kaa-twəə-cnaŋ/
pottery-making 29

ការនឿយហត់ /kaa niəy-hɑt/
hard work, tiring
work 7

ការនេសាទ /kaa-nesaat/
fishing; the fishing
industry 29

ការពារ /kaa-piə/ to protect, defend 49

ការយល់ព្រម /kaa-yuəl-prɔɔm/
consent, approval 47

ការរស់នៅ /kaa-ruəh-nɨw/
life; living conditions 16

ការរៀនសូត្រ /kaa-riən-sout/
studying, studies 16

កាសិក្សា /kaa-səksaa/
education 48

កាល /kaal/ time; when 4

កាលណា /kaal-naa/
when, whenever 11

កាលបើ /kaal-baə/ if, when,
whenever 33

កាលពីព្រេងនាយ /kaal pii preeŋ
niəy/ once upon a time 41

កាហ្វេ /kaafei, kafei/ coffee 46

កិត្តិយស /kətteyuəh/ honor, fame 49

កិន /kən/ to grind, to mill, to thresh
25

កិរិយា /keqriqyaa, keriyaa/ conduct,
behavior 38

កុក្កិកៃកែកិត /kokkəkii-kae-kəit/
cockle-doodle-doo 41

កុដិ /kot/ monastery, monk's quarters
15

កុន /kon/ movie, film 21

កុមារ /komaa/ boy (elegant); children
in general 19

កុម្ភៈ /kumpheəq/ February 32

កូន /koun/ offspring (of either sex);
children 1

កូន /koun/ I (i.e. your child) 16

កូនចៅ /koun-caw/ children, off-
spring 45

កូនពៅ /koun-pɨw/ youngest child 5

កូនភ្នំ /koun-pnum/ hill, foothill 6

កូនសិស្ស /koun-səh/ student,
disciple 1

កូរ /kou/ to stir

កូឡា /koulaa, kolaa/ Cambodian of
Burmese origin 47

កួរ /kuə/ ear, pod (of grain)

កើត /kaət/ to be born, come into
existence 19

កើត /kaət/ to be able, possible 44

កើតឡើង /kaət laəŋ/ to arise, come about, happen 19

កើន /kaən/ to multiply, increase 46

កេរ /kei/ heritage, legacy, reputation 39

កេរ្ឈ្មោះ /kei-cmuəh/ reputation, fame, honor 39

កែ /kae/ to repair

កែប /kaep/ Kep (a resort area) 33

កែវ /kaew/ glass; precious 28

កោណ្ឌិន្យ /kaondɨn/ Kaundinya 50

កោង /kaoŋ/ curved, bent 7

កោដិ /kaot/ ten-million

កោត /kaot/ to respect, honor 38

កោតកោរព /kaot-koorup/ to respect, honor 49

កោរ /kao/ to shave

កោះ /kɑh/ island 25

កៅសិប /kawsəp/ ninety

កៅស៊ូ /kawsuu/ rubber 25

កៅអី /kawqəy/ chair, seat 2

កៅអីវែង /kawqəy wɛɛŋ/ bench 18

កុំ /kom/ don't (neg. imper. part.) 27

កុំភ័យអ្វី /kom phɨy qəy/ don't be afraid, don't worry about a thing 27

កុំ...ឱ្យសោះ /kom . . . qaoy sɑh/ never . . . , don't . . . . at all 39

កំដៅ /kamdɑɑ/ to accompany, assist in 49

កំដៅ /kamdaw/ heat 7

កំណត់ /kamnat/ appointment, fixed period 14

កំណាត់ /kamnat/ piece, section 37

កំណាត់ៗ /kamnat-kamnat/ various pieces 37

កំណើត /kamnaət/ origin, birth, beginning 17

កំប្លែង /kamplaeŋ/ funny, humorous 21

កំពង់ /kampuəŋ/ port, river bank, river town 20

កំពង់ចាម /kampuəŋ-caam/ Kampong Cham 20

កំពង់ឆ្នាំង /kampuəŋ-cnaŋ/ Kampong Chhnang 29

កំពត /kampɔɔt/ Kampot 6

កំពស់ /kampuəh/ height 3

កំពុង /kampuŋ/ -ing, in the process of 29

កំពូល /kampuul/ summit, peak 19

កំរិត /kamrət/ fixed level, mark, limit 11

កំឡង់ /kamlaŋ/ (see កម្លាំង) 38

កំសត់ /kamsat/ sad, pathetic; vagabond, destitute

កំសាន្ត /kamsaan/ to relax, amuse oneself, enjoy oneself 10

កំបិត /kambət/ knife 8

ក្ដារ /kdaa/ board, plank 3

ក្ដារបន្ទះ /kdaa-banteəh/ plywood 46

ក្ដី /kdəy/ even though; to whatever extent 39

ក្ដៅ /kdaw/ to be hot 11

ក្នុង /knoŋ/ in, inside 1

ក្នុងចំណោម /knoŋ camnaom/ among 23

ក្បាច់ /kbac/ design 9

/kbac-raccənaa/ art, pattern, design; objet d'art 9

/kbaal/ head

/kbən/ bun, knot (Cambodian-style sarong or dhoti) 9

/kbuən/ procession, train, parade 15

/kbɨəŋ/ tile 1

/kbiəh/ comma; to make a stroke

/kbae/ beside, alongside 4

/kmuəy/ niece or nephew; affectionate term for younger friends 28

/kmeiŋ/ child, children 9; to be young 38

/kmeiŋ srəy-srəy/ young girls 9

/kraɑ/ to be poor 39

/kracaaq/ fingernail

/kradaah/ paper 46

/krabəy/ water buffalo 5

/krabəy kliəc/ white water buffalo 7

/kramuən/ wax 46

/kramom/ young unmarried girl, virgin 43

/krawaañ/ cardamom 6

/krawat/ to tie around the waist 35

/krawiəc/ twisted

/krasuəŋ/ department; function, duty 10

/krahaam/ red 3

/kralaa/ square 6

/kraləŋ/ to encircle 33

/kraap/ to bow, prostrate oneself 41

/kraap tuul/ to inform, to say respectfully (to royalty) 41

/kraam/ gram

/kraal/ to spread out, to lay out 29

/krah/ thick 28

/kroŋ/ city 4

/kroŋ-səŋkəborəy/ Singapore 46

/krom/ group, circle 12

/krom-ñiət/ relatives, family, ancestors 12

/krom-prɨksaa preəh-riəc-qanaacaq/ Council of the Kingdom 47

/krom preəh-riəccətroəp/ the royal orchestra 17

/krouc/ orange, citrus fruit 28

/kraeŋ/ to fear, be afraid 44

/kray-lɛɛŋ/ extremely, without bounds 5

/kraok/ to get up, rise up 38

/kraok chɔɔ/ to stand up 49

/kraok laəŋ/ to get up 38

/kraom/ under, below, beneath 29

/kraoy/ behind, after 2

/kraoy baŋqah/ last, last of all 49

/kraoy mɔɔk/ afterward, later 43

រក្រៅ /kraw/ outside, outside of 2

រក្រៅពី /kraw-pii/ besides, outside of 25

ក្សត្រ /ksat/ king

ក្អក /kqaaq/ to cough

ក្អម /kqaam/ water-jug, pitcher 46

ក្អមឆ្នាំង /kqaam-cnaŋ/ pottery, earthenware 46

ក្អែក /kqaek/ crow

ខ

ខាង /khaaŋ, khaŋ-/ side, direction 1; in the field of, matter of 25

ខាងកើត /khaŋ-kaət/ the east 6

ខាងក្រោម /khaŋ-kraom/ below, lower part 32

ខាងក្រោយ /khaŋ-kraoy/ behind, the back 2

ខាងឆ្វេង /khaŋ-cweiŋ/ left (side) 49

ខាងជើង /khaŋ-cəəŋ/ the north 6

ខាងត្បូង /khaŋ-tbooŋ/ the south 6

ខាងមុខ /khaŋ-muk/ front, in front 1

ខាងលិច /khaŋ-lic/ the west 6

ខាងលើ /khaŋ-ləə/ above, upper side 32

ខាត់ /khat/ to polish

ខាន /khaan/ to lack, to miss, to fail to 10

ខំខំ /khət-kham/ to try hard to, work assiduously (to) 18

ខុស /khoh/ to be different, wrong 11

ខុសគ្នា /khoh kniə/ to vary, be different from each other 11

ខុសៗគ្នា /khoh-khoh kniə/ varied, different from each other 23

ខុសពីធម្មតា /khoh pii thoəmmədaa/ exceptional, unusual 11

ខៀវ /khiəw/ blue or green 33

ខែត្រ /khaet/ province; head-word in compound names of provinces 20

ខែត្រកំពង់ចាម /khaet-kampuəŋ-caam/ Kampong Cham Province 19

ខែត្រកំពង់ឆ្នាំង /khaet-kampuəŋ-cnaŋ/ Kampong Chhnang Province 29

ខែត្រក្រៅ /khaet-kraw/ outer province 23

ខែ /khae/ month; head-word in names of months; moon 11

ខែកក្កដា /khae-kaqkədaa/ July

ខែកញ្ញា /khae-kaññaa/ September 14

ខែកុម្ភៈ /khae-kumpheəq/ February 11

ខែក្រោយ /khae-kraoy/ next month, the following month 27

ខែក្រោយនេះឯង /khae kraoy nih qaeŋ/ this very next month 28

ខែតុលា /khae-tolaa/ October 13

ខែធ្នូ /khae-tnuu/ December 11

ខែមករា /khae-meəqkəraa/ January

ខែមិថុនា /khae-mithonaa/ June

ខែមីនា /khae-minaa/ March

ខែមេសា /khae-meesaa/ April 11

ខែវិច្ឆិកា /khae-wiccəkaa/ November 11

ខែសីហា /khae-səyhaa/ August 14

ខែអស្សុជ /khae-qasoc/ September-October (lunar system) 13

ริอฺวฺสฺកา /khae-quhsəphiə/ May 11

ខោ /khao/ trousers, pants 23

ខោអាវ /khao-qaaw/ clothing, suit of clothes 23

ខំ /kham/ to try hard (to), to devote oneself (to) 1

ខាំ /kham/ to bite; to hold between the teeth 45

ខ្ចី /kcəy/ green, young, fresh; to borrow

ខ្ចីសេចក្ដី /kcəy səc-kdəy/ to be in-experienced

ខ្ចៅ /kcaw/ shellfish 44

ខ្ចាក់ /kceəq/ to spit out 44

ខ្ចប់ /kcoəp/ firm, tenacious 37

ខ្ចិល /kcɨl/ to be lazy; to be disinclined (to) 26

ខ្ញុំ /kñom/ I, me, my 1

ខ្ទម /ktɔɔm/ hut, miniature house 42

ខ្ទឹម /ktɨm/ garlic, onion

ខ្នង /knaaŋ/ the back, dorsal ridge 38

ខ្នើយ /knaəy/ pillow 30

ខ្ពស់ /kpuəh/ high, elevated 4

ខ្ពស់រៀ្ត ។ /kpuəh tɨw, kpuəh tɨw/ higher and higher 33

ខ្ពោក /kpook/ with a crash; sound of falling 45

ខ្មាស /kmaah/ embarrassed, ashamed; to lose face (to) 44

ខ្មែរ /kmae/ Cambodia; Cambodian; Cambodian people 3

ខ្មោច /kmaoc/ ghost, spirit; the deceased 12

ខ្មៅ /kmaw/ black 7

ខ្មៅប្រផេះ /kmaw-prapheh/ dark gray 7

ខ្យល់ /kyɑl/ wind, air 1

ខ្យល់អាកាស /kyɑl-qakaah/ air, weather 29

ខ្យល់ព្យុះ /kyɑl-pyuh/ a windstorm, typhoon 11

ក្លាក្លាំង /klaa-klaŋ/ strong, powerful 50

ក្លាច /klaac/ to fear, respect 38

ក្លាញ់ /klañ/ oil, grease 46

ក្លី /kləy/ short 9

ក្លោះ /kloh/ to pass through, push through 44

ក្លួន /kluən/ person, body; oneself 4

ក្លួនឯង /kluən-qaeŋ/ reflexive pro-noun: oneself, himself, your-self, etc. 42

ក្លាំង /klaŋ/ strong, loud, serious 7

ក្លះ /klah/ some, to some extent 2

ក្វាក់ /kwaq/ to be blind 42

ក្វាក់ក្វែង /kwaq-kwaeŋ/ from all di-rections, criss-crossed 10

ក្វន /kwən/ to be lame, paralyzed 43

ក្វេះ /kweh/ to scratch or dig out with the fingers 42

ក្វៃ /kway/ roasted 22

ក្សាច់ /ksac/ sand 25

ក្សែរ /ksae/ string, thread, rope 35

ក្សែក្រវាត់ /ksae-krawat/ belt 35

គ

គ /kɔɔ/ mute

គង់ /kuəŋ/ surely, inevitably; to re-main, reside (clergy) 37

កសិរស /kŭəŋ ni̱w/ to survive, live on, remain 40

កសិរស /kŭəŋ-ruəŋ/ to exist, survive 50

កណ: /kənaq/ party, group 47

កណ:កម្មការ /kənaq-kamməkaa/ commission

កណ:រដ្ឋមន្ត្រី /kənaq-roət-muəntrəy/ cabinet of ministers 47

កត់ /kuət/ exact; exactly 14

កន្លង /kŭənlɔɔŋ/ path, furrow; conduct 40

កប្បិយ /koə̆pbəy/ proper

កេ /kɔə/ pregnant

កម្ពីរ /kumpii/ scriptures

កោរ /kɔɔ/ to pile up

កោរ /kɔɔ/ kapok 25

គ.ស. /krihsaqkəraac/ Christian Era, A.D. 10

គ.ស. ១៨៦៤ /krihsaqkəraac muəy-poə̆n prambəy-rɔɔy hoksəp-buən/ 1864 A.D. 10

គ.ស. ១៩៤៧ /krihsaqkəraac muəy-poə̆n prambuən-rɔɔy saesəp-prampil/ 1947 A.D. 47

គ.ស. ១៩៥៣ /krihsaqkəraac muəy-poə̆n prambuən-rɔɔy haasəp-bəy/ 1953 A.D. 18

គ.ស. ១៩៦៨ /krihsaqkəraac muəy-poə̆n prambuən-rɔɔy hoksəp-prambəy/ 1968 A.D. 30

កាត់ /koət/ he, she, they; him, her, them 5

គិត /kit/ to think, plan, intend 22

គិតថា /kit thaa/ to think that, to think as follows 22

គិរី /kirii/ mountain (literary) 40

គិលានុបដ្ឋាក /kiliənuppəthaq/ male nurse 48

គិលានុបដ្ឋាយិកា /kiliənuppəthaayikaa/ female nurse 48

គីឡូម៉ែត្រ /kiloumaet/ kilometer 6

គីឡូម៉ែត្រក្រឡា /kiloumaet krɑlaa/ square kilometer 6

គីមហួន /kim-huən/ Kim-Huon (proper name) 20

គឺ /kii/ copulative relator: to be, to be as follows 3

គុណ /kun/ good deeds, merit, quality 13

គុណគ្រូ /kun kruu/ the value of teachers 40

គុណានុភាព /kunaanuphiəp/ virtue, quality

គុយទាវ /kuy-tiəw/ Chinese noodles 8

គុលិកា /kulikaa/ pill, capsule

គូ /kuu/ couple, pair 49

គូសាមីខ្លួន /kuu saamiy-kluən/ the couple themselves 49

គូរ /kuu/ to draw

គូលី /kulii/ coolie, worker

គួយ /kuəy/ Kuy, Kuoy (name of a tribal group in Cambodia) 47

គួរ /kuə/ proper, correct 16

គួរទុកដូច /kuə tuk douc/ should be considered as 40

គួរសម /kuə-sam/ reasonable, moderate, appropriate 21

គួរឱ្យ /kuə qaoy/ worthy of, worth (+ verb) 17

គួរឱ្យចាប់ចិត្ត /kuə qaoy cap-cət/ likeable, appealing 17

គេ /kee/ indefinite 3rd per. pronoun: he, she, they, one, someone 4

គេ /kɛɛ/ fowl's craw

គោ /koo/ cow, ox; beef 5

គោក្របី /koo-krɑbəy/ oxen and buffalo, livestock 5

រកាក /kook/ land, by land 43

រកាមុត្រ /koo-mout/ the symbol ⟨~~~~⟩

រកោរព /koorup/ to pay respects; to venerate 13

រកាល /kool/ aim, goal, mark 15

រកាលបំណង /kool-bamnaaŋ/ purpose, intention, goal 15

រកោះ /kuəh/ to strike, beat

គំនិត /kumnɨt/ thought, idea

គ្នា /kniə/ together 1

គ្មាន /kmiən/ not have, not exist 4

គ្មានអ្វីនឹងសង /kmiən qwəy nɨŋ saaŋ/ nothing can repay 40

គ្រប /krɔɔp/ to cover; a cover, lid 46

គ្របដណ្ដប់ /krɔɔp-dandap/ to cover over 46

គ្រប់ /krup/ every, every one of 5

គ្រប់គ្រាន់ /krup-krŏən/ enough, plentiful 34

គ្រប់បែប /krup baep/ of all kinds, of every variety 21

គ្រប់រូប /krup ruup/ each and every one (person) 5

គ្រលុក /krɔluk/ hole, cavity 4

គ្រវាត់ /krɔwŏət/ to toss away

គ្រា /kriə/ time, occasion 36

គ្រានា /kriə naa/ when, whenever 38

គ្រានោះ /kriə nuh/ at that time, once upon a time 36

គ្រាន់ /krŏən/ enough 34

គ្រាន់តែ /krŏən-tae/ only, just 31

គ្រាន់បើ /krŏən-baə/ adequate, sufficient; better (of illness) 34

គ្រាន់បើដែរ /krŏən-baə dae/ not bad, pretty good 34

គ្រឹស្តសករាជ /krɨhsaqkəraac/ Christian Era, A.D. 50

គ្រុឌ /krut/ garuda

គ្រូ /kruu/ teacher, master 1

គ្រូបង្រៀន /kruu-baŋriən/ school teacher 1

គ្រូបឋមសិក្សា /kruu pathamməsəksaa/ primary school teacher 48

គ្រូបាធ្យាយ /kruu-baatyiəy/ teacher, mentor 40

គ្រួសារ /kruəsaa/ family 2

គ្រឿង /kriəŋ/ things, accessories, ingredients; spices 8

គ្រឿងមាសរតន /kriəŋ-miəh-pɨc/ jewelry 23

គ្រែ /krɛɛ/ bed

ខ

ខាត់ /khŏət/ to prevent

ខិកៗ /khɨk-khɨk/ sound of giggling, chuckling 44

រខើញ /khəəñ/ to see, to find 10

រខាសៈ /khoosaq/ voiced; the 2nd series of Cambodian consonants

ខុំ /khum/ administrative unit composed of several villages 5

ខ្មោះ /kmuəh/ gong, drum 49

ខ្លា /kliə/ space; sentence

ខ្លាន /kliən/ to be hungry 29

ង

ងងិត /ŋɔŋ̣it/ dark, dim 32

ងាក /ŋiəq/ to turn one's head, to look around 33

ងាវ /ŋiəw/ a kind of clam

ងាវ /ŋaaw/ noise-maker

ងូត /ŋuut/ to bathe 34

ងូតទឹក /ŋuut-tɨk/ to bathe 34

រងើប /ŋəəp/ to raise oneself up 41

រងៀក /ŋiət/ to salt and dry in the sun 8

ច

ចង /caaŋ/ to tie 9

ចងក្រង /caaŋ-kraaŋ/ to compile, collect 50

ចងដៃ /caaŋ day/ ceremonial binding of newlyweds' wrists 49

ចងពួន /caaŋ-puən/ to connect, tie together 45

ចង់ /caŋ/ to want (to) 4

ចង្កះ /caŋkəh/ chopsticks 44

ចរង្កេះ /caŋkeh/ the waist, hips 9

ចង្អុល /caŋqol/ to point out 20

ចរង្អៀក /caŋqiət/ narrow, crowded 4

ចង្អេរ /caŋqei/ a wide flat basket 43

ចចក /cacək/ to peck repeatedly

ចត /caat/ to park, moor

ចតុ /cattoq/ four (usually in compounds) 10

ចតុប្បាទ /cattobaat/ quadruped

ចន្ទន៍ /can/ sandalwood

ចន្លោះ /canlah/ intervening space; between 6

ចប /caap/ a hoe

ចប់ /cap/ to finish, come to the end of 2

ចម្បាំង /cambaŋ/ battle

ចម្រោះ /camroh/ mixed 1

ចរម្រៀង /camriəŋ/ song 50

ចម្លាក់ /camlaq/ sculpture, frieze 24

ចាក /caaq/ to leave, abandon 14

ចាករចញ /caaq-cəñ/ to leave, depart 30

ចាក់ /caq/ to deposit, inject, insert; to pour 6

ចាក់ឫស /caq rɨh/ to take root, penetrate 50

ចាញ /cañ/ to lose to, be defeated by 7

ចាញ់កំរើ /cañ kamdaw/ to suffer from heat 7

ចាញ់ជាប់ /cañ coəp/ to lose repeatedly 39

ចាញ់ម្ហូបអ្នកម្ដាយឆ្ងាយណាស់
/cañ mhoup neəq-mdaay cŋaay nah/ is far inferior to Mother's food 16

ចាត់ /cat/ to order, arrange 45

ចាន /caan/ plate, dish 46

ចានកែវ /caan-kaew/ chinaware, glassware

ចាប /caap/ rice-bird, sparrow 37

ចាប់ /cap/ to get hold of, catch; begin (to) 2

ចាប់ចិត /cap-cət/ to like, be interested in 17

ចាប់ដើមកំណើត /cap daəm-kamnaət/ to originate, come into existence 17

ចាប់ផ្ដើម /cap-pdaəm/ to begin 2

ចាប់អារម្មណ៍ /cap-qaaram/ to be interested, intrigued 33

ចាប៉ី /caapəy/ a stringed musical instrument 34

ចាម /caam/ Cham (an ethnic minority in Cambodia) 4

ចាយ /caay/ to spend, disperse 14

ចាយវាយ /caay-way/ to waste, be extravagant 39

ចាស់ /cah/ old, worn, used; dark in color 3

ចាស់ព្រឹទ្ធាចារ្យ /cah-prɨtthiəcaa/ old age, elders 38

ចាះ /caah/ polite response particle used by women

ចិញ្ចឹម /cəñcəm/ to care for, raise 2

ចិញ្ច្រាំ /cəñcram/ to hack up in little pieces 45

ចិតសិប /cətsəp/ seventy

ចិត្ត /cət/ heart, mind, disposition 1

ចិត្តធំ /cət-thom/ to be bold, presumptuous 43

ចិត្តល្អ /cət-lqaa/ kind-hearted 42

ចិន /cən/ China; Chinese 4

ចុង /coŋ/ end, point 15

ចុះ /coh/ to descend 11; hortatory final particle 35

ចូរ /cou/ hortatory auxiliary: let's, go ahead and 37

ចូល /coul/ to enter 1

ចូលចិត្ត /coul-cət/ to like (to) 2

ចូលឆ្នាំ /coul-cnam/ the New Year 24

ចូលបុណ្យ /coul-bon/ to contribute (money) to a festival 15

ចូលរៀន /coul riən/ to begin studies, go back to school 26

ចៀស /ciəh/ to avoid; to pass by 39

ចៀសមិនរួច /ciəh mɨn ruəc/ to be unable to avoid 39

ចេក /ceik/ banana 13

ចេញ /cəñ/ to go out, leave, exit 1

ចេញចូល /cəñ-coul/ to go out and in 1

ចេញដំណើរ /cəñ damnaə/ departure; to leave on a trip 30

ចេតនា /caettənaa/ to like, desire

ចេតិយ /caetdəy/ reliquary monument, stupa 14

ចេះ /ceh/ to know, know how to 7; to to be learned, knowledgeable 40

ចែក /caek/ to divide 6

ចែកចាយ /caek-caay/ to give out, distribute 14

ចែវ /caew/ to row with an attached oar 43

ចៃ /cay/ louse 43

ចោត /caot/ steep 33

ចោល /caol/ to throw away, abandon, give up 37

ចៅ /caw/ grandchild; pronoun for children of one's grandchildren's generation 36

ចៅហ្វាយ /cawwaay/ owner, master, boss 43

ចៅហ្វាយខែត្ត /cawwaay-khaet/ provincial governor 31

ចៅអធិការ /caw-qathikaa/ abbot, head monk 12

ចំ /cam/ right, exact; to coincide with 18

ចំមុខ /cam muk/ just opposite, right in front of 31

ចំការ /camkaa/ garden, plantation 4

ចំការកៅស៊ូ /camkaa-kawsuu/ rubber plantation 25

ចំការលើ /camkaa-ləə/ upper plantation; Chamcar Leu (district) 25

ចំណត /camnaat/ station, parking place 23

ចំណតអាកាសយាន /camnaat-qakahsəyiən/ airport 35

ចំណតអយស្ម័យយាន /camnaat-qayeəqsmaayiən/ train station 30

ចំណាន /camnaan/ good at, skilled in; special, of best quality 31

ចំណាន ៗ /camnaan-camnaan/ of very best quality, outstanding 31

ចំណី /camnəy/ dessert, sweets 14

ចំណីអាហារ /camnəy-qahaa/ various kinds of food 14

ចំណុច /camnoc/ to stipple; a dot

ចំណូល /camnoul/ profit, revenue 15

ចំណែក /camnaek/ section, part; as for, on the part of 15

ចំណែក...វិញ /camnaek ... wiñ/ as for ... on the other hand 5

ចំណោម /camnaom/ group, totality 23

ចំនួន /camnuən/ number, total 47

ចំពោះ /campuəh/ toward, especially for 5

ចំរះ /camroh/ (see ចម្រោះ) 39

ចំរើន /camraən/ to increase, advance, prosper; increase 39

ចំរើនការ /camraən-kaən/ to increase; increase 46

ចំរៀក /camriəq/ strip, splinter 37

ចំឡែក /camlaek/ extraordinary, special 38

ចាំ /cam/ to wait for, to guard 16

ចាំ /cam/ to remember 43

ចាំអ្វីទៀត /cam qwəy tiət?/ come on, what are we waiting for? 27

ច្បាប់ /cbap/ law, custom 27

ច្បាប់សាលា /cbap-salaa/ prescribed law 40

ច្បារ /cbaa/ garden, plot, field 1

ច្បារអំពៅ /cbaa qampɨw/ sugarcane field; Chbar Ampouv (a village) 4

ច្រមុះ /cramoh/ nose 44

ច្រវាត់ច្រវែង /crawat-crawaeŋ/ helter-skelter, from all directions 32

ច្រឡំ /cralam/ confused

ច្រើន /craən/ much, many 1

ច្រើន /craən/ usually, mostly 3

ច្រើនតែ /craən-tae/ usually, mostly 39

ច្រៀង /criəŋ/ to sing 32

ច្រាំង /craŋ/ river bank 4

ឆ

ឆា /chaa/ to fry in oil; a fried mixture 22

ឆាសាច់គោ /chaa-sac-koo/ fried beef with vegetables 22

ឆាប់ /chap/ fast, quick 35

ឆាង /chaoŋ/ interval (rare)

ឆៅ /chaw/ to be raw 49

ឆ្កែ /ckae/ dog

ឆ្គំឆ្គង /ckoəm-ckɔɔŋ/ crude, improper, inappropriate 40

ឆ្ងាញ់ /cŋañ/ delicious, tasty 22

ឆ្ងាយ /cŋaay/ distant, far 16

ឆ្នេរ /cnei/ beach 34

ឆ្នៃ /cnay/ to shape (diamonds) 47

ឆ្នោត /cnaot/ ticket, vote 47

ឆ្នាំ /cnam/ year 3

ឆ្នាំក្រោយ /cnam kraoy/ the next year, the following year 14

ឆ្នាំង /cnaŋ/ pot, kettle; pottery 29

ឆ្ពោះ /cpuəh/ toward, directly toward 18

ឆ្លង /claaŋ/ to cross; across 7

ឆ្លាក់ /claq/ to carve, sculpt 13

ឆ្វេង /cweiŋ/ left (side) 49

ជ

ជង /cɔɔŋ/ Chong (a tribal group) 47

ជជែក /cɔcɛɛk/ to discuss

ជញ្ជក់ /cuəñcuəq/ to suck, to taste 44

ជញ្ជូន /cuəñcuun/ to carry, to transport 37

ជញ្ជាំង /cuəñceəŋ/ wall, side 3

ជញ្ជាំងក្ដារ /cuəñceəŋ kdaa/ board wall 3

ជណ្ដើរ /cuəndaə/ stairs

ជន /cuən/ people, populace 37

ជនជាតិ /cuən-ciət/ people, race, tribe 37

ជានានុជន /cuənniənucuən/ people, populace, citizenry 17

ជប់ /cup/ to sip

ជប់លៀង /cup-liəŋ/ to hold a feast, have a banquet 49

ជម្លោះ /cumluəh/ a quarrel

ជ័យ /cɨy/ victory; short for Thuon Chey 41

ជរ /cɔɔ/ embroidery 9

ជ័រ /cɔə/ resin

ជា /ciə/ copulative verb: is, be, be the same as 1

ជា /ciə/ relative conjunction: that 6

ជា /ciə/ to be well, free 16

ជាការធម្មតា /ciə kaa-thoəmmədaa/ as usual 16

ជាដើម /ciə-daəm/ and so forth, as examples 46

ជាទីបំផុត /ciə tii-bamphot/ extremely, the very most 16

ជាពិសេស /ciə piseh/ especially 25

ជាមួយ /ciə-muəy/ with 5

ជាមួយនិង /ciə-muəy-nɨŋ/ along with, together with

ជាយូរថ្ងៃណាស់មកហើយ /ciə yuu tŋay nah mɔɔk haəy/ for many days, for a long time 16

ជារឿយ ៗ /ciə rɨəy-rɨəy/ often, continually 16

ជាលាយលក្ខអក្សរ /ciə liəy-leəq qaqsaa/ in written form 50

ជាក់ /ceəq/ clear

ជាង /ciəŋ/ more, more than 5

ជាងគេ /ciəŋ-kee/ most, most of all 21

ជាងអ្វីទៀត /ciəŋ qwəy tɨw tiət/ more than anything else 27

ជាតក /ciədaq/ Jataka 50

ជាតិ /ciət/ nation, nationality; national 18

ជាតិ /ciət/ flavor 22

ជាន់ /coən/ stage, era, floor, level 48

ជាប់ /coəp/ caught, stuck, attached 29

ជាយ /ciəy/ border, rim, edge 9

ជិត /cɨt/ near, close to 4

ជិត /cɨt/ almost, nearly 24

ជិតខាង /cɨt-khaaŋ/ close by, nearby 15

ជិត ៗ នោះ /cɨt-cɨt nuh/ quite near there 34

ជិះ /cih/ to ride, mount 4

ជី /cii/ fertilizer, humus 6

ជីជាតិ /cii-ciət/ natural richness, fertility 6

ជីក /ciik/ to dig 46

ជីវិត /ciiwɨt/ life 43

ជូន /cuun/ to accompany 25

ជូន /cuun/ to give, to offer (polite) 38

ជួន /cuən/ sometimes, perhaps 4

ជួនកាល /cuən-kaal/ sometimes 4

ជួនជា /cuən ciə/ it happened that, perhaps 45

ជួប /cuəp/ to meet 15

ជួបជុំ /cuəp-cum/ to meet, come together, reunite 15

ជួយ /cuəy/ to help (to), help (by) 2

ជួរ /cuə/ row, chain 6

ជួរភ្នំ /cuə pnum/ mountain chain 6

ជួសជុល /cuəh-cul/ to repair 15

ជើង /cəəŋ/ foot, leg, base 9

ជើងភ្នំ /cəəŋ pnum/ foothills, low-lying mountains 19

ជើងម៉ា /cəəŋ-maa/ bench, stool 38

ជឿ /cɨə/ to believe 27

ជេរ /cee/ to curse, swear at, scold 14

ជោគជ័យ /cook-cɨy/ victory, success, good fortune 49

ជុំ /cum/ circle, revolution 15

ជុំវិញ /cumwiñ/ around 1

ជំនាន់ /cumnoən/ period, era 50

ជំនួញ /cumnuəñ/ business, commerce; merchant 4

ជំនឿ /cumnɨə/ belief

ជំពាក់ /cumpeəq/ to owe, be indebted, involved, entangled 39

ជំពូក /cumpuuk/ way, type, sort 39

ជំរាប /cumriəp/ to inform (polite) 16

ជំរាបសួរ /cumriəp-suə/ greetings, hello; to greet 24

ជោម /coəm/ bruised, blemished

ជ្រមុជ /crɔmuc/ to submerge, duck, put under 42

ជ្រាប /criəp/ to learn, understand 16

ជ្រុង /cruŋ/ corner 6

ជ្រូក /cruuk/ pig, pork 22

ជ្រើស /crəəh/ to choose, pick out 47

ជ្រើសរើសតាំង /crəəh-rəəh-taŋ/ to elect 47

ជ្រៅ /crɨw/ deep, profound 50

ឈ

ឈប់ /chup/ to stop, discontinue 2

ឈប់សំរាក /chup-samraaq/ to take a vacation, be off (from work, etc.) 2

ឈរ /chɔɔ/ to stand 49

ឈាម /chiəm/ blood 25

ឈុនលី /chun-lii/ Chhun-Ly (personal name) 20

ឈើ /chəə/ wood 3

ឈើខ្លឹម /chəə-kləm/ precious wood, hardwood 46

ឈើគុស /chəə-kuh/ matches 46

ឈើសំណាត់ /chəə-samnat/ driftwood 19

ឈោង /chooŋ/ to reach out

ឈ្នះ /cneəh/ to win, succeed 39

ឈ្មោល /cmool/ male (of animals) 41

ឈ្មោះ /cmuəh/ name; named 10

ឈ្លក់ /cluəq/ to choke, strangle (tr.) 42

ឈ្លោះ /cluəh/ to quarrel 4

ឈ្លោះប្រកែក /cluəh-prakaek/ to quarrel, squabble 4

ញ

ញារ /ñɔə/ to tremble

ញាតិ /ñiət/ relatives 12

ញាតិសន្តាន /ñiət-sandaan/ relatives 14

ញាប់ /ñoəp/ fast, quick 4

ញី /ñii/ female (of animals) 41

ញឹក /ñɨk/ often 4

ញឹកញាប់ /ñɨk-noəp/ often, quick 4

ញើស /ñəəh/ perspiration 36

ញ៉ាំ /ñam/ to eat (colloquial, familiar) 16

ដ

ដែ /daa/ relative conjunction: which

ដង /daaŋ/ to dip up, draw up (water, etc.) 2

ដង /daaŋ/ handle, grip 6

ដង /daaŋ/ time, occasion 8

ដង /daaŋ/ range, chain 35

ដងព្រៃ /daaŋ prɨy/ expanse of forest, jungle 35

ដងរែក /daaŋ-rɛɛk/ Dang Raek (Mtns.); a shoulder pole 6

ដង្ហែ /daŋhae/ to parade, accompany in procession 15

ដដែល /dadael/ same, the same as 12

ដណ្តប់ /dandap/ a cover, covered over 46

ដទៃ /datɨy/ other, additional 46

ដន្លង /danlaaŋ/ parents of one's son- or daughter-in-law 45

ដន្លងស្រី /danlaaŋ srəy/ mother of one's son- or daughter-in-law 45

ដប់ /dap/ ten 5

ដប់ប្រាំ /dap-pram/ fifteen 10

ដប់ប្រាំបួន /dap-prambuən/ nineteen 5

ដប់ពីរ /dap-pii/ twelve 14

ដម្លើង /damlaaŋ/ to assemble, set up 46

ស្ដាប /daraap/ always, continuously 39

ដល់ /dal/ to arrive, reach 11

ដល់ /dal/ when, at the time of; until 12

ដល់ /dal/ for, toward 12

ដាក់ /daq/ to put, place, deposit 1

ដាក់បិណ្ឌ /daq bən/ to present food to the monks 14

ដាច់ /dac/ to separate, to break apart 3

ដាវ /daaw/ sword 49

ដី /dəy/ earth, ground 3

ដីល្បប់ /dəy-lbap/ alluvial soil 6

ដីឥដ្ឋ /dəy-qət/ clay 29

ដឹក /dək/ to carry, transport 46

ដឹកនាំ /dək-noăm/ to transport, to lead 46

ដឹង /dəy/ to know, be aware of 25

ដឹងទៅដល់ /dəŋ tɨw dal/ spread to, (the word) got to 42

ដើ /dəɨ/ fallow, unproductive

ដុត /dot/ to heat, burn, roast 29

ដុន /don/ an elephant command

ដុះ /doh/ to grow, come up; to brush 1

ដុះលូតលាស់ /doh luut-loăh/ to grow, increase, expand 17

ដូង /douŋ/ coconut 30

ដូច /douc/ like, as 5

ដូចជា /douc-ciə/ such as 46

ដូចដើម /douc daəm/ like new, as before 42

ដូច្នេះ /douccneh/ therefore, thus 11

ដូច្នោះ /douccnah/ therefore, in that case 36

ដូន /doun/ old lady; female ancestor 10

ដូរ /dou/ to trade 47

ដូរដន្ត្រី /dou-dantrəy/ instrumental music 15

ដើម /daəm/ plant, stalk; head-word in compounds referring to plants 2

ដើម /daəm/ beginning, origin 14; original, first 15

ដើមកំណើត /daəm-kamnaət/ origin, beginning 17

ដើមចេក /daəm-ceik/ banana tree 13

ដើមឈើ /daəm-chəə/ tree(s) 1

ដើមដូង /daəm-douŋ/ coconut palm 31

ដើមផ្កា /daəm-pkaa/ flower plant, shrub 2

ដើម្បី /daəmbəy/ in order to 2

ដើម្បីនឹងប្រើប្រាស់ /daəmbəy niŋ praə-prah/ for use (in) 15

ដើរ /daə/ to walk, to go 7

ដើរលេង /daə-leeŋ/ to amuse oneself, to go around for fun 19

ដេក /deik/ to recline, to sleep 3

ដេកសំរាក /deik-samraaq/ to rest in a reclining position, to take a nap 29

ដេរដារ /dei-daah/ all over, everywhere 46

ដែក /daek/ iron, metal 42

ដែកគោល /daek-kool/ nail(s) 46

ដែរ /dae/ also, as well; nevertheless 5

ដែល /dael/ relative pronoun: that, which, who 1

ដែល /dael/ ever, to have ever (+ verb) 14

ដៃ /day/ hand; sleeve 9

ដោយ /daoy/ by, with 6; because, since 12

ដោយសារ /daoy saa/ because of the fact that 18

ដោយសារតែ /daoy-saa-tae/ because, only because 39

ដោយឡែក /daoy laek/ individual, separate 47

ដោយអាល័យ /daoy qaalay/ affectionately 30

ដោយឯកឯង /daoy qaek-qaeŋ/ by itself, by oneself 19

ដោះ /dah/ to loosen, untie, take off 35

ដុំ /dom/ piece, cake, lump 8

ដំណើរ /damnaə/ process, procedure, custom, case, situation 15

ដំណើរ /damnaə/ trip 28

ដំណាំ /damnam/ plants, vegetables 6

ដំបង /dambaaŋ/ stick, club 30

ដំបន់ /damban/ part, area 46

ដំបូក /dambouk/ mound, hillock 37

ដំបូង /dambouŋ/ first, original 15

ដំបូនមាន /damboun-miən/ instruction; teaching 38

ដំរិះ /damreh/ education, knowledge 40

ដំឡូង /damlouŋ/ potato(s)

ដាំ /dam/ to plant 1

ដាំ /dam/ to cook 29

ដ្បិត /dbət, tbət/ because, since 45

ថ

ឋាន /thaan/ place, site

ឋានៈ /thaanaq/ position, duty

ឌិ

ឌីប្លូម /diiploum/ diploma (secondary school) 48

ឌុន /dun/ alike

ធេ

ធៀល /thiəl/ a large drum

ណ

ណា /naa/ where?, which?; anywhere, somewhere 24

ណាខ្លះ /naa-klah/ where?, which? (plural) 24

ណា! , ណះ! /naa!, nah!, nəh!/ colloquial imperative final particle: come on!, go on! 27

ណាយ /naay/ bored

ណាស់ /nah/ very, very much 1

នហើយ /nəhaəy!/ preemptory particle: there, that's enough, enough said! 27

ត

ត /taɑ/ to continue; further 43

តរៃ្ល /taɑ tlay/ to bargain, discuss the price 20

តមក /taɑ mɔɔk/ afterward, later on 43

កក់ ៗ /taq-taq/ sound of dripping, drop by drop 37

តង់ /taŋ/ tent 34

តង្វាយ /daŋwaay/ gift (formal)

តន្ត្រី /dantrəy/ musical instrument; instrumental music 15

តប /taap/ to answer, respond 34

តម្កល់ /damkal/ to raise up, put on a pedestal; to house, keep 19

តម្កើង /damkaəŋ/ to elevate

តម្បាញ /dambaañ/ weaving

តម្រង់ /damraŋ/ directly, straight-away 20

តម្រើ /damrəw/ to correct

តម្រួត /damruat/ stacked up, com-bined; police

តា /taa/ grandfather, old man 14

តាម /taam/ to follow; along, by, according to 4

តាមចិត្ត /taam cət/ freely, as one wishes 13

តាមត្រង់ /taam traŋ/ honestly 44

តិច /təc/ little, few 8

តិះដៀល /teh-diəl/ to ridicule

តុ /tok/ table, desk 2

តុគ្រឿងការ៉េ /tok-tuu-kawqəy/ furniture 2

តុកតាក /tokkətaat/ sound of clucking 41

តុកតាកពងមួយ /tokkətaat pɔɔŋ muəy/ cluck, cluck: an egg! 41

តូច /touc/ small 3

តូច ៗ /touc-touc/ small and numerous 6

តើ /taə/ initial question particle 16

តៀ /tiə/ dwarfed

តៀប /tiəp/ a kind of bowl

តែ /tae/ but, only 9

តែម្នាក់ឯង /tae məneəq qaeŋ/ by oneself 42

តែឯង /tae qaeŋ/ alone 44

តែង /taeŋ/ usually, as a matter of custom 39

តែង /taeŋ/ to write, compose 50

តែងតែ /taeŋ-tae/ usually, almost always 39

តាំង /taoŋ/ must, necessary to 41

តាំង /taoŋ/ to hold onto, grasp 49

តោន /taon/ ton 46

តៅ /taw/ bushel

តំណា /damnaa/ extension, continua-tion

តំណាង /damnaaŋ/ symbol, repre-sentative 18

តាំង /taŋ/ to establish, set up; to start 10

តាំងពី /taŋ-pii/ from, starting from, beginning with 11

តះ /tah/ to wiggle

ត្នោត /tnaot/ sugar palm 46

ត្បាញ /tbaañ/ to weave; woven 9

ត្បូង /tbouŋ/ diamond, precious stone 46; south

ត្រកូល /trakoul/ race, lineage, tribe 16

ត្រង់ /traŋ/ straight, exact, coincident with 6

ត្រជាក់ /traceəq/ cool, refreshing 11

ក្រដា /tradaa/ to carry on, persevere 36

ក្រដាង /tradaaŋ/ to spread out, extend 33

ក្រឡប់ /tralap/ to turn around, reverse direction 12

ក្រប់ /trap/ to imitate 44

ក្រាស់ /trah/ to say, decree (royal) 41

ត្រី /trəy/ fish 4

ត្រី /trəy-/ three (in compounds)

ត្រីកោណ /trəy-kaon/ triangle

ត្រីខ /trəy-khaa/ a kind of fish stew 8

ត្រីងៀត /trəy-ŋiət/ dried salted fish 8

ត្រីទឹកប្រៃ /trəy-tɨk-pray/ salt-water fish 46

ត្រីទឹកសាប /trəy-tɨk-saap/ fresh-water fish 46

ត្រីបំពង /trəy-bampɔɔŋ/ deep-fried fish 22

ត្រីអាំង /trəy-qaŋ/ barbecued fish 8

ត្រូម /trəm/ correct, exact 4

ត្រូម /trəm/ at, coincident with, as far as 9

ត្រឹមត្រូវ /trəm-trəw/ proper, good 4

ត្រឹមត្រូវតាមច្បាប់ /trəm-trəw taam cbap/ lawful, legal, proper 49

ត្រឹមនេះ /trəm nih/ right here, at this point 16

ត្រូវ /trəw/ must, have to 2

ត្រូវ /trəw/ correct, exact 4

ត្រូវ /trəw/ to hit, come in contact with, be subjected to 42

ត្រូវការ /trəw-kaa/ to need, want 25

ត្រើយ /traəy/ side, bank (of a river) 4

ត្រេកអរ /treik-qaa/ happy 31

ត្រាំ /tram/ to immerse, soak 7

ត្រាំទឹក /tram tɨk/ to immerse, soak in water 7

ទ្គួញ /tqouñ/ to wheedle, complain

ថ

ថប់ /thap/ to stifle, be out of breath 37

ថា /thaa/ to say; quotative conjunction which occurs after certain verbs: that, as follows 7

ថាន /thaan/ place, world 14

ថាវី /thaawii/ Thavi (personal name) 28

ថាស /thaah/ tray 44

ឋិត /thət/ to stand, be situated 6

ថូ /thou/ vase

ថែ /thae/ to take care of 5

ថែទាំ /thae-toăm/ to take care of 5

ថែរក្សា /thae-reăqsaa/ to take care of 5

ថែម /thaem/ to add, increase; again, more, in addition 32

ថោក /thaok/ cheap, inexpensive 21

ថោកខ្លួន /thaok kluən/ to debase oneself 39

ថោកជាងគេ /thaok ciən-kee/ the cheapest, least expensive 21

ថ្កុំថ្កើង /tkom-tkaəŋ/ big, important, impressive 17

ថ្ងៃ /tŋay/ day, sun; to be late in the day 2

ថ្ងៃការ /tŋay-kaa/ wedding day 45

ថ្ងៃត្រង់ /tŋay-traŋ/ noon, at noon 8

ថ្ងៃនេះ /tŋay-nih/ today 2

ថ្ងៃពេញបូណ៍មី /tŋay-piñ-bourəməy/ full-moon day 13

ថ្ងៃព្រហស្បតិ៍ /tŋay-prahoəh/ Thursday 32

ថ្ងៃមុន /tŋay mun/ previously, earlier; the day before 31

ថ្ងៃសុក្រ /tŋay-sok/ Friday 32

ថ្ងៃអាទិត្យ /tŋay-qaatɨt/ Sunday 2

ថ្នល់ /tnɑl/ street, road 4

ថ្នាក់ /tnaq/ class, grade, rank, level 1

ថ្នាក់ចុងបំផុត /tnaq coŋ bamphot/ top, final grade (13th year) 48

ថ្នាក់ទី ១ វិនប /tnaq tii-muəy tumnəəp/ 1st grade, secondary (12th year) 26

ថ្នាក់ទី ២ វិនប /tnaq tii-pii tumnəəp/ 2nd grade, secondary (11th year) 48

ថ្នាក់ទី ៣ វិនប /tnaq tii-bəy tumnəəp/ 3rd grade, secondary (10th year) 48

ថ្នាក់ទី ៦ វិនប /tnaq tii-prammuəy tumnəəp/ 6th grade, secondary (7th year) 48

ថ្នាក់ទី ៧ /tnaq tii-prampɨl/ 7th grade (6th year) 48

ថ្នាក់ទី ១២ /tnaq tii-dap-pii/ 12th grade (1st year) 48

ថ្នាក់បណ្ឌិត /tnaq bandɨt/ doctorate 27

ថ្នាំ /tnam/ tobacco; medicine, preparation 25

ថ្ពាល់ /tpoəl/ cheek

ថ្ម /tmɑɑ/ stone 20

ថ្មកែវ /tmɑɑ-kaew/ marble 46

ថ្មី /tməy/ new 10

ថ្លា /tlaa/ clear 19

ថ្លើម /tlaəm/ liver 43

ថ្លើមឯងប៉ុណ្ណា /tlaəm qaeŋ ponnaa/ how big is your liver? 43

ថ្លៃ /tlay/ price 20; expensive 21

ថ្លៃជាងគេ /tlay ciəŋ-kee/ the most expensive 21

ថ្វាយ /twaay/ to give, present (formal) 18

ទ

ទណ្ឌកិត /toəndəkhiət/ to cancel; the symbol ្

ទទួល /tɔtuəl/ to receive, greet, accept 3

ទទួលទាន /tɔtuəl-tiən/ to eat (referring to oneself) 8

ទទួលទានបាយ /tɔtuəl-tiən baay/ to have a meal 8

ទទះ /tɔteəh/ to flap (the wings)

ទន្ទឹម /tuəntɨm/ to yoke, put side by side, pair off 49

ទន្លេ /tuənlee/ large river, waterway 4

ទន្លេចតុមុខ /tuənlee-cattoq-muk/ the Four-Faced River (the intersection formed at Phnom Penh by four rivers: the Tonle Sap, the Upper Mekong, the Lower Mekong, and the Bassac) 10

ទន្លេបាសាក់ /tuənlee-baasaq/ the Bassac River 4

ទន្លេមេគង្គ /tuənlee-meekoŋ/ the Mekong River 6

ទន្លេសាប /tuənlee-saap/ the Tonle Sap (the Sap River) 29

ទប់ /tup/ to stop up, hold back, restrain 44

ទប់មិនជន់ះ /tup mɨn cneəh/ unable to hold back, unable to restrain 44

ទ័ព /toəp/ army

ទម្ងន់ tumŋuən/ weight 40

ទល់ /tu̇əl/ opposed, opposite, at odds with 43

ទល់មុខគ្នា /tu̇əl muk kniə/ face to face, opposite one another 43

ទា /tiə/ duck 2

ទាក់ /teəq/ to trap, snare

ទាញ /tiəñ/ to pull

ទាន /tiən/ gift; to give a gift 16

ទាប /tiəp/ low, short, flat 4

ទាបនឹងដី /tiəp niŋ dəy/ flat on the ground 4

ទាល់ /tȯəl/ until, reaching 32

ទាល់ក្រ /tȯəl-krɑɑ/ destitute 39

ទាល់តែ /tȯəl-tae/ until 36

ទាហាន /tiəhiən/ soldier

ទិញ /tɨñ/ to buy 15

ទិស /tɨh/ direction 11

ទិសអាគ្នេយ៍ /tɨh-qaqknee/ the southeast 11

ទិសឦសាន /tɨh-qəysaan/ the northeast 11

ទិសឧត្តរ /tɨh-qotdɑɑ/ the north 11

ទី /tii/ place 3

ទី /tii/ ordinalizing prefix 5

ទីកន្លែង /tii-kanlaeŋ/ place, site 19

ទីកំសាន្ត /tii-kamsaan/ park, place for relaxation 10

ទីក្រុង /tii-kroŋ/ city 4

ទីក្រុងព្រះសីហនុ /tii-kroŋ preəh-siihanuq/ Sihanoukville 46

ទីដប់ប្រាំ /tii-dɑp-pram/ fifteenth 10

ទីដែន /tii-daen/ territory, land 46

ទីទៃ /titɨy/ opposite, different 49

ទីទៃៗ /titɨy-titɨy/ separately, each on his own 49

ទីធ្លា /tii-tliə/ courtyard, clearing 19

ទីពីរ /tii-pii/ second 5

ទីមួយ /tii-muəy/ first 5

ទីរួសនិវ /tii-ruəh-nɨw/ abode, residence 3

ទីលំនៅ /tii-lumnɨw/ address, residence 4

ទីវាល /tii-wiəl/ open space, field 29

ទីស្ថាន /tii-sthaan, -thaan/ place, establishment 31

ទឹក /tɨk/ water; headword in compounds referring to liquids 2

ទឹកក្រូច /tɨk-krouc/ orange juice 28

ទឹកគ្រឿង /tɨk-krɨəŋ/ a spicy, pungent sauce 8

ទឹកមុខ /tɨk-muk/ expression (facial) 20

ទឹម /tɨm/ to yoke, put together 7

ទុក /tuk/ to put, keep 1

ទុកចិត្ត /tuk-cət/ to trust, have confidence (in) 47

ទុក្ខ /tuk/ to be unhappy, sad; sadness, grief 16

ទុក្ខវេទនា /tuk-weetəniə/ misery, grief 39

ទុរគត /tuurəkuət/ destitute

ទូ /tuu/ cupboard, cabinet 2

ទូក /tuuk/ boat 4

ទូល /tuul/ to say, tell (to royalty) 41

ទូលព្រះបង្គំ /tuul-preəh-baŋkum/ I (addressing royalty) 41

ទូលាយ /tuliəy/ wide, spacious 1

ទៀប /təəp/ then, and then 29

ទៀបតែ /təəp-tae/ to have just (+ verb) 5

ទៀបតែនឹង /təəp-tae-niŋ/ to have just (+ verb) 5

ទៀត /tiət/ again, further, additional 12

ទៀន /tiən/ candle 12

ទៀប /tiəp/ nearly

ទេ /tee/ final negative particle 3

ទេ /tee/ final emphatic particle 16

ទេ /tee/ final question particle 16

ទេវតា /teewədaa/ god, spirit, angel 42

ទេសចរ /teehsəcaa/ tourist 10

ទេសនា /teehsənaa/ to recite the scriptures 12

ទេសភាព /teehsəphiəp/ view, landscape, nature, aspect 33

ទោ /too/ two (usually in compounds)

ទោស /tooh/ punishment; guilt 13

ទោះបី /tuəh-bəy/ although 45

ទោះបី___ក៏ដោយ /tuəh-bəy ... kɑdaoy/ even though 45

ទៅ /tɨw/ to go 2; final imperative particle: go ahead and ...; aspectual particle: orientation away from speaker in space or time 26

ទៅក៏ទៅ /tɨw kɑ-tɨw/ fine, okay, let's go 26

ទៅកាត់ /tɨw kat/ to pass by, go across 29

ទៅខាងក្រោយ /tɨw khaŋ-kraoy/ backward, toward the back 7

ទៅដល់ /tɨw dɑl/ to arrive at, to come upon 18

ទៅដោយ /tɨw daoy/ consisting of 31

ទៅណាមកណា /tɨw naa mɔɔk naa/ to go anywhere 12

ទៅមើលកុន /tɨw məəl kon/ go to the movies 21

ទៅវិញទៅមក /tɨw wiñ tɨw mɔɔk/ back and forth, reciprocally 49

ទុំ /tum/ ripe

ទុំទាវ /tum-tiəw/ Tum-Teav (a romantic poem) 50

ទំ /tum/ to perch

ទំនិញ /tumniñ/ merchandise 23

ទំនើប /tumnəəp/ modern, recent, new 26

ទំនៀមទំលាប់ /tumniən-tumlɔəp/ customs, culture 47

ទំនេរ /tumnee/ free, vacant 31

ទំព័រ /tumpɔə/ page

ទំពា /tumpiə/ to chew 7

ទំពារៀង /tumpiə-qiəŋ/ to ruminate, chew the cud 7

ទំហំ /tumhum/ size 6

ទំហំដី /tumhum-dəy/ surface area 6

ទាំង /teəŋ/ all of, including 6

ទាំងកាក /teəŋ kaaq/ including the pulp 44

ទាំង___ទាំង /teəŋ ... teəŋ/ both ... and 12

ទាំងថ្ងៃទាំងយប់ /teəŋ tŋay teəŋ yup/ both night and day 12

ទាំងនេះ /teəŋ-nih/ all these 6

ទាំងប៉ុន្មាន /teəŋ ponmaan/ however many 45

ទាំងពីរ /teəŋ-pii/ both 20

ទាំងព្វង /teəŋ-puəŋ/ all together, the whole group 35

ទាំងមូល /teəŋ-muul/ all of, the whole 29

ទាំងស្រុង /teəŋ-sroŋ/ completely, "hook, line, and sinker" 50

ទាំងហ្វូង ៗ /teəŋ-wouŋ, teəŋ-wouŋ/ in groups, group by group 20

ទាំងឡាយ /teəŋ-laay/ all 13

ទាំងអស់ /teəŋ-qɑh/ all; everything 1

ទះ /teəh/ to slap, to beat

ទ្រង់ /truəŋ/ auxiliary which precedes verbs describing royal action 41

ទ្រង់ព្រះដំរិះ /truəŋ preəh-dɑmreh/ to think, decide (royal) 41

ទ្រតូង /trɔtuuŋ/ distance from toes to fingertips

ទ្រនំ /trɔnum/ a perch

ទ្រព្យ /troəp/ wealth, possessions 39

ទ្រុង /truŋ/ cage 2

ទ្វារ /twiə/ door, opening 1

ទ្វីប /twiip/ continent 6

ទ្វី /twii/ both, two 40

ធ

ធនញ្ជ័យ /thənuən-ciy, thuən-ciy/ Thuon Chey (the Victorious) 41

ធន់ /thuən/ to endure, withstand 7

ធម៌ /thɔə/ dharma, the law, scriptures 12

ធម្មតា /thoəmmədaa/ usual, ordinary, usually 8

ធាតុ /thiət/ cremated remains

ធាតុ /thiət/ nature, natural element, mineral 11

ធាតុអាកាស /thiət-qakaah/ weather, climate 11

ធានា /thiəniə/ to assure, promise, undertake 43

ធុញ /thuñ/ to be bored 37

ធុញថប់ /thuñ-thɑp/ to be bored, discouraged 37

ធុរៈ /thureəq/ affairs, duties; trouble 36

ធូប /thuup/ incense, joss sticks 13

ធូរ /thuu/ loose, relaxed

ធំ /thom/ big, important 1

ធំ ៗ /thom-thom/ big (plural), quite large; mature 28

ធំដុំ /thom-dom/ grand, important 12

ធំទូលាយ /thom-tuliəy/ spacious 1

ធ្ងន់ /tŋuən/ heavy 36

ធ្នូ /tnuu/ arrow

ធ្លា /tliə/ clearing, expanse 19

ធ្លាក់ /tleəq/ to fall 11

ធ្លាប់ /tloəp/ used to; accustomed to 21

ធ្លុះ /tluh/ to pierce, penetrate 37

ធ្វើ /twəə/ to do, make, build, repair 2

ធ្វើការ /twəə-kaa/ to work 2

ធ្វើជា /twəə ciə/ to pretend to 49

ធ្វើដំណើរ /twəə dɑmnəə/ to travel, take a trip 28

ធ្វើតាម /twəə taam/ to follow, imitate 44

ផ្ទេីបុណ្យ /twəə-bon/ to hold a celebra-
tion, have a ceremony 12

ធ្វើពី /twəə pii/ made of 3

ធ្វើស្រែ /twəə-srae/ to rice-farm (make
rice-fields) 5

ធ្វើឲ្យ /twəə qaoy/ to cause, make 15

ធ្វេស /tweeh/ to neglect, be careless
14

ធ្វេសប្រហែស /tweeh-prɑhaeh/ to ne-
glect, be careless, ir-
responsible 14

ន

នយោបាយ /nəyoobaay/ policy 47

នរណា /nɔnaa/ who?

នាក់ /neăq/ specifier for persons of
ordinary estate 1

នាគ /niəq/ naga, dragon

នាង /niəŋ/ Miss, young lady (pronoun
or title for women younger than
speaker, or for young boys) 28

នាទី /niətii/ minute 49

នាយ /niəy/ chief, head

នាយករដ្ឋមន្ត្រី /niəyuəq-muəntrəy/
prime minister 47

នារី /niərii/ young unmarried girl
(lit.) 20

នាហ្មីន /niəməin/ official, mandarin 41

នាហ្មីនមន្ត្រី /niəməin-muəntrəy/
government officials 41

នាឡិកា /niəlikaa/ watch, clock 19

និក្ខហត /niqkəhət/ the symbol ៎

និទាន /nitiən/ to tell, relate; tale,
story 14

និមន្ត /nimuən/ to walk, to go (of clergy)
13

និមួយ /nimuəy/ each 1

និមួយៗ /nimuəy-nimuəy/ each,
the various, each in turn
1

និយម /niyum/ to like, prefer; popular,
preferred 50

និយាយ /niyiəy/ to speak 44

និស្សិត /niqsət, nihsət/ student
(usually of university level)
20

និក /nɨk/ to think of, miss 16

និកចង់ /nɨk caŋ/ to desire, covet 42

និកឃើញ /nɨk-khəəñ/ to remember,
realize 45

និករលិក /nɨk-rɔlɨk/ to miss, long
for, remember 16

និង /nɨŋ/ and, with, against, by means
of 1

និង /nɨŋ/ future auxiliary: will, about
to 8

នុះ /nuh!/ there!

នុះនោ /nuh nɔɔ!/ there it is!

និវ /nɨw/ according to, consisting of
40

នឿយ /niəy/ to be tired; tiring 7

នេសាត /neesaat, nesaat/ to fish;
fishing; fisherman 4

នេះ /nih/ this, here 1

និយ /nɨy/ of (formal) 10

នោះ /nuh/ that, there; the referred
to 6

នៅ /nɨw/ to live, remain, reside 4;
be situated, in, at 1

នៅ /nɨw/ still, still in the process of,
remain 3

នៅកម្លោះ /nɨw kamlah/ to be still
a bachelor 5

នៅថ្ងៃមុខ /nɨw tŋay muk/ in the future
46

 រនៅផ្ទះៗគេ /nɨw pteăh kee/ in one's home, in their homes 22

នៅលើកំពូលភ្នំ /nɨw ləə kampuul pnum/ on top of the mountain 19

នៅសងខាង /nɨw saŋkhaaŋ/ at the sides 18

នៅរហូត /nɨw-laəy/ still, up to the present 3

នំ /num/ confection; anything made with flour 14

នំចំណី /num-camnəy/ food, snack 35

នំអន្សម /num-qansaam/ rice-cake made of glutinous rice and pork 14

នាំ /noăm/ to take, lead 6

នាំគ្នា /noăm kniə/ to go together, accompany each other; let's 12

ប

បក់ /baq/ to blow 11

បក្សី /baqsəy/ bird(s), the bird kingdom 37

បង /baaŋ/ older sibling; older friend or relative of one's own generation 5

បងថ្លៃ /baaŋ-tlay/ older in-law 44

បងប្រុស /baaŋ-proh/ older brother 5

បងប្អូន /baaŋ-pqoun/ older and younger siblings; brothers and sisters 5

បងប្អូនញាតិសន្តាន /baaŋ-pqoun-ñiət-sandaan/ relatives 14

បងស្រី /baaŋ-srəy/ older sister 5

បង់ /baŋ/ to cast, throw, deposit 29

បង្កាង /baŋkaaŋ/ prawn, river lobster 29

បង្កើត /baŋkaət/ to originate, establish, give birth to 33

បង្ខូច /baŋkhouc/ to ruin, destroy

បង្ខំ /baŋkham/ to enforce, require 42

បង្គោប /baŋkoəp/ to order, command 29

បង្គោល /baŋkool/ pillar, support

បង្រៀន /baŋriən/ to teach 1

បង្វិល /baŋwəl/ to spin, rotate 49

បង្ហាញ /baŋhaañ/ to show, point out 43

បង្ហាត់ /baŋhat/ to train, drill (tr.)

បង្អង់ /baŋqaŋ/ to delay, dilly-dally 20

បង្អស់ /baŋqah/ most, last, most of all 49

បង្អួច /baŋquəc/ window 1

បង្អែម /baŋqaem/ sweets, dessert 8

បច្ច័យ /paccay/ money (clergy)

បច្ចុប្បន /paccoppan/ now, the present, modern times 46

បច្ចេកទេស /paccaekateeh/ expert, specialist 47

បញ្ចក /pañcaq/ five (in compounds)

បញ្ចសីលា /pañcaq-səylaa/ the Five Principles

បញ្ចប់ /bañcap/ to end, bring to a close 13

បញ្ចក /bañcok/ to feed by hand 49

បញ្ចាំ /bañcam/ to pawn, pledge

បញ្ចា /bañciə/ to order

បញ្ឈុប /bañchup/ to bring to a stop, to stop (tr.) 29

បញ្ឈរ /bañchɔɔ/ to stand up (tr.), to stand on end

បញ្ញា /paññaa/ intelligence, cleverness; to be clever, intelligent 25

បដិសេធ /patdesaet/ to cancel, kill; the symbol ◡

បណ្ឌិត /bandɨt/ learned man, scholar 27

បណ្ណាល័យ /pannalay/ library

បណ្ណាជន /bandaacuən/ people, population 47

បណ្ដុះ /bandoh/ to raise, cause to grow

បរណ្ដើរ /bandaə/ to walk (tr.); at the same time, simultaneously 7

បរិណ្ដែក /bandaet/ to float, put afloat 13

បរណ្ដាយ /bandaoy/ length

បណ្ដាំ /bandam/ warning, instruction 45

បឋម /patham/ first, primary 48

បឋមសិក្សា /pathamməsəksaa/ primary education 48

បត /bat/ path, way, kind 39

បតអាក្រក់ /bat-qaakraq/ crime, bad conduct 39

បន់ /ban/ to pray, petition 13

បន់ស្រន់ /ban-sran/ to pray, petition 13

បន្ត /bantaa/ to continue, extend 48

បន្ត ៗ /bantaa-bantaa/ successively, in turn 50

បន្តក់ /bantaq/ to drip; the symbol ⌐

បន្តិច /bantəc/ a little, rather 3

បន្តិចបន្តួច /bantəc-bantuəc/ somewhat, just a little 7

បន្តិចម្ដង ៗ /bantəc mədaaŋ, bantəc mədaaŋ/ a little at a time, little by little 37

បន្ដោះ /bantoh/ to criticize

បន្ទប់ /bantup/ room 1

បន្ទប់ដេក /bantup-deik/ bedroom 3

បន្ទប់ទទួលភ្ញៀវ /bantup-tɔtuəl-pñiəw/ living room 3

បន្ទប់ទឹក /bantup-tɨk/ washroom, bathroom 3

បន្ទប់បរិភោគបាយ /bantup-baariphook-baay/ dining room (elegant) 3

បន្ទប់ភោជនីយដ្ឋាន /bantup-phoocəniiyəthaan/ restaurant, dining car 30

បន្ទប់រៀន /bantup-riən/ classroom 1

បន្ទាប់ /bantoəp/ next, following 12

បន្ទាប់មក /bantoəp mɔɔk/ afterward, next (in succession) 15

បន្ទាយ /bantiəy/ fortress 24

បន្ទាយស្រី /bantiəy-srəy/ Banteay Srei (literally: women's fortress) 24

បន្ទះ /banteəh/ sheet, strip, plate 25

បន្លែ /banlae/ vegetable 2

បបរ /babaa/ rice, soup, porridge 8

បបួល /babuəl/ to persuade, entreat 21

បរ /baa/ to drive, conduct 20

បរទេស /baarəteeh/ foreign; foreign countries 22

បរប៉ៃលិន /baa-paylɨn/ Bar Pailin (a town) 47

បរិភោគ /baariphook/ to eat (elegant) 3

បរិវារ /baariwaa/ servants, entourage 40

បរិសុទ្ធ /baarisot/ pure

បច្ចិម /bahcəm ~ pacham/ west 34

របស់ប្រទេស /pachəm-prɑteeh/ western countries, the West 34

បា /baa/ father, male 40

បាច /baac/ to broadcast, spread, scatter 2

បាចតិក /baac tɨk/ to irrigate by sprinkling 25

បាឋ /baat/ to tell, recite (clergy)

បាត /baat/ bottom 42

បាត់ /bat/ to lose, disappear 30

បាត់ដំបង /bat-dɑmbaaŋ/ Battambang 30

បាទ /baat/ polite response particle used by men; yes 28

បាត្រ /baat/ monk's begging bowl 12

បាន /baan/ to get, to have, to result in 6

បាន /baan/ verb + baan: can, able, possible 7

បាន /baan/ + verb: to have . . . ; to have been able to . . . 10

បាប /baap/ sin; bad fortune

បាយ /baay/ cooked rice; food 2

បាយ /baay/ to eat, have a meal 34

បាយកាក /baay-kaaq/ left-over rice 2

បារី /baarəy, barəy/ cigarette 46

បារាំង /baaraŋ, baraŋ/ French; France; western; a westerner 18

បារាំងសែស /baraŋsaeh/ French 50

បាល់ /bal/ ball 34

បាលី /baaləy/ Pali (language) 50

បាសាក់ /baasaq/ Bassac (River) 4

បាស៊ូ /baasou/ bachot (French baccalaureate degree) 48

បាស៊ូទី១ /baasou tii-muəy/ 1st Bachot 48

បាស៊ូទី២ /baasou tii-pii/ 2nd Bachot 48

បិណ្ឌ /bən/ food presented to the monks 14

បិណ្ឌបាត្រ /bən-baat/ to beg for food; food offered to monks 12

បិតា /bəydaa/ father (elegant) 18

បិសាច /bəysaac/ ghost, spirit

បី /bəy/ three 3

បឹង /bəŋ/ lake, pond 7

បុណ្យ /bon/ ceremony, celebration, feast 9

បុណ្យចូលវស្សា /bon-coul-wuəhsaa/ celebration of the beginning of Buddhist Lent 12

បុណ្យចេញវស្សា /bon-cəñ-wuəhsaa/ celebration of the end of Buddhist Lent 13

បុណ្យភ្ជុំបិណ្ឌ /bon-pcum-bən/ ceremony of commemoration of one's ancestors 14

បុត /but/ Bouth (personal name)

បុត្រ /bot/ son (elegant)

បុប្ផា /bopphaa/ flower (elegant) 10

បូកគោ /boukkoo, bokoo/ Bokor (a resort area) 33

បូរមី /bourəməy/ full moon 13

បូរាណ /bouraan, boraan/ old, ancient, former; former times 3

បួងសួង /buəŋ-suəŋ/ to pray 49

បួន /buən/ four 5

ឫស /buəh/ to enter the priesthood 5

បើ /baə/ if 4

បើកាលណា /baə-kaal-naa/ whenever, if 22

បើតុកជា...ក្ដី /baə-tuk-ciə ... kdəy/ even though 39

បើប្រសិនជា /baə-prasən-ciə/ if, if perchance 28

បើអញ្ចឹង /baə-qañcəŋ/ then, therefore, in that case 28

បើក /baək/ to open, to turn on; to come out (of the sun) 2

បើក /baək/ to drive 18

បៀ /biə/ playing cards

បៀល /biəl/ Bill 24

បែក /baek/ to break (intr.) 6

បែកចែក /baek-caek/ to divide 6

បែកញើស /baek ñəəh/ to break out in perspiration 36

បែប /baep/ sort, type, kind; as if 1

បែបបត /baep-bat/ good manners, proper etiquette 44

បែ /bae/ to turn, turn aside 49

បោស /baoh/ to sweep, clean 2

បោះ /bah/ to throw, pitch; to drive (a nail) 34

បោះឆ្នោត /bah cnaot/ to vote, cast one's vote 47

បោះបង់ /bah-baŋ/ to abandon, leave unfinished 37

បំណាង /bamnaaŋ/ desire, will; to intend 15

បំណាច់ /bamnac/ since, because 45

បំណុល /bamnol/ debt 39

បំផុត /bamphot/ most, last 11

បំពង /bampɔɔŋ/ to deep-fry in oil 22

បំពាក់ /bampeəq/ clothing worn above the waist, or on the feet 9

បំភ្លឺ /bamplɨɨ/ to illumine

បំរើ /bamraə/ to serve 3

បង្ស្កុល /baŋ-skoul/ commemoration; to commemorate, hold a requiem 12

ប៉ា /paa/ father

ប៉ាន /paan/ to cover, to plate

ប៉ារី /paarii/ Paris 18

ប៉ី /pəy/ a flute

ប៉ុណ្ណោះ /ponnoh/ only, that's all 17

ប៉ុន /pon/ to equal, be the same as 40

ប៉ុននា /ponnaa/ to what extent 43

ប៉ុន្តែ /pontae/ but 3

ប៉ុន្មាន /ponmaan/ how much?, how many? 27

ប៉ុន្មាន /ponmaan/ much, many, to any extent 11

ប៉ែក /paek/ part, section 6

ប៉ែកសិប /paetsəp/ eighty

ប៉ះ /pah/ to patch

ប្ដី /pdəy/ husband 49

ប្ដូរ /pdou/ to exchange 11

ប្រក់ /praq/ to roof, thatch 1

ប្រកប /prakaap/ to combine, endow 10

ប្រកបដោយ /prakaap daoy/ combined with, provided with, consisting of 10

ប្រកាន់ /prɑkan/ to reserve, preempt

ប្រកាន់ /prɑkan/ to be conservative, stuffy, particular 28

ប្រកាន់ /prɑkan/ to hold on to, insist on 39

ប្រកាស /prɑkaah/ to proclaim, announce 12

ប្រកែក /prɑkaek/ to quarrel 4

ប្រខាំ /prɑkham/ to bite each other

ប្រគល់ /prɑkuəl/ to restore, hand over 18

ប្រគេន /prɑkeen/ to offer, to give (to monks) 12

ប្រចាំ /prɑcam/ assigned to, every; to guard

ប្រជាជន /praciəriəh/ people, populace 14

ប្រជុំ /prɑcum/ to gather, convene 45

ប្រញាប់ /prɑñap/ to hurry (to) 38

ប្រដាប់ /prɑdap/ tool, utensil, instrument 29

ប្រដូច /prɑdouc/ to compare 47

ប្រដៅ /prɑdaw/ to advise, instruct, counsel 40

ប្រណាំង /prɑnaŋ/ to compete, to race

ប្រតិបត្ /pratebat/ to serve, follow, obey 49

ប្រថពី /prathəpii/ the earth 40

ប្រទីប /pratiip, prɑtɨp/ lantern; a lighted float 13

ប្រទេស /prateeh/ country; headword in names of countries 6

ប្រទេសកម្ពុជា /prateeh-kampucciə/ Cambodia 6

ប្រទេសក្រៅ /prateeh-kraw/ abroad, foreign countries 46

ប្រទះ /prateəh/ to meet (by chance) to come upon 17

ប្រទះឃើញ /prateəh-khəəñ/ to come upon, suddenly see 17

ប្របៀត /prɑbiət/ to squeeze together, huddle up 38

ប្រផេះ /prapheh/ gray, mottled 7

ប្រពន្ធ /prapuən/ wife, female companion 49

ប្រព្រឹត្ /prɑprɨt/ to behave, act, follow 39

ប្រមាណ /pramaan/ approximately

ប្រយោជន៍ /prayaoc/ useful; purpose, usefulness, importance 7

ប្រវត្ /prawoət/ history

ប្រវត្តិសាស្ត្រ /prawoəttəsaah/ history, the study of history 50

ប្រសប់ /prɑsap/ good (at), skillful (at) 47

ប្រសាស /prasaah, prəsah/ to say (elegant)

ប្រសើរ /prɑsəə/ praiseworthy, extraordinary 38

ប្រហែល /prɑhael/ about, approximately; to be similar 3

ប្រហែល /prɑhael/ perhaps 25

ប្រហែស /prɑhaeh, prəheh/ careless, neglectful 14

ប្រហោង /prɑhaoŋ/ vacant, empty; a void, a hole 35

ប្រហោងពោះ /prɑhaoŋ-puəh/ to have an empty feeling in the stomach 35

ប្រឡង /prɑlaaŋ/ to compete; to take an examination 48

ប្រឡងជាប់ /prɑlaaŋ cŏəp/ to pass, to succeed in an examination 48

ប្រឡាយ /prɑlaay/ ditch, canal, stream 25

ប្រាក់ /praq/ silver; money 9

ប្រាក់ចំណូលបុណ្យ /praq camnoul bon/ contribution (to a ceremony) 15

ប្រាកដ /praakat, prəkat/ exact, true

ញ្ញា /praacñaa/ intelligence 41

ប្រាត្ន /praatnaa/ to wish, intend 37

ប្រាប់ /prap/ to tell, inform 19

ប្រាសាទ /praasaat, prɔsaat/ palace; ancient monument, temple 24

ប្រតប្រៀន /prɔt-priən/ to discipline, instruct rigorously 40

ប្រឹង /prəŋ/ to make a great effort to 36

ប្រុស /proh/ man; masculine 5

ប្រុសកំដា /proh-kɑmdaa/ groomsman, male assistant 49

ប្រុង /prouŋ/ sound of entering the water: with a splash 42

ប្រើ /praə/ to use, commission 7

ប្រើប្រាស់ /praə-prah/ to use, consume 13

ប្រៀប /priəp/ to compare, set alongside

ប្រេង /preiŋ/ oil, petroleum 46

ប្រៃ /pray/ salty 8

ប្រាំ /pram/ five 1

ប្រាំម៉ោងកន្លងមក /pram maoŋ kɑnlaaŋ mɔɔk/ five hours later 30

ប្រាំបី /prambəy/ eight 6

ប្រាំបីម៉ឺន /prambəy-məin/ 80,000 (eight ten-thousands) 6

ប្រាំបួន /prambuən/ nine 5

ប្រាំពីរ /pram-pii/ (spoken: /prampɨl/) seven 6

ប្រាំពីររយ /prampɨl-rɔɔy/ 700 6

ប្រាំមួយ /prammuəy/ six 3

ប្រាំង /praŋ/ dry, hot and dry 11

ប្អូន /pqoun/ younger sibling; younger friend or relative of one's own generation 5

ប្អូនថ្លៃ /pqoun-tlay/ younger in-law 44

ផ

ផង /phaaŋ/ too, in addition 1; after a request: please

ផល /phɑl/ product, fruit, harvest, result 6

ផលដំណាំ /phɑl-dɑmnam/ agricultural products, harvest 6

ផាមួងចរចេង /phaa-muəŋ-cɔɔ-cəəŋ/ sarong with an embroidered border 9

ផាយ /phaay/ at full speed

ផឹក /phək/ to drink (colloq.) 44

ផុត /phot/ to end, pass out of; escape, avoid 15

ផែ /phae/ pier, wharf 32

ផ្កា /pkaa/ flower 1

ផ្កាស្លា /pkaa-slaa/ betel flower 49

ផ្កាប់ /pcoəp/ attached to, against 30

ផ្ដាសា /pdahsaa/ to curse, put a curse on 14

ផ្ដើម /pdaəm/ to begin, originate 2

ផ្ទាល់ /ptoəl/ next to, against 19

ផ្ទៃ /ptɨy/ surface; stomach 6

ផ្ទាំង /pteəŋ/ slab, side, wall 24

ផ្ទះ /pteəh/ house, home 2

ផ្ទះតាម /pteəh-tiəm/ ground-level house with mortar walls 4

ផ្ទះបាយ /pteəh-baay/ kitchen 3

ផ្ទះសំរិបរបង /pteəh-sɑmbaeŋ/ home; house and property 39

ផ្នែក /pnaek/ part, section 6

ផ្លាស់ /plah/ to change 11

ផ្លាស់គ្នាម្ដងម្នាក់ /plah kniə mədaaŋ məneəq/ to take turns 36

ផ្លាស់ប្ដូរ /plah-pdou/ to change, to exchange 11

ផ្លូវ /pləw/ street, road, way 4

ផ្លូវថ្នល់ /pləw-tnɑl/ streets and roads 4

ផ្លែ /plae/ fruit 23

ផ្លែឈើ /plae-chəə/ fruit 23

ផ្លុំ /plom/ to blow on 42

ផ្សារ /psaa/ market, shopping area 20

ផ្សារកណ្ដាល /psaa-kandaal/ the Central Market 22

ផ្សារក្រោម /psaa-kraom/ the Lower Market 31

ផ្សារថ្មី /psaa-tməy/ the New Market 20

ផ្សារធំ /psaa-thom/ the Big Market (a large covered market in Phnom Penh) 23

ផ្សេង /pseiŋ/ to be different 6

ផ្សេងៗ /pseiŋ-pseiŋ/ various, different (plural) 6

ផ្សែង /psaeŋ/ smoke 3

ផ្សំ /psam/ to combine, put together 49

ផ្សំដំណេក /psam-damneik/ to sleep together, consummate the marriage 49

ផ្អែម /pqaem/ sweet

ព

ពង /pɔɔŋ/ egg 8

ពងទាប្រៃ /pɔɔŋ-tiə pray/ salty duck-egg 8

ពងមាន់ /pɔɔŋ-moən/ (chicken) egg 41

ពង្រីក /puəŋriik/ to spread, broadcast

ពង្ស /puəŋ/ family 16

ពណ៌ /pɔə/ color, cast 9

ពណ្ណរាយ /puənnəriəy/ light, brilliance 40

ព័ទ្ធ /poət/ to surround, encircle 1

ពន់ពេក /puən-peek/ very, extremely 38

ពន្លឺ /puənlɨɨ/ light 1

ពពក /pɔpɔɔk/ cloud, fog 33

ពពិល /pɔpɨl/ bobbin; a ceremonial candle-holder 49

ពម /pɔɔm/ to put into the mouth, take a bite 44

ពរ /pɔɔ/ blessing, benediction 49

ពរ /pɔə/ Pear, Por (a tribal group) 47

ពលរដ្ឋ /puəlləroət/ citizenry

ព.ស. (abbr. for /puttəsaqkəraac/) Buddhist Era, B.E. 16

ព.ស. ២៥១១ B.E. 2511 (A.D. 1968) 16

ពាក់ /peəq/ to put on, affix, wear (above the waist or on the feet) 9

ពាក់កណ្ដាល /peəq-kandaal/ center, half-way point; half 14

ពាក់កណ្ដាលអត្រាត្រ /-qatriət/ middle of the night, midnight 32

ពាក្យ /piəq/ word, speech 45

ក្បួរកាព្យ /piəq-kaap/ poetry 50

ក្បួរបន្ដាំ /piəq-bandam/ instruction, warning 45

ក្បួររាយ /piəq-riəy/ prose 50

កាន /piəŋ/ a large clay storage jar 42

ពាណិជ្ជ /piənic/ commerce

ពាណិជ្ជករ /piəniccəkaa/ merchant 47

ពាន់ /poən/ thousand 6

ពាស /piəh/ to spread over, cover 10

ពាសពេញ /piəh-piñ/ all over, completely covering 10

ពិត /pit/ true, real 25

ពិត ៗ /pit-pit/ really, truly, genuinely 50

ពិធី /pithii/ ceremony, celebration 9

ពិធីកាត់សក់ /pithii-kat-saq/ haircutting ceremony 49

ពិធីបុណ្យ /pithii-bon/ ceremony, festival, affair 9

ពិធីអាពាហ៍ពិពាហ៍ /pithii-qapiə-pipiə/ wedding ceremony 49

ពិបាក /pibaaq/ difficult 12

ពិភព /piphup/ world

ពិសាខ /pisaaq/ April-May

ពិសេស /pisaeh, piseh/ special, excellent 25

ពិសោធន៍ /pisaot/ to experiment, test

ពី /pii/ from, since, at the time of 2

ពីតុមួយទៅតុមួយ /pii tok muəy tɨw tok muəy/ from table to table 49

ពីព្រលឹម /pii prolɨm/ very early, at dawn 2

ពីព្រោះ /piipruəh, pipruəh/ because 17

ពីរ /pii/ two 5

ពីរបី /pii-bəy/ two or three 28

ពីរោះ /piiruəh, piruəh/ euphonic, beautiful (to the ear) 17

ពីសា /piisaa, pisaa/ to eat (elegant) 44

ពុត /put/ to bend, be devious 7; weakness, deviousness, fault 44

ពុតគ្រូកុំត្រាប់ ច្បាប់គ្រូឱ្យយក /put kruu kom trap; cbap kruu qaoy yɔɔk/ Don't imitate the teacher's faults; follow his advice. 44

ពុទ្ធ /put/ Buddha

ពុទ្ធសាសនា /puttəsahsnaa/ Buddhism 50

ពុទ្ធោ /putthoo/ a mild oath: heavens!

ពុះ /puh/ to boil

ពូក /puuk/ mattress, cushion 30

ពូកែ /puukae, pukae/ clever, smart, skillful (at) 27

ពូជ /puuc/ family, lineage, stock; seedling 16

ពូជពង្សវង្សត្រកូល /puuc-puəŋ-wuəŋ-trakoul/ family, background, pedigree 16

ពួក /puəq/ group, category; people 6

ពួកទេសចរ /puəq-teehsəcaa/ sight-seers, tourists 24

ពួកព្នង /puəq-pnɔɔŋ/ the Pnong group; tribal people in general 6

ពួរ /puə/ rope, cord, thong 43

ពេក /peek/ extremely, too much 12

ពេជ្រ /pɨc/ precious stone, diamond 23

ពេញ /piñ/ Penh (personal name) 10

ពេញ /piñ/ full, complete, all of 2

ពេទ្យ /pɛɛt/ doctor; medicine (as a subject)

ពេល /peel/ time, period; when 8

ពេលឈប់សំរាក /peel chup sɑmraaq/ vacation, break 24

ពេលថ្ងៃត្រង់ /peel-tŋay-traŋ/ noon, at noon 8

ពេលបុណ្យ /peel-bon/ festival-time 9

ពេលព្រលឹម /peel-prɔlɨm/ at dawn, dawn 8

ពេលល្ងាច /peel-lŋiəc/ afternoon, evening 8

ពែង /pɛɛŋ/ cup, glass

ពោត /poot/ corn (maize) 25

ពោធិ៍ /poo/ banyan (tree)

ពោធិ៍ចិនតុង /poocəntoŋ/ Pochentong (a district) 5

ពោះ /puəh/ stomach 35

ពៅ /pɨw/ youngest child 5

ពុំ /pum/ negative auxiliary (lit.) 12

ពុំដែល /pum dael/ never 39

ពុំមែន /pum mɛɛn/ not really, not truly 39

ពុំរួច /pum ruəc/ to be unable to 43

ពុំឱ្យ /pum qaoy/ in order not to 40

ពោម /poəm/ to carry in the mouth 37

ព្នង /pnɔɔŋ/ the Pnong (tribe); hill tribes in general 6

ព្យាយាម /pyiəyiəm/ to try, endure; effort, endurance 37

ព្យុះ /pyuh/ a strong wind, a storm 11

ព្យួរ /pyuə/ to suspend

ព្រនាក់ /prɔneəq/ to shoulder, carry on the shoulder

ព្រម /prɔɔm/ to agree (to); to accept 21

ព្រមទាំង /prɔɔm-teəŋ/ along with, together with 34

ព្រលឹម /prɔlɨm/ dawn 2

ព្រហ្ម /prum/ Brahma

ព្រហ្មញ្ញសាសនា /prummaññəsahsnaa/ Brahminism 50

ព្រាហ្មណ៍ /priəm/ a Brahmin

ព្រឹក្សា /prɨksaa/ to counsel, advise 47

ព្រឹទ្ធាចារ្យ /pritthiəcaa/ old age; elders 38

ព្រួយ /pruəy/ to worry, be anxious, sad 26

ព្រេងនាយ /preeŋ-niəy/ former times, the old days 41

ព្រែក /prɛɛk/ canal, creek 7

ព្រៃ /prɨy/ forest, jungle 35

ព្រោះ /pruəh/ because, since 2

ព្រំដែន /prum-daen/ border, frontier 6

ព្រំប្រទល់ /prum-prɑtuəl/ border, territorial limit 6

ព្រះ /preəh/ prefix used before nouns of a sacred or esteemed nature, and before verbs whose subjects are persons of sacred or royal estate; the Buddha 10

ព្រះកាន៌ /preəh-kaa/ ear (royal)

ព្រះសិឝ្ឍ /preəh-ciə-mcah/ the Buddha 13

ព្រះដំរិះ /preəh-dɑmreh/ to think, decide (royal) 41

ព្រះតិយ /preəh-tɨy/ mind, heart (royal) 41

ព្រះនាម /preəh-niəm/ name (royal) 18

ព្រះបន្ទូល /preăh-bantuul/ royal speech; to say (royal) 41

ព្រះបរមរាជវាំង /preăh-baromməriəccəweăŋ/ Royal Palace 10

ព្រះបាទ /preăh-baat/ royal title 10

ព្រះបាទនរោត្តម /preăh-baat nərootdam/ King Norodom 18

ព្រះបាទសម្ដេចនរោត្តមសីហនុ /preăh-baat samdac nərootdam siihanuq/ King Norodom Sihanouk 18

ព្រះបាទអង្គឌួង /preăh-baat qaŋ-duəŋ/ King Ang Duong 10

ព្រះបិតាឯករាជជាតិ /preăh-bəydaa qaekkəriəc ciət/ Father of National Independence 18

ព្រះពុទ្ធរូប /preăh-puttəruup/ image of the Buddha 19

ព្រះមហាក្សត្រ /preăh-mɔhaa-ksat/ king 41

ព្រះរាជវាំង /preăh-riəccəweăŋ/ palace 17

ព្រះរាជអាណាចក្រ /preăh-riəc-qanaacaq/ kingdom 47

ព្រះរាជា /preăh-riəciə/ king 41

ព្រះវិហារ /preăh-wihiə/ Preah Vihear (sacred temple) 12

ព្រះសង្ឃ /preăh-saŋ/ Buddhist monk 12

ព្រះសីសុវត្ថិ /preăh-siisowat/ King Sisowath 20

ព្រះសីហនុ /preăh-siihanuq/ King Sihanouk 18

ព្រះសុរាម្រិត /preăh-soraamərit/ King Suramarith 18

ព្រះអង្គ /preăh-qaŋ/ pronoun referring to royal or sacred persons 10

ព្រះអង្គ /preăh-qaŋ/ specifier for royal or sacred persons 19

ភ

ភក់ /phuăq/ mud 7

ភ័យ /phĭy/ to fear, be afraid 26

ភាគ /phiəq/ section, part 33

ភាគរយ /phiəq-rɔɔy/ percent 47

ភាព /phiəp/ aspect, quality

ភាសា /phiəsaa/ language 50

ភិនភាគ /phĭn-phiəq/ region, area 33

ភូមា /phuumiə/ Burma; Burmese 47

ភូមិ /phuum/ village 1

ភូមិឆ្បារអំពៅ /phuum-cbaa-qampɨw/ the village of Chbar Ampouv 4

ភូមិន្ទ /phuumĭn/ king; royal 35

ភេទ /phɛɛt/ aspect, genre, gender 50

ភេសជ្ជៈ /pheesəceăq/ beverage, refreshment 35

ភោជនីយដ្ឋាន /phoocəniiyəthaan/ restaurant 21

ភួរ /pcuə (∼ pyuə)/ to plow 7

ភ្ជុំ /pcum/ to unite, bring together 14

ភ្ជុំបិណ្ឌ /pcum-bən/ to commemorate one's ancestors 14

ភ្ញាក់ /pñeăq/ to wake up (intr.) 2

ភ្ញៀវ /pñiəw/ guest 3

ភ្នែក /pnɛɛk/ eye(s) 42

ភ្នំ /pnum/ mountain, hill 6

ភ្នំក្រវាញ /pnum-krawaañ/ the Cardamom Mountains 6

ក្ពុំដងរែក /pnum-daaŋ-rɛɛk/ the Dang Raek Mountains 6

ក្ពុំពេញ /pnum-pɨñ/ Phnom Penh 4

ភ្លឺ /plɨɨ/ light, bright 13

ភ្លើង /pləəŋ/ fire, electricity 23

ភ្លេង /pleeŋ/ music, composition, song 15

ភ្លៀង /pliəŋ/ rain; to rain 11

ភ្លេច /plɨc/ to forget 28

ម

មក /mɔɔk/ to come; come on and 2

មក /mɔɔk/ aspectual particle: orientation toward speaker in space or time 14

មកលេង /mɔɔk leeŋ/ to visit, pay a visit 20

មករា /meʾəqkəraa, maqkəraa/ January 16

មគធភាសា /meʾəqkətheʾəq-phiəsaa/ Pali (language of Magadha)

មច្ឆា /macchaa/ fish (lit.)

មតិ /matteq/ opinion

មធ្យម /mattyum/ average, medium 11

មធ្យមសិក្សាទី ១ /mattyum-səksaa tii-muəy/ 1st cycle of secondary school 48

មធ្យមសិក្សាទី ២ /mattyum-səksaa tii-pii/ 2nd cycle of secondary school 48

មនុស្ស /mɔnuh, mənuh/ man, mankind, person 4

មនុស្សណា /mənuh naa/ anyone, whoever; who? 37

មនុស្សល្បែង /mənuh lbaeŋ/ gambler 39

មន្ត /muʾən/ magical formula; scripture 13

មន្ត្រី /muʾəntrəy/ minister, official 41

មន្ទីរ /muʾəntii/ office, official building 10

មន្ទីរក្រសួង /muʾəntii-krasuəŋ/ ministry 10

មរកត /mɔɔrəkat/ emerald

មរណៈ /mɔɔrənaq/ to die (elegant)

មរដក /mɔɔrədaq/ heritage

មហា /mɔhaa, məhaa/ big, great (usually in compounds) 18

មហាវិថី /məhaa-withəy/ boulevard 18

មហាវិថីព្រះបាទនរោត្តម /məhaa-withəy preʾəh-baat nərootdam/ Boulevard Preah-Bath Norodom

មហាវិថីព្រះសុរាម្រិត /məhaa-withəy preʾəh-soraamərɨt/ Boulevard Preah Suramarith 18

មហាវិទ្យាល័យ /məhaa-wɨttyiəlay/ university 27

មហាវេស្សន្ដរជាតក /məhaa-weehsəndaa-ciədaq/ the Maha Vessantara Jataka 50

មា /miə/ uncle (younger brother of either parent) 25

មាឃ /miəq/ January-February

មាឌ /miət/ body, physical size 7

មាត់ /moʾət/ edge, opening; mouth 4

មាន /miən/ to have, to exist 1

មាន /miən/ to be rich, to have property 31

ម្ចាស់ចិត្តល្អ /miən cət lqɑɑ/ to be kind-hearted 5

មានតែ /miən-tae/ the only thing to do is, [you'll] have to 45

មានឆាន /miən baan/ to happen to, have occasion to 24

មានអ្វី /miən qəy!/ why not?, of course 25

មាន់ /moən/ chicken 2

មាន់ឈ្មោល /moən-cmool/ rooster, cock 41

មាន់ទា /moən-tiə/ chickens and ducks, poultry

មានះ /miəneəh/ to be stubborn, proud; to persist in 39

មានះនិងវិស្សងនាំឲ្យវិនាសខ្លួន
/miəneəh niŋ lbaeŋ noəm qaoy winiəh kluən/ compulsive gambling leads to self-destruction 39

មាស /miəh/ gold, golden 9

ម៉ាស៊ីន /maasiin, masin/ machine, motor 21

មិត្រ /mit/ friend (elegant) 16

មិត្តជិតខាង /mit cit-khaaŋ/ neighbors 28

មិត្តភាព /mittəphiəp/ friendship

មិន /min/ negative auxiliary: not 3

មិនខាន /min khaan/ without fail, surely 27

មិនជាយ៉ាប់ប៉ុន្មានទេ
/min ciə yap ponmaan tee/ not so bad, fairly comfortable 30

មិនដែល /min-dael/ never 14

មិនតែប៉ុណ្ណោះ /min-tae-ponnoh/ not only that, but also 23

មិនទាន់ /min-toən/ not yet 26

មិន___ទេ /min ... tee/ discontinuous negative: not 3

មិនបាច់ /min-bac/ not necessary (to), no need to 23

មិន___ប៉ុន្មានទេ /min ... ponmaan tee/ not so very, not to any extent 11

មិនមែន /min-mɛɛn/ not really 19

មិនឈ្លើយឡើយ /min lɛɛŋ laəy/ unceasingly, inevitably 39

មិនសូវ /min-səw/ hardly, not very 7

មិនសូវផ្លាស់ប្ដូរប៉ុន្មានទេ
/min-səw plah-pdou ponmaan tee/ doesn't change so very much 11

មិនអ្វីទេ /min qəy tee/ never mind, don't mention it, it's nothing 28

មិនា /minaa/ March 30

មិល្លីម៉ែត្រ /miilimaet/ millimeter

មីង /miiŋ/ older sister of either parent; general pronoun for women of one's parents' generation 28

មីមុត /miimut/ Mimot (district) 25

មីស្ស /mii-suə/ rice noodles 44

ម៉ឺន /məin/ ten-thousand 6

មុខ /muk/ front, in front of; face 1

មុខ /muk/ kind, variety, dish 8

មុខក្រសួង /muk-krasuəŋ/ status, function, duty 39

មុខជា /muk-ciə/ probably, undoubtedly 27

មុខរបរ /muk-rɔbɑɑ/ trade, profession 29

មុជ /muc/ to dive, submerge oneself 41

មុន /mun/ before 8

មុននឹង /mun niŋ/ before (doing something) 8

ម្មូល /muul/ to be round; circle, group 29

ម្មូសិកតោន /museqkətoən/ the symbol —

ម្មួយ /muəy/ one 2

ម្មួយឆ្នាំ ។ /muəy cnam, muəy cnam/ each year, in any one year 31

ម្មួយថ្ងៃ ។ /muəy tŋay, muəy tŋay/ each day, every day 34

ម្មួយពាន់ /muəy-poən/ one thousand 6

ម្មួយភ្លែត /muəy-plɛɛt, məplɛɛt/ a moment, awhile 20

ម្មួយម្នាក់ ។ /muəy məneəq, muəy məneəq/ one each 41

ម្មួយយប់ទាល់ភ្លឺ /muəy yup toəl plɨɨ/ all night long 32

ម្មួយរយ /muəy-rɔɔy, mərɔɔy/ one hundred 17

ម្មួយសែន /muəy-saen, məsaen/ one hundred-thousand 6

ម្មួយសែនប្រាំបីម៉ឺន

ម្មួយពាន់សាមសិបប្រាំ

/muəy-saen prambəy-məin muəy-poən saamsəp-pram/ 181,035 6

មើល /məəl/ to look at, watch 20

មើលតែតាមខ្ញុំ /məəl tae taam kñom/ just watch me, imitate me 44

មើលអ្វីមិនឃើញ /məəl qwəy min khəəñ/ unable to see anything 35

មេ /mee/ chief, head; headword in compounds 5

មេឃុំ /mee-khum/ chief of a "khum," composed of several villages 5

មេរៀន /mee-riən/ lesson 16

មេគង្គ /meekoŋ/ Mekong (River) 6

មេឃ /meek/ sky 11

ម៉េច /məc/ how, why 25

មេត្តា /meettaa/ to pity; be good enough to 16

មេត្រីភាព /meetrəy-phiəp/ friendship 31

មេសា /meesaa/ April 31

មែ /mɛɛ/ polite response particle used by women to royalty

មែ /mae/ mother 40

មែឪ /mae-qəw/ mother and father, parents 40

មែត្រ /maet/ meter 3

មែន /mɛɛn/ to be right, true, correct; really, truly 19

មែនទេ /mɛɛn tee?/ right?, really? 25

មែនតែន /mɛɛn-tɛɛn/ really, truly 26

មែនហើយ /mɛɛn haəy/ right, that's right, that's true 24

ម៉ោង /maoŋ/ hour, time 14

ម៉ោងដប់ពីរព្រឹក /maoŋ dap-pii prɨk/ twelve o'clock a.m. 14

ម៉ោងប្រាំកន្លះ /maoŋ pram kənlah/ five-thirty o'clock 30

ម៉ោហ៊ាប់ាង /moo-baŋ/ in a blind rage

ម្ខាង /məkhaaŋ, mkhaaŋ/ on one side 4

ម្ចាស់ /mcah/ lord, master, owner 13

ម្ចុល /mcul/ needle

ម្ចូរ /mcuu/ sour or pungent food 22

ម្ដង /mədaaŋ, mdaaŋ/ once 24; once and for all, definitively 26

ម្ដងទៀត /mədaaŋ tiət/ once more, once again 24

ម្ដាយ /mdaay/ mother 2

ម្ដេច /mdəc/ why, how 27

ម្ដេចក /mdəc kaa/ then why?, how is it that? 27

ម្ទេស /mteeh/ chili pepper

ម្នាក់ /məneəq, mneəq/ one person; alone 10

ម្នាក់ៗ /məneəq-məneəq/ each one, one after the other 14

ម្នាស់ /mnoəh/ pineapple 25

ម្នីម្នា /mnii-mniə/ hurriedly 36

ម្ភៃ /məphɨy, mphɨy/ twenty 3

ម្យ៉ាង /məyaaŋ, myaaŋ/ one kind, one way 31

ម្រៀម /mriəm/ finger

ម្រេច /mrɨc/ black pepper 46

ម្លប់ /mlup/ shade

ម្លូ /mluu/ betel leaves 46

ម្លេះ /mleh/ so, to such an extent, like this, in this way 43

ម្លាះហើយ /mlah haəy/ therefore, in that way 39

ម្សៅ /msaw/ flour

ម្ហូប /mhoup/ food, a meal 8

ម្ហូបចំណី /mhoup-camnəy/ food, various kinds of food 14

យ

យក /yɔɔk/ to take, to bring 1

យកចិត្តទុកដាក់ /yɔɔk cət tuk daq/ to pay attention, devote oneself to 1

យក្ស /yeəq/ giant, ogre 43

យន្ត /yuən/ motor, machine 18

យន្តហោះ /yuən-hɑh/ airplane 35

យប់ /yup/ evening, night 12

យប់រនិចម្នាយមួយរោច /yup tŋay muəy rooc/ first night of the waning moon 12

យល់ /yuəl/ to learn, understand 21

យល់ព្រម /yuəl-prɔɔm/ to agree, to consent 21

យស /yuəh/ rank, grade, honor 40

យសសក្ដា /yuəh-saqkədaa/ high position or rank 40

យាង /yiəŋ/ to go (royalty)

យ៉ាង /yaaŋ/ like, as 8

យ៉ាង /yaaŋ/ kind, way 9

យ៉ាងណាក្ដី /yaaŋ naa kdəy/ whatever kind; in whatever way 39

យ៉ាងតិច /yaaŋ-təc/ at least 8

យ៉ាងតិចណាស់ /yaaŋ təc nah/ at the very least 8

យ៉ាងម៉េច /yaaŋ məc/ how?; however 25

យ៉ាងផ្តើមផ្តើង /yaaŋ tkom-tkaəŋ/ importantly, impressively 17

យ៉ាងយូរបំផុត /yaaŋ yuu bamphot/ at the longest 12

យ៉ាងសម័យ /yaaŋ-samay/ modern, up-to-date 10

យាន /yiən/ vehicle 35

យ៉ាប់ /yap/ difficult; slow, inept 30

យាយ /yiəy/ grandmother; title of respect for old ladies 10

យី /yii!/ interjection of surprise, annoyance, or admiration 25

ស្លឹត /yɨɨt/ slow, slowly; late 7

យុគលេខបិន្តុ /yuqkəleəqpɨntuq/
the symbol – :

យូរ /yuu/ long (in time); late 12

យូរ ៗ ម្ដង /yuu-yuu-mədaaŋ/ once
in a while, from time to
time 29

យូរថ្ងៃ /yuu tŋay/ many days, a long
time 16

យួន /yuən/ Vietnam; Vietnamese 4

យួនអានាម /yuən-qaanaam/ Vietnam
11

យេង /yəəŋ/ we (used among close
friends or by a superior to an
inferior) 25

យំ /yum/ to cry 42

រ

រក /rɔɔk/ to seek, search for 4

រកឃើញ /rɔɔk khəəñ/ to search
successfully, to find 34

រកបាន /rɔɔk baan/ to be able to find,
to get, to gain 39

រកមិនឃើញ /rɔɔk mɨn khəəñ/ to be
unable to locate 14

រកស៊ី /rɔɔk-sii/ to earn a living 4

រក្សា /reəqsaa/ to take care of 5

រង /rɔɔŋ/ subjected to 39

រង់ចាំ /ruəŋ-cam/ to wait for, await
eagerly 16

រងា /rɔŋiə/ unpleasantly cool, cold 11

រងាវ /rɔŋiəw/ to crow, cluck 41

រងាវ /rɔŋəw/ to pester, annoy

រចនា /raccənaa/ art, handicraft 9

រជ្ជកាល /raccəkaal/ reign, dynasty 17

រដូវ /rɔdəw, rədəw/ season 11

រដូវក្ដៅ /rədəw-kdaw/ the hot season
11

រដូវប្រាំង /rədəw-praŋ/ the dry season
11

រដូវភ្លៀង /rədəw-pliəŋ/ the rainy sea-
son 11

រដូវរងា /rədəw-rəŋiə/ the cold season
11

រដូវរំហាយ /rədəw-rumhaəy/ the cool
season 11

រដូវវស្សា /rədəw-wuəhsaa/ the rainy
season; Buddhist Lent 11

រដូវស្ទូង /rədəw-stuuŋ/ the rice-plant-
ing season 14

រដៃ /rɔdae, rədae/ Radé (a tribal group)
47

រដ្ឋ /roət/ state, country, political entity
47

រដ្ឋាភិបាល /roətthaaphibaal/ govern-
ment 18

រដ្ឋធម្មនុញ្ញ /roətthaqthoəmmənuñ/
constitution 47

រដ្ឋមន្ត្រី /roət-muəntrey/ government
minister 47

រដ្ឋសភា /roət-saphiə/ national assembly
47

រត់ /ruət/ to run 36

រថ /ruət/ car, vehicle 18

រថភ្លើង /ruət-pləəŋ/ train 23

រថយន្ត /ruət-yuən/ car, automobile 18

រទេះ /rɔteh, rəteh/ cart, vehicle 7

រទេះកង់ /rəteh-kaŋ/ bicycle 20

រទេះភ្លើង /rəteh-pləəŋ/ train 30

រន្ធច្រមុះ /ruən-crɑmoh/ nostrils 44

របង /rɔbaaŋ/ fence, hedge 1

របរ /rɔbaa/ trade, profession 29

របស់ /rɔbah/ possessive preposition: of, belonging to 4; thing 20

របស់ទ្រព្យ /rɔbah-trɔəp/ possessions, wealth 39

របាទ /rɔbaat/ the symbol ‾

របូត /rɔbout/ to come loose, slip off 45

របៀប /rɔbiəp/ style, way, method, order 3

របៀបតែង /rɔbiəp-taeŋ/ style of writing 50

របៀបរៀបរៀង /rɔbiəp-riəp-riəŋ/ style, organization, form 50

របៀបសិក្សា /rɔbiəp-səksaa/ education system 48

របាំ /rɔbam/ a dance; dancing

រមែង /rɔmɛɛŋ/ usually 39

រមែងតែតែ /rɔmɛɛŋ-taeŋ-tae/ inevitably, surely 39

រយ /rɔɔy/ hundred 17

រយៈ /rəyeəq/ period, duration, interval 12

រយាយ /rɔyay/ tattered

រលីង /rɔliiŋ/ smooth; completely

រលឹក /rɔlɨk/ to remember, miss, think about 16

រវល់ /rɔwŭəl/ busy 16

រវាង /rɔwiəŋ/ duration, interval; between, during 3

រស់ /rŭəh/ to live, be alive 3

រសជាតិ /rŭəh-ciət/ taste, flavor 33

រស់នៅ /rŭəh-nɨw/ to be still living 3

រសៀល /rɔsiəl/ to slant; afternoon, early afternoon 11

រហូត /rɔhout/ until, up to, as far as 6

រហូតរមដាង /rɔhout tae mədaaŋ/ all the way, all at once 28

រហែក /rɔhaek/ torn, worn out 15

រា /riə/ to reach out for 44

រាក់ទាក់ /reəq-teəq/ intimate, tender, gentle 5

រាង /riəŋ/ shape, form 3

រាជការ /riəcckaa/ civil service

រាជទេយ្យ /riəccətɨy/ royal gift

រាជធានី /riəccəthiənii/ royal capital 10

រាជរដ្ឋាភិបាល /riəc-roətthaaphibaal/ royal government 18

រាជាធិបតេយ្យ /riəciəthɨppətay/ monarchy 47

រាជ្យ /riəc/ reign, kingdom 47

រាប /riəp/ smooth, flat 6

រាបស្មើ /riəp-smaə/ even, flat 6

រាប់ /roəp/ to count, consider as 46

រាប់ពាន់តោន /roəp pŏən taon/ by thousands of tons 46

រាប់អាន /roəp-qaan/ to respect, like 45

រាយ /riəy/ to spread, scatter, distribute 50

រាមកេរ្តិ៍ /riəm-kei/ Ream Kerti (Cambodian version of the Ramayana) 50

រាល់ /roəl/ every (in a sequence) 6

រាល់គ្នា /roəl-kniə/ each and every one 37

រាស្ត្រ /riəh/ people, populace 14

 រ /rii/ as for, concerning 40

រីក /riik/ to bloom, flourish 15

រីករាយ /riik-riəy/ happy, joyful 15

រីង /riiŋ/ dry, to evaporate 25

រុក្ខវិថី /rukkhaq-withəy/ avenue 8

រុក្ខវិថីព្រះសីហនុ /rukkhaq-withəy preəh-siihanuq/ Preah Sihanouk Avenue 18

រុងរឿង /ruŋ-riəŋ/ brilliant, success-ful; success, increase 49

រូង /ruuŋ/ hole

រូង /ruuŋ/ rattling noise

រូប /ruup/ representation, form, figure 3

រូបគ្រូបាត់ទៅ /ruup kruu bat tɨw/ [when] the teacher has died 40

រូបរាម /ruup-chaom/ figure, appear-ance 31

រូបរាង /ruup-riəŋ/ form, appearance 3

រ៉ូលរ៉យ /roul-raay/ Rolls Royce 46

រួច /ruəc/ to finish, complete; already 2; then, and then 42

រួច /ruəc/ to get free from, escape 42; to be able to 43

រួចជីវិត /ruəc ciiwɨt/ to survive, save one's life 43

រួចផុត /ruəc phot/ escape, avoid, get free 42

រួចមក /ruəc mɔɔk/ afterward 14

រួចហើយ /ruəc-haəy/ finished; already 2

រួសរាន់ /ruh-roən/ to hurry, be quick 35

រើស /rəəh/ to pick up, to gather; to select 19

រឿង /riəŋ/ story, subject, affair 21

រឿងប្រលោមលោក /riəŋ prəlaom look/ novel 50

រឿងព្រេង /riəŋ preeŋ/ folktale 50

រឿងល្ខោន /riəŋ lkhaon/ drama, play 50

រឿងអាសុខស្លូតអាសុខកាច /riəŋ qaasok slout qaasok kaac/ the story of Good Sokh and Bad Sokh 42

រឿយ ៗ /riəy-riəy/ often, continually 16

រៀង /riəŋ/ in order, consecutively 4

រៀង ៗ ខ្លួន /riəŋ-riəŋ kluən/ each in turn, each on his own 4

រៀងរាល់ឆ្នាំ /riəŋ roəl cnam/ year after year 6

រៀន /riən/ to study 1

រៀប /riəp/ to arrange, prepare 5

រៀបការ /riəp-kaa/ to have a wedding ceremony, get married 5

រៀបចំ /riəp-cam/ to put in order, organize, get ready 2

រៀបពេលា /riəp-peeliə/ to set the hour, determine the auspicious time 49

រៀបអាហារ /riəp qahaa/ to prepare food, to serve 8

រៀល /riəl/ riel (Cambodian monetary unit)

រេពល /ree-puəl/ army (archaic)

រែក /rɛɛk/ to carry on a pole across the shoulder 36

រែ /rae/ mineral, ore 46

រោគ /rook/ disease

រោង /rooŋ/ hall, building, factory 21

រោង /rooŋ/ groom's temporary quarters 49

រោងកិនស្រូវ /rooŋ-kən-srəw/ rice mill 25

រោងកុន /rooŋ-kon/ cinema, movie-house 21

រោងកុនកាពីតុល /rooŋ-kon kaapitol/ the Capitol Cinema 22

រោងចក្រ /rooŋ-caq/ factory 46

រោច /rooc/ to wane (of the moon) 12

រោម /room/ body-hair 7

រំលឹក /rumlɨk/ to remind, commemorate 14

រំភើប /rumphəəp/ excited 21

រំហាយ /rumhaay/ cool; to cool, fan 11

រាំ /rŏəm/ to dance 49

រះ /reəh/ to rise, shine (sun); to dawn 49

រះមុខ /reəhmuk/ the symbol —ះ

ឫស /rɨh/ root 50

ឫស្សី /rɨhsəy/ bamboo 25

ឬ /rɨɨ/ or 7

ឬ /rɨɨ/ final question particle used in either - or questions 24

ឬទេ /rɨɨ-tee?/ formal final question particle 16

ល

ៗ ល ៗ /laq/ et cetera, and so forth 46

លក /look/ to chisel, groove

លក់ /luəq/ to sell 17

លក់ដូរ /luəq-dou/ to deal in, to trade 47

លេខណ៍ /leəq/ good manners

លក្ខណៈ /leəqkənaq/ characteristic, attribute 50

លៅ /leəq/ gum lac

លទ្ធិ /latthiq, ləthiq/ belief, precept 50

លយ /lɔɔy/ to float; set afloat 13

លលក /lɔlɔɔk/ dove

លា /lia/ to say good-by, to take leave 16

លាត /liət/ to spread out, extend 6

លាតត្រដាង /liət-trɑdaaŋ/ to spread out, extend 33

លាតសន្ធឹង /liət-santhiŋ/ spread out, extended 6

លាន /lian/ million 47

លាយ /liəy/ to mix; mixed with 2

លាវ /liəw/ Lao; Laos 6

លីត្រ /liit/ liter

លុយ /luy/ money, change 22

លុះ /luh/ when 12

លូតលាស់ /luut-lŏəh/ to expand, flour-ish, prosper, increase 17

លួច /luəc/ to steal, sneak 43

លួចរត់ /luəc-ruət/ to run away, sneak away 43

លើ /ləə/ on, above 19

លើក /ləək/ to lift up, raise up 10

លើក /ləək/ time, occasion 30

លើកលែងតែ /ləək-lɛɛŋ-tae/ except for, with the exception of 47

លើរបៀ /ləə law/ on the balcony, second floor 21

លឿន /lɨən/ fast, rapid 35

លេខ /leik/ number, class 30

រលេខ៣ /leik tii-bəy/ number 3; third class 30

រលេខ២ /leik-too/ the symbol 𝕁 (repetition sign) 1

រលេង /leeŋ/ to play 15

រលេងកំសាន្ត /leeŋ-kamsaan/ to relax, be at leisure 17

រលេប /leep/ to swallow 44

រីលេង /lɛɛŋ/ to leave off, desist from; to divorce 31

រីលេងលះ /lɛɛŋ-leəh/ to divorce, separate 49

រលោក /look/ polite masc. 2nd and 3rd person pronoun: he, they 5

រលោកគ្រូ /look-kruu/ teacher (m.), the venerable . . . 15

រលោកគ្រូចៅអធិការ /look-kruu caw-qathikaa/ abbot, head monk 15

រលោកសង្ឃ /look-saŋ/ Buddhist monk; the clergy 12

រលោកអើយ /look-qəəy!/ Oh, please! believe me! 24

រលោត /loot/ to jump 42

រលោប /loop/ greed

លំនៅ /lumniw/ address, residence 4

លំបាក /lumbaaq/ difficult; trouble, difficulty 39

លំអ /lumqaa/ beauty, embellishment 31

រល្ខោន /lkhaon/ theater, drama 50

ល្ងាច /lŋiəc/ late afternoon, evening 8

ល្បង /lbaaŋ/ to test, try 41

ល្បីឈ្មោះ /lbəy-cmuəh/ fame; to be famous 31

ល្បីល្បាញ /lbəy-lbaañ/ famous, well-known 29

រល្បែង /lbaeŋ/ game 36

ល្បះ /lbah/ the symbol ។/

ល្មម /lmɔɔm/ enough, adequate; rather 31

ល្ហុង /lhoŋ/ papaya

ល្អ /lqaa/ good, pretty 5

ល្អ ៗ /lqaa-lqaa/ very beautiful (intensive and plural of /lqaa/) 20

ល្អិត /lqət/ fine, in small pieces 44

ឮ /lɨɨ/ to hear; to sound, be heard 17

វ

វង់ក្រចក /wuəŋ-kracaaq/ parentheses

វង្ស /wuəŋ/ circle, family 16

វចនានុក្រម /waccənaanukram/ dictionary 50

វណ្ណយុត្ត /woənnəyut/ diacritic

វត្ត /woət/ temple, pagoda, temple compound 5

វត្តភ្នំ /woət-pnum/ Wat Phnom (a temple in Phnom Penh) 10

វល្ល /wɔɔ/ vine 45

វស្សា /wuəhsaa/ rain; period of the Buddhist Lent 11

វា /wiə/ familiar 3rd person or neuter pronoun: he, she, it 7

វាចា /wiəcaa/ speech (lit.) 36

វាយ /wiəy/ (spoken /way/) to beat, hit, strike 42

វាល /wiəl/ field, plain 6

វាលភ្នំ /wiəl-pnum/ plateau 6

វាលរាប /wiəl-riəp/ a plain 6

វាលស្រែ /wiəl-srae/ rice fields 14

វិជ្ជា /wɨcciə/ subject, study, field of
learning 27

វិជ្ជាជាន់ខ្ពស់ /wɨcciə cŏən kpuəh/ higher
education 48

វិជ្ជាពិសេស /wɨcciə piseh/ special
trade, profession 48

វិញ /wɨñ/ contrastive particle: again,
on the other hand 2

វិញ្ញាណ /wiqñiən, wiññiən/ soul,
spirit 14

វិញ្ញាណក្ខន្ធ /wiññiənnəkhan/ soul,
spirit 12

វិថី /wɨthəy/ street, way 18

វិទ្យាល័យ /wɨttyiəlay/ secondary
school, lycée 20

វិទ្យាល័យសុីសុវត្ថិ /wɨttyiəlay-siisowat/
Lycée Sisowath 20

វិទ្យាល័យសុីហានុ /wɨttyiəlay-siihanuq/
Lycée Sihanouk 20

វិទ្យុ /wɨttyuq/ radio

វិនាស /winiəh/ to ruin, destroy 39

វិមាន /wimiən/ monument, mansion 18

វិមានឯករាជ្យ /wimiən-qaekkəriəc/
Independence Monument
18

វិល /wɨl/ to turn around, rotate 29

វិលត្រឡប់ /wɨl trəlɑp/ to return,
turn around again 29

វិស្សមកាល /wihsəmaqkaal/ vacation 16

វិហារ /wihiə/ temple 12

វៀតណាម /wiət-naam/ Vietnam 6

វេទនា /weetəniə/ misery, strife 39

វេលា /weeliə/ time, period; when 36

វែង /wɛɛŋ/ long 7

វ៉ៃ /wɨy/ quick, clever

វាយ /way/ to hit

វាំង /weəŋ/ palace, enclosure, com-
pound 10

ស

ស /saa/ white 7

សក់ /saq/ hair (of the head) 27

សក់ស្កូវ /saq-skəw/ gray-haired 38

សក /saq/ era

សង /saaŋ/ to repay 40

សង់ /saŋ/ to build 1

សង់ទីក្រាដ /saŋtikraat/ centigrade 11

សង់ទីម៉ែត្រ /saŋtimaet/ centimeter

សង្កត់ /saŋkat/ to press, push, depress

សង្កាត់ /saŋkat/ division, section

សង្កេត /saŋkeit/ to observe, consider
32

សង្កែ /saŋkae/ Sangkè (River) 31

សង្ខាង /saŋkhaaŋ/ the sides, at the
sides 18

សង្គម /saŋkum/ society, party

សង្គ្រាម /saŋkriəm/ war

សង្ឃឹម /saŋkhɨm/ to hope, expect 46

សច្ចា /saccaa/ to swear, promise

សច្ចំ /saccaŋ/ true (rare)

សញ្ជាតិ /sañciət/ nationality; kind,
species 47

សញ្ញា /saññaa/ sign, symbol 49

សញ្ញាបត្រ /saññaabat/ certificate, diploma, degree 48

សណ្ដូក /sandouk/ to stretch out, lie down 30

សណ្ដែក /sandaek/ beans 46

សណ្ដែកដី /sandaek-dəy/ peanuts 46

សណ្ឋាគារ /santhaakiə, santhəkiə/ hotel, guest-house 33

សតវត្ស /sattəwoöt/ century 10

សតវត្សទីដប់ប្រាំ /sattəwoöt tii-dap-pram/ 15th century 10

សត្រូវ /sattrəw/ enemy

សត្វ /sat/ animal, being (human or animal) 2

សត្វបក្សី /sat-baqsəy/ birds, the bird kingdom 37

សត្វបំរើ /sat-bamraə/ domesticated animal 7

សន្ដាន /sandaan/ family, kind, lineage

សន្ដោស /sandaoh/ to pity

សន្ទូច /santuuc/ fishhook

សន្ធឹង /santhɨŋ/ to spread out, extend 6

សន្មត /sannəmat/ to agree, allow, promise 13

សន្សិម ៗ /sansəm-sansəm/ laboriously, slowly 33

សប្បាយ /sapbaay/ happy, pleasant 1

សប្បាយចិត្ត /sapbaay-cət/ happy, content 42

សប្បុរស /sapborah/ kind, friendly 16

សព /sap/ corpse

សព្ទ /sap/ sound, speech

សព្វ /sap/ every 16

សព្វគ្រប់ /sap-krup/ all, entirely; every 45

សព្វថ្ងៃនេះ /sap-tŋay-nih/ nowadays, these days, modern times 16

សភា /saphiə/ house, parliament, assembly 47

សភាព /saphiəp/ atmosphere, attitude, aspect 15

សម /sam/ proper, appropriate, in order 3

សម /saam/ fork 8

សម័យ /samay/ period, era 10

សម័យកណ្ដាល /samay-kandaal/ the Middle Period 50

សម័យដំបូង /samay-dambouŋ/ in the beginning, the earliest times 15

សម័យមុនអង្គរ /samay mun qaŋkɔɔ/ pre-Angkorian period 50

សម័យមុន ៗ /samay mun-mun/ earlier times, in the past 46

សម័យអង្គរ /samay qaŋkɔɔ/ the Angkor period 50

សម័យអាណាព្យាបាល

/samay-qanaapyiəbaal/ period of the (French) protectorate 50

សមាជិក /samaacɨk/ member 47

សមុទ្រ /samot/ sea, ocean 33

សម្ដេច /samdac/ royal title: Prince 17

សាមញ្ញ /sammətiəy/ ordinary, general, common 40

សម្បត្តិ /sambat/ possessions, wealth, treasure

សម្បុរ /sambol/ complexion, color 7

សម្បូរ /sambou/ complete, plentiful, full, rich 6

សំរាប់ /samrap/ to use for; for the purpose of, for 1

សម្រាប់ /samrap/ set, suit 28

សរសេរ /samrac/ to decide, judge 10

សរសេរ /samrac/ to achieve, finish, fulfill 37

សម្ល /samlaa/ stew, thick soup 8

សម្លម្ជូរ /samlaa mcuu/ pungent stew 22

សម្លាប់ /samlap/ to kill

សរសៃ /samleiŋ/ voice, sound 17

សាយន្តស្ថាន /sayyannəthaan/ dormitory 16

សរសើរ /sasaə, təsaə/ to praise, flatter 38

សរសេរ /sasei, təsei/ to write 16

សរសៃ /sasay, təsay/ thread, vein 9

សរបូន /sɔɔbɔɔn/ Sorbonne 27

សល់ /sal/ to remain, be left over; remains 38

សហរដ្ឋ /sahaqroət/ union; the United States 25

សហរដ្ឋអាមេរិក /sahaqroət-qaameric/ the United States of America 25

សាច់ /sac/ meat, flesh; texture 8

សាច់ក្រក /sac-kraaq/ sausage 22

សាច់គោ /sac-koo/ beef 22

សាច់ជ្រូក /sac-cruuk/ pork 22

សាច់ជ្រូកឆ្វៃ /sac-cruuk kway/ roast pork 22

សាច់ឈាម /sac-chiəm/ complexion 25

សាច់រឿង /sac riəŋ/ facts, plot, subject matter 50

សាប /saap/ to broadcast, sow, spread 29

សាប /saap/ bland; fresh (as opposed to sea water) 46

សាបព្រោះ /saap-pruəh/ to sow, broadcast 50

សាប៊ូ /sabuu/ soap 46

សាមសិប /saamsəp/ thirty 6

សាមសិបប្រាំ /saamsəp-pram/ thirty-five 6

សាមខ្លួន /saaməy-kluən/ the person in question; himself, herself 49

សារាយ /saaraay/ seaweed 34

សាលា /saalaa, salaa/ school, hall, pavilion 1

សាលារៀន /salaa-riən/ school 1

សាលាវត្ត /salaa-woət/ pagoda-school 5

សាលាសំណាក់ /salaa-samnaq/ resting place, public pavilion 43

សាសន៍ /saah/ nationality, race 23

សាសនា /sahsnaa/ religion 47

សាសនាអ៊ីស្លាម /sahsnaa-qihslaam/ Islam, the Moslem religion 47

សាត្រា /satraa/ palm-leaf manuscript (usually religious in nature) 50

សាស្ត្រាចារ្យ /sahstraacaa/ professor, teacher 16

សិក្សា /səksaa/ to study, do research, education 48

សិន /sən/ first; polite imperative final particle 16

សិលា /səylaa/ stone, monument

សិលាចារិក /səylaa-caarək/ stone inscription 50

សិស្ស /səh/ student 1

ស៊ី /sii/ to eat (derogatory or familiar); to use, consume 2

ស៊ីការ /sii-kaa/ to hold a wedding feast, attend a wedding banquet 45

សីុភឹក /sii-phək/ to eat and drink 44

សីុក្លូ /siiklou, siklou/ cyclo, pedicab 20

សីុម៉ង់ /siimaŋ/ cement 46

សីុសុវត្ថិ /siisowat/ Sisowath 20

សីង /səŋ/ almost, just about 46

សីងក៏មាន /səŋ-kɑ-miən/ is possible, can happen 39

សុខ /sok/ to be healthy, happy; good health, happiness 16

សុខនិងទុកដាសាធម្មតា /sok niŋ tuk ciə kaa-thŏəmmədaa/ to be happy and sad as usual; to be so-so 16

សុខសប្បាយ /sok-sapbaay/ to be well and happy 16

សុខសប្បាយជាទៀទេ /sok-sapbaay ciə rɨɨ-tee?/ how are you; are you well? 16

សុត /sot/ pure 29

សុតតែ /sot-tae/ exclusively, all without exception 29

សុភមង្គល /sopheəq-muəŋkuəl/ good fortune, prosperity and happiness 49

សូត្រ /sout/ silk 9

សូត្រ /sout/ to recite 13

សូតិន /soutɨn/ Sotin (proper name) 25

សូន្យ /soun/ zero

សូម /soum/ polite auxiliary: please 13

សូមជំរាប /soum cumriəp/ Dear ... ; I beg to inform ... 16

សូមជំរាបមក ... សូមទានព្រាប /soum cumriəp mɔɔk ... soum tiən criəp/ Dear ... (stylized salutation used in formal letters) 16

សូមជំរាបមកពរលោកនិព្ពុក

សូមទានព្រាប /soum cumriəp mɔɔk look qəwpuk soum tiən criəp/ Dear Father: 16

សូមទានព្រាប /soum tiən criəp/ please be advised, please learn 16

សូមទោស /soum-tooh/ to ask forgiveness; I'm sorry, excuse me 13

សូមលា /soum-liə/ good-by 16

សូម្បី /soumbəy/ even, although 44

សូរ /sou/ noise, sound 17

សូរសម្លេង /sou-samleiŋ/ voice, noise, sound 17

សួន /suən/ garden 1

សួនកុមារ /suən-komaa/ playground, children's park 19

សួនច្បារ /suən-cbaa/ yard, garden 1

សួនសត្វ /suən-sat/ zoo 19

សួរ /suə/ to inquire, ask 45

សួរដោយរាបរអាន /suə daoy rŏəp-qaan/ to inquire politely 45

សួស្ដី /suəsdəy/ greetings, salutations (formal) 30

សេច /saəc/ to laugh 21

សៀម /siəm/ Thailand; Thai 6

សៀមរាប /siəm-riəp/ Siem Reap 24

សៀវភៅ /siəwphɨw/ book(s) 26

សៀវភៅរមើល /siəwphɨw məəl/ books to read 26

សៀវភៅសរសេរ /siəwphɨw sasei/ notebook 26

សេចក្ដី /səc-kdəy/ subject, affair, composition 14

 របស្ដី /səc-kdəy/ matter of, quality of (forms abstract noun compounds when combined with verbs) 14

របស្ដីគោរពខ្លាច /səc-kdəy-kaot-klaac/ respect, veneration 38

របស្ដីគោរពខ្លាចបាស់ព្រឹទ្ធចារ្យ /səc-kdəy-kaot-klaac cah-pritthiəcaa/ respect for elders 38

របស្ដីខិតខំ /səc-kdəy-khət-kham/ effort, hard work, industriousness 18

របស្ដីខុសពុំខុស /səc-kdəy-kuə-pum-kuə/ mistakes 16

របស្ដីខុសពុំខុស... របភាអភ័យរភាស /səc-kdəy-kuə-pum-kuə soum meettaa qaphiy tooh/ please forgive my mistakes 16

របស្ដីគោរព /səc-kdəy-koorup/ respect, honor

របស្ដីតោលក្រ /səc-kdəy-toəl-kraa/ poverty, misery 39

របស្ដីទុកចិត្ត /səc-kdəy-tuk-cət/ confidence, consent, trust 47

របស្ដីប្រាថ្នា /səc-kdəy-praatnaa/ desire, wish, intention, design 37

របស្ដីព្យាយាម /səc-kdəy-pyiəyiəm/ effort, endurance perseverance 37

របស្ដីរុងរឿង /səc-kdəy-ruŋ-riəŋ/ success, prosperity 50

របស្ដីសង្កេត /səc-kdəy-saŋkeit/ observation, opinion 32

របស្ដីសុខ /səc-kdəy-sok/ happiness, good health 28

របស្ដីស្លាប់ /səc-kdəy-slap/ death 42

របស្ដីអធិប្បាយ /səc-kdəy-qathibaay/ explanation 14

សែពគុប /saep-kup/ to associate with, hang around with 39

សែសសល់ /saeh-sɑl/ remaining, left over 50

សេះ /seh/ horse 46

សែន /saen/ hundred-thousand 6

សែន /saen/ to make an offering 49

សែសិប /saesəp/ forty

សៃយ៉ាំ /sayyam/ dancing in time to drum-beats 15

សោយរាជ្យ /saoy-riəc/ to reign, to rule 47

សោះ /sah/ after negatives: (not) at all 11

សោះឡើយ /sah-laəy/ after negatives: (not) at all 11

សុំ /som/ to ask for, request 12

សំខាន់ /samkhan/ important 12

សំខាន់បំផុត /samkhan bamphot/ the most important 32

សំគាល់ /samkoəl/ to point out, indicate 11

សំណាក់ /samnaq/ to rest, stay 34

សំណាង /samnaaŋ/ luck, chance; good fortune 27

សំណាញ់ /samnañ/ a net 29

សំរណាច /samnaac/ laughter 44

សំបក /sambaaq/ bark, skin, shell 44

សំបុក /sambok/ nest 37

សំបុត្រ /sambot/ letter 16; ticket 30

សំពត់ /sampuət/ Cambodian-style sarong, dhoti 9

សំពត់ /sampuət/ cloth, dry goods 23

សំពត់ចងក្បិន /sampuət-caaŋ-kbən/ dhoti, Cambodian-style sarong 9

សំពត់នាម្មួង /sampuət-phaa-muəŋ/ plain silk sarong 9

សំពត់ហូល /sampuət-houl/ a variegated silk sarong 9

សំពះ /sampeəh/ to greet, salute, with palms together 42

សំយោគសញ្ញា /sanyook-saññaa/ the symbol ្

សំរាក /samraaq/ to rest, relax, take a break 2

សំរាកកំលាំង /samraaq-kamlaŋ/ to rest, to recuperate 38

សំរែ /samrae/ Samré (a tribal group) 47

សំលៀក /samliəq/ any garment worn around the waist 9

សំលៀកបំពាក់ /samliəq-bampeəq/ clothing 9

សំស្ក្រិត /samskrət, saŋskrət/ Sanskrit 50

សំឡេង /samleiŋ/ sound, voice 44

ស្កៅ /skəw/ to be gray (of hair) 38

ស្គម /skɔɔm/ thin, slender

ស្គាល់ /skoəl/ to know, be acquainted with 16

ស្ដាប់ /sdap/ to listen, obey 1

ស្ដី /sdəy/ to say, to speak; to report, bring charges against 45

ស្ដុកស្ដម /sdok-sdam/ impressive, grand 17

ស្ដួច /sduəc/ thin, worn, tattered 46

ស្ដួចស្ដាង /sduəc-sdaəŋ/ minute, very little 46

ស្ដាង /sdaəŋ/ thin, slight 46

ស្ដេច /sdac/ king 41

ស្ត្រី /sətrəy, srəy/ lady (formal) 49

ស្ថានិយ /sthaanii/ station

ស្ថិត /sthət, thət/ to place; be situated 31

ស្ទិង /stɨŋ/ small river, tributary 31

ស្ទូង /stuuŋ/ to transplant, set out 14

ស្ទូច /stuuc/ to fish with a hook 34

ស្នូក /snouk/ turtle-shell 45

ស្នែង /snaeŋ/ horn (of an animal) 7

ស្បង់ /sbaŋ/ monk's robe 15

ស្បែក /sbaek/ skin, leather 23

ស្បែកជើង /sbaek-cəəŋ/ shoes 23

ស្បាយ /sbay/ train, tail of the bridal outfit 49

ស្ពាន /spiən/ bridge 31

ស្មើ /smaə/ to be equal, even 6

ស្មៀន /smiən/ clerk, secretary 5

ស្មៅ /smaw/ grass, hay 7

ស្រៈ /sraq/ vowel

ស្រក់ /sraq/ to drip 37

ស្រង់ /sraŋ/ to extract, take from 42

ស្រទប /sratɔɔp/ bark of the banana-tree 13

ស្រទំ /sratum/ dark, overcast

ស្រមោច /sramaoc/ ant 35

ស្រស់ /srah/ fresh 8

ស្រស់ស្រូប /srah sroup/ to eat something, have a snack 21

ស្រឡាញ់ /sralañ/ to love, to like 5

ស្រឡះ /sralah/ clear, well

ស្រា /sraa/ alcohol, alcoholic beverages 46

ស្រាល /sraal/ to be light (in weight)

ស្រាវ /sraaw/ to pull up, draw up 45

ស្រី /srəy/ woman; feminine 5

ស្រីក្រមុំ /srəy-krɑmom/ young girl, virgin 43

ស្រីកំដរ /srəy-kɑmdaa/ bridesmaids 49

ស្រុក /srok/ country, district; headword in compounds referring to countries 3

ស្រុកខ្មែរ /srok-kmae/ Cambodia 3

ស្រុកពោធិ៍ចិនតុង /srok-poocəntoŋ/ town of Pochentong 5

ស្រុកស្រែ /srok-srae/ the country, rural areas 46

ស្រូវ /srəw/ unhusked rice, paddy 2

ស្រូវប្រាំង /srəw-praŋ/ dry-season rice 25

ស្រូវវស្សា /srəw-wuəhsaa/ rainy-season rice 25

ស្រួច /sruəc/ pointed, sharp 42

ស្រួល /sruəl/ easy, pleasant, comfortable 11

ស្រួលបួល /sruəl-buəl/ comfortable, pleasant 35

ស្រែ /srae/ rice-field 5

ស្រែចំការ /srae-cɑmkaa/ farm-land, fields and gardens 39

ស្រែក /sraek/ to shout, yell 17

ស្រែកអំពាវនាវលក់ /sraek qampiəw-niəw luəq/ to shout one's wares, to peddle by shouting 17

ស្រោច /sraoc/ to water, sprinkle 2

ស្រះ /srah/ man-made pond 46

ស្ល /slɑɑ/ to cook, make stew 46

ស្លន់ /slɑn/ to panic, be terrified 43

ស្លាប /slaap/ wing 8

ស្លាប់ /slap/ to die 42

ស្លាបព្រា /slaap-priə/ spoon 8

ស្លឹក /slək/ leaf, sheet 50

ស្លឹករឹត /slək-rɨt/ palm-leaf manuscript 50

ស្លូត /slout/ good, polite, gentle 42

រស្លៀក /sliəq/ to put on, to wear around the waist 9

រស្លៀកពាក់ /sliəq-peəq/ to dress 9

ស្វា /swaa/ monkey 45

ស្វាង /swaaŋ/ bright, clear 11

ស្អាត /sqaat/ clean, neat, attractive 1

ស្អាត ៗ /sqaat-sqaat/ very neat and attractive 20

ស្អូច /sqouc/ Saoch (a tribal group) 47

ស្អែក /sqaek/ tomorrow 33

ហា

ហត់ /hɑt/ to be exhausted 7

ហា /haa/ to open (the mouth) 45

ហាង /haaŋ/ shop, store 20

ហាងបាយ /haaŋ-baay/ restaurant, food store 22

ហ៊ាន /hiən/ to dare (to), to be brave 42

ហាល /haal/ to expose to the sun 25

ហាលថ្ងៃ /haal-tŋay/ exposed to the sun, in the sun 25

ហាសិប /haasəp/ fifty

ហ៊ីង /hiiŋ/ a kind of toad

ហុកសិប /hoksəp/ sixty

ហុងកុង /hoŋ-koŋ/ Hong Kong 28

ហូរ /hou/ to flow 6

ហួស /huəh/ to surpass, exceed 6

ហួសពី /huəh-pii/ beyond, exceeding 6

ហើយ /haəy/ and, and then, then 1

ហើយ /haəy/ perfective particle: al-
ready, indeed 2

ហើយនិង /haəy-niŋ/ and, plus 3

ហើយឬនៅ /haəy-rɨɨ-nɨw?/ yet?,
yet or not? 26

ហើរ /haə/ to fly 35

ហេ! /hei!/ interjection to attract
attention or express surprise 27

ហេត /haet/ reason, cause 6

ហេតុដូច្នេះហើយ /haet douccneh haəy/
for this reason,
therefore 18

ហេតុតែ /haet-tae/ since, because 17

ហេតុនេះហើយបានជា /haet nih haəy
baan ciə/ this
is the reason
that 6

ហែ /hae/ to parade, accompany in
procession 15

ហែល /hael/ to swim 7

ហោង /haaŋ/ poetic final particle 40

ហៅ /haw/ to call, to summon 7;
to invite 45

ហៅថា /haw thaa/ is called, is
named 7

ហៅយោក /haw yɔɔk/ to order, have
brought 22

ហោះ /hɑh/ to fly 28

ហ្ន៎ះ /nah!, nəh!/ hortatory final parti-
cle

ហ្នឹង /nəŋ, nɨŋ/ right now, right there,
just now 26

ហ្នឹងហើយ /nəŋ haəy, nɨŋ haəy/ that's
right, you've got it 25

ហ្ម័ត /mat/ powdered, fine

ហ្វីលីពីន /fiilipiin/ the Philippines 46

ហ្វីស៊ីក /fiizik/ physics

ហ្វឹក /wək, fək/ to practice, train

ហ្វូង /wouŋ, fouŋ/ crowd, flock, herd
20

ឡ

ឡាន /laan/ car 4

ឡូរែលនិងហារឌី /lourael niŋ haadii/
Laurel and Hardy
21

ឡូឡា /lou-laa/ loudly 43

ឡើង /laəŋ/ to ascend; increasingly 11

ឡើងក្រហម /laəŋ krɑhaam/ to blush,
become red 36

ឡើងថ្នាក់ /laəŋ tnaq/ to be promoted,
to advance in rank 26

ឡើយ /laəy/ always; after a negative:
(not) at all 10

ឡេង /leiŋ/ Leng (personal name)

ឡៅ /law/ to carve, cut designs on 44

ឡៅ /law/ balcony 21

អ

អក្សរា /qaqkəraa/ letter, missive

អក្សរ /qaqsaa/ letters, writing 50

អក្សរខម /qaqsaa-khaam/ a style of Cambodian script

អក្សរជ្រៀង /qaqsaa-criəŋ/ slanted letters

អក្សរឈរ /qaqsaa-chɔɔ/ standing script

អក្សរ សាស្ត្រ /qaqsaasaah/ the study of letters, literature 50

អក្សរសាស្ត្រខ្មែរ /qaqsaasaah kmae/ Cambodian literature 50

អគ្គមហេសី /qaqkeᵊq-məhaesəy/ principal queen

អគ្គរាជទូត /qaqkeᵊq-riəccətuut/ ambassador

អគ្នេយ៍ /qaqknee/ southeast 6

អឃោសៈ /qaqkhoosaq/ voiceless; the 1st series of Cambodian consonants

អង់គ្លេស /qaŋkleeh, qaŋglee/ English; England 46

អង្ករ /qaŋkaa/ uncooked rice, milled rice 36

អង្គឌួង /qaŋ-duəŋ/ Ang Duong 10

អង្គរ /qaŋkɔɔ/ Angkor 50

អង្គរធំ /qaŋkɔɔ-thom/ Angkor Thom 24

អង្គរវត្ត /qaŋkɔɔ-woᵊt/ Angkor Wat 24

អង្គុយ /qaŋkuy/ to sit 21

អង្រឹង /qaŋriŋ/ hammock 32

អង្វរ /qaŋwaa/ to beg 42

អង្សា /qaŋsaa/ degree (of temperature) 11

អញ /qañ/ I (used among intimates or by a superior to an inferior) 41

អញ្ចឹង /qañcəŋ/ in that case, then, therefore 24

អញ្ចឹងឬ? /qañcəŋ rɨɨ?/ is that so?, really? 24

អញ្ជើញ /qañcəəñ/ word of polite invitation: go ahead and 28

អញ្ជើញ /qañcəəñ/ to invite 45

អណ្តាត /qandaat/ tongue

អណ្ដូង /qandouŋ/ a well, mine 46

អណ្ដូងរ៉ែ /qandouŋ-rae/ mine, ore-mine 46

អណ្ដើក /qandaek/ turtle 43

អណ្ដែត /qandaet/ to float (intr.) 19

អត់ /qat/ to withstand, resist 7

អត់ /qat/ to do without, lack; negative auxiliary: not 14

អត់ទោស /qat-tooh/ to forgive; pardon me, I'm sorry 28

អត់ធន់ /qat-thuᵊn/ to endure, withstand 7

អត្ថបទ /qattəbat/ article, composition

អត្ថាធិប្បាយ /qatthaathibaay/ explanation, description

អធិប្បតេយ្យ /qathippətay/ power, sovereignty

អធិប្បាយ /qathibaay/ to explain 14

អត្រៀត /qatriət/ night (lit.) 32

អនាគត /qanaakuᵊt/ future

អនុញ្ញាត /qaqnuññaat/ to permit; permission 12

អនុវិទ្យាល័យ /qanuq-wittyiəlay/ junior high school, academy 20

អនុវិទ្យាល័យនរោត្តម /qanuq-wittyiəlay nərootdam/ Norodom Academy 20

អនែក /qanaek/ extremely, especially 46

អប្សរា /qapsaraa/ apsara, heavenly
        maiden 24

អន្ធ្យក /qapsok/ to be bored; boredom
        32

អព្យាក្រិត /qapyiəkrət/ neutral;
        neutrality 47

អភ័យ /qaphɨy/ fearless

អភ័យទោស /qaphɨy-tooh/ to forgive
        13

អម /qaam/ to accompany 49

អមនុស្ស /qaqmənuh/ non-human

អយស្ម័យយាន /qayeə̀qsmaayiən/
        train 30

អរ /qaɑ/ happy 24

អរគុណ /qaɑ-kun/ to thank; in isolation:
        thank you 24

អរុណ /qarun/ dawn

អស់ /qɑh/ to use up; entirely, all of 13

អស់សំណើច /qɑh samnaəc/ to break
        into laughter 44

អស្ចារ្យ /qɑhcaa/ extraordinary,
        marvelous 35

អា /qaa/ derogatory or diminutive pre-
        fix 41

អាកប្បកិរិយា /qaakappaq-keriyaa/
        characteristic 50

អាកាស /qaakaah/ atmosphere, air 11

អាកាសចរ /qaakaahsəcaɑ/ air travel
        35

អាកាសចរកុម្ពន៍កម្ពុជា /qaakaahsəcaɑ
        phuumɨn kampucciə/
        Royal Cambodian
        Airways 35

អាកាសយាន /qaakaahsəyiən/ airplane
        35

អាក្រក់ /qaakraq/ bad, wicked; dirty 39

អាខ្វាក់ /qaa-kwaq/ the blind one, a
        blind person 43

អាខ្វិន /qaa-kwən/ the lame one, a lame
        person 43

អាខ្វាក់អាខ្វិនវាយយក្ស
        /qaa-kwaq qaa-kwən way yeə̀q/ the
        blind man and the lame man beat
        the ogre 43

អាគារ /qaakiə, qakiə/ building 31

អាគារខេត្ត /qaakiə-khaet/ governor's
        mansion 31

អាច /qaac/ to be able to, likely to 2

អាចារ្យ /qaacaa/ sage, astrologer 49

អាជីយ /qaa-cɨy/ that Chey, that
        (rascal) Chey 41

អាណាព្យាបាល /qanaapyiəbaal/
        protectorate 50

អាណាម /qaanaam/ Annam 11

អាណិត /qaanət/ to pity, take pity on
        42

អាត្មន /qaatman/ soul-force

អាត្ម /qaat/ principle, origin, essence

អាទិត្យ /qaatɨt/ week, Sunday; sun
        (elegant) 2

អាទិត្យក្រោយ /qaatɨt kraoy/ next
        week, the following
        week 25

អាទិត្យមុន /qaatɨt mun/ last week,
        the week before 29

អាប /qap/ foggy, dense 33

អាប់ខោន /qap-qaon/ to degrade, com-
        promise 39

អាពាហ៍ពិពាហ៍ /qaapiə-pipiə/ mar-
        riage, wedding 49

អាមេរិក /qaameric/ America 25

អាយុ /qaayuq, qayuq/ age; to have the
        age of 5

អាយ៉ាយ /qaayay/ impromptu dialogue
        sung by a boy and a girl 15

អារ /qaa/ to saw 37

អារដឺទ្រីយម /qaa-dəɨ-triiyom/ Arc
        de Triomphe 18

អារម្មណ៍ /qaaram/ attention, mood,
        attitude 33

អារ្យធម៌ /qaarəyeə́qthɔə/ culture, civilization 50

អាល័យ /qaalay/ affection 30

អាវ /qaaw/ shirt, coat, dress 9

អាវកកត្រង់ /qaaw-kaa-traŋ/ straight-collared jacket 9

អាវងូតទឹក /qaaw-ŋuut-tɨk/ bathing suit 34

អាវដៃវែង /qaaw-day-wɛɛŋ/ long-sleeve shirt 9

អាវុធ /qaawut/ weapon (lit.)

អាសាឡ /qaasaat/ June-July 12

អាស៊ី /qaasii, qaazii/ Asia 6

អាស៊ីបែកអាគ្នេយ៍ /qaazii paek qaqknee/ Southeast Asia 6

អាសុក /qaa-sok/ Asok (personal name with diminutive prefix) 42

អាហារ /qaahaa, qahaa/ food 2

អាហារូបករណ៍ /qaahaaruuppəkaa/ scholarship 27

ឥដ្ឋ /qət/ brick 1

ឥណ្ឌូចិន /qənduucən ~ qəndoucən/ Indochina 47

ឥណ្ឌា /qəndiə/ India; Indian 47

ឥត /qət/ negative auxiliary: not 25

ឥតបេកិត /qət-baə-kɨt/ heedlessly, thoughtlessly 39

ឥទ្ធិពល /qətthipuəl/ influence 50

ឥន្ត្រីយ /qəntrii/ power

ឥស្លាម /qihslaam ~ qehslaam/ Islam, Moslem 47

ឥស្សរភាព /qehsəraqphiəp/ freedom

ឥឡូវ /qəyləw/ now 19

ឥឡូវនេះ /qəyləw-nih/ nowadays, now 19

អ្វី /qəy/ colloquial variant of /qwəy/: what, anything 27

អ្វីវ៉ាន់ /qəywan/ things, baggage, merchandise 13

អ៊ី /qii!/ interjection of surprise

ឧសាន /qəysaan/ northeast

ឧសូរ /qəysou/ Siva

អ៊ីរ៉ុប /qəɨrop/ Europe; European 9

ឧស /qoc/ to ignite, to light 12

ឧទាហរណ៍ /qutiəhaa/ example

ឧបាសក /qobaasaq/ layman

ឧស /qoh/ Ous (personal name) 28

ឧស /qoh/ firewood 29

ឧសភា /quhsəphiə/ May 35

ឧស្សាហ៍ /quhsaa/ diligent, industrious; before a verb: often

ឧស្សាហកម្ម /quhsaahaqkam/ industry 46

ឧឡារិក /qolaarɨk/ gay, splendid, grandiose, boisterous 13

ឪ /qəw/ father 40

ឪពុក /qəwpuk/ father 2

ឪពុកក្មេក /qəwpuk-kmeik/ father-in-law 44

ឪពុកមា /qəwpuk-miə/ uncle (younger brother of either parent) 25

ឪពុកម្ដាយ /qəwpuk-mdaay/ father and mother, parents 2

ឱ /qou/ Oh! 24

ឱ៊រវរ /quu-qaa/ noisy, boisterous 32

ឱន /quun/ deficient

ចា៎ /qaə/ colloquial response particle, usually indicating agreement 25

អើយ /qəəy!/ supplicatory particle: really, believe me, please! 27

ឯ /qae/ at; as for, regarding 2

ឯណា /qae-naa/ where?; somewhere, anywhere 24

ឯទៀត /qae-tiət/ other 9

ឯទៀត ៗ /qae-tiət qae-tiət/ various other 10

ឯ ... វិញ /qae ... wiñ/ as for ... on the other hand 2

ឯក /qaek/ one, first

ឯករាជ្យ /qaekkəriəc/ independent; independence 18

ឯកអគ្គរាជ្យទូត /qaek-qaqkeəq-riəccətuut/ ambassador plenipoten- tiary

ឯកឧត្តម /qaek-qotdam/ His Excellency

ឯង /qaeŋ/ reflexive pronoun: yourself, oneself, itself 24

ឯង /qaeŋ/ familiar 2nd person pronoun 28

អូ! /qao!/ interjection of surprise or dismay 33

ឱន /qaon/ to bend, bow 39

ឱយ /qaoy/ to let, allow, cause, make 1

ឱយ /qaoy/ to give 26

ឱយ ក្ចប់ /qaoy kcoəp/ tenaciously, firmly 37

ឱយតែ /qaoy tae/ just for, provided that 16

ឱយមានដូចគេ /qaoy miən douc kee/ just like the others 41

ឱយបានរហ័ស /qaoy baan ruh-roən/ quickly, immediately 35

ឱយពរ /qaoy pɔɔ/ to bless 49

អំណរ /qamnaa/ happiness, gratitude 15

អំណរគុណ /qamnaa-kun/ gratitude, show of gratitude 15

អំណាច /qamnaac/ power, control 50

អំបះ /qambah/ cotton 9

អំពើរនិយាយ /qampiəw-niəw/ to peddle, advertise by shouting 17

អំពី /qampii/ of, about 1

អំពៅ /qampɨw/ sugarcane 4

អាំង /qaŋ/ to roast, barbecue 8

នាក់ /neəq/ person; headword in com- pounds referring to persons 3

នាក់ចៅ /neəq-caw/ term of address for grandchildren 38

នាក់ជំនួញ /neəq-cumnuəñ/ merchant, businessman 4

នាក់ដំណើរ /neəq-damnaə/ traveler 30

នាក់តា /neəq-taa/ guardian spirit 14

នាក់ធ្វើចំការ /neəq-twəə-camkaa/ gardener 4

នាក់ធ្វើបាយ /neəq-twəə-baay/ cook, chef 8

នាក់ធ្វើស្រែ /neəq-twəə-srae/ farmer, rice-farmer 5

នាក់និពន្ធ /neəq-nipuən/ writer 50

នាក់នេសាទ /neəq-nesaat/ fisherman 29

នាក់បម្រើ /neəq-bamraə/ servant, waiter 3

នាក់ប្រាជ្ញ /neəq-praac/ sage, wise man 41

នាក់ភ្នំពេញ /neəq-pnum-piñ/ a resi- dent of Phnom Penh 20

នាក់មាន /neəq-miən/ wealthy person 31

នាក់មីង /neəq-miiŋ/ Aunt (title of respect for older women) 28

អ្នកម្តាយ /neəq-mdaay/ Mother (respectful) 16

អ្នករាំ /neəq-rŏəm/ dancer 49

អ្នកលក់ /neəq-luəq/ salesman, merchant 23

អ្នកលក់ដំណាំ /neəq-luəq-tumniñ/ salesman, merchant 23

អ្នករលង់ /neəq-leeŋ/ gambler, gangster 39

អ្នកស្រី /neəq-srəy/ Madam (title of respect for women, or for the mistress of the house) 28

អ្នកស្រុក /neəq-srok/ rural people; citizens of the country 4

អ្នកស្រុកស្រីប្រុស /neəq-srok srəy-proh/ the villagers, both men and women 12

អ្វី /qwəy/ what?; whatever, something, anything 25

អ្វីខ្លះ /qwəy-klah/ what? (pl.), what specific things?; whatever (things) 25

ហះ /hah!/ derisive particle

អា /qaa!/ really?

Numerals

១ /muəy/ 1

២ /pii/ 2

៣ /bəy/ 3

៤ /buən/ 4

៥ /pram/ 5

៦ /prammuəy/ 6

៧ /prampil/ 7

៨ /prambəy/ 8

៩ /prambuən/ 9

១០ /dap/ 10

១១ /dap-muəy, muəy-dandap/ 11

១២ /dap-pii, pii-dandap/ 12

១៩ /dap-prambuən, prambuən-dandap/ 19

២០ /məphɨy, mphɨy/ 20

២៥ /məphɨy-pram/ 25

២៨ /məphɨy-prambəy/ 28

៣០ /saamsəp/ 30

៣៨ /saamsəp-prambəy/ 38

៤០ /saesəp/ 40

៥០ /haasəp/ 50

៦០ /hoksəp/ 60

៧០ /cətsəp/ 70

៨០ /paetsəp/ 80

៩០ /kawsəp/ 90

១០០ /muəy-rɔɔy, mərɔɔy/ 100

១.០០០ /muəy-pŏən, məpŏən/ 1,000

១.៩៥៣ /muəy-pŏən prambuən-rɔɔy haasəp-bəy/ 1953

១៨៦៤ /muəy-pŏən prambəy-rɔɔy hoksəp-buən/ 1864

១០.០០០ /muəy-məɨn, məməɨn/ 10,000

១០០.០០០ /muəy-saen, məsaen/ 100,000

១៨១.០៣៥ /muəy-saen paet məɨn muəy-pŏən saamsəp-pram/ 181,035

១.០០០.០០០ /muəy-liən, məliən/ 1,000,000

១០.០០០.០០០ /muəy-kaot, məkaot/ 10,000,000

BIBLIOGRAPHY

The following sources have been useful in the preparation of this book:

1. Anthony, Edward M. *A Programmed Course in Reading Thai Syllables*. Ann Arbor: University of Michigan Press, 1962.

2. *Area Handbook for Cambodia* (DA Pam No. 550-50). Washington: U.S. Government Printing Office, 1963.

3. Briggs, L. P. *The Ancient Khmer Empire*. Philadelphia: The American Philosophical Society, 1951.

4. Buddhist Institute. វចនានុក្រមខ្មែរ [Cambodian Dictionary]. Vol. 1, 4th ed. (1st ed. 1938), vol. 2, 3d ed. (1st ed. 1943). Phnom Penh: Buddhist Institute, 1962. (In Cambodian)

5. Buddhist Institute. ប្រជុំរឿងព្រេងខ្មែរ [Collection of Cambodian Folktales]. 7 vols. Phnom Penh: Buddhist Institute, 1965. (In Cambodian)

6. Chea-Tuen. អក្សាវិរុទ្ធវិធាន : របៀបសរសេរអក្សរធ្មែនឲ្យត្រូវ [How to Write Cambodian Correctly]. Phnom Penh: Librairie Thae-Li, 1950. (In Cambodian)

7. Chet-Chhem. វិធីរៀនមេរៀ ល- សររសេរ : អក្សរសាស្ត្រខ្មែរកាមរបៀបថ្មី សម្រាបបង្រៀកកុមារខ្លាន [Nouvelle méthode de lecture et d'écriture khmère pour les débutants]. Phnom Penh: Imprimerie Henri, 1953. (In Cambodian)

8. Delvert, Jean. *Le paysan cambodgien*. Paris: Mouton and Co., 1961.

9. Guesdon, Joseph. *Dictionnaire cambodgien-français*. 2 vols. Paris: Librairie Plon, 1930.

10. Haas, Mary R. *Thai Reader*. Washington: American Council of Learned Societies, 1954.

11. Haas, Mary R. *The Thai System of Writing*. Washington: American Council of Learned Societies, 1956.

12. Huffman, Franklin E. "An Outline of Cambodian Grammar." Ph.D. dissertation, Cornell University, 1967 (available from University Microfilms, Inc., Ann Arbor, Michigan).

13. Ieu-Koeus. ភាសាខ្មែរ [La langue cambodgienne]. Vol. 1. Phnom Penh, 1950. (In Cambodian)

14. Jacob, Judith M. Introduction to Cambodian. London: Oxford University Press, 1968.

15. Jones, Robert B., Jr., and U Khin. The Burmese Writing System. Washington: American Council of Learned Societies, 1953.

16. LeBar, Frank M., Gerald D. Hickey, and John K. Musgrave. Ethnic Groups of Mainland Southeast Asia. New Haven: Human Relations Area Files, 1964.

17. Maspero, Georges. Grammaire de la langue khmère. Paris: Imprimerie Nationale, 1915.

18. Ministry of Education. វិញ្ញ វេយ្យករា សា [Cambodian Reader]. 3 vols.

    Phnom Penh: Cambodian Ministry of Education, 1943. (In Cambodian)

19. Nuon-Bouth. បឋម សិក្សា កុមារ ស្ថាន - ប៊ុត នាង [Bouth Neang Primer].

    Phnom Penh: Librairie Bouth Neang, 1965.

20. Nuon-Bouth. វិបបបាត់ សរ រេស រ រក្សរ ផ្ទង់ [Méthode pratique

    d'écriture khmère]. 4th ed. Phnom Penh: Librairie Bouth Neang, 1957. (In Cambodian)

21. Nuon-Bouth. វិស ប្រវិស្ល ហុក និ វណ្ណ សក្កា [Accents et signes de

    ponctuation]. 4th ed. Phnom Penh: Librairie Bouth Neang, 1955. (In Cambodian)

22. Porée-Maspero, Eveline. Cérémonies des douze mois. Commission des Moeurs et Coutumes du Cambodge. Phnom Penh: Albert Portail, n.d.

23. Preap-Sok (Sokkhasobhano), Bhikku. វចនា ន្ ក្រម អង់គ្លស់-ខ្មែរ

    [English-Cambodian Dictionary]. Phnom Penh, 1957.

24. Sam-Thong. វាក្យ បរិវត្តន៍ បារាំង-ខ្មែរ [Lexique Franco-Khmer].

    Phnom Penh, 1961.

25. Sarkar, K. Kumar. "The Earliest Inscription of Indochina," Sino-Indian Studies 2 (1956): 77-87.

26. Sastri, K. A. Nilakanta. "L'Origine de l'alphabet du Champa," Bulletin de l'École Française d'Extrême-Orient 35 (1935): 233-41.

27. Schmidt, P. Wilhelm. "Les peuples mon-khmèr; trait d'union entre les peuples de l'Asie centrale et de l'Austronésie," Bulletin de l'École Française d'Extrême-Orient 7 (1907): 213-63.

28. Steinberg, David J. Cambodia: Its People, Its Society, Its Culture. New Haven: Human Relations Area Files, 1959.

29. Tep-Yok et Thao-Kun. _Dictionnaire Français-Khmer_. Phnom Penh: Librairie Bouth Neang, vol. 1, 1962; vol. 2, 1964.

30. Tonkin, Derek. _Modern Cambodian Writing_. Culture et Civilisation Khmères 5. Phnom Penh: Université Preah Sihanouk Raj, 1962.

Printed in the United States
141157LV00003B/20/A

Made in the USA
Lexington, KY
20 February 2011